HUMAN BEHAVIOR AND SOCIAL ENVIRONMENT

인간행동과 사회환경

김보기 김남중 김상희 손홍재 양철수 오인숙 윤원섭 이척희 정경자 진윤지 공저

수양재

머 리 말

오늘날 사회복지는 어느 분야 못지않게 사회 각 분야의 중심으로 자리 잡아 가고 있다. 현대사회에서 복지를 논하지 않고서는 업무 추진이 힘들 정도이다. 이제 사회복지학은 당당하게 인문사회학 또는 사회과학 분야에서 제몫을 하고 있다. 그럼에도 불구하고, 사회복지학을 공부하는 학생들에게 난관이 있다. 그건 바로 『인간행동과 사회환경』이란 과목 때문이다.

본 과목은 사회복지학도들에게는 난코스이자 기본서이다. 사회복지학을 학습하면서 그 고비가 바로 이 과목이다. 이 점에 착안하여 본 서는 타 교재에서 볼 수 없는 부분이 있다. 그것은 정신역동이론을 2장으로 할애하고 있다. 이는 정신역동이론이 워낙 어렵고 그만큼 중요하기 때문이다. 좀 더 자세히 설명하고자 하는 배려이다. 그러나 학습자에 따라서는 오히려 어렵게 느껴질 수도 있음을 깊이 인식하고 있다. 그러한 이유로 본 서는 사회복지를 처음 접하는 학습자들에게 조금은 어려운 부분도 있다. 그러나 선행학습자들은 본 과목을 충실히 이행하면 다른 과목은 너무 쉽다는 말을 종종 한다. 이 점을 어떻게 평가하느냐는 순전히 학습자의 몫이다. 본 과목이 학부에만 그치지 않고 대학원의 석사 · 박사과정에서도 학습한다고 생각하면 처음부터 제대로 학습하는 것이 올바른 태도이리라.

본 서는 어떻게 하면 학습자가 『인간행동과 사회환경』과 친해질 수 있을까 하고 많은 고민을 안고 집필하게 되었다. 본서의 내용을 보면,

〈개요〉

사회복지를 학습함에 있어서 기본 이론에 충실하고 있다. 즉, 기초 분야, 인간행동이론, 생애주기에 따른 인간발달, 체계이론 등 사회복지에서 꼭 필요한 이론들을 학습자들이 습득하여 사회복지를 이해하는 데 기본적인 정보를 제공하고 있다.

〈학습목표〉

첫째, 인간행동분야 및 체계이론에서 주장 학자들의 생애와 사상, 핵심 개념 및 사회복지와의 연관성에 관한 이론들을 확실하게 이해한다.

둘째, 생애주기에서 각 단계별 발달과정의 특성을 상호 비교하여 이해한다.

셋째, 인간행동이론과 체계이론을 인간발달과 접목시켜 이해한다.

〈학습내용〉

Part 1 인간과 사회환경의 기초

1장 인간행동과 발달, 사회환경

Part 2 인간행동이론

2장 정신역동이론(1)　　3장 정신역동이론(2)

4장 행동주의 및 사회학습이론　　5장 인본주의이론　　6장 인지이론

Part 3 생애주기와 인간발달

7장 태내기, 영아기　　8장 유아기, 아동기, 청소년기

9장 성인기, 장년기　　10장 노년기

Part 4. 사회환경이론

11장 사회체계　　12장 생태학적 체계　　13장 사회환경체계

본 서가 나오기까지 공동저자들로서는 힘든 고통의 여정이었지만, 이제 출판을 눈앞에 두고 보니 부족함에 옷깃을 여민다. 학습자 여러분들께 감사하면서 어떠한 질책도 겸허히 수용하겠음을 밝힌다. 본 서가 출판되기까지 수고를 아끼지 않으신 수양재 사장님과 임직원분들께 진심으로 감사의 말씀을 드린다.

2019년 8월

남전마을 시산서재에서

대표저자 김보기

차 례

PART 1 인간행동과 사회환경의 기초

Chapter 01 인간행동과 발달, 사회환경 11

1. 인간행동 ······ 12
2. 인간발달 ······ 17
3. 사회환경 ······ 24

PART 2 인간행동이론

Chapter 02 정신역동이론(1) 31

1. 정신역동이론의 개요 ······ 32
2. 정신분석: 프로이트 ······ 34
3. 심리사회적 이론: 에릭슨 ······ 62

Chapter 03 정신역동이론(2) 89

1. 개인심리학: 아들러 ······ 90
2. 분석심리학: 융 ······ 105

Chapter 04 행동주의 및 사회학습이론 129

1. 행동주의이론의 개요 ······ 130
2. 인간관 ······ 132
3. 고전적 조건화: 파블로프 ······ 134
4. 조작적 조건화: 스키너 ······ 145
5. 사회학습이론: 반두라 ······ 157
6. 평가 ······ 170
7. 사회복지와의 연관성 ······ 171

Chapter 05 인본주의이론 175

1. 인본주의의 개요 ········ 176
2. 인간 중심 이론: 로저스 ········ 178
3. 욕구위계이론: 매슬로우 ········ 189

Chapter 06 인지이론 203

1. 피아제의 생애와 사상 ········ 204
2. 인지이론의 개요 ········ 206
3. 인간관 ········ 208
4. 핵심 개념 및 내용 ········ 209
5. 인지발달단계 ········ 213
6. 평가 ········ 225
7. 사회복지와의 연관성 ········ 226

PART 3 생애주기와 인간발달

Chapter 07 태내기, 영아기 229

1. 태내기 ········ 230
2. 영아기 ········ 235

Chapter 08 유아기, 아동기, 청소년기 243

1. 유아기 ········ 244
2. 아동기 ········ 254
3. 청소년기 ········ 259

Chapter 09 성인기, 장년기 269

1. 성인기 ········ 270
2. 장년기(중년기) ········ 277

Chapter 10 노년기 285

1. 노년기의 개념 ········ 286
2. 신체적 발달 ········ 287

3. 인지적 발달 ··· 290
4. 정서적 발달 ··· 291
5. 사회적 발달 ··· 292

PART 4 사회환경이론

Chapter 11 사회체계이론 305

1. 파슨즈의 생애와 사상 ··· 306
2. 사회체계이론의 개요 ··· 308
3. 핵심 개념 및 내용 ··· 312
4. 구조기능분석: 사회체계의 역동성 ··· 321
5. 평가 ··· 325
6. 사회복지와의 연관성 ··· 326

Chapter 12 생태학적 체계 329

1. 브론펜브레너의 생애와 사상 ··· 330
2. 생태학적 체계이론의 개요 ··· 333
3. 인간관 ··· 334
4. 핵심 개념 및 내용 ··· 335
5. 생태학적 체계모형 ··· 342
6. 평가 ··· 351
7. 사회복지와의 연관성 ··· 352

Chapter 13 사회환경체계 355

1. 집단체계 ··· 356
2. 조직체계 ··· 362
3. 가족체계 ··· 366
4. 지역사회체계 ··· 371
5. 문화체계 ··· 375

▍참고문헌 / 380

▍찾아보기 / 406

PART

01

인간행동과 사회환경의 기초

Chapter

01

인간행동과 발달, 사회환경

[학습목표]

1. 사회복지학에 대한 기본적 이해
2. 각 이론에 대한 학습
3. 학자의 생애와 사상 숙지

[학습내용]

1. 인간행동
2. 인간발달
3. 사회환경

[개 요]

사회복지는 기본적으로 인간이해이다. 즉, 인간 자신의 행동, 인간의 생애주기에 나타나는 발달특성, 인간의 사회생활에 필연적으로 부딪히는 체계 등을 이해함으로써, 사회복지의 이론적 토대를 구축한다. 본 장에서는 인간행동과 사회환경의 기초지식을 습득하고자 한다.

Chapter

01 인간행동과 발달, 사회환경

1. 인간행동

1) 인간행동의 개념

일반적으로 인간행동은 겉으로 드러난 인간의 신체적 움직임을 말한다. 그러나 심리학에서는 외부로부터 관찰할 수 있는 신체적 행동뿐만 아니라, 사고나 인지과정과 같은 정신적 행동까지를 포함한다. 따라서, 인간행동은 여러 가지 형태로 나타난다. 즉, 신체적 행동으로는 언어, 표정, 가벼운 손놀림, 일 등을 들 수 있다. 정신적 행동으로는 느낌, 스트레스 과정 등이 있다. 이러한 행동은 특정한 목적을 위해 일시적으로 일어나기도 하고 무의식적으로 나타나기도 한다. 예를 들어, 클라이언트(client)가 약속하고 사회복지사를 만나러 가는 것은 의식적 행동이고, 면접 중 클라이언트나 사회복지사가 하는 하품은 무의식적 행동이다(최덕경 외, 2014: 17).

인간행동은 생애발달단계별로 상이한 특성을 가지고 있다. 즉, 유아기, 아동기, 청소년기, 성인기, 장년기, 노년기와 같은 각 발달단계마다 인간행동은 특이한 성격을 가지고 있다. 그렇기 때문에 사회복지의 각 분야를 위한 지식으로는 발달연령에 따른 신체적 · 심리적 · 사회적 변화를 이해함으로써 구체적인 인간 이해에 도달해야 한다. 최근 사회복지실천에서는 개인의 무한한 능력과 다양한 체계수준의 환경 간 영향을 고려하여 인간행동을 파악하려는 시도가 다양한 이론적 수준에서 이루어지고 있다(이영호 외, 21018: 11).

2) 인간행동의 영향요인

인간행동은 문화, 태도, 정서, 가치, 윤리, 유전, 환경 등에 영향을 받은 인간에 의해 표출된 행위이고, 그 행위는 본능, 욕구, 충동, 분노, 기쁨, 절망 등의 내적 상태를 포함한다. 인간행동에 영향을 미치는 요인은 다음과 같다(Berger & Federico, 1982).

첫째, 유전적 · 신체적 특성과 같은 생물학적 원인이 있다.

둘째, 개인의 인지 · 심리 · 정서적 원인이 있다.

셋째, 정치 · 경제 · 종교 · 교육 등과 같은 사회구조적 원인이 있다.

넷째, 오랫동안 축적된 가치 · 생활양식과 같은 문화적 원인이 있다.

3) 인간행동 이해의 관점

인간행동을 이해하고자 하는 접근 중에서, 19세기 후반부터 20세기 초까지의 정신분석학 관점은 무의식에 저장된 이동 초기 경험의 기억들이 인생을 통해서 행동에 지속적으로 영향을 준다는 입장이다. 행동주의적 관점은 정신적 경험과 달리, 행동은 눈앞에서 관찰, 경험될 수 있는 객관적이고 실험적인 측면을 주로 보는 것으로, 인간행동에 관한 이해는 눈으로 드러난 행동, 특정 체계 안의 개인 간 상호작용에만 한정하여 이해하고 있다. 이러한 초기 관점은 인간의 자율성과 변화 가능성 그리고 주변 환경으로부터의 영향을 고려하지 않음으로써 인간행동을 편향되게 이해하고 있다(표갑수 외, 2016: 22-23).

20세기 중반에 이르러서는 인본주의 심리학과 사회체계이론이 주를 이룬다. 인간행동의 원천은 자유의지에 있으며, 인간이 경험한 것의 긍정적인 면에 중점을 두고, 개인이란 체계는 집단, 지역사회, 국가 등 상위체계와 상호작용하고 영향을 주고받는다고 설명한다.

인간행동에 대한 이해의 관점은 초기에는 눈으로 드러난 행동에 그리고 특정체계 안에서 개인 간 상호작용에만 한정하여 인간행동에 관한 이해가 이루어졌다. 그러나 최근에는 관련 이론의 발달과 함께 개인의 무한한 능력과 다양한 체계수준의 환경 간 영향을 고려하여 인간행동을 이해하게 되었다.

4) 인간행동의 유형

인간행동은 눈에 보이는 외부로 표현된 행동, 눈에 보이지 않는 내면의 행동, 그리고 내면에 존재하지만 의식하지 못하는 무의식이라는 정신세계로 구분된다. 즉, 인간의 행동이라고 하면 이 세 가지 모두를 포함하는 행동의 개념으로 이해하여야 한다. 그 내용은 다음과 같다(이우언 외, 2017: 17-18).

(1) 외현적 행동

눈에 보이는 외현적 행동은 늘 접하게 되는 인간의 일상적인 행동들이다. 즉, 웃고 말하고, 걷고, 달리는 것과 같은 행동들을 의미한다. 이러한 행동들은 왓슨(Watson), 파블로프(Pavlov), 스키너(Skinner)와 같은 행동주의이론에 관심을 갖고 연구를 한 주제이다. 행동주의이론에서는 행동은 '자극과 반응의 결합 혹은 연합', 즉 조건화된 반응을 통해서 학습된 결과로 본다. 행동주의는 어떤 방식으로 행동이 조건화가 되는지에 관심을 가졌으며, 환경에 의해서 조건화가 된다는 것이 이들 이론의 핵심이다. 따라서, 인간의 대부분의 행동은 환경에 의해 조건화되었으며, 환경적인 조건의 변화를 통해서 행동을 변화시킬 수 있다는 이론이며, 이들의 이론을 적용한 행동 변화를 '행동수정기법'이라고 한다.

행동에 대한 또 다른 접근방식은 행동의 원인을 찾아서 행동을 분석하고 이해하는 것이다. 이는 심리학의 '동기이론'에 해당한다. 행동의 원인으로는 생리적 필요에 의한 행동(요구, needs)이나 인간이 원하는 것을 추구하는 '욕구' 혹은 '무의식적 욕망 등이 있다. 이들 이론은 행동의 원인을 찾아 행동을 설명하고 이해하려고 한다.

기본적으로 인간은 자신의 욕구를 해소하려고 행동하는데, 욕구가 충족되지 않으면 문제가 발생한다. 사회복지서비스는 주로 인간의 충족되지 못한 욕구를 만족시켜 삶의 질을 향상시키려는 목표를 이루려고 하기 때문에, 사회복지사는 기본적으로 인간의 욕구에 대한 이해가 필요하다.

(2) 내현적 행동

내현적 행동이란 인간의 행동 중에 내면의 정신활동 혹은 정신활동의 틀로서 작동하는 신념, 태도, 가치관 등을 의미한다. 내면의 정신활동은 굉장히 광범위한 스펙트럼의 심리현상이므로 단일한 하나의 행동으로 규정 짓기는 불가능하다. 정신활동은 사고, 인지, 의식, 신념, 태도, 가치관 등과 같이 정신활동의 내용 또는 특정한 분야를 중심으로 구분되고 설명되고 있다.

정신활동을 발달적 관점으로 분석한 이론에는 '인지발달', '도덕성 발달'과 같은 이론들이 있다. 인간행동의 원인으로서 행동에 영향을 미치는 정신활동으로는 신념, 태도, 가치관 등이 있는데, 이들이 내현적 행동으로 연구된다.

(3) 무의식

정신활동을 의식과 무의식으로 구분하고 무의식의 중요성을 다룬 연구는 프로이트(Freud)의 정신분석이론이다. 정신분석이론은 인간의 행동의 원인을 무의식적 소망 또는 욕망으로 전제한다. 행동의 원인을 찾아 설명하고 이해하기 위해서는 무의식이 행동에 미치는 영향을 모르면 불가능하다. 프로이트는 "무의식적 욕망은 성적 욕망과 공격적 욕망 두 가지가 있으며, 생의 본능은 바로 성적 욕망"이라고 주장하였다. 즉, 인간의 삶을 지배하는 모든 행동의 원인은 '성적 욕망'이기 때문에 성적 욕망과 행동과의 관련성을 모르고는 행동을 이해할 수가 없다는 이론이다.

정신적인 문제인 불안이나 노이로제(neurosis, 신경증) 등의 문제는 바로 성적 욕망을 지나치게 억압함으로써 기인한 문제로 본다. 즉, 억압된 성적 욕망이 언제 분출되어 나올지 모른다는 막연한 불안이 정신적인 문제의 하나인 '불안'의 원인이라고 진단한다. 따라서, 정신적인 건강을 위해서는 자신의 욕망을 억압하는 것이 아니라 적절하게 잘 해소해야 한다.

정신분석이론은 인간의 성격(혹은 인격)은 5세 이전의 성적 경험에 의해서 결정된다고 가정한다. 그러므로 우리 인생의 초기 경험(5세 이전)을 매우 중요하게 고려한다. 만일 성격의 문제가 있다면 이는 5세 이전의 성적 경험의 문제로 귀인되기 때문에 과거의 경험을 분석하여야 한다. 특히, 과거의 경험 중에 상처가 된 경험(trauma, 트라우마)은 우리의 삶에 지속적으로 영향을 미친다고 주장한다.

5) 사회복지와의 연관성

사회복지실천에서, 특히 인간행동은 클라이언트의 욕구나 문제를 파악할 수 있는 핵심체로서 중요한 의미를 가진다. 이는 사회복지사가 클라이언트의 욕구나 문제를 파악할 때 그의 행동에 중점을 두어야 하기 때문이다. 이렇게 사회복지사가 사회복지실천에 임하며 인간행동에 초점을 맞추면 이는 심리사회적 성향에 가깝다고 보아 마땅하다. 즉, 사회환경도 중시하지만 클라이언트 개인의 특성을 더욱 중요시하여 클라이언트를 깊이 이해하는 데 필요한 지식과 기술을 동원할 수 있다. 실제로 개별사회사업(casework)이나 집단사회사업(group work) 및 가족치료에서는 사회환경보다 개인의 행동에 더욱 관심을 쏟는다. 그럼에도 사회복지사는 환경 속의 클라이언트를 이해하기 위해 클라이언트가 관계하는 다양한 체계수준의 환경(가족, 집단·조직, 지역사회 따위)을 반영하여 통합적으로 이해해야 한다(최옥채 외, 2015: 12).

2. 인간발달

1) 인간발달의 개념

인간은 수정되는 순간부터 죽음에 이르는 전 생애에 걸쳐 정체되어 있는 것이 아니라, 역동적 변화를 거듭하는 존재다. 인간은 태어나는 즉시 말도 못하고 몸도 제대로 움직이지 못하여, 실제로는 스스로 아무것도 할 수 없다. 그러나 생후 1년 후에는 서고, 걷고, 가족들을 알아보며, 웃기도 한다. 자신이 기쁠 때는 손뼉도 치고, 가족과 가족이 아닌 타인들도 구별할 수 있게 된다. 3, 4세쯤 되면 언어를 구사하여 자기 의사를 밝힐 줄 알고, 사극이나 사람을 보고 자기 나름대로 사고할 수도 있다. 어른의 행동을 모방할 수 있고, 자기감정을 노래로 표현하며, TV나 라디오에서 노래를 따라 부를 수 있고 결정행동을 모방하며 즐거워한다. 이러한 행동 변화는 출생 후에만 일어나는 것이 아니라, 출생 전 태내부터 큰 행동의 변화와 신체조직의 변화가 나타난다. 이러한 출생 전 및 후에 나타나는 행동 변화를 '인간발달(human development)'이라고 한다. 그러나 모든 변화를 발달이라고는 할 수 없다(김혜선 · 유안진, 2011: 4).

일반적으로 발달과 관련된 개념으로는 성장, 성숙, 학습 등이 있다.

표 1-1 발달과 유사 개념의 차이

구분	내용
발달	• 일반적으로 체계적인 과정을 따라 이루어지는 일련의 변화 • 유전과 환경의 상호작용으로 인한 일생 동안의 모든 변화 • 사람이 태어나서 죽을 때까지의 규칙적인 모든 변화
성장	• 신체 크기의 증대, 근력 증가, 인지의 확장 등과 같은 양적 확대를 의미하며 생리적으로 양적 확대가 이루어지다가 일정한 시기가 지나면 정지되는 인간의 부분적 측면 • 신체적 · 생리적 발달의 양적 증가에 국한됨

구분	내용
성숙	• 경험이나 훈련에 관계없이 인간의 내적 또는 유전적 기제의 작용에 의하여 체계적이고 규칙적으로 진행되는 신체 및 심리적 변화 • 부모로부터 받은 유전인자가 지니고 있는 정보에 따라 일어나는 변화로, 외적 환경으로부터의 경험, 훈련 등과 관계가 없음
학습	• 경험 및 훈련과 연습을 통해 얻을 수 있는 것 • 인간이 환경에 의해서 변화하는 것 • 후천적인 변화과정

자료: 김향선(2018: 13).

2) 발달원리

발달원리(developmental principle)는 다음과 같다.

첫째, 발달에는 일정한 순서가 있다. 아동의 성장과정을 살펴보면 태어나서 앉을 수 있게 된 다음에야 비로소 설 수 있으며, 설 수 있게 된 다음에 걸을 수 있다.

둘째, 발달은 일정한 방향으로 진행된다. 머리에서 발 방향으로, 안에서 바깥으로, 일반적인 것에서 특수한 것으로 발달한다. 예를 들어, 유아는 방바닥에 떨어진 머리카락 하나를 줍기 위해 거의 온몸을 다 사용하지만 시간이 지나면서 엄지 손가락과 집게손가락만 사용한다.

셋째, 발달은 연속적인 과정이지만 그 속도는 일정하지 않다. 신체나 정신기능에 따라 발달의 속도는 각각 다르다. 예를 들면, 신체의 발달은 아동기와 사춘기에 급격한 증가를 보이고, 다른 시기에는 발달의 속도가 느려진다.

넷째, 발달에는 개인차가 있다. 모든 사람이 보편적인 성장과정을 거치지만 개개인을 살펴보면 분명히 뚜렷한 개인차를 확인할 수 있다.

다섯째, 발달의 각 영역은 상호 밀접한 연관이 있다. 사회정서적 발달과 신체적 발달은 인지적 발달에 영향을 미치고, 인지적 발달은 사회정서적 발달에 영향을 미친다. 즉, 신체적 발달, 인지적 발달, 사회정서적 발달은 각자 독립적으로 이루어지지 않는다.

3) 발달요인

인간의 발달과정과 현상을 연구하는 학자들의 주요 관심 중에 하나는 발달의 요인에 관한 것이다. 이와 함께 많은 학자들은 유전과 환경이 인간에게 미치는 영향 정도와 내용에 관해 연구해 왔으며, 서로 다른 입장에서 열띤 논쟁과 함께 상이한 이론들을 주장하였다. 인간발달에 있어서 유전과 환경 중 어느 것이 더 결정적인 영향을 미치는가 하는 문제에 대해 현재까지 끊임없이 이어진 논쟁 중의 하나이다(이주희, 2013: 95). 다시 말해서, 일생 동안 진행되는 인간의 다양한 발달적 변화들은 유전(heredity)에 의한 것인지 또는 환경(environment)에 의해 발달하는지에 관한 문제이다. 그 예로, 인간의 전성설을 주장하는 학자들은, 인간은 유전적 · 선천적으로 완전한 형상을 갖추고 있기 때문에 발달은 이미 결정된 순서와 일정에 따라 발달하며 환경의 영향을 받지 않는다는 것이다. 반면에, 아동을 '백지상태(tabular rasa)'에 비유하는 환경론자들은, 발달은 생물학적 기초보다는 환경이 중요하며, 환경이 발달을 결정하는 요인이라고 주장한다. 그러나 최근에는 인간발달에서 유전과 환경의 상대적인 영향력을 엄격하게 구분할 수 없으며, 또한 발달영역에 따라 두 요인의 영향에 차이가 있다는 주장이 확산되면서 인간발달은 유전과 환경이 상호작용하는 과정에서 진행되는 것으로 설명하고 있다(정서영 외, 2017a: 17-20). 발달요인은 다음과 같다.

(1) 유전적 요인

인간발달에 생물학적 요인을 강조하는 유전설은 발달을 규정하는 원동력은 개체 내에 있다고 보는 입장이며, 생득설(nativism) 또는 선천설이라고 한다. 즉, 유전설은 발달의 본질로 생득적인 요인인 유전을 강조하며, 인간의 모든 발달특성은 부모로부터 유전된다고 보는 것이다. 인간은 유전인자를 포함하고 있는 46개의 염색체로 구성되어 있으며, 수정되는 순간에 부모로부터 물려받아 개개인의 독특한 체질과 특성에 의해 발달하는 것이다. 따라서, 유전론을 주장하는 학자들은 발달에 있어서 선천적으로 타고나는 태생적인 요인을 강조하고 환경요인은 발달에 거의 영향을 미치지 않는 것으로 설명한다. 또한 발달이나 변화의 과정을 생물학적으로 예정된 순서와 계획에 의해 단계적으로 일어나는 현상으로 보고 성숙요인과 생득적 요인을 중시한다. 그 예로, 모든 영아들이 성숙 이정표에 따라 앉고, 서고, 걷는 보편적으로 발생하는 발달현상이나 사춘기의 성적 발달, 또는 일란성 쌍생아들이 다른 형제자매에 비해 발달의 영역에서 상관관계가 높다는 사실들은 유전이 개개인의 발달에 중요한 작용을 하고 있음을 입증하는 것이다. 인간발달을 주장하는 학자들은 가계연구나 쌍생아 연구, 입양아 연구의 결과를 통해 자신들의 입장을 증명하고 있다(강경미, 2016: 14).

발달의 유전적 요인을 주장하는 학자들은 입양아를 대상으로 양부모 · 친부모 간의 유사성의 차이를 비교해서 설명하였다. 그 예로, 입양아의 발달특성이 자신의 친부모 및 친형제 · 자매 간의 특성과 흡사하다면 이것은 유전의 영향으로 볼 수 있다. 또한 일란성 쌍생아가 입양되어 서로 다른 환경에서 양육된 경우에 두 쌍생아 간의 공병률이 높다고 하면, 이는 유전적 영향에 대한 강력한 증거가 되는 것이다. 따라서, 입양아 연구는 발달의 유전적 요인과 환경적 요인을 분리할 수 있는 방법으로, 가계연구와 쌍생아연구의 단점을 보완할 수 있는 우수한 연구법이라고 할 수 있다.

(2) 환경적 요인

인간은 일생 동안 지속적으로 외부적 조건인 환경의 영향을 받게 된다. 인간발달의 요인을 환경이라고 주장하는 학자들은 인간발달의 모든 변화는 유전보다는 환경에 의한 것이라고 설명하였다.

환경의 유형은 크게 세 가지가 있다.

첫째, 물리적 환경은 개인적으로 작용하는 외적 조건과 자극이 일정한 규칙에 의해 조직화 · 체계화되어 있는 환경이며, 자연환경은 자연과학의 대상이 되는 외부환경을 포함해서 동식물 등, 인간 이외에 모든 생물들이 존재하는 세계를 의미한다.

둘째, 사회적 환경은 개인에 의해 구성되는 가정과 집단, 사회, 국가 등이 포함되어 있는 환경이며, 한 사회의 제도적 · 문화적 · 정치적 · 경제적 조건과 변인들을 말한다.

이와 같이 환경은 단순히 물리적인 조건만을 의미하는 것이 아니라, 인간발달에 영향을 미칠 수 있는 모든 외적인 조건들을 말한다. 발달의 측면에서 보면 물리적 환경 자체보다는 사회적 환경들이 인간의 마음에 작용하는 심리적 환경에 더 많은 영향을 미치는 것으로 인식되고 있다.

환경론과 함께 외부에서 주어진 자극에 의해 인식하게 되는 경험이 발달에 영향을 미치게 된다고 주장하는 경험론이 있다. 이 설은 로크(John Locke, 1632~1704)에 의해 발전되어온 인식론으로 발달심리학적 입장에서는 환경론에 해당된다. 환경이 인간발달에 영향을 미치는 것은 임신하는 순간부터 시작된다(이주희, 2013: 95). 그 예로, 임신 중에 모체가 약물을 복용하거나 음주, 흡연을 하게 되면 그 영향이 태아에게 미치게 되면서 신체기형이나 장애를 초래할 수 있다. 또한 가정환경이나 부모의 자녀양육태도 등은 아동의 발달에 긍정적 · 부정적 영향을 미치게 된다. 따라서, 생득설이 주장하는 것처럼 발달의 가능성은 개체의 내부에 있다고 해도, 환경이 변화되면 개인의 발달에 다양한 변화를 초래할 수 있기 때문에 외부적 환경이 발달의 주요 영향요인이라고 주장하는 것이다.

(3) 유전과 환경의 상호작용

최근에는 생애발달적 관점과 발달적 맥락주의에 근거해서 발달은 유기체에 이미 존재하고 있는 유전적 가능성과 함께 발달과정에서의 환경조건에 따라 차이가 있다는 새로운 관점이 제시되었다. 이와 함께 현재 대다수의 심리학자들은 인간의 발달을 유전과 환경 간의 역동적인 상호작용의 결과로 이해하고 있다. 그 예로, 성격은 유전적 요인에 의해 기초가 형성되지만 환경적 경험이나 자극의 의해 수정될 가능성도 있기 때문이다. 따라서, 동일한 유전적 요인을 가지고 있더라도 주어지는 환경조건이나 심리적 자극에 따라 성격과 행동의 양상이 달라질 수 있는 것이다.

유전과 환경의 상대적인 영향은 발달내용에 따라 다르지만, 대부분의 행동특성은 환경과 유전의 두 가지 요인에 의해 영향을 받는다는 사실이 확산되고 있다. 그 예로, 성숙이 선행되어야만 학습은 그 효과가 높으며, 학습 여부를 통해 성은 어느 정도 촉진 또는 지연될 수 있다. 또한 아동의 지적 능력은 거의 전적으로 유전에 의해 결정되나 태내 모체의 조건이나 또는 성장하면서 생활환경의 영향을 받아 정신지체아 또는 우수아로 발전할 수 있는 것이다. 따라서, 환경은 선천적으로 타고난 잠재력의 범위 내에서 영향을 미치게 되며, 동시에 같은 유전적 가능성을 가지고 출생했음에도 불구하고 환경의 영향에 따라 그 가능성이 발전되는 정도는 다르다고 할 수 있다(강경미, 2016: 17-18).

인간의 발달에 유전과 환경 중 어느 것이 더 큰 영향을 미치는가에 대한 논의는 예부터 계속되었다. 유전과 환경이 발달에 미치는 영향을 설명하는 조망 중 하나는 유전과 환경이 상호작용한다는 것이다. 이 조망에서는 두 요인의 상호작용이 역동적으로 이루어지기 때문에 두 요인이 발달에 미치는 영향을 분리할 수 없다고 주장한다.

4) 발달과업

인간에게는 전 생애에 걸친 발달단계를 거치는 과정에서 각 단계별로 특별히 요구되는 중요한 과업이 존재하는데, 이를 발달과업이라고 한다. 발달단계별 주요 발달과업은 〈표 1-2〉와 같다.

표 1-2 생애주기에 따른 발달과업

발달단계		발달과업
영아기		대소근육의 발달에 적응, 자율감 획득, 신뢰감 획득, 애착발달, 신체생리기능의 발달에 적응, 대상영속성 획득
유아기		자아 개념 획득, 자존감 획득, 언어발달, 주도감 획득, 기본생활습관 획득, 성역할
아동기		학교생활 적응, 또래관계 적응, 가정 및 학교에서의 건전한 태도 형성, 성역할, 양심 · 도덕성발달, 사회태도 발달
청소년기		신체 변화에 적응, 연역적 · 과학적 추론 등 인지발달 적응, 컴퓨터, 스마트폰 등을 긍정적으로 활용하기, 유능한 시민으로서의 기본 개념 획득
성인기	전기	사랑과 친밀감, 자신의 성적 취향 인식, 자아정체감 획득, 결혼 계획, 직업 계획, 정서적 · 경제적 독립과 독립의 필요성 인식
	후기	결혼생활에 적응, 자녀양육에 적응, 부부친밀감, 가족유대감 형성, 직업에의 적응, 배우자 가족에의 적응
장년기		갱년기 및 성적 능력 등 신체적 변화에 적응, 기억감퇴 등 인지능력 저하에 적응
노년기		신체적 건강 쇠퇴에 적응, 은퇴와 수입 감소에 적응, 배우자의 사망에 대한 적응, 동년배와의 유대관계 재형성, 사회적 의무 수행, 생활에 적합한 물리적 환경의 조성

자료: 유성이(2017: 19) 재구성.

5) 사회복지와의 연관성

사회복지실천은 인간 생애주기 전반에 걸쳐 제공될 필요가 있다. 예를 들어, 태아의 적절한 발달을 위하여 산모의 흡연, 음주, 약물복용의 제한, 영양상태 결핍의 예방, 부정적인 정서상태에 있지 않도록 임신과 출산과정에 대한 교육 프로그램의 제공 그리고 스트레스를 해소할 수 있는 사회복지서비스를 통한 개입 등이 요청된다. 유아기의 환경 속에서 아동은 학대로부터 보호되어야 하므로 학대 유형과 제공된 개입서비스, 양육태도에 따른 유아의 심리정서적인 부정적 영향을 해소하기 위하여 긍정적인 양육방법을 교육하고 상담하는 프로그램의 실천이 필요하다. 가정 해체나 빈곤 등의 문제로 시설보호를 받고 있는 아동, 장애아동 등 사회적 소외경험 아동들을 위하여 대상아동의 발달적 특징과 개입방안을 적용하고 정보 제공 · 상담 · 자원의 연계를 계획할 수 있다. 불안정한 사회화를 경험하는 청소년들의 폭력, 가출, 성매매, 우울, 학교부적응, 죄 등의 문제를 개입하기 위한 실제적인 개입방법의 개발이 필요하다. 청년기의 직업 문제로 인한 스트레스, 결혼과 부모역할 준비를 위한 서비스, 장년기의 급속한 역할 변화에 따른 다양한 문제대처서비스, 노년기의 노후생활 개입서비스 등 생애주기에 적합한 인간발달을 촉진하는 서비스의 실천이 현장에서 요청된다(손병덕 외, 2019: 28-29).

3. 사회환경

1) 사회환경의 개념

환경(environment)이란 생활체계를 둘러싸고 직접 또는 간접으로 영향을 주는 자연 또는 사회의 조건이나 형편을 말한다. 즉, 인간생활에 영향을 미치는 모든 사물, 힘, 조건으로 개인이 수용할 수 있는 자극이라고 말할 수 있다. 인간의 행동에서 환경은 없으면 안 되는 요소들이다. 인간에게 있어서 환경은 사회적 · 문화적 · 자연적인 제반 요소를 포함하는 개념적 특성을 갖는다. 따라서, 인간을 환경과 분리하여 이해하는 것은 의미가 없으며, 인간행동을 이해하는 데에 있어 필수적으로 고려해야 하는 요소이다(천정웅 외, 2019: 19).

인간은 사회환경과 분리하여 이해할 수 없다. 사회환경은 인간의 생존과 유지에 필수적인 요소로서 인간을 둘러싼 상황, 여건, 사람들 간의 상호작용으로 이루어진다. 인간이 사회환경의 요구에 얼마나 효과적으로 대처하며 개인의 욕구에 적합하게 사회환경을 얼마나 변화시킬 수 있는가와, 인간과 환경 간 상호작용의 질은 인간행동을 이해하는 데 필수적인 요소이다(정서영 외, 2017c: 20).

20세기 중반에 들어서면서 생태체계이론을 바탕으로 사회환경은 더욱 넓은 개념으로 발전하였다. 사회환경을 자연환경과 인공적 환경으로 구분함으로써 모든 환경을 포괄한다. 예컨대, 자연환경으로 지형, 고도, 기후, 날씨, 천연자원 등을 들 수 있다. 아울러 인공적 환경으로는 인간에 의해 만들어졌거나 건설된 환경으로서 공동주택단지, 공장, 대중교통수단, 매연 등을 들고 있다. 이뿐만 아니라, 사회환경은 체계에 의해 연계되어 서로 영향을 주고받는 점을 강조한다. 이와 같은 개념은 사회환경의 범주를 확대함과 동시에 사회환경의 규모에 따라 상호교류를 강조함으로써 사회환경이 인간의 삶에 미치는 영향력을 밝힌 것이다. 사회환경은 인간에게 직·간접으로 크고 작게 영향을 미친다(이영호 외, 2018: 23).

2) 사회환경적 인간의 특성

사회환경과 관련한 이해는 인간의 사회적 특징에 대한 이해를 필요로 한다는 점에서 친교형성, 집단소속감, 의사소통, 프라이버시(privacy) 등의 몇 가지가 있다. 그 내용은 다음과 같다(천정웅 외, 2019: 20-22).

첫째, 인간은 친교형성의 사회적 특징을 갖는다. 친교는 공유된 관심이나 배경을 바탕으로 형성된다. 관심, 취미, 가족 또는 경력이 변함에 따라 사람들은 새로운 친교를 갖게 된다. 그래서 친교는 주로 기회의 영향을 받는다. 사람들은 학교, 직장, 이웃, 그리고 클럽과 사회적 모임에서의 접촉으로부터 친구를 사귀므로 접촉은 이 과정의 불가결한 부분이다. 근접하여 생활하는 결과로 생기는 접촉을 통해서 형성된 친교는 공유되는 관습이 지속되는 한 유지되는 경향이 있다.

둘째, 집단소속감의 특징이 있다. 일정한 사회적 집단의 구성원이냐 아니냐는 사람이 자신을 규정하는 방식의 한 부분이며, 따라서, 대부분의 사람들에게 중요한 문제이다. 그것은 친교를 이루려는 요구의 확장이며 인류가 가진 사회적 성격의 표시이다. 보통 친목단체는 매우 작은 규모이다. 의사전달이 좀 더 용이하고 정확한 작은 집단에서 적절한 행태의 일반적 규칙이 좀 더 쉽게 파악될 수 있다. 또한 작은 집단은 각각의 구성원에게 집단토의와 결정에 참여할 기회를 더 잘 제공한다.

셋째, 인간의 사회생활은 의사소통이 가능하기 때문이다. 인간에게 있어서 의사소통의 주된 매체는 언어이다. 언어는 사회성원들의 교류와 대화에 의해서 기능을 발휘하며 사회 · 문화의 특성을 담아내고 있는 그릇이기도 하다. 우리가 어떠한 행위든 취하지 않을 수 없는 것과 마찬가지로, 타인과의 교류에서 잠시라도 의사소통을 안 하고 지낼 수는 없다. 세상에서 일어난 일을 알아내고, 정보를 교환하고, 다른 사람들에 대한 태도를 결정하고 생각과 감정을 표현하기 위해서 사람들은 의사소통한다. 현재 많은 의사소통이 인쇄된 글, 라디오, TV, 전화, 인터넷, 소셜네트워크(SNS) 등과 같은 매체의 형식으로 일어나고 있지만, 얼굴을 마주하고 하는 대화의 자세함과 상세함에 필적할 기술은 없는 듯하다.

넷째, 인간의 사회적 특징으로 프라이버시를 생각할 수 있다. 프라이버시(privacy)라는 말의 뜻은 사전적으로 개인의 사생활이나 집안의 사적인 일 또는 그것이 공개되지 않고 남에게 간섭받지 않을 권리를 뜻한다. 프라이버시는 타인에게서만 보호받아야 하는 것뿐만 아니라, 가족관계 사이에서도 보호가 필요하다. 이렇듯, 프라이버시의 개념은 작게는 한가족 내에서부터 크게는 인터넷이나 대중매체 등 매우 넓은 범위에서 사용한다.

결론적으로 사람들은 자신만의 공간을 소중히 여기고 그 공간을 침해받을 경우 다양한 반응을 한다. 사람들은 자신의 프라이버시가 유지될 때 안정감을 느낄 수 있다. 가족 사이에서도 프라이버시는 존중되어야 한다.

3) 사회환경 이해의 관점

사회환경 이해에 대한 관점은 크게 초기 사회학에 기반을 둔 관점과 같은 시기에 함께 강조된 생태학과 체계이론에 기반을 둔 관점을 통해 가능하다. 여기에 덧붙여, 최근에는 사회철학 측면에서 유동사회가 거론되고 있다. 먼저 초기 사회학에서 강조하는 사회환경은 인간에 의해 구성된 집합체에 중점을 두었고, 특히 이 관점은 이들 집합체가 독립적으로 존재하는 것으로 보았다. 초기 사회학의 관점은 주요 사회환경으로 가족, 집단, 조직, 지역사회에 주목하였고, 이들 환경은 체계수준을 형성하지 않고 각 환경체계 속에서 구성원 간 교류를 강조하였다. 따라서, 이 관점에 의하면 인간의 행동에 영향을 미치는 체계 간 상호작용을 이해하는 데는 한계가 있다(이영호 외, 20418: 24-25).

생태학에 대한 관점은 인간이 접하고 있는 자연환경에 중점을 두었다. 인간 중심의 생태학이론은 인간을 인간이 살고 있는 거주지에 연결하고 있다. 이 관점은 개인을 포함한 사회조직들이 환경으로부터 받는 영향을 검증할 수 있는 틀을 제공하였다는 데 의의가 있다(Norlin & Chess, 1997). 생태학이론은 즉시 생태체계이론과 결합하여 생태체계적 관점으로 발전하였다.

4) 사회복지와의 연관성

가족은 사회의 기본 단위이자 일차적으로도 가족구성원을 보호하고자 하는 대상자의 정서적 욕구를 충족시켜 줄 수 있다는 점에서 가족에게 기대되는 사회복지실천 요구는 매우 크다. 가족에 대한 직접개입, 가족보호, 가족생활교육, 가족보존, 가족치료, 가족옹호 서비스 실천을 통하여 가족구성원들의 보호와 보장, 원가족 유지를 도모할 수 있다.

집단은 인간에게 영향을 미치는 사회환경체계로서 인간의 문제를 예방, 해결, 해소하고 성장 및 발달을 촉진하기 위해 적극적인 사회복지실천방안으로 활용할 수 있다. 대인관계 개선, 재활, 교육 및 자조 · 치료를 목적으로 하는 자조집단, 치료집단, 성장집단, 대면집단, 상호부조집단, 과업집단 등을 조직하여 사회복지실천현장에서 활용할 수 있다.

지역사회는 인간에게 영향을 미치는 보다 넓은 형태의 환경체계로서 요구되는 기회와 자원을 위해 조직화할 수 있으며 필요한 자원을 연계시킬 수 있는 장이 될 수 있다. 따라서, 지역사회가 어떻게 영향을 미치는지, 필요한 자원은 존재하는지에 관하여 지속적으로 탐색하고 자원을 확보하는 노력이 요구된다(손병덕 외, 2019: 29-30).

PART

02

인간행동이론

Chapter

02

정신역동이론(1)

[학습목표]

1. 정신역동이론에 대한 기초 지식 파악
2. 프로이트와 에릭슨의 생애와 사상 숙지
3. 정신분석과 심리사회적 이론 파악

[학습내용]

1. 정신역동이론의 개요
2. 정신분석: 프로이트
3. 심리사회적 이론: 에릭슨

[개 요]

정신역동이론은 프로이트의 정신분석을 비롯하여 정신분석이론의 영향을 받아 탄생한 아들러의 개인심리학, 융의 분석심리학 그리고 자아의 중요성에 초점을 둔 에릭슨의 심리사회적 이론, 설리반의 대인관계이론까지 폭넓게 일컫는다. 본 장에서는 정신역동이론에 속하는 프로이트의 정신분석, 에릭슨의 심리사회적 이론을 학습하고자 한다.

Chapter

02 정신역동이론(1)

1. 정신역동이론의 개요

정신역동이론(psychoanalytic theory)은 프로이트의 정신분석을 비롯하여 정신분석이론의 영향을 받아 탄생한 아들러의 개인심리학(individual psychology), 융의 분석심리학(analytic psychology), 그리고 자아의 중요성에 초점을 둔 에릭슨의 심리사회적 이론(Psychosocial theory), 설리반(Stack Sullivan, 1892~1949)의 대인관계이론까지 폭넓게 일컫는다.

이 이론들을 정신역동이론이라고 하는 이유는 정신에너지의 운동에 초점을 두고 정신에너지와 행동 간의 상호작용을 강조하기 때문이다(천정웅 외, 2019: 135).

이론에 따라 주요 초점과 병리의 출발점은 서로 다르지만 대부분 정신이 행동을 어떻게 자극하는지, 그리고 정신과 행동이 개인의 사회환경과 어떻게 서로 영향을 주고 받는지를 강조한다는 점에서 정신역동이론이라 할 수 있다(최옥채 외, 2016: 33).

정신역동이론이란 인간의 심리정서적 요소의 출발점이 개인의 심리 내부에 근거한다는 주장이다. 사고, 느낌, 행동 등의 정신현상을 욕구충족과 욕구충족을 방해하는 조건 간의 상호작용이나 충돌의 결과로 설명하는 정신분석이론의 한 측면을 가리키는 용어이다. 이러한 상호작용으로 인해 정신과정, 발달, 진보, 퇴행, 방어기전, 고착을 설명해준다고 간주한다. 정신역동이론은 정신치료(psychotherapy)라는 직접적 접근의 실천체계의 토대가 되고 있으며, 문학 및 예술의 배경으로서 기능하기도 한다. 모든 이론이 현상을 규정하고 설명하며 이론을 통해 실제에 접근할 때 장점과 단점을 가지듯이 정신역동이론 역시 장단점을 가진다. 그럼에도 불구하고, 개인의 정신현상의 뿌리는 시간적으로 볼 때 이전이며, 개인의 심리는 지각된 외부현실 속에서 생득적인 욕구(성, 관계, 생존, 세력 등)를 해소해 가는 과정에서 발생하는 정서, 사고, 이로 인한 행동체계로 이해한다. 또한 심리작용이 대개 무의식의 과정을 통해 발생하기 때문에 개인은 심리정서의 원인을 제대로 알아차리지 못한다고 가정한다(이영호 외, 2018: 31).

정신역동은 정신결정론(psychic determinism)과 무의식(unconsciousness)을 기초로 인간의 심리현상과 행동을 설명한다. 정신결정론이란 사람의 생각과 행동은 과거의 경험에서 영향을 받는다는 것이다. 무의식은 의식적인 수준에서 일어나지 않는 정신적 활동을 의미하는데, 정신역동에서는 인간의 행동이 무의식적 동기나 의도의 영향을 받는다고 설명한다. 따라서, 정신역동에서는 자유연상(free association), 꿈의 해석을 통해 불안의 원인이 되는 단서를 찾아 내담자가 불안을 관리하거나 극복할 수 있도록 돕는다.

사회복지실천의 역사에서 볼 때, 1920년대에 출현한 진단주의학파(diagnostic schools)는 프로이트의 정신분석이론에 그 기조를 두고 있다. 따라서, 정신역동이론은 사회복지실천의 중요한 이론적 토대로 기능해 왔음을 알 수 있다.

여기에서는 정신역동이론의 출발점이라고 할 수 있는 프로이트이론과 프로이트의 영향을 받아 무의식을 강조한 융의 이론, 무의식보다 자아의 영향을 강조하고 사회적 관계의 중요성을 제시한 에릭슨과 아들러이론의 주요 개념과 발달단계를 살펴보고자 한다. 그리고 이러한 정신역동이론들이 미시적 접근의 사회복지실천에 미친 영향을 살펴보고자 한다.

2. 정신분석: 프로이트

1) 프로이트의 생애와 사상

지그문트 프로이트

프로이트(Sigmund Freud, 1856~1939)는 1856년 5월 6일 모라비아(Moravia, 체코 동부) 지방의 프라이베르크에서 유대인으로 출생하였다. 그가 태어난 오스트리아-헝가리 제국에서는 유대인에 대한 편견이 심했다. 그의 아버지는 세 번째 결혼한 아말리에(Amalie)와의 사이에서 프로이트를 낳았다. 그의 이복형은 어머니와 나이가 비슷했다. 이복형제들에 비해 어머니의 보살핌을 많이 받았고, 김나지움(Gymnasium, 독일의 중등교육기관) 7학년 내내 최우수 학생으로 총명했다. 빈대학교(University of Vienna) 의학부에 입학하여 폰 브뤼케(Ernst Wilhelm von Brueke, 1819~1892) 실험실에서 신경해부학(neuroanatomy)을 공부하였다. 졸업 후 얼마 동안 뇌의 해부학적 연구를 하였고, 코카인의 마취작용을 연구하여 우울증 치료제로 시도하였지만 결과는 좋지 못했다. 1885년 파리 살페트리에르(Salpetriere) 정신병원에서 샤르코(Jean-Martin Charcot, 1825~1893)의 지도 아래 히스테리(hysteric) 환자들을 관찰하였다. 1889년 여름에는 낭시(Nancy, 프랑스 북동부)의 베르넴과 레보 밑에서 최면술을 보게 되어, 인간의 마음에는 본인이 의식하지 못하는 과정, 즉 무의식이 존재한다는 것을 믿게 되었다.

이보다 앞서 브로이어(J. Breuer)는 히스테리 환자에게 최면술을 걸어 잊혀 가는 마음의 상처(심적 외상)를 상기시키면 히스테리가 치유된다는 사실을 발견하였다. 프로이트는 브로이어와 공동으로 그 치유의 방법을 연구하였고, 1893년 카타르시스(katharsis, 정화)법을 확립하였다. 그러나 얼마 후 이 치유법에 결함이 있음을 깨닫고 최면술 대신 자유연상법을 사용하여 히스테리를 치료하는 방법을 발견하였으며, 1896년 이 치료법에 '정신분석'이라는 이름을 붙였다. 이 말은 후에 그가 수립한 심리학의 체계까지도 지칭하는 말이 되었다(정서영 외, 2017a: 89-90).

1900년 이후 그는 꿈 · 착각 · 말실수와 같은 정상심리에도 연구를 확대하여 심층심리학을 확립하였고, 1905년에는 유아성욕론을 수립하였다. 초기 그의 학설은 무시되었으나, 1902년경부터 점차 공명하는 사람들(슈테켈, 아들러, 융, 브로일러 등)이 나타났으며, 1908년에는 제1회 국제정신분석학회가 개최되어 잡지 〈정신병리학 · 정신분석학연구연보〉(1908~1914), 〈국제정신분석학잡지〉 등이 간행되었다. 또 1909년 클라크대학교 20주년 기념식에 초청되어 강연한 일은 정신분석을 미국에 보급시키는 계기가 되었다. 제1차 세계대전 후 사변적 경향을 강화하여 원초아 · 자아 · 초자아와 같은 생각과, 생의 본능인 에로스, 죽음의 본능인 타나토스(Thanatos) 등의 이론을 주장하였다. 1938년 오스트리아가 독일에 합병되자 나치스에 쫓겨 런던으로 망명하였고, 이듬해 암으로 세상을 떠났다. 그의 유골은 지금 런던의 골더스 그린(Golders Green)에 안장되었고, 그가 마지막 저서를 집필했던 마레스필드(Maresfield) 가든 20번지에는 프로이트 박물관이 세워졌다. 그곳에서 프로이트는 지금도 세계화시대를 맞이한 정신분석은 어떤 모습이어야 하는지, 세계는 어떠해야 하는지를 꿈꾸는 방문자를 맞으며, 그의 영향력을 과시하고 있다(강응섭, 2010: 30-31).

파시즘으로 열망하는 역동의 시대를 거슬러 살았던 그는, 나치즘의 시기를 보낸 유대인이었다. 그가 정신분석을 하게 된 두 가지 요소 역시 유대혈통과 특수했던 가족환경을 들었다. 그는 편견이나 선입관에서 벗어나는 법을 자신의 혈통을 통해 배웠고, 나이 차이가 많은 자신의 아버지와 어머니를 통해 심리학적 현상을 발견하게 되었다. 또한 그가 좋아했던 성경과 문학에 대한 해박한 지식은 그의 정신분석학적 텍스트에 큰 영향을 끼친다. '오이디푸스 콤플렉스(Oedipus complex)'나 '나르시즘(narcissism)' 같은 이론은 문학작품이나 신화를 통해 설명되었으며, 그의 작품 곳곳에는 성경이 등장하게 되고 무의식 개념을 새로운 미학으로 인문학에 영향을 미치게 된다.

프로이트의 특징은 수많은 임상경험을 토대로 자신의 이론을 발전시킨다는 점이다. 당시에 유행하던 최면요법 대신, 그는 수많은 환자들과의 면대면 대화를 통하여 그의 무의식이론체계의 핵심이 될 개념을 도출했고, 개별적인 치료가 아닌 보편적인 무의식이론으로 발전시켰다. 그는 미숙한 인간이 성인으로 성장해 가는 과정에서 무의식이 생성되며, 꿈과 환상은 기억 조각 사이의 공백을 메워주는 중요한 요소라는 확신을 가지고 있었다. 따라서, 과거를 객관적으로 복원하는 일은 불가능하며, 언제나 기억은 환상이나 욕망에 의해 왜곡된다는 결론을 얻게 되었다. 수많은 사례를 통하여 전개되고 있는 그의 논리는 책 속에 담겨졌다. 그리고 끊임없이 학문과 작용하며 나치가 현대에 부여했고 끔찍했던 보편성으로 부정되었던 개별성과 주관성을 존중하는 새로운 시각을 제공하게 되었다.

20세기의 사상가로 프로이트만큼 큰 영향을 끼친 인물은 없다고 평가되며, 심리학·정신의학에서 뿐만 아니라, 사회학·사회심리학·문화인류학·교육학·범죄학·문예비평에도 큰 영향을 끼쳤다.

정신분석입문(2012년 출판)

주요 저서에는 《히스테리 연구(*Studien über Hysterie*)》(1895), 《꿈의 해석(*Die Traumdeutung*)》(1900), 《일상생활의 정신병리학(*Zur Psychopathologie des Alltagslebens*)》(1902), 《성욕에 관한 세 편의 에세이(*Drei Abhandlungen zur Sexualtheorie*)》(1905), 《토템과 터부(*Totem und Tabu*)》(1913), 《정신분석입문(*Vorlesungen zur Einführung in die Psychoanalyse*)》(1916), 《쾌락 원칙을 넘어서(*Beyond The Pleasure Principle*)》(1920), 《새로운 정신분석입문(*Neue Folge der Vorlesungen zur Einführung in die Psychoanalyse*)》(1932), 《정신분석학 개요(*Abriß der Psychoanalyse*)》(1940) 등이 있다.

안나 프로이트

안나 프로이트(Anna Freud, 1895~1982)는 지그문트 프로이트(Sigmund Freud)와 마르타 프로이트(Martha Freud) 사이에서 난 6명의 자녀 중 막내로, 비엔나(Vienna)에서 태어났다. 1901년 6세 되던 해 초등학교에 입학한 안나는 아버지인 프로이트가 교수가 되면서 유복한 가정생활을 할 수 있었지만, 어머니와의 관계는 그리 좋지 않았다. 안나는 어려서부터 자매인 소피 프로이트(Sophie Freud)와 늘 비교를 당하면서 부모의 애정을 얻기 위한 쟁탈전을 벌였다. 학창시절에는 따분한 성격에 놀 줄도 모르고 학교에 가는 것을 싫어하였다. 안나 스스로도 학교에서 배운 것보다 집에서 아버지에게 배운 것이 더 많다고 회고하였다. 안나는 아버지에게서 히브리어, 독일어, 영어, 프랑스어, 이탈리아어 등 여러 나라 말을 배우기도 하였다.

한편, 1908년에 안나는 맹장수술을 받았는데, 수술대에 오를 때까지 아무도 자신에게 수술 사실을 말해 주지 않았던 것이 큰 스트레스가 되어 회복기간만 수개월이 걸렸다. 1912년 17세에 고등학교를 졸업한 안나는 1914년 모교에서 수습교사를 뽑는 시험에 합격하여, 1915~1917년까지 임시교사로 일하다가 1917~1920년까지 정식교사로 근무하였다. 그러던 중 아버지 프로이트의 저서를 독일어로 번역하는 작업을 도와주면서 아동심리학과 정신분석학에 관심을 갖게 되었다. 안나는 교사 출신이면서 정신분석계에 발을 들인 인물로, 비의료계 출신이 정신분석을 할 수 있는 길을 닦은 인물이기도 하다.

아버지의 저서에서 상당한 영향을 받은 것도 사실이지만, 안나는 독자적인 사상을 가지기도 하였다. 아버지인 프로이트의 사상을 확장시킴과 동시에 아동정신분석학이라는 분야를 새롭게 개척한 것이다. 안나는 학업을 더 이어 나가지는 않았지만 정신분석학과 아동심리학에 큰 영향을 미쳤다. 1923년 비엔나에서 아동정신분석 임상을 시작하였고, 1925년에 비엔나정신분석연구회(Vienna Psychoanalytic Society) 회장이 되어 1928년까지 봉사하였다. 비엔나에 있던 시기에는 에릭슨(Erik Erikson)에게 많은 영향을 주기도 하였다. 1936년에는 《자아 및 방어기제(*The ego and the mechanisms of defense*)》를 출간하여 억압이 인간의 주요 방어기제임을 밝혔다. 1938년 안나는 게슈타포(Gestapo)에게 체포되었다가 아버지와 함께 런던으로 건너갔다.

1941년 버링톤(Torothy Burlington)과 함께 햄스테드보육원(Hampstead Nursery)을 설립하였다. 이곳은 정신분석 프로그램을 실시하면서 집 없는 아동들에게 쉼터를 제공하였다. 보육원에서의 경험을 바탕으로 《전시아동(*Young Children in Wartime*)》(1942), 《가정이 없는 아동(*Infants Without Families*)》(1943), 《전쟁과 아동(War and Children)》(1943) 등의 저서를 출간하였다. 1945년에 햄스테드보육원이 문을 닫자, 안나는 햄스테드 아동치료과정 및 클리닉(Hampstead Child Therapy Course and Clinic)을 만들어 1952년부터 1982년 사망할 때까지 대표직을 맡았다. 1950년대부터는 정기적으로 미국에 강의를 하러 다니기도 하였다. 아동정신분석뿐만 아니라, 안나는 자아 혹은 의식이 고통스러운 생각, 충동, 감정 등을 회피하는 데 어떻게 기능하는가에 대한 이해에도 크게 공헌하였다.

안나의 사상을 집적한 책으로는 1968년에 출간한 《아동기의 정상 및 병리학(*Normality and Pathology in Childhood*)》을 들 수 있다. 프로이트의 딸로 누군가의 지도를 받지도 않고 아동분석기법을 개발한 안나와 당시 아동분석을 시작한 클라인학파(Kleinian Psychoanalysis)와의 20여 년간의 논쟁은 유명하다. 안나는 치료동기의 존재, 부모의 협력, 치료자의 중립적 태도 등을 아동정신분석의 요소로 내세우면서 클라인학파와의 차이를 보여 주었다. 정신과 의사이자 정신분석학자인 하르트만(Heinz Hartmann, 1894~1970) 등과 더불어 만든 《아동심리분석연구(*The Psychoanalysis study of Child*)》는 매년 간행되면서 햄스테드 아동치료과정 및 연구소의 연구와 안나의 이론을 집약하여 보여 주었다.

이와 같이 안나는 아버지로부터 정신분석학을 배움으로써 뒤이어 정신분석학자가 되었다. 특히, 아동정신의학에 지대한 영향을 미친 인물로, 아동심리학 부분에서 권위자이다. 그녀의 이론은 현대에도 해당 분야의 중심적인 자리를 점하고 있다. 그녀는 아버지의 제자이자 학문적 동지였으며, 아버지의 말년에 간호와 비서 노릇을 하기도 했다. 그녀는 결혼하지 않고 독신으로 살다가 1982년 세상을 떠났다.

주요 저서로는 《아동기의 정상 및 병리학(*Normality and Pathology in Childhood*)》(1968) 등이 있다.

2) 정신분석의 개요

정신분석이론(psychoanalytic theory)은 20세기 서구문명의 지적 충격이라고 할 수 있는 프로이트에 의해 최초로 개발된 성격발달이론이다. 정신분석이론이란 인간의 정신세계의 대부분을 차지하고 있는 무의식에 초점을 두어 무의식적인 성적 · 공격적 충동에 의해 발생하는 갈등을 파악하고 이를 분석한 이론이다. 프로이트이론의 특징은 인간의 성격발달에서 성적 욕망을 강조하고 있다(정서영 외, 2017b: 36).

정신분석이론에서는 개인의 행동과 감정, 생각 등이 우연히 일어난 것이 아니라, 무의식적인 성적 · 공격적 충동에 의한 것이라 여기며, 결정론적 관점에 바탕을 두고 있다. 따라서, 사회복지사는 클라이언트의 현 문제를 이해하기 위해 과거의 경험, 특히 무의식적으로 내재되어 있는 성적 · 공격적 충동을 이해하고, 클라이언트가 이러한 경험과 충동을 통찰력을 가지고 인식하도록 하여 현재의 문제를 이해할 수 있도록 돕는 데 그 목적이 있다. 나아가 정신분석이론에서는 현 문제에 대한 치료적 처방을 제공하기보다는 클라이언트의 통찰력 혹은 문제인식능력과 이해력을 향상시키는 데 그 초점을 두고 있다(손병덕 외, 2019: 29).

정신분석이론은 프로이트의 학설로 그의 이름을 따서 '프로이트주의(Freudism)'라고도 부른다. 그의 학설은 '자유연상법(free association)'을 사용한 신경증 치료기술로서, 또 인간심리의 해명으로서 성립하였다. 프로이트의 자유연상법이란 꿈이나 말의 차이, 글의 차이 등의 현상을 포착하여 그때 마음속에 떠오르는 것을 계속해서 서술하는 것으로, 의식되지 않고 심리 깊숙한 곳에 감추어져 억압되어 온 심리활동을 읽어내고, 그에 기초하여 신경증의 치료법을 세우는 것을 말한다. 1896년 그는 이런 방식을 '정신분석(psychoanalysis)'이라고 명명했다. 그는 신경증의 치료에서 얻은 지견을 꿈, 남 앞에서 빗나간 말을 하는 것, 농담이라는 형식으로 방출시키는 속마음 등을 연구하여 1900년 이후 자기 나름의 심리학체계를 세우고 이를 '정신분석'이라고 불렀다. 여기서 '학'을 붙이지 않은 것은, 자기의 학설이 처음부터 가설에서 출발한 것이고 과학적인 입증이 불가능한 것이어서 감히 정신분석학이라고 하지 못했던 것이다.

그는 다양한 정신장애를 지닌 환자들을 면담하며 치료하는 과정에서 무의식과 성적인 욕구의 중요성을 깨달았다. 또한 자기분석의 경험에 근거하여 인간의 무의식적인 내면세계를 설명하는 성격이론을 제시함으로써 인간 이해의 새로운 지평을 열어 현재를 사는 우리들에게 자신이 모르는 마음의 세계가 있다는 것을 가르쳐 주었다. 프로이트의 이론은 인생의 초기 경험이 인간의 성격발달에 미치는 영향을 강조하였으며, 성적 에너지인 리비도의 욕구 충족이 발달에 큰 영향을 미친다고 보았기 때문에 '심리성적 발달이론(psychosexual development theory)'이라고도 불린다(박희숙 · 강민희, 2017: 15).

정신분석기법을 응용한 분야를 굳이 심리학으로 표현하자면, 의식보다 더 깊은 무의식영역의 연구를 강조하였기 때문에 '심층심리학(depth psychology)'이라고 부른다. 심층심리학은 무의식적 요인이 어떤 방식으로 의식이나 행동에 영향을 주는가를 살펴보기 때문에, '정신역동학(psychodynamics)' 또는 '역동심리학(dynamic psychology)'이라는 용어로도 표현한다. 감각 및 지각 또는 사고에 대한 초점을 맞추는 초창기 심리학 연구가 마음이나 영혼(psyche)에 대한 정적인(static) 접근방법이라면, 심층심리학은 정신과정에서의 동적인(dynamic) 요소, 즉 동기나 경향성, 관심, 정서, 갈등 등을 비롯하여 그들의 상호작용에 초점을 맞추는 접근방법이다. 곧 '동적'이라는 용어는 내적인 에너지의 '상호작용'이라는 의미를 내포하고 있다. 심층심리학 분야는 인간의 성격이 형성되거나 발달하는 것을 비롯하여 정상범주에서 벗어난 행동의 원인을 설명하는 데 주로 응용되고 있다(윤가현 외, 2016: 29-30).

이와 같이 그는 무의식의 근저로부터 오는 성적 본능과 그것을 억압하는 힘을 기계론적으로 설명하고 있다. 본원적 욕구 '에스(Es)'와 그것을 받고 있는 '자아', 그리고 자아가 스스로를 제어하는 '초자아'가 있어, 이 초자아에 반하는 경우에 자책감이 생기고 여기로부터 우울이나 열등감 등이 생기게 된다. 억압되어 있는 '에스'에 의한 욕구의 힘(콤플렉스)을 어떤 방법으로든 해방시키는 것에 신경증 요법의 의미가 있다.

3) 인간론

프로이트는 인간을 비합리적이고 결정론적인 존재로 보고 있다. 인간을 비합리적 존재로 본 것은 개인이 현재보다 오히려 과거의 생활경험들에 의해 더 큰 영향을 받아 자신의 행위를 결정하고, 그에 따른 책임을 질 수 있는 주체자로서 행동하지 못한다고 보았기 때문이다. 결정론은 인간이 태어난 이후 5~6세 사이의 어린 시절에 경험한 무의식 속에 잠재해 있는 심리성적인 사건들에 의하여 결정되어 있는 존재로 보기 때문이다. 즉, 인간의 모든 사고, 감정, 행동은 무의식적인 성적 본능과 공격적 본능에 의해 결정된다고 보며, 인간은 이런 본능적 긴장을 해소하기 위해 행동을 한다고 보고 있다. 프로이트에 따르면, 인간에게 나타나는 대부분의 행동은 근원적으로 성적인 충동에 의한 것이며, 그러한 충동이 사회적으로 수용될 수 있는 형태로 변형되어 나타난 것이다. 그는 인간의 마음을 움직이는 가장 중요한 동기를 성욕이라고 보았다.

정신분석에서는 인간의 두 개의 상반된 본능(instinct)을 강조한다. 삶의 본능(life instinct)과 죽음의 본능(death instinct)이 그것이다. 삶의 본능은 '에로스(eros)'라고도 하며, 배고픔과 같이 삶을 유지시켜 주는 것, 종족을 번식시키는 성과 같은 것 등을 말한다. 성에 대한 본능은 개인의 정신구조에서 상당히 중요한 역할을 하므로, 프로이트는 이것이 영향력이 가장 큰 삶의 본능이라 생각했다. 성 본능에 내재된 리비도(libido, 라틴어의 '소망', '욕구'에서 유래)라는 것인데, 이는 생존본능의 힘을 일컫는 것이 되었다. 그리고 다른 하나는 '타나토스(thanatos)'라고 하는 죽음의 본능이다. 이것은 인간 모두가 가지고 있는 죽음과 파괴에 대한 경향을 말한다. 타나토스는 소리를 지르거나 욕을 함으로써, 또는 영화나 운동경기를 관람하면서 평상시에 조금씩 내면 밖으로 내보내야 한다고 프로이트는 말한다. 만약 그렇게 하지 않으면 댐 둑이 한방에 무너지듯, 한꺼번에 감정이 폭발하게 되어 폭력, 살인, 방화 등을 하게 되거나 사이코패스 같은 정신분열병에 걸리게 된다는 것이다(이우언 외, 2017: 150-151).

삶과 죽음의 본능은 서로 영향을 미치며, 서로 융합되어 있기도 하다. 예를 들어, 음식을 먹는 것은 배고픔을 해결하고자 하는 삶의 본능적 표현이지만, 음식물을 파괴하여 섭취한다는 점에서 죽음의 본능이다. 그리고 삶의 본능과 죽음의 본능이 병적으로 혼합되면 인간은 강간 또는 피학적 성행위, 수간 등 변태적 성행위를 하기도 하고, 성행위를 몰래 훔쳐보기 등과 같은 행동들을 하게 된다.

4) 핵심 개념 및 내용

(1) 인간의 정신세계

프로이트이론은 인간의 성격을 지형학적 모형과 구조적 모형으로 제시하고 있으며, 지형학적 모형은 우리의 심리를 나타내는 것으로 무의식, 전의식, 의식으로 구분된다. 마음을 나타내는 구조적인 모형은 원초아, 자아, 초자아로 구분되며 이 각각의 삼차원의 구조가 상호작용하여 전체 성격체계를 구성하고, 각각의 하위체계는 개인의 행동에 각기 다른 영향을 미친다.

① 지형학적 모형

프로이트는 보이지 않는 인간의 정신을 보다 잘 설명하기 위해 의식, 전의식, 무의식이란 개념을 포함한 정신의 지도를 빙산(iceberg)에 비유하여 그려 냈다. 즉, 우리가 볼 수 있는 빙산은 거대한 실체의 일부이듯 인간의 '의식'은 우리 정신세계의 극히 일부이며, 우리가 의식하지 못하는 '무의식'이라는 거대한 부분이 인간 정신의 내면 깊은 곳에 있다는 것이다. 그리고 무의식을 다시 전의식과 무의식으로 구분하였다(Freud, 1905, 1923; 박언하 외, 2019: 33-35; 강상경, 2018: 62-67; 정서영, 2017a: 94-98).

ⓐ 의식

의식(conscious)은 현재 인간이 감지하고 느끼는 모든 것을 의미하며 외부세계와 직접 맞닿아 있는 영역이다(Freud, 1923). 하지만 인간은 외부세계의 모든 것을 의식하진 못한다. 의식의 내용은 새로운 생각이 정신에 들어오고, 오래된 생각은 정신에서 물러나면서 계속적으로 변한다. 당신이 생각하여 현재 어떤 것을 얘기할 때, 당신은 아마도 의식의 일부분을 표현하고 있다고 할 수 있다. 프로이트는 우리가 자각하고 있는 의식은 빙산의 일각에 불과하다고 하여 우리가 자각하지 못한 부분이 많다는 것을 강조하였다. 그렇다면 우리가 의식하지 못하는 많은 부분들은 사라진 것일까? 프로이트는 의식 영역 밖의 훨씬 큰 세계가 전의식과 무의식이란 이름으로 인간의 성격과 행동에 지대한 영향력을 행사하고 있다고 믿었다.

ⓑ 전의식

전의식(preconscious)은 지금 현재 의식되지는 않지만, 기억해내려고 조금만 노력을 기울이면 비교적 쉽게 의식될 수 있는 영역이다. 예를 들어, 길을 가다가 낯익은 한 사람을 만났다. 그 사람이 반갑게 아는 척을 하며 다가오는데, 잘 기억이 나지 않는다. 그때 그 사람이 자신이 초등학교 6학년 때 같은 반 친구였음을 알려오면 불현듯 그 시절의 잊고 지냈던 추억들이 되살아난다. 전의식은 의식과 무의식의 중간에 있는 자각으로서 꽤 용이하게 의식으로 가져올 수 있는 정신의 부분이다. 엄격히 말하면, 전의식은 무의식의 부분이지만 쉽게 거기에 저장된 기억, 지각, 생각이 의식으로 변화될 수 있는 의식의 아랫부분이다. 전의식은 무의식과 의식을 연결하는 역할을 하는데, 정신분석치료에 의해 무의식 속에 잠재되었던 내용이 전의식으로 나오고 전의식수준에서 다시 의식될 수 있다.

ⓒ 무의식

프로이트는 의식된 현실에서 받아들여지기 어려운 충동이나 욕구 혹은 고통스러운 기억과 감정을 의식 아래로 억압하는 경향이 있다고 주장하며, 이를 설명하기 위해 무의식(unconscious)이란 개념을 학문적으로 처음 사용하였다. 프로이트의 가장 큰 공헌은 무의식에 대한 인식이다. 무의식은 정신의 가장 깊은 곳에 자리해서 개인적인 노력으로 의식화될 수 없고, 리비도 같은 정신 에너지의 원천으로 인간의 생각과 행동을 결정하는 원동력이다. 무의식에 대한 임상적인 증거는 꿈, 말실수, 망각, 자유연상이나 도출된 자료, 최면 암시, 정신적 증상의 상징적 내용 등이다. 또한 의식과 무의식 사이에 존재하는 전의식은 현재 의식하지는 못하지만 조금만 노력하여 회상하려고 마음을 집중하면 전의식에 저장된 기억이나 지각, 생각 등을 의식으로 전환할 수 있는 정신이다. 따라서, 그의 이론의 핵심은 무의식이라고 해도 과언이 아니다.

② 구조적 모형

프로이트는 1923년 그의 저서 《자아와 원초아(*the Ego and the Id*)》를 통해서 자아, 원초아, 초자아의 삼원적 구조모형(tripartite structural model)을 소개하였다. 그는 원초아, 자아, 초자아라는 세 가지 심리적 구조를 제안했으며, 특히 자아의 기능을 중요하게 여겼다. 인간의 정신세계는 매우 충동적이고 비합리적인 마음, 현실을 인식하는 합리적인 마음, 도덕과 양심을 중시하는 마음이 서로 충돌하고 타협하면서 외부세계와 상호작용한다고 하였다(이우언 외, 2017: 153).

ⓐ 원초아

원초아(Id)는 원초적 자아 또는 자아의 원초라는 뜻의 이 한자 조어로 프로이트의 이론에서는 '그것'이라는 독일어 3인칭 대명사인 'Es'이다. '그것'의 내용은 유전된, 신체조직에서 유래하는 충동들로서, 심리학적으로 중요한 것은 배고픔과 목마름 같은 생리적 욕구들보다는 성과 공격의 충동들이다. 현실과 접촉이 없으므로 진정하게 '심리적' 현실이라고 할 수 있는 원초아는 쾌락원칙을 따르며 일차과정적으로 기능한다.

배고픈 아기가 마구 울다가 젖을 먹으면 웃는 것처럼, 충동들이 만들어 내는 긴장이 해소될 때 즐거움과 행복이 느껴진다. 일차과정이란 욕구충족의 방식이면서 사고의 양식이다. 일차과정적 욕구충족은 즉각적인 대신 대상이나 방법이 유동적이다. 배고픈 아기는 엄마가 자기 앞에서 우유를 타고 있는데도 즉각적 충족을 요구하며 울어대지만, 엄마가 빈 젖꼭지(소위 '공갈 젖꼭지')를 물려주면 그친다. 자기 손가락을 빨며 울음을 그치기도 한다. 물론 빈 젖꼭지나 손가락에서 젖이 나오는 것이 아니므로 아기는 곧 다시 운다. 일차과정적 사고양식은 비합리적이고 시각적 심상에 의존하며 시간의식이 없는 것이 특징이다. 꿈 사고가 바로 이러한 양식이다. 우리는 오줌이 마려울 때 꿈에서 화장실에 가지만(즉각적 욕구충족, 유동적 대상/방법) 결국은 방광이 터지기 전에 일어난다. 또 주로 시각적 심상들로 나타나며 과거와 현재가 뒤섞이는 꿈의 사고는 너무 비합리적이어서 '사고'라 하기도 어려울 지경이다. 일차과정적 사고는 자아가 무너진 정신병(정신분열증 등) 환자의 알아듣기 어려운 횡설수설에서도 볼 수 있다.

원초아는 심리적 에너지의 원천이자 본능이 자리 잡고 있는 곳이다. 그리고 근본적으로 성적이고 공격적인 충동으로 마음에 대한 본능적 압력의 종합적인 조직을 나타낸다. 이는 쾌락의 원리(pleasure principle)에 따라 본능적 욕구를 충족시키기 위하여 비논리적이고 맹목적으로 작용한다. 원초아에는 욕망 실현을 위한 사고능력이 없으며, 단지 욕망의 충족을 소망하고 그것을 위해 움직일 뿐이다. 원초아는 무의식적(unconscious)이거나 의식 외적(out of awareness)인 존재이다. 반사작용으로 생리적이며 자동적 반응, 즉 눈 깜박임, 재채기 등을 말한다. 이는 일차적 과정으로 긴장을 제거해 주는 대상의 영상을 떠올림으로써 긴장을 해소하는 것으로, 예를 들어 목마른 나그네가 물을 보는 상상을 하는 것을 들 수 있다.

ⓑ 자아

라틴어 *ego*의 번역인 '자아(Ego)'는 프로이트에게서는 독일어 일인칭 대명사인 '나'이다. '나'는 보고 들으며, 기억하고, 감정을 느끼며, 판단을 내린다. '나'는 수의적 운동을 맡는다는 점에서 성격의 '집행자'이다. 원초아로부터 자아가 분화되는 이유는 욕구충족과 긴장해소는 결국 바깥세계에서 오는 또는 찾는 대상들을 통해서만 가능하기 때문이다. 자아는 너무 강한 자극들은 피하고 적당한 자극들을 찾아내며, 결국 바깥세계를 유리한 쪽으로 변화시키기를 배운다.

현실의 원리에 입각하여 욕구충족을 위해 적합한 대상이 발견될 때까지 긴장 해소를 보류할 수 있다. 이차적 과정으로 현실적 사고과정을 통하여 통제하고 반응할 환경의 성질을 검토, 선정하고 욕구를 어떤 방법으로 만족시킬 수 있는가 결정한다. 현실을 무시하고 쾌락의 원리에 입각하여 작용하는 원초아(Id)와 이상 지향적 작용을 하는 초자아(Superego)를 통합, 조정하는 중재자 역할을 한다. 예를 들어, 목이 마를 때 '물'의 심상을 떠올리는 것이 아니라 기다리면 물을 가져다 줄 것이라고 기대하는 것이다.

ⓒ 초자아

초자아(Superego)란 프로이트에서 '위-나', 즉 '나의 위'에 있는 존재이다. 인간의 아동기는 유난히 길며, 부모에 의존해 사는 기간이 길기 때문에 이 부모의 영향을 지속시키는 구조가 자아로부터 분화되어 독립하게 된다. 부모의 영향에는 물론 부모의 개성뿐 아니라 부모가 이어가는 가족, 민족의 전통의 영향, 부모가 대표하는 당시의 사회적 환경의 요구들도 작용한다. 또한 아동이 커가면서 초자아는 부모의 대리인들, 즉 교육자, 공적인 모델들이 주는 영향도 받게 된다.

사회적 · 전통적 가치와 이상의 내적 기준으로 성격의 도덕적 무기, 현실보다는 이상을, 쾌락보다는 완성을 위해 작용한다. 이는 자아에서 분리된 부분으로 개인이 생의 초기에 받는 도덕적 훈련의 잔재이며, 가장 중요한 아동기 동일시와 이상적인 포부의 침전물이다. 따라서, 초자아는 사회기준을 내면화하여 심리적인 보상과 처벌을 한다. 보상이란 자존심과 자기애의 느낌이고 벌이란 죄의식과 열등감의 느낌이다. 부모가 어린이에게 설명해 줌으로써 부모가 어린이에게 주는 보상이나 벌에 대한 반응으로 발달한다. 이때 양심, 즉 부모가 자녀의 행동에 대하여 부적합하다고 하거나 벌하는 것으로 발달하며 자아이상, 즉 자녀의 행동을 승인, 칭찬해 주는 것으로 발달함으로써 선에 대한 개념이 발달한다.

원초아, 자아, 초자아의 관계

정신의 구조적 모델의 이해를 돕기 위하여 프로이트는 원초아와 자아의 관계를 말과 기수의 관계로 비유하여 설명했다(Freud, 1923). 말은 힘(energy)과 추진력(drive)을 제공하는 반면, 기수는 그 방향을 정한다. 이처럼 인간의 원초아는 인간의 행동을 유발하는 본능적 힘이며, 자아는 보다 현실 수용 가능한 방향으로 그 행동이 표출되도록 조절해 주는 역할을 한다. 그래서 자아는 성격의 집행자로 표현되기도 한다. 말을 옳은 방향으로 잘 이동시키고 있다는 확신을 가짐에 있어 초자아의 도움을 받는다(손병덕 외, 2019: 43).

(2) 방어기제

방어기제(defense mechanism)는 적응기제에 포함되는 심리기제인 바, 적응기제에는 방어기제, 도피기제, 공격기제 등이 있다. 프로이트가 밝힌 자아방어는 유기체가 그 나름대로의 심리적 평형을 이루려는 노력의 결과로 나타나므로 그 자체는 부적응적이거나 이상행동이 아니지만 각기의 기제가 과도하게 이용되는 경우 부적응 내지는 신경증으로 발전할 수 있는 것으로 보인다. 방어기제의 유형과 그 내용을 살펴보면 다음과 같다.

방어기제에 대한 개념은 프로이트가 먼저 제시했지만 그의 막내딸인 안나 프로이트의 저서 《자아와 방어기제(*The Ego and the Mechanisms of Defense*)》(1936)를 통해 보다 구체적으로 체계화하였다. 방어기제를 사용함으로써 자신을 보호하고 그들이 속한 사회와 조화를 이루며 살아갈 수도 있는 반면, 오히려 정신건강을 더욱 해치고 사회 부적응적인 양상으로 나타나는 등의 부정적인 결과를 초래할 수도 있다(손병덕 외, 2019: 47). 다양한 방어기제들 중 대표적인 유형 아홉 가지는 다음과 같다.

① 부정

부정(denial)은 엄연히 존재하는 현실 혹은 사실을 받아들이는 것을 거부함으로써, 그를 인정함에서 오는 불쾌감이나 불안을 피하고자 하는 방어기제로, 다른 모든 방어기제들의 기저에 깔려 있는 정신기제이기도 하다(Freud, 1946). 부정은 특히 자신의 좋지 않은 습관을 받아들이지 않기 위해 많이 사용하는데, 대표적인 예가 알코올 중독자들이 자신은 중독된 것이 아니라 사회생활을 위해 적당히 마시는 것이라고 하는 것이다. 또 다른 예로, 가까운 사람의 죽음을 받아들이는 것이 너무 고통스러워 그 사람은 잠시 여행을 간 것이라고 믿어 버림으로써 그 사실을 인정하지 않는 것이다. 하지만 부정된 기억과 감정은 잠깐의 안정감은 줄 수 있어도 결국은 다시금 문제가 된다.

② 억압

억압(repression)은 불안을 야기시키는 생각이나 충동' 공포' 소원 등을 의식세계로부터 배제시키고자 하는 심리기제이다. 이러한 것들에 대해 더 이상 의식하지 않게 되면 불안은 감소되거나 해소되는 것이다. 프로이트는 이것이 불안을 감소시키는 데 사용되는 가장 기본적인 기제로 보았다. 그는 그 예로서, 모든 소년소녀들은 오이디푸스 콤플렉스(Oedipus complex)에 의해 생기는 불안을 억압을 통해 해소시키는 것으로 보았다.

그러나 억압된 내용들은 소멸되어 버리는 것이 아니라, 어떤 상황하에서는 다시 의식의 세계로 항시 되돌아올 수 있는 소지를 지니고 있다. 억압된 내용이나 재료는 실언이나 꿈, 그 밖의 어떤 예외적 행동으로 나타나기도 한다. 엄밀히 말한다면 실언은 실언이 아닌 것이며, 그가 억압한 것(의식적이든 무의식적이든)의 내용인 것이다. 억압은 다시 두 가지로 구분하여 살펴볼 수 있다. 즉, 원초적 억압은 현실에서 의식화된 적이 없는 요소에 대한 억압(예: 근친상간 같은 것)이고, 실제적 억압은 현존하는 것이며 의식되는 위험한 충동을 억제하는 일을 말한다.

③ 합리화

합리화(rationlization)는 받아들일 수 없는 태도나 행동 혹은 믿음 등을 정당화하기 위하여 합리적인 설명을 하거나 이치에 닿는 이유를 대는 심리기제이다. 즉, 현실을 왜곡하여 자존심을 보호하는 행동기제로써, 현실적 · 사회적으로 용납되지 않는 동기를 용납되는 동기로 바꾸는 것이다.

구체적으로 '남이 하면 스캔들, 내가 하면 로맨스', '남이 받으면 뇌물, 내가 받으면 떡값', '실력 없는 목수 연장 탓 한다' 등이 이에 해당된다. 이런 예도 있다. 즉, 자신은 그 과목에 대해 열심히 공부했는데, 담당교수가 괴팍하여 중요하지 않은 문제만 골라서 출제했으므로 성적이 나쁘게 나왔다거나, 의과대학시험에 낙방한 학생이 '사실 나는 의사가 되고 싶지 않은데, 부모의 강압적 태도 때문에 응시를 했고, 다행히 떨어져서 내 적성에 맞는 학과에 진학하게 됐다'고 스스로 위안하는 행위 등이 그것이다. 볼이 아웃되었을 때, 자신도 모르는 사이에 공연히 테니스 라켓 줄을 바로잡는 일은 흔히 보는 합리화의 예이다.

④ 투사

투사(projection)는 자신이 스스로 받아들일 수 없는 충동이나 태도 등을 무의식적으로 타인이나 환경의 탓으로 돌리는 행동기제로써 자신의 결점을 다른 사람이나 사물에 전가시켜 비난하여 자신의 결함이나 약점 때문에 갖게 되는 위험이나 불안으로부터 자아를 보호한다(Freud, 1946). 즉, 사회적으로 용납되지 않는 충동이나 생각들을 무의식적으로 남에게 전가시킴으로써 불안을 감소시키는 행위이다. 자신은 거의 의식하지 못하는 것이지만 실제로는 자신에게 있는 강한 충동을 다른 사람에게서 발견하거나 다른 사람이 가지고 있는 것으로 간주하여 그를 비난하는 행위이다. 예를 들어, 춤바람이 나서 도망간 여자를 맹렬히 비난하는 여자는 실상 자기의 부도덕한 성 충동을 투사하고 있는 것일 수도 있는 것이다. 길거리를 지나면서 자신을 쳐다보는 남자들이 자신을 유혹하고 있다고 믿는 경우, 역시 자신의 충동을 그들에게 투사하는 것일 수 있다. 자기가 화가 나 있는 것은 의식하지 못하고 상대방이 자신에게 화를 냈다고 생각하는 것이나, 누군가를 살해한 범인이 실은 상대가 자기를 해칠 것 같은 느낌이 들었다고 하는 경우를 말한다.

이 투사의 정도가 심하고 오래 지속되면 인간관계는 비뚤어지고 사람들과의 관계는 더 멀어지는 악순환이 계속된다. 투사를 하면 할수록 사람들은 못 미더워 보이고, 그들을 의심하게 되며, 적대시하게 되고, 더 나아가서 피해망상에 이르게도 된다. 이는 망상형(과대망상이나 피해망상, 관계망상 등) 정신분열증 환자에게서 흔히 발견되는 대표적 증세이기도 하다. 과잉보호하는 본부인의 경우, 좋아하는 여성을 괴롭히는 경우 등이 있다.

⑤ 반동형성

불안을 야기하는 충동에 대한 의식에서의 반동형성(reaction formation)은 억압과 마찬가지로 충동을 의식에서 추방하지만 방법적으로는 무의식 속의 용납할 수 없는 충동을 반대의 감정으로 대치시켜 표현한다(Freud, 1946). 즉, 바람직하지 못하다고 생각되는 생각, 소원, 충동 등을 정반대의 것으로 표현하는 경우로 위협적인 충동에 대처하기 위해 적극적으로 그런 충동에 반대되는 행동을 하는 것이다. 불안을 피하고자 하는 목적 때문에 겉으로 드러나는 태도나 언행이 자연스럽지 못하고 상당히 융통성이 없이 표현되는 특성도 보인다.

예로는, '미운 놈 떡 하나 더 준다'는 속담, 사랑을 미움으로 표현하는 경우, 부인에 대해 성난 감정을 무의식적으로 억압하는 남편이 애정이 각별한 것처럼 행동하는 경우를 들 수 있다. 현실적으로 적응에 문제를 일으키지 않는 한 불안을 막는 유용한 방어기제로 사용된다.

⑥ 전치

전치(displacement)는 어떤 대상이나 사물에 향했던 본능적이고 충동적 감정을 덜 위험하거나 편안한 대상이나 사물로 향하게 하여 긴장을 완화시키는 방어기제이다(Freud, 1946). 예를 들어, 자식이 없는 부부가 강아지나 고양이 같은 애완동물을 귀여워하는 것, 아버지에게 혼이 난 아이가 마당의 개를 발로 차 버림으로써 화를 푸는 것, 젖꼭지를 빨고자 하는 욕구가 차단될 경우에 그와 유사한 손가락을 빠는 경우, 아버지로부터 꾸중을 들은 아이가 동생에게 화풀이를 하는 경우, 남편에 대한 공격 대신 그릇 닦는 소리를 요란하게 내고 깨버리기도 하는 행위 등이 있다. 그러나 본래의 대상과 유사한 것이라도 원래의 대상이 주는 만족보다는 못하기 때문에 긴장이 완전히 해소되지는 않는다.

⑦ 퇴행

퇴행(regression)은 현실이 감당하기에 지나치게 어려울 경우 초기의 어느 발달단계로 되돌아가서 위안을 받고자 하는 심리기제를 말한다(Freud, 1943). 동생의 출현으로 엄마의 애정을 상실한 것으로 여기는 아동은 갑자기 말을 더듬거나 배변을 아무렇게나 하거나 자기도 동생처럼 기어 다니는 행동을 보이기도 한다. 성인이 되어서의 퇴행은 비교적 충족이 잘되었던 심리성적 발달단계로 돌아간다. 항상 자신만만하던 회사 간부가 해결불능의 사태를 맞아 지나치게 의존적이거나 수수방관하는 태도를 보일 수 있는 것이다.

부부 싸움 후에 여자가 아이들을 데리고 친정으로 가는 이유는 갈 만한 장소가 친정 외에는 별로 없다는 이유 이외에도, 결혼을 하지 않은 처녀의 상태로 잠시 퇴행함으로써 심리적 위안을 받을 수 있기 때문이다.

⑧ 보상

보상(compensation)은 자신이 약점이라고 느끼는 면을 다른 통로로 채움으로써 자존감을 유지하고자 하는 방어기제다. 신체적으로 열등감이 있는 아이들이 공부를 잘해서 칭찬을 받음으로써 그 열등감을 간접적으로 보상받는 것이 한 예가 될 수 있으며, 부모가 자녀를 통해 자신의 못다 이룬 꿈을 보상받으려고 하는 경우도 있다. 우리 속담에 '작은 고추가 더 맵다'는 표현도 보상의 한 측면을 잘 보여 주는 것이다. 이와 비슷한 표현으로 '키 작은 사람이 머리가 좋다' 것도 전혀 과학적이지 않다. 과거 가부장적인 사회에서 남아선호사상이 심할 때, 첫째 아이가 여자로 태어나면 의례히 '첫딸은 살림 밑천'이라고 변명하였다. 또한 불효자가 부모님이 돌아가신 뒤 죄책감을 보상받기 위해 주변의 어르신들에게 잘하는 것도 보상의 한 형태다(Freud, 1946).

⑨ 승화

승화(sublimation)는 사회적으로 인정되지 못하는 욕구나 충동을 사회가 인정해 주는 방향으로 표출하는 행위를 일컫는다(Freud, 1943). 공격성의 발휘를 권투로 해소한다든가, 성적 리비도를 그림이나 예술행위로 격상시키는 행위 등이 이에 속한다. 프로이트는 조각은 항문애적 리비도(배변보유)가 승화된 것이며, 그 밖에 문학, 예술 등은 대개가 원욕이 승화된 현상으로 보고 있다.

5) 심리성적 발달단계

프로이트는 그의 저서 《성욕에 관한 세 편의 에세이(*Three essays on the theory of sexuality*)》(1905)를 통해서 심리성적 발달단계(psychosexual development)를 제안했는데, 이는 발달심리학에서 최초의 발달단계이론 중 하나이다. 심리성적 발달단계는 인간의 발달이 성에너지의 집중 부위를 중심으로 단계별로 이루어진다는 이론이다. 즉, 프로이트는 인간의 성격이 심리성적 발달단계에 따라 형성된다고 보았다.

(1) 구강기

구강기(oral stage)는 태어나서부터 18개월까지를 말한다. 처음 태어난 유아는 입 주변에서 만족감을 느끼는 구강기의 상태이다. 인간이 처음 태어났을 때 입 주변의 활동이 많은 것은 사실이다. 신생아의 젖 찾기 반사나 빨기 반사는 이들이 이 시기에 보이는 대표적인 반사행동인데, 영양분의 공급이라는 점에서 빠는 것은 물론 매우 중요한 행위이다. 프로이트(Freud, 1920)는 "만약 유아가 표현할 수만 있다면, 엄마의 젖을 빠는 행위가 인생에서 가장 중요한 것이라고 말할 것임에 의심의 여지가 없다."라고 했다. 그러나 프로이트는 여기서 더 나아가 빠는 행위 자체가 쾌감도 준다고 보았다. 프로이트는 이러한 쾌감을 자애적(auto-erotic) 쾌감이라 했는데, 아기가 자기 손을 빠는 것을 통해, 즉 자신의 몸을 통해 만족을 얻는 것이 그 예이다(Freud, 1905, 1953). 이러한 의미에서 구강기의 상태는 나르시시즘(narcissism) 상태라고 묘사되기도 한다(Crain, 2010).

유아는 구강기의 상태이므로 이들이 구강 만족을 제공하는 대상자에게 애착이 되는 것은 당연할지도 모른다. 보통 생애 초기의 구강 만족을 제공하는 대상자는 엄마이고, 따라서 아이는 자연스럽게 엄마에게 애착하게 된다. 프로이트(1933, 1964)는 사랑이란 영양공급의 욕구를 만족시키는 애착관계에서 형성된다고 밝혔다.

프로이트에 따르면, 우리는 심리성적 발달단계를 거치며 특정 단계에 '고착(fixation)' 될 수 있다. 고착이란 특정 발달단계에서 과다한 만족이나 과다한 좌절을 경험했을 때 생기는 현상으로(Fenichel, 1945), 현재 무슨 단계에 있든지 상관없이 특정 단계의 문제점이나 쾌락에 계속 집착하는 상태를 말한다. 만약 구강기에 고착된다면 우리는 계속 음식에 집착하거나, 사물이나 손톱 등을 물어뜯거나 빠는 행위를 반복적으로 보이며, 이로 인한 만족을 느낀다. 이들은 구강성교에서 쾌감을 느끼기도 하며, 흡연이나 음주에 몰두하게 된다고 보았다(Freud, 1905; Crain, 2010). 정신분석학자들은 일반적으로 과다한 만족보다는 심각한 좌절이 강한 고착증세를 낳는다고 본다(참고로, 프로이트 자신 역시 지독한 골초였다).

이러한 고착증상은 개인이 스트레스를 겪을 때 특히 두드러지는데, 심한 스트레스를 받으면 어린 시절의 특정 발달단계의 행동이나 특징이 발견되기 때문이다. 프로이트는 이를 '퇴행(regression)'이라고 했는데, 현재의 좌절이 크고 고착의 강도가 클수록 퇴행 경향이 더 강하게 나타난다고 보았다(Freud, 1920). 예를 들어, 스트레스를 받은 성인이 갑자기 손톱을 물어뜯는 행동을 강하게 보인다면, 프로이트의 관점으로는 그가 구강기에 고착되어 퇴행행동을 보이는 것으로 해석된다.

(2) 항문기

항문기(anal stage)는 생후 18개월에서 3년까지를 말한다. 2~3세의 유아는 항문 주위가 성적 관심의 초점이 되는 항문기로 들어가게 된다. 아동이 괄약근을 조절할 수 있을 만큼 성숙하면, 이들은 배설을 참아 내다 최후의 순간에 배에 힘을 주면서 배설물을 쏟아 내는 방출의 쾌감을 높이는 행동에 몰두하며, 또 그러한 배설물에 자주 흥미를 느껴 가지고 놀거나 만지는 것을 즐긴다(Freud, 1913). 문제는 이 행동이 부모들에게는 용납되지 않는다는 것인데, 따라서 대부분의 부모들은 이 시기 아동들이 준비가 되자마자 배변훈련을 시키기 시작한다.

항문기에 고착된 성격은 두 가지로 나타난다. 첫째, 항문기의 폭발적 성격으로 물건을 낭비하고 자신을 지저분하게 함으로써 반항하는 것이다. 둘째, 부모가 정한 규율에 지나치게 동조하여 발달된 성격인 항문기의 강박적 성격으로 깨끗하고 질서정연하며 정돈하고 싶은 욕구에 집착한다. 이 시기에 고착된 사람은 반동형성의 방어기제를 많이 사용하여 배변훈련을 시키는 부모와 권위적 인물에게 분노를 느끼지만 분노 대신에 철저한 복종을 표현한다.

정신분석가들에 따르면 이러한 부모의 행동은 항문기와 관련된 특징적 성격 유형을 만드는 데 중요한 역할을 한다. 어떤 아동들은 매우 지저분하게 함으로써 부모의 행동에 반항하는데, 이러한 항문기 폭발적(anal expulsive) 성격은 성인이 되어서 나타나기도 한다(Hall, 1954). 어떤 아동들은 부모로부터 거부당할까 두려워 오히려 지나치게 청결한 행동을 보이기도 하는데(Freud, 1908), 이러한 항문기 강박적(anal compulsive) 성격을 발전시킨 경우는 분노를 공개적으로 표현하지 못하지만 소극적이며 매우 완곡한 성격을 발전시킨다(Crain, 2010). 매우 검소하고 인색한 사람이 이 예에 해당된다.

(3) 남근기

남근기(phallic stage)는 3~6세까지를 말한다. 남아의 경우에는 오이디푸스 콤플렉스를 갖는 시기라 하고, 여아의 경우에는 엘렉트라 콤플렉스(Electra complex)를 갖는 시기인데, 프로이트는 이 시기를 주로 오이디푸스 콤플렉스로 설명하였다. 이 시기는 리비도가 아동의 성기에 집중되어 자신의 성기를 남의 것과 비교하고 싶어 하고 남녀의 성기가 서로 다른 것에 많은 호기심을 갖는다.

프로이트의 심리성적 발달단계 중 가장 유명한 단계이자 가장 논란이 큰 단계는 남근기일 것이다. 기본적으로 프로이트는 남아를 중심으로 발달단계를 논의했기 때문에 대부분의 남근기에 대한 이야기는 남자아이의 이야기가 된다. 프로이트에 따르면 약 3~6세 사이의 남자아이들은 '너무나 쉽게 흥분하고 변화무쌍하며, 감각으로 충만한(Freud, 1923)' 자신의 성기에 대한 높은 관심을 보인다. 이 시기 아동들은 곧잘 자신의 성기를 만지고, 타인과 비교하며, 여자들의 성기를 보려고 한다. 그리고 남성으로서 자신의 역할을 상상하기 시작하며, 고정관념적인 공격적이고 영웅적인 모습을 상상하곤 한다(Crain, 2010).

이들이 영웅으로서의 자신을 상상하는 환상에 빠져 이를 실험해 보려고 하는 첫 대상은 엄마이다. 그러나 이들은 엄마와 어떠한 성적인 유희도 실행할 수가 없는데, 그 대표적인 이유는 엄마의 옆에는 아버지라는, 매우 강력한 경쟁상대이자 원하는 것을 무엇이나 다 할 수 있는 존재가 있기 때문이다(Crain, 2010). 프로이트에 따르면, 이 시기 남아에게 아버지는 경쟁자이며, 이로 인해 아버지에 대한 강한 질투와 증오를 발달시키지만, 그에 대한 경쟁심을 표현할 수는 없다(Freud, 1924b). 첫 번째 이유는, 아버지에 대해 질투를 느끼지만 그들은 여전히 아버지를 사랑하고 필요로 한다. 두 번째의 보다 근본적인 이유는, 이들이 거세 위협(castration anxiety)을 느끼기 때문이다. 실제 프로이트가 살던 시대에는 남아들이 자위를 하면 공공연히 거세의 위협을 주곤 했다. 따라서, 남근기의 남아들은 자신의 용납될 수 없는 감정을 아버지가 알게 된다면 자신의 성기를 거세시키는 처벌을 가할지도 모른다는 잠재적 공포를 느끼게 된다. 프로이트는 이러한 복합적 감정을 자기도 모르는 사이에 아버지를 살해하고 어머니와 결혼한 그리스 신화의 오이디푸스의 이야기를 따서 '오이디푸스 콤플렉스(Oedipus complex)'라고 불렀다(Crain, 2010).

프로이트는 여아에게도 오이디푸스 콤플렉스가 있다고 생각했다. 하지만 그는 "여아는 알지 못하는 어떤 이유 때문에 훨씬 애매하고 불완전하다."라고 밝힌다(Freud, 1924b). 여아의 경우, 이 시기 자신에게 음경이 없다는 사실에 분노하며, 자신을 불완전하게 만든 엄마에게 비난의 화살을 돌린다(Freud, 1925). 이러한 현상은 남근 선망(Penis envy), 즉 남근을 갖고 싶어 하는 욕망이라 일컫는다(Crain, 2010). 여아들은 남근 선망을 아버지에 대한 사랑을 통해 해결하려 하지만 역시 아버지 곁에는 어머니가 있으며, 남아와 마찬가지로 이들 역시 어머니에 대한 경쟁심을 보이게 된다. 프로이트는 이러한 상태를 '엘렉트라 콤플렉스(Electra complex)'라고 불렀다(Freud, 1940).

문제는 이러한 콤플렉스를 해결하려는 동기가 여아에게는 약하다는 것이다. 여아는 거세될 남근이 없고, 따라서 거세 불안도 느낄 수가 없다. 이들도 부모의 거부를 두려워하여 결국 초자아를 형성하지만 거세 불안이 없는 만큼 여성은 더 약한 초자아를 형성할 수밖에 없다(Crain, 2010). 이러한 관점에서 보면 여성은 도덕성을 남성보다 덜 발달시키며, 도덕적 논리가 아닌 정서에 의해 보다 좌우되는 존재라는 결론에 이르게 된다(Freud, 1925).

이 시기에 고착된 사람은 남성의 경우 대부분 경솔하며 과장되고 야심적이며 항상 남자다움을 나타내려고 노력한다. 또한 여성의 경우에는 난잡하고 유혹적이며 경박한 기질을 갖거나 아니면 강하게 자기주장을 하여 남성을 능가하고자 하는 노력을 한다고 프로이트는 보았다.

(4) 잠복기

잠복기(latency period)는 6세부터 사춘기 이전의 12~13세까지를 말한다. 이때는 성적이나 공격적인 환상들이 대부분 드러나지 않는 잠복기 상태에 들어간다. 프로이트는 이 시기의 억압은 매우 전반적이어서 남근기뿐 아니라, 구강기나 항문기의 요소까지도 모두 억압된다고 보았다(Freud, 1905). 이제 이들은 위험스런 충동에 방황하지 않고 비교적 평온하게 자신이 원하는 스포츠 활동이나 지적 활동 등 사회적으로 용인되는 일에 에너지를 쏟는다(Crain, 2010).

이때는 아동의 성적 · 공격적 환상들이 무의식 속에 잠복하여 리비도가 특정 신체부위에 집중되지 않는다. 이때의 에너지는 신체의 발육과 성장, 지적 활동, 친구와의 우정 따위에 집중되어 성적 관심은 줄어들며, 따라서 이드보다 자아와 초자아가 강해진다. 그러나 잠복기에 고착되면 성인이 되어서도 이성에 대한 정상적 관심을 발달시키지 못하고 동성 간의 우정에 집착할 수 있다. 이에 따라 성적 에너지도 특별히 한정된 곳이 없으며 성적인 욕구가 억압되어 심리적으로 비교적 평온하고 잠잠하다. 그러나 아무런 변화가 없다는 뜻은 아니며 성적으로 잠시 침체된 시기이다. 그러나 이 시기에 좌절을 경험하게 되면, 열등감이 형성되고 소극적이며 회피적인 성격특성을 나타낼 수 있다.

(5) 생식기

사춘기가 시작되어 이성에 대한 관심이 생기면서 생식기(Genital Stage)가 시작된다.

이 시기에는 호르몬과 생리적 요인들로 인해 그동안 억압되었던 성적 감정들이 크게 강화되어 성적 에너지가 성인과 마찬가지로 직접적으로 표현된다. 이때 다시 오이디푸스 감정이 의식 속으로 올라와 청소년들은 부모 앞에서 불안하고 오히려 떨어져 있어야 편안한 안정감을 느낀다. 사춘기가 시작되면 성적 에너지가 다시 분출하는데, 남근기와 다른 점은 이들은 그러한 감정들을 현실에서 수행해 볼 만큼 성장했다는 점이다(Freud, 1920). 이들은 이제 부모로부터 독립하여 성적 파트너를 발견하려 하며, 아버지와의 경쟁심 역시 버리고 아버지의 지배로부터 자유로워지고 싶어 한다. 이러한 특징들이 두드러지게 표현되는 시기가 바로 청소년기이다.

프로이트에 따르면, 사춘기 이후 중요한 과제는 '부모로부터 자유로워지는 독립'이라고 하면서 이러한 독립이 오랫동안 부모에게 의존하여 오던 상태에서 쉽게 이루어지지 않고 독립이 매우 고통스럽게 받아들여질 수 있다고 하였다. 정신분석이론에서는 생식기적 성격을 가장 이상적인 성격 유형으로 보고 이런 성격의 사람은 일하고 사랑할 수 있는 능력을 갖추어 사회적 · 성적 인간관계가 원만하며 책임감이 잘 발달되어 이성과의 사랑이 만족스럽다고 하였다.

사실 생식기에 대한 프로이트의 언급은 그다지 많지 않다. 청소년기에 대해서는 오히려 프로이트의 딸인 안나 프로이트(Anna Freud, 1895~1982)가 아버지보다 더 자세히 언급하고 있다. 그녀는 청소년기의 방황과 혼란을 프로이트의 오이디푸스적 감정의 부활을 통해 설명하려 했다(Freud, 1936). 그리고 이 시기 청소년들의 행동이 정상적이며, 자신이 독립하고자 하는 정신분석학적 이유에서 비롯된다고 보았다. 청소년기에 대한 안나 프로이트(Anna Freud, 1895~1982)의 언급은 그녀와 같이 정신분석학을 통해 교류했던 에릭슨(Erik Erikson)의 청소년기 자아정체감 이론을 만드는 데 중요한 공헌을 했다.

심리성적 발달단계의 주요 내용은 〈표 2-1〉과 같다.

표 2-1 심리성적 발달단계의 주요 내용

단계	연령	성감대	주요 발달과제
구강기	출생~1세	• 입, 입술, 혀 긴장과 만족의 주요 부위가 입, 입술, 혀에 집중되어 있으며 깨물고 빠는 활동이 주가 된다.	이유
항문기	2~3세	• 항문 항문과 인접 부위가 관심의 중요 영역으로 수의적인 괄약근의 조절을 획득하게 된다.	배변훈련
남근기	3~6세	• 생식기 주된 관심과 자극이 성기에 집중되며, 남근이 남녀의 주요 관심 장기가 된다. 자위행위가 흔히 일어나고 거세 공포에 대한 강렬한 집착이 보인다. 여아에서 남근 선망이 관찰된다. 아이는 반대 성의 부모와 결혼하기를 원하며 동시에 동성의 부모가 제거되기를 바란다.	오이디푸스 콤플렉스 동성 부모와의 동일시
잠복기	6~12, 13세	• 특정 부위 없이 성적 에너지는 잠재되어 있음 오이디푸스 콤플렉스가 해결되면서 성적인 관심이 상대적으로 잠잠해지는 시기이다. 성욕은 더욱 사회적이고 적절한 목적(예: 학업이나 운동 등)으로 변환된다. 초자아가 형성되어 도덕적이고 윤리적인 발달이 일어나게 된다.	자아방어기제의 발달
생식기	13~18세	• 생식기 프로이트의 심리성적 발달의 마지막 단계이며, 사춘기가 시작되고 오르가슴에 도달할 수 있는 능력은 있지만 실제적인 친밀감을 가지기까지는 시간이 더 필요하다.	성적 친밀감의 성숙

자료: 유성이(2017: 41).

6) 평가

정신분석은 의식의 질서를 뒤집는 충격적인 내용들과 어색한 대화법으로 가득 차 있다. 바로 여기에 정신분석 정신의 생명력이 존재한다. 그것은 대중으로 하여금 정신분석에 가까이 다가가길 꺼리게 만드는 동시에, 한 번쯤 정신분석에 빠져 보고픈 기분이 들게 한다는 것이다. 프로이트의 정신분석이론은 여러 가지 측면에서 긍정적 평가도 많이 받았지만 부정적 평가도 많다.

(1) 긍정적 평가

긍정적 평가는 다음과 같다(강상경, 2018: 85-87).

첫째, 프로이트가 무의식의 세계라는 것이 존재한다는 것을 보여 주고 이를 바탕으로 이론을 구체화했다는 점이다. 프로이트 이전에는 인간의 심리에 대한 과학적 접근이 거의 없다가 프로이트의 무의식 결정론적 관점에서 인간심리를 이해하고 분석할 수 있는 기틀을 마련하였기 때문에, 프로이트의 정신분석이론은 긍정적 평가를 받는다. 프로이트이론은 이후 심리학의 발전과정에서 굳건한 출발점을 제공하였다. 정신분석이론은 방어기제라는 개념을 만들어 내고 이러한 방어기제가 실제로 존재한다는 것을 보여 주었다.

둘째, 프로이트이론은 5세 미만의 영유아를 대상으로 경험적으로 연구하였다는 점이고, 인생에 있어 어린 시절의 경험이 중요한 영향을 미친다는 점을 보여 주었다는 점이다. 프로이트 이전에는 인간에 대한 연구에서 실증적 관찰을 통한 연구는 부재하였다. 프로이트는 제한적이긴 하지만 실제 인간의 성장과정을 관찰하면서 이론을 전개했다는 점에서, 프로이트 이전의 학문적 접근에 비해 과학적인 접근법을 시도했다.

셋째, 프로이트 이론은 광범위하고 논리적으로 체계적이다. 정신분석이론의 내용인 의식의 수준, 성격구조, 방어기제, 심리성적 발달단계 등은 아마도 단일이론으로서는 가장 광범위하고 논리적으로 체계적인 이론들 중의 하나일 것이다. 프로이트의 이론은 인간이나 사회에서 일어나는 대부분의 현상들을 이해하고 설명할 수 있을 만큼 포괄적이고 광범위하다. 이와 같은 프로이트이론의 포괄적 특징 때문에, 이후 문학, 예술, 사회학, 역사학 등 다양한 학문분야에도 광범위하게 적용되었다.

(2) 한계점

프로이트이론의 한계점은 다음과 같다(최옥채, 2015: 47).

첫째, 모든 인간을 근친상간적 욕구 따위의 성적 자극에 의해 지배당하는 존재로 보는 것은 당시의 사회적 분위기로서 받아들여지기 어려웠고, 특히 어린아이조차 성적 욕구를 가진 존재로 보았다는 것에 대한 비판이 컸다.

둘째, 프로이트는 결국 자신이 속한 사회의 여성에 대한 편견을 극복하지 못하였다는 점을 비판받았다. 즉, 여성이 남근선망을 가지고 있다는 것과 초자아의 발달이 남성보다 부족하다는 것은 남성 지배적 사회에서 동등한 권리가 부여되지 않은 탓이지, 여성의 문제가 아니라는 여권주의자들의 강한 반론을 받았다.

셋째, 무엇보다 강한 비판은 과학성에 대한 비판이다. 정신병리를 가진 성인들의 기억이나 환상, 혹은 꿈을 통해 보편적인 아동발달이론을 정립하였다는 점에서 이는 단지 개인적 견해일 뿐 과학적 이론이 될 수 없다는 것이다.

넷째, 발달에 미치는 생물학적 요인의 강조로 대인관계적 · 사회적 요인의 영향을 고려하지 못하였다.

다섯째, 프로이트의 인간관은 매우 비관적이어서 인간은 통제할 수 없는 무의식 속의 본능에 의해 지배당한다고 보면서 인간의 자유의지를 부정하였다.

결론적으로 무엇보다도 중요한 것은 프로이트의 정신분석이론이 심리치료의 기본이 되었다는 점이다. 정신분석이론은 정신치료의 모형을 제시함으로써, 이후 다양한 심리치료의 기법들은 정신분석이론에서 파생된다. 정신분석이론에서 파생되지 않은 대부분의 심리치료적 접근은 정신분석적 접근에 도전하는 과정에서 발달한 것으로 이해할 수 있다.

7) 사회복지와의 연관성

프로이트의 정신분석이론과 사회복지와의 연관성을 살펴보면 다음과 같다(장수환, 2017: 152-153).

첫째, 정신분석에서는 클라이언트의 가족력과 개인력을 자세하게 밝혀 클라이언트가 현재 가지고 있는 문제에 대한 특징을 파악할 수 있도록 도와준다. 이때 사회복지사는 적극적으로 클라이언트의 얘기에 경청하고 다양한 정보를 얻기 위해 노력하게 된다.

둘째, 정신분석기법에서 사용하는 자유연상기법을 활용할 때, 때때로 클라이언트는 아동기에 대한 생각이나 느낌을 말할 수 없게 되거나 하고 싶지 않을 때도 있다. 이것을 정신분석에서는 치료에 대한 저항이라고 표현하는데, 사회복지 실천 개입을 하는 과정에서도 이런 저항이 발생할 수 있다. 따라서, 사회복지사는 이러한 클라이언트의 저항을 해석하고 분석하였을 때, 클라이언트와의 친화관계를 지속적으로 유지해 나가는 데 도움을 줄 수 있다.

셋째, 클라이언트가 개입과정 중에 실수 행위를 한다든지, 실언 등을 할 경우에, 사회복지사는 그런 클라이언트의 실수와 관련하여 클라이언트의 무의식에 존재하는 잠재적 갈등이나 감정을 이해함으로써, 클라이언트의 현재 심리상태를 적절하게 사정할 수 있다.

넷째, 개입과정 중에 클라이언트는 사회복지사에게 자신의 부모에게 느끼는 감정을 가질 수도 있는데, 이런 것을 '전이'라고 한다. 사회복지사는 클라이언트의 전이반응을 잘 다룰 필요가 있다. 즉, 사회복지사는 클라이언트의 전이적 욕망이나 공상을 어느 정도 충족시켜줌으로써 그 욕망의 강도를 줄어들게 할 수 있다. 이런 과정을 통해, 사회복지사는 클라이언트의 신경증적 불안을 야기할 수 있는 자극이 그만큼 줄어들게 되는 효과를 관찰할 수 있다.

3. 심리사회적 이론: 에릭슨

1) 에릭슨의 생애와 사상

에릭 에릭슨

에릭슨(Erik Homburger Erikson, 1902~1994)은 덴마크계 독일인, 미국인 발달심리학자이자 정신분석학자이다. 인간의 사회성 발달이론으로 유명하고 '정체감 위기'라는 말을 만들어 냈다.

그는 1902년 6월 5일 독일 프랑크푸르트 암 마인(Frankfurt am Main)에서 출생하였다. 그의 부모는 덴마크 코펜하겐(Copenhagen)에서 살았으나 이혼으로 어머니가 독일로 이주하여 프랑크푸르트에서 출생하게 되었다. 그가 3세 때 어머니는 유대인이며 아동소아과 의사인 홈부르거(Homburger)와 재혼하였다. 그의 친아버지는 그가 태어나기 전에 어머니를 버리고 떠났다. 에릭 에릭슨은 성인이 된 후 이 사실을 알게 되었다. 어머니 카를라 아브라함센(Karla Abrahamsen)은 코펜하겐의 유명한 유대인 가족 출신으로, 카를라의 어머니인 헨리에타(Henrietta)는 카를라가 13살 때 사망하였다. 아버지 요세프(Josef)는 말린 상품을 파는 상인이었다. 카를라의 세 오빠들은 지역 유대인 자선단체에서 활동하면서 러시아에서 온 궁핍한 유대인 이민자들에게 식량을 공급해 주었다. 카를라 아브라함센은 유대인 주식 중매인인 발데마르 이시도르 살로몬센(Waldemar Isidor Salomonsen)과 정식으로 결혼한 사이였기 때문에, 독일에서 태어난 에릭 에릭슨은 출생 후 '에릭 살로몬센'으로 등록되었다. 생부는 덴마크인이고 성이 Erik일 것이라는 것 외에는 어떤 정보도 남아 있지 않다. 에릭슨이 뱃속에 있을 때에 생부가 결혼했을 것이라는 주장도 있다. 카를라는 에릭 에릭슨이 태어난 이후 간호사가 되기 위해 카를스루에(독일, Karlsruhe)로 이주하였고, 1904년 유대인 소아과 의사인 테오도어 홈부르거(Theodor Homburger)와 결혼하였다. 1909년 에릭 에릭슨의 이름은 '에릭 살로몬센'에서 '에릭 홈부르거'가 되었고, 에릭 에릭슨은 1911년 '에릭 홈부르거'로서 법적으로 계부의 아들이 되었다.

자아정체감 발달은 에릭슨의 삶과 이론에 있어 가장 중요한 문제였던 것으로 인식된다. 어린 시절과 성년기 초기의 이름은 '에릭 홈부르거'였으며, 부모는 에릭슨의 출생에 관한 자세한 사항을 비밀로 하였다. 유대교 가정에서 자란 푸른 눈을 가진 금발의 소년 에릭슨은 사원학교에서는 노르만인이라며 괴롭힘을 당했고, 문법학교에서는 유대인이라며 놀림을 당했다. 그의 어머니는 철학과 문학, 예술에 깊은 관심을 가지고 있었으며, 에릭슨은 이런 분위기 속에서 성장하였다.

에릭슨은 초등학교를 수학하고, 18세에 김나지움(Gymnasium, 독일의 중등교육기관)을 졸업한 것이 최종 학력이다. 그는 라틴어와 그리스어에 능했지만, 대학에 진학하지 않고 유럽을 여행하면서 방랑과 방황을 하였다. 이때 독학으로 독서와 사색에만 몰두하였다. 한때 미술가가 되기 위해 고전미술 공부에도 전념하였지만 곧 포기하였다. 방황기에 피렌체(Firenze)에서 만난 아동 정신분석학자 페이스 블로스의 추천으로 카를스루에에서 학교운영을 돕는 역할을 하였다. 이를 계기로 에릭슨은 정신분석학을 접하게 되었으며 인생의 전환기를 맞이하게 되었다. 즉, 에릭슨은 미술 학도이면서 교사였다. 빈의 사립학교에서 학생들을 지도하면서 지그문트 프로이트의 딸인 안나 프로이트를 알게 되었다. 이를 계기로 에릭슨은 정신분석학을 알게 되었고, 이 경험으로 정신분석학자가 되기로 결정했다. 빈 정신분석연구소에서 정신분석학을 배우면서 몬테소리교육법을 아동발달에 초점을 두어 공부하였다. 특히, 그는 학교와 아버지의 병원에서 아이들을 관찰하게 되었다. 그의 폭넓은 체험을 바탕으로 아동정신분석학자로 발전하게 되었다.

1933년 31세에 미국 보스턴(Boston)으로 이주하였으며, 보스턴 최초의 아동정신분석학자가 되었다. 1936년 예일대학교(Yale University)에서 강의하였고, 1938년 인디언 아동에 관해 연구하였다. 1939년 버클리대학교(University of California, Berkeley)에서 아동발달에 대한 연구를 진행하였으며, 이 연구의 결과로 《유아기와 사회(*Childhood and Society*)》(1950)를 저술하였다. 에릭슨은 미국 각지에서 임상연구에 종사하였으며, 인간형성을 문화 · 사회와 관련지어 설명하고, 특히 청년기의 '정체성(Identity) 위기' 해결방법 여하에 따라서, 역사의 양식을 창조하는 측면을 밝혀냈다. 그의 정체성이론은 임상의 세계를 바꾸고, 사회과학, 인문, 역사연구에도 영향을 주었을 뿐만 아니라, 1960년대의 흑인해방운동과 인종집단이나 학생의 저항운동 속에서 중요한 역할을 하였다.

1960~1970년 하버드대학교(Harvard University) 교수로 재직하였으며, 은퇴 이후 샌프란시스코에서 마운트 지온 병원(Mount Zion Hospital)에서 고문으로 재직하였다. 1994년 5월 사망하였다. 그의 업적에서 심리사회적 발달단계(8단계설), 동일성(identity), 자아동일성(ego identity), 동일성 위기(identity crisis), 동일성 확산(identity diffusion), 기본적 신뢰(basic trust), 모라토리엄(moratorium) 등의 개념이 유명하다.

에릭슨의 연구는 프로이트의 성 심리적인 발달에 문화인류학적 지식을 추가하여 발달을 문화적 · 역사적으로 다루고, 자아심리학의 영역을 발달시켜 자아의 독자성이나 동일성 등을 나타낸 '아이덴티티', 청년기의 '모라토리엄' 등의 개념을 제창했다. 말년에는 아내 조안 에릭슨(Joan M. Erikson)과 함께 기존의 8단계의 노년기에서 80~90세를 분리하여 9단계를 주장하였으며, 그녀는 '정체성 위기'라는 용어를 만들어 내기도 했다. 이 용어로 인해 에릭슨은 청년기의 정체성 위기 해결방법에 의해서 역사의 양식을 창조하는 측면을 밝혀, 정체성 개념에 의해 프로이트 이후의 정신분석학적 자아심리학을 비약적으로 발전시켰다. 에릭슨은 인간형성에 대해 문화 · 사회와 연관 지었다. 또한 루터(Martin Luther, 1483~1546)와 간디(Mahatma Gandhi, 1869~1948) 등에 대해 역사적 · 심리학적인 연구를 시도하기도 하였다.

아동기와 사회(1993년 출판)

주요 저서로는 발달의 사회성을 주창하는 《아동기와 사회(*Childhood and Society*)》(1950) 《정체성과 생애주기(*Identity and the Life Cycle*)》(1959), 개인생활사와 역사의 만남을 예증하는 《청년 루터(*Young Man Luther*)》(1962), 《간디의 진리(*Gandhi's Truth: On the Origins of Militant Nonviolence*)》(1970) 등이 있다.

2) 심리사회적 이론의 개요

정신분석가이며 자아심리학자인 에릭슨에 의해 체계화된 심리사회적 이론(Psychosocial theory)은 프로이트가 성본능(libido)을 중시한 것과는 달리, 인간의 성격발달에서 개인의 자아와 사회의 역할을 모두 중요시하였다. 특히, 사회문화가 성격발달에 미치는 영향을 강조하였기 때문에 그의 이론을 '심리사회적 이론'이라고 부른다.

에릭슨(Erikson, 1950, 1982)에 따르면, 내적 본능 및 욕구와 외적 문화적 · 사회적 요구 간의 상호작용으로 인해 심리사회적 발달이 전 생애를 통해 계속된다. 그리고 내재된 '기초안(ground plan)'에 의해 발달이 이루어진다고 믿었다. 그에게 있어 주요 개념은 자아정체감의 발달이다. 확고한 자아정체감을 확립하기 위해서는 일생을 통해 여덟 가지의 위기(또는 갈등상황)를 성공적으로 해결해야 한다. 매 단계마다 갈등상황(또는 위기)은 '신뢰감 대 불신감'이나 '통합감 대 절망감'에서처럼 긍정적인 결과와 부정적인 결과를 초래할 수 있다. 즉, 여덟 개의 발달단계마다 나름대로의 갈등이 있으며, 그 갈등은 양극의 결과를 초래할 수 있다. 후기의 저술에서 에릭슨은 갈등을 성공적으로 해결할 수 있는 잠재력(potential strength) 또는 생명력(vital strength)에 대해 언급하고 있다. '성공적인 해결'은 반드시 긍정적인 측면만을 의미하는 것은 아니다. 최상의 해결책은 긍정적인 측면과 부정적인 측면이 균형을 이루는 것이다.

에릭슨은 다른 발달단계 이론가들과는 달리, 특정 단계의 과업이나 위기를 완전히 해결하지 않고서는 다음 단계로 진행할 수 없다고 생각하지는 않았다. 위기를 해결하든 해결하지 못하든 일정한 연령에 도달하면 생물학적 성숙이나 사회적 압력에 의해 다음 단계로 진행하게 된다고 보았다. 새로운 단계에서는 새로운 윤리와 새로운 갈등을 만나게 된다. 60세나 70세가 되었을 때에 전 단계에서 해결하지 못한 과업이나 위기는 그대로 남아 있어 자아통합감을 이루고자 할 때 장애가 된다.

에릭슨은 성격이 일련의 단계를 거쳐 발달한다는 프로이트의 관점을 받아들였으나, 심리성적 발달에 초점을 맞춘 그와 달리 심리사회적 발달이론을 수립하였다. 심리사회적 발달이론은 개인의 전 생애에 걸쳐 일어나는 사회의 영향력을 고려하며, 성격이란 생애 초기 몇 년에 걸쳐 완성되는 것이 아닌 전 생애를 걸쳐 진화된다(정옥분, 2015: 67).

에릭슨은 '전 생애발달(life-span development)'이라는 개념을 제안한 최초의 인물이며, 그는 성격의 발달이 점성적(후성설) 원리(epigenetic principle), 즉 앞 단계의 발달이 이후의 연속된 단계를 예측할 수 있다는 원리에 의해 진행된다고 보았다. 또 각 단계에는 심리사회적 위기(psychosocial crisis)가 존재하며, 이는 하나의 전환점으로 성장 잠재력이 큰 동시에 매우 취약한 기간을 말한다. 각 단계에서 다루어져야 하는 발달과제가 어떻게 해결되느냐에 따라 개인의 특징적인 행동패턴이 결정된다. 이때 자아(ego)는 각 단계에 나타나는 두 특성 사이의 균형을 발달시키며, 갈등의 양 측면을 모두 통합해야 한다. 갈등이 균형적으로 통합될 때 '자아특성' 또는 '덕목(virtue)'이 나타난다.

정신분석학의 아버지는 프로이트이며, 에릭슨 역시 정신분석학자이다. 따라서, 그의 이론에서도 프로이트의 영향력을 당연히 관찰할 수 있다. 프로이트 이론과 마찬가지로 에릭슨 또한 연령, 혹은 시기에 따른 단계적 발달을 제안하고 있으며, 최소한 청소년기까지의 발달단계의 구분은 프로이트의 심리성적 발달단계의 연령대와 매우 유사하다. 하지만 에릭슨의 이론은 프로이트 이론과 비교할 때 크게 두 가지 두드러진 차이점을 보인다(한국심리학회, 2014).

첫째, 프로이트는 아동이 성숙함에 따라 그들의 성적 쾌감의 원천이 구강에서 항문, 성기로 옮겨가면서 발달단계가 나뉜다는 심리성적(psychosexual) 발달단계를 제안했다. 반면, 에릭슨의 이론은 성적 쾌감을 포함하는 동시에 아동과 그들에게 중요한 인물, 혹은 아동을 둘러싼 사회 문화적 맥락 간의 상호작용에서 발달의 원천을 찾고자 했다. 즉, 개인의 생물학적 욕구보다는 개인을 둘러싼 사회적 관계가 성격형성에 더 중요하다고 보았으며, 개인이 새로운 발달 시기에 획득한 능력이나 관심이 그가 상호작용하고 있는 사회의 요구와 얼마나 들어맞는가에 의해 개인의 적응이 영향을 받는다는 것이다. 이러한 이유에서 그의 발달이론을 '심리사회적(psychosocial) 발달이론'이라고 일컫는다.

둘째, 프로이트는 성격발달이 청소년기 이전에 이루어진다고 보았다. 프로이트의 관점에서는 성기기(genital stage)에 이르러 성인의 성적 취향을 가지게 된다면 더 이상의 변화는 기대하기 어렵다. 반면, 에릭슨은 개인과 사회와의 상호작용을 강조했기 때문에 변화와 성장은 청소년기 이후에도 계속된다고 보았다. 청소년기와 중년기, 노년기의 사회적 상호작용의 본질이 다르기 때문에 이들은 심리사회적으로도 다른 발달단계에 있을 것이다. 따라서, 그의 발달 이론은 영아기에서 죽음에 이르는 전 생애에 걸쳐 제시된다. 그러한 의미에서 에릭슨은 최초의 전생애발달 심리학자라고 할 수도 있다.

3) 인간관

에릭슨은 인간에 대한 관점이 프로이트와는 달라서, 합리적이며, 창조적이고, 적극적인 존재로 보았다. 즉, 인간은 자신의 정체성을 확립하며, 환경의 변화에 적응적이며, 동시에 극복할 수 있는 환경 속의 존재로 이해하였다. 즉, 인간은 개인의 문제나 갈등을 합리적으로 탐색하고, 창조적으로 해결할 수 있으며, 실패하더라도 새로운 대안을 마련할 수 있는 존재로 보았다(Erikson, 1975).

에릭슨은 인간행동이 프로이트의 이론처럼 무의식에 의해 결정되는 것이 아니라, 의식의 수준에서 자아의 경험에 의해 영향을 받는다고 보았다. 즉, 그는 인간행동 발달의 결정요소를 본능적인 생물학적 힘이 아닌 심리사회적 경험으로 보았으며(Schultz & Schultz, 1994), 자아의 발달과 기능에 큰 관심을 기울였다. 에릭슨은 인간이 성장을 지시하는 잠재성을 가지고 있다고 보았으며, 인간행동의 발달에서 유전적 요소보다는 가족이나 친구 간의 사회적 접촉을 통한 사회화의 기능과 문화적 요인을 강조하였다(이근홍, 2015: 183).

에릭슨은 인간을 합리적이고, 이성적이며, 창조적인 존재로 간주하였다. 그에 따르면, 인간이 가변성을 지니고 있으며, 새로운 발달과업을 달성하려고 노력하는 성장지향적인 존재로 보았다. 즉, 인간은 심리사회적 위기를 극복할 수 있는 잠재적 가능성을 지니고 있으며, 이러한 극복을 통해서, 인간이 성장해 나간다는 낙관적인 견해를 가지고 있다. 인간은 그들이 직면하는 갈등이나 문제에 대한 합리적인 해결방안을 탐색하며, 현실을 검증하고 창조적으로 문제를 해결하며, 실패하였을 경우에는 새로운 대안을 모색할 수 있는 존재이다(권중돈, 2014: 238).

4) 핵심 개념 및 내용

(1) 자아

프로이트는 자아(ego)가 원초아와 초자아의 세력 중간에 있다고 보았으나, 에릭슨은 이 두 세력을 어느 정도 무시하고 자아가 자율적인 기능을 하는 것으로 간주했다(Erikson, 1963). 이 차이는 성격이 어떻게 기능하는지에 관한 에릭슨의 관점을 암시하는데, 성격이 주로 본능이나 부모의 영향을 받는 것으로 생각하는 대신 에릭슨은 부모, 형제자매, 다른 사람들을 포함한 사회의 모든 구성원의 영향을 받는다고 보는 것이다. 그리고 성격이 아동기 초기에 거의 형성된다고 믿는 대신 지속적으로 사회와 관계되어 발달한다고 보았다.

(2) 점성원칙

심리사회적 자아발달은 점성원칙(epigenetic principle)을 토대로 한다(Erikson, 1965). 점성원칙이란 성장하는 모든 것은 기초안을 가지며 이 기초안으로부터 부분이 발생하고, 각 부분이 특별히 우세해지는 시기가 있으며, 이 모든 부분이 발생하여 기능하는 전체를 이루게 된다. 각 요소는 결정적 시기가 정상적으로 도달하기 전에도 어떤 형태로든 존재한다. 이와 같이 생물학적으로 인간은 수태되면서 이미 기본적 요소들을 가지나 시간의 경과에 따라 이 요소들이 결합, 재결합하여 새로운 구조를 형성하듯이 심리사회적 성장도 이 원리를 따른다. 즉, 건강한 성격은 각 요소가 다른 모든 요소에 체계적으로 관련되면서 적절하게 연속적으로 발달하게 된다.

(3) 아이덴티티

에릭슨(1994b: 295)에 따르면, 아이덴티티의 개념 또는 용어는 미국의 흑인혁명(Negro revolution)에 관한 문헌의 대부분에 보급되어 있고, 다른 나라들에서도 식민지적 사고방식의 잔재로부터의 해방을 찾는 유색 인종들과 유색인 국가들(colored races and nations)의 혁명의 심리적인 핵심 속의 그 무엇을 나타내는 것처럼 보인다.

에릭슨은 심리사회학적 발달단계에 있어서 청소년기 아이덴티티에 대해 논하고 있다. 에릭슨(1982: 109)에 따르면, 아이덴티티는 이미 출생 시부터 구별되는데, 소년과 소녀는 각각 그들의 이름에서 아이덴티티를 발견할 수 있다. 그에 따르면, 기술과 도구의 세계(the world of skills and tools)와 좋은 초기 관계를 형성함에 따라, 그리고 사춘기(puberty)의 도래와 더불어 아동기(childhood)는 막을 내린다. 그리고 청소년기(youth)가 시작된다. 사춘기와 청소년기에 있어서 이전 시기에 의존했던 모든 동일성과 연속성(sameness and continuities)은 다시 다소 의문을 남기는데, 초기 아동기(early childhood)의 신체성장과 동등한 신체성장의 급속성 때문에, 그리고 새로이 부가된 생식기관의 성숙 때문에 이런 동일성과 성숙성에 의문이 생기게 된다. 발달하는 청소년들(growing and developing youths)은 자신들 내부에서의 이런 생리적 혁명에 직면해서 이제 일차적으로 자신들이 타인들의 눈에 어떻게 보이는지를 자신이 자신들에게서 느끼는 점들과 비교해서 생각하게 되고, 이전 시기에 길러둔 역할과 기술들을 당시의 직업적 원형(occupational prototypes)과 연결시키는 방법을 생각하게 된다. 연속성과 동일성이라는 새로운 감각을 찾기 위해서, 청소년들은 초기 몇 년의 오랜 전장에서 재전투를 치렀고, 심지어 그렇게 하기 위해서 그들은 인위적으로 완벽하게 선의적인 사람들(perfectly well meaning people)에게 '적의 역할(roles of adversaries)'을 부과해야 한다. 그리고 그들은 궁극적인 '아이덴티티의 수호자(guardians of a final identity)'로서 장기간 지속되는 '우상과 이상(idols and ideals)'을 자리에 앉힐 준비가 되어 있다(1993a: 261).

(4) 기본적 덕목(미덕)

발달단계에 대응하는 여덟 가지 기본적 덕목이 있다. 각 발달단계의 덕목은 다음과 같다(노안영 · 강영신, 2011: 229-230).

① 희망

희망(hope)은 기본적인 신뢰에서 비롯된다. 희망은 바라는 것이 충족될 것이라는 견고한 믿음이다. 즉, 일시적인 후퇴나 어려움에도 불구하고 계속 유지되는 자신감이다.

② 의지

의지(will)는 자율성으로부터 나온다. 의지는 선택의 자유와 자기통제를 실천하기 위한 거부할 수 없는 확고한 자기결심이다. 그리고 의지는 사회의 규칙을 수용하고 따르기 위해서 없어서는 안 될 기본적 요인이다.

③ 목적

목적(purpose)은 주도성에서 비롯된다. 목적은 중요한 목표를 계획하고 수행하려는 용기를 수반한다.

④ 능력

능력(competence)은 근면성에서 비롯된다. 유능성은 장인정신이라고 불릴 수 있는데, 그것은 주어진 임무를 수행하고 완성하는 데에 있어서 기술과 지혜를 가지고 힘쓰는 것을 의미한다.

⑤ 충실성

충실성(fidelity)은 자아정체감에서 비롯된다. 충실성은 타인과의 관계에서의 기본적인 성실함이나 의무감 그리고 정직, 순수함을 유지하는 것을 의미한다.

⑥ 사랑

사랑(love)은 친밀감에서 나온다. 에릭슨은 사랑이 가장 위대하고, 인간에게 가장 지배적인 덕목이라고 여겼다. 그는 사랑을 공유된 정체감을 가진 배우자와 파트너의 상호성이라고 정의하면서 다른 사람에게서 자신을 찾기도 하고 잃기도 하는 것이라고 하였다.

⑦ 돌봄

돌봄(care)은 생산성으로부터 생겨난다. 돌봄은 다른 사람을 향한 폭넓은 관심과 염려로 가르치고 지도하고자 하는 욕구에서 나타난다. 즉, 그것은 가르침을 받는 사람들을 위해서 뿐만 아니라, 자신의 정체감을 실현시키도록 돕는 것이기도 하다.

⑧ 지혜

지혜(wisdom)는 자아통합에서 나온다. 지혜는 삶의 문제에 의연한 방식으로 표현된다. 지혜는 아마도 '유산'이라는 단어로 가장 잘 기술된다. 왜냐하면 인간은 통합된 경험인 지혜를 다음 세대에 전달해 주기 때문이다.

5) 심리사회적 발달단계

에릭슨은 1950년 그의 저서 《아동기와 사회(*Child and Society*)》에서 생애주기발달을 8단계로 설명하고 있다. 에릭슨의 발달이론은 '심리사회적(psychosocial) 발달단계'라고 한다. 그 이유는 인간발달이 생물학적인 성숙으로 인해 자극되고, 이러한 성숙을 바탕으로 잠재력을 개발할 수 있는 사회적 여건이 충족되어 각 단계에서 직면하는 위기를 극복하면 건전한 자아발달이 이루어진다고 보기 때문이다. 결국 사회적 요인이라 할 수 있는 사회제도와 주변 사람들이 개인의 발달에 긍정적 지지를 제공하며, 건강한 성격을 갖춘 개인이 다시 사회를 풍요롭게 한다는 것이다. 또한 프로이트와 달리 에릭슨은 문화적 다양성을 존중하였다. 어떤 문화는 다른 사람을 신뢰하고 관대한 사람이 되도록 하기 위해 오랫동안 모유를 먹이는가 하면, 다른 문화에서는 의존적이지 않은 독립적인 사람이 되도록 하기 위해 매우 일찍 이유를 실시하기도 한다. 이런 문화적 다양성의 영향을 인정하고 있다는 점이 프로이트와 다르다.

에릭슨은 프로이트의 5단계 이후에 3단계를 더 추가하여 노년기까지 총 8단계에 걸쳐 발달한다고 보면서 각 단계마다 극복해야 할 심리사회적 위기를 제시하고 있다. 이러한 위기는 모든 사람들에게 보편적인 현상이지만 문화에 따라 이를 해결하고 지지하는 방식이 다를 수 있다. 각 단계의 모든 위기는 긍정적 측면과 부정적 측면이 한 쌍을 이루어 제시되어 있는데, 긍정적 측면이 더 많이 발달되어야 하지만 부정적 측면 역시 전혀 없어서도 안 된다. 또한 심리사회적 위기를 극복하면 그 결과 각 단계마다 자아의 특질, 즉 기본적 강점을 얻지만, 반대로 이러한 위기를 적절히 해결하지 못했을 경우 병리적인 문제가 나타난다고 하였다.

에릭슨의 발달단계를 점성원칙(epigenetic principle)으로 설명하기도 하는데, 이것은 각 단계의 발달이 전 단계의 심리사회적 갈등해결과 통합을 토대로 이루어진다는 것이다. 예를 들어, 1단계에서 기본적 신뢰감이 발달하지 않으면 부모와 떨어져 독립적으로 자율성과 주도성을 발달시키기 어렵다는 것이다. 각 단계를 살펴보면 다음과 같다(Erikson, 1950).

(1) 1단계: 기본적 신뢰 대 불신(basic mistrust vs. trust)

프로이트의 구강기에 해당되는 인생 주기의 초기 단계이므로, 가장 중요한 단계이다. 이 단계에서 어머니는 어린아이 세계에서 최초의 가장 중요한 존재로서, 영아의 사회적 관계는 주로 어머니와의 관계이다. 어머니가 영아의 욕구를 충족시켜주면 영아는 어머니를 신뢰하게 되며, 기본적 신뢰감을 형성한다. 하지만 적절히 응해주지 못하거나 일관성 없이 대하면 영아는 좌절하고 불신감을 갖게 되는데, 이는 발달단계의 전 과정 동안 지속될 수 있다. 인생의 초기 단계에 신뢰감을 형성하는 것은, 후에 맺는 모든 관계의 성공 여부와 관련되므로 가장 중요한 시기라고 할 수 있다.

부모와의 관계에서 욕구를 충족하고 부모로부터 진정한 애정을 느끼게 되면 영아는, 부모를 비롯한 그의 주변세계가 안전하고 믿을 수 있다고 생각하여 신뢰감을 확대해 나간다. 즉, 부모로부터 따뜻하고 애정적인 보살핌을 받게 되면 영아는, 자신과 주변에 대해 신뢰감을 형성하지만, 부모로부터 부적절하거나, 거부적이거나, 일관성이 없는 보호를 받게 되면 불신감을 가지고 인생을 시작한다.

이 시기에 갖게 되는 영아의 신뢰감은 이후의 모든 대인관계의 기초가 된다. 부모와 영아와의 관계에서 영아가 신뢰감만을 갖고 불신감을 전혀 경험하지 않는 것이 바람직하다는 것은 아니며, 불신감보다 신뢰감을 훨씬 더 많이 경험할 수 있도록 해야 한다. 에릭슨에 의하면, 영아의 건전한 성장 · 발달은 전적으로 신뢰감에서만 기인하는 것이 아니라, 신뢰감과 불신감의 적절한 혼합에 있다.

이 시기에 형성된 신뢰감이나 불신감은 일생을 통해서 지속되며, 다음 단계의 성격 발달에 직접적인 영향을 미치게 되고, 일단 형성된 불신감은 변화되기 어려운 특성을 갖고 있다. 신뢰감 대 불신감의 갈등이 성공적으로 해결되면 심리사회적 능력, 덕성 또는 자아특질인 희망을 얻게 된다. 그러나 이러한 위기가 적절하게 해결되지 못하면 자기비하, 정체감 혼란, 우울증 등을 초래할 수 있다.

한편, 신뢰 대 불신의 위기가 성공적으로 해결되어 얻어진 심리사회적 능력이 곧 희망이다. 희망은 확신감과 관련되어 있으며, 모성인물이 제공하는 보호의 질에 의해 결정된다. 반면에, 첫 번째 위기의 부정적 결과는 철퇴(또는 위축)다. 인생 후기의 낮은 자존감, 우울증 그리고 사회적 철퇴 경향은, 첫 번째 단계를 거치는 동안에 어려움이 있었다는 것을 보여 주는 것이다.

(2) 2단계: 자율성 대 수치심과 의심(autonomy vs. shame and doubt)

프로이트의 항문기에 해당되며, 상반되는 여러 충동 사이에서 스스로 선택하고자 하는 과정을 통해 자신의 의지를 나타내고자 하는 자율성을 갖게 되는 단계이다. 대소변의 통제가 가능해지고, 부모의 배변훈련을 통해 사회의 기대와 사회적으로 적합한 행동을 알게 된다. 하지만 배변훈련과정에서 실수하거나, 너무 엄격한 배변훈련을 받을 경우 수치심을 느끼게 된다. 언어에서 '나', '내 것' 등의 말을 자주 반복하며 자율성을 드러내고, '안 해', '싫어'라는 말로 자기주장을 표현한다. 부모가 유아로 하여금 자율적으로 할 수 있게 이끌어 주는 태도를 보일 때, 유아는 자율성을 획득하게 된다. 하지만 너무 엄격한 부모는 유아에게 무능감을 주고, 이 때문에 유아는 사회가 기대하는 행동을 적절히 수행하지 못하는 자신에 대해 수치심을 느끼게 될 수 있다.

유아에게 대소변 가리기 훈련은 자신의 행위에 대한 독립심을 키워주게 되어 자율성 개발의 기초가 된다. 대소변 가리기 훈련과정에서 부모가 자녀에게 칭찬해 주고, 유아가 능력을 발휘할 수 있도록 적절히 도와주면, 자신의 신체와 주변환경을 통제할 수 있다는 것을 깨닫게 되며, 이러한 자신감이 자율성으로 발전된다. 즉, 부모가 사회적으로 적합한 행동을 요구하므로, 그러한 훈련을 통해 스스로 환경을 조절할 수 있다는 것을 알게 된다. 유아 자신이 무엇을 할 수 있다는 생각과, 동시에 자신의 지나친 시도에 대한 주위의 비난도 인식할 수 있게 되어 이 둘 간의 평형을 유지하도록 노력한다.

그러나 대소변 가리기 훈련과정에서 부모가 유아에게 너무 엄격하고 실수에 대해 비난하게 되면, 유아는 자기 자신에 대하여 수치심을 느끼게 된다. 즉, 유아가 덜 성숙된 상태에서 외부 통제가 너무 빨리 또는 너무 엄격하게 주어진다면, 유아는 자신의 통제능력의 미약함과 더불어 외부압력을 조절할 수 없는 무능력에 대해 심한 수치심과 의심을 갖게 된다.

부모가 과잉보호하거나 무관심하게 되면 유아는 환경에 적절히 대처할 능력을 배울 수 없게 되어 타인에 대해 수치심을 갖게 되며, 외부세계와 자신을 통제하는 자신의 능력에 대해 뚜렷한 의심을 갖게 된다. 이러한 유아는 자신의 의지력을 불신하게 되어 자기의심, 무기력 등과 같은 심리사회적 태도를 갖게 된다.

유아가 자율성을 충분히 획득하게 되면, 이후에 창의성 · 생산성 · 독립성 · 자존심 등을 갖게 되며, 유아의 신뢰감을 더욱 높이게 된다. 자율성 대 수치심과 의심의 갈등이 성공적으로 해결되면, 심리사회적 능력, 덕성 또는 자아특질인 의지력을 얻게 된다. 그러나 이러한 위기가 적절하게 해결되지 못하면, 강박적 행동, 피해망상, 편집증 등을 초래할 수 있다. 이러한 자율성 대 수치와 의심의 극복은 일생 동안 지속되는 자기통제력의 기초가 된다.

한편, 자율성 대 수치심이라는 심리사회적 위기를 성공적으로 해결하게 되면, 의지력이 형성된다. 반면에, '자율성 대 수치심과 의심'의 부정적 결과는 강박증, 즉 충동을 제한하기 위하여 반복적 행동을 하는 것이다.

(3) 3단계: 주도성 대 죄책감(initiative vs. guilt)

프로이트의 남근기에 해당되며, 언어능력과 운동기능이 성숙하고 공격적 환경을 탐색하며, 성인의 활동에 열정을 보이고, 성인의 일에서 자기능력을 평가해 보려 한다. 자유롭게 움직이는 것을 허락하는 부모와 가족에 의해 주도성을 격려받고, 독립적임을 확신하게 된다. 하지만 반대로 유아가 무언가를 주도적으로 하려 할 때, 부모가 심하게 꾸짖거나, 목표를 이루지 못하면, 새로운 활동을 나쁜 것이라 느끼고, 죄의식을 발달시키게 된다. 또한 이 시기는 목표나 계획을 이루려는 목표 지향적인 행동을 하게 되는 시기이므로, 부모나 교사는 유아가 가지는 환상의 좌절, 죄의식, 처벌에 대한 두려움 등에 방해받지 않고, 가치 있는 목표를 설정하고 추구하면서, 아동이 주도성을 발달시키도록 방해하지 않으면서 감독해야 한다. 이 단계의 심리사회적 위기를 성공적으로 극복하게 되면 목적의식을 갖게 되며, 반면에 과도하게 방해받게 되면 목표달성에 대한 의지와 용기가 부족하고 금지의 감정, 즉 생각과 표현의 자유를 방해하는 억제가 강하게 나타난다.

이 시기에 유아가 자신의 목표나 계획이 원만하게 성취되고, 부모가 유아에게 탐색하고 실험할 수 있는 자유를 허용하며, 유아의 질문에 대하여 충실히 답해 주게 되면 주도성이 발달하게 된다. 그러나 자신의 목표나 계획이 잘 이루어지지 않고, 유아의 신체활동이나 언어활동을 제한하고 간섭하며, 유아의 활동과 질문을 귀찮게 여기게 되면, 유아는 좌절을 느끼고 죄의식을 갖게 된다. 이와 같이 유아의 죄의식은 부모가 유아 스스로 목표나 계획을 완수하도록 기회를 제공하기를 꺼려하는 데서 기인한다고 본다. 또한 죄의식은 이성의 부모로부터 사랑을 받거나 사랑하려는 자녀의 욕구에 대해 부모가 너무 과도한 벌을 주기 때문에 생긴다는 것이다.

유아가 자신의 죄의식을 바람직하게 극복하고 주도성을 지닌 채 이 단계를 지나갈 것인가의 여부는, 부모가 유아의 주도적 행동에 어떻게 반응하는가에 달려 있다. 즉, 유아가 자기 스스로의 활동을 추구하도록 고무된 아동은 주도성이 더욱 강화된다. 주도성의 발달은 부모가 자녀의 호기심을 인식하고, 환상적인 행동을 우스꽝스럽게 여기거나, 금지하지 않을 때 더욱 조장된다.

주도성을 갖지 못하고 죄의식에 의해 몸이 굳어진 유아는, 체념, 무가치감 등을 가지며, 자신을 내세우는 데 두려워하고, 동료집단의 주변에만 머뭇거리며, 어른에게 심하게 의존한다. 또한 가능한 목표를 수립하고 추구하려는 목적의식이나 용기가 부족하게 된다.

주도성의 획득은 생산적으로 일할 수 있는 기반이 되며, 이후에 포부수준을 형성하는 데 중요한 기초가 된다. 주도성 대 죄의식의 갈등이 성공적으로 해결되면, 심리사회적 능력, 덕성 또는 자아특질인 목적을 갖게 된다. 그러나 이러한 위기가 적절하게 해결되지 못하면, 소극성, 성적 무기력, 불감증 등을 초래할 수 있다(Hjelle & Ziegler, 1992). 따라서, 이 단계의 성공적 발달은, 아동으로 하여금 목표 지향적이 되도록 한다. 아동은 위대한 사람이 될 것을 꿈꾸며, 그가 이해하고 존경하는 성격과 직업을 가진 사람과 동일시한다.

(4) 4단계: 열등감 대 근면성(inferiority vs. industry)

프로이트의 잠복기에 해당되며, 인지적 기술과 사회적 기술을 습득하고, 숙달시키려는 근면성이 형성되는 시기이다. 이 단계의 아동들은 학교에서 지적인 기술을 습득하는 과정에 몰입하면서 근면성을 발달시키는데, 여기서의 근면성은 혼자 열심히 하는 것뿐만 아니라, 또래들과 협동하여 규칙에 순응하는 것도 포함한다. 아동이 성공을 경험하면 근면성을 가지게 되지만, 실패 시 부정적 자아상과 열등감을 가져 학습추구의 동기를 잃게 된다. 따라서, 이 시기에는 가정의 역할과 함께 교사의 태도가 매우 중요하다. 한편, 이 단계를 성공적으로 극복하면 개인적으로나 사회적으로 의미 있는 목표를 추구하면서 사회환경에 적극적인 영향력을 발휘할 수 있다는 자신감인 유능감을 갖게 되지만, 이 단계에서 실패하게 되면 무능력감을 낳는다.

아동은 학교를 다니기 시작하면서 그들의 문화에 대한 기술을 이해하기 시작할 때 근면성이 발달하며, 사물이 만들어지고 조작되는 방법에 몰두하기 때문에, 근면은 이 시기의 주요한 발달주제가 된다. 즉, 아동은 학교에서 부과하는 여러 가지 과제들에 꾸준히 주의를 기울이고 성실히 작업에 임하는 과정 속에서 근면성을 획득하게 되며, 이러한 근면성을 통해 전 생애 동안 중요하게 여기는 과업성실성을 갖게 된다.

이 시기에 아동은 사회에서 필요한 유용한 기술이나 지식을 익히게 된다. 아동은 기술이나 지식을 익히고 난 뒤의 성취감, 또래집단에 비하여 자기가 더 잘 할 수 있다고 생각하는 우월감, 이러한 일들에 대한 타인의 인정 등은 근면성 획득의 주요한 요소이다. 아동에게 무엇을 성취하도록 기회를 제공하고, 성취한 과업을 인정하며, 또다시 시도해 보도록 격려하게 되면 근면성을 갖게 된다.

그러나 아동이 자신의 기술이나 지위가 다른 동료들에 비하여 열등하다고 느끼거나, 무엇을 성취할 기회를 주지 않거나, 성취한 결과에 대해 비난하거나, 무리한 요구를 하여 좌절을 경험하게 하거나, 귀찮은 존재로 취급하게 되면 열등감을 갖는다. 즉, 아동이 학교에서나 가정에서 자신에게 주어진 일에 적절한 성취를 느끼지 못하면 열등감에 빠지게 된다. 이러한 점에서 아동을 격려하며, 재능을 발견하고 북돋워 줄 수 있는 교사나 부모의 태도가 중요시된다.

근면성의 획득은 과업에 대한 성실성을 기초로 하여 이후의 학교생활의 적응, 학업성취, 개인의 일과 의무에 대한 기본적인 태도 등을 형성하게 한다. 근면성 대 열등감의 갈등이 성공적으로 해결되면 심리사회적 능력, 덕성 또는 자아특질인 능력을 갖게 된다.

(5) 5단계 : 정체성 대 역할 혼란(identity vs. role confusion)

이 단계는 프로이트의 생식기에 해당되며, 정신적 성장이 급격한 신체적 변화를 따라가지 못하는 변화의 시기이다. 에릭슨은 심리사회적 발달과정 가운데 특히 청소년기의 발달을 중요시하였는데, 그 이유는 이 단계에서의 심리사회적 위기의 해결이 성인기의 성격에 가장 중요한 의미를 지닌다고 보았기 때문이다. 청소년들은 '내가 누구인가'에 대한 의문과 탐색을 통해 이제까지의 심리적 정체성을 재규정하게 되며 적절한 제한 속에서 스스로 독립적으로 행동하는 시도를 할 때 정체감이 발달된다. 하지만 심리적 과거와 현재, 미래를 통합하지 못하면 정체감 혼란에 이르게 된다. 또한 청소년기에는 결정해야 할 일이 너무 많고 모든 결정이 다른 가능성을 줄인다고 생각하기 때문에 결정하기 전 스스로 타임아웃을 하게 되는데, 이것이 '심리사회적 유예기간(psychosocial moratorium)'이다. 이 시기의 위기를 잘 극복하면 스스로 지킬 것이라 약속한 대로 충실할 수 있는 성실성(충실)이 발달하지만, 그렇지 못할 경우 익숙하지 않은 역할과 가치를 거부하게 된다.

이 시기에 청소년은 가정, 학교, 사회에서 자신의 위치와 역할을 발견하게 되며, 남성 또는 여성으로서의 자신을 발견하기 위해 노력한다. '나는 누구인가?' 등과 같은 자신에 대한 끊임없는 질문과 함께, 자신의 능력, 존재의 의미 등을 탐색하면서 고민과 갈등을 겪으며 방황하게 된다. 이러한 고민과 방황이 길어지면 정체감의 혼란이 일어난다(Burger, 1986: 91).

그러나 청소년이 자신의 역할을 정확히 인식하고, 뚜렷한 목적의식을 가지며, 자신에 대한 통찰력을 갖게 되면 자아정체감(ego identity)이 확립된다. 즉, 청소년이 자아정체감을 확립하기 위해서는 자기 자신이 내적 동일성과 일관성을 가진 것으로 지각해야 하며, 다른 사람이 자기를 동일성과 일관성이 있는 사람으로 지각해야 하고, 이러한 일관성에 대한 결과적 자신감이 있어야 한다는 것이다. 또한 자아정체감 발달에는 적절한 성역할에 대한 동일시가 있어야 한다. 여기에서 자아정체감이란, 자기 동일성과 일관성에 대한 자각이며, 자기의 위치, 능력, 역할 및 책임에 대한 인식이다. 이것은 장래의 진로와 직업 선택, 배우자 선택, 인생관 확립 등에 중요한 역할을 한다.

성공적인 청소년기를 위한 기초와 통합된 자아정체감의 획득은, 초기 아동기에서 유래하며, 청소년의 자아정체감의 발달은 그들이 서로 동일시하는 사회집단에 의해 현저하게 영향을 받게 된다. 또한 급격한 사회적 · 정치적 · 기술적 변화는 자아정체감의 발달을 위태롭게 할 수 있다. 이와 같이 불행한 어린 시절의 경험이나 현재의 사회환경 때문에 청소년이 정체감 발달에 실패하면 정체감 위기를 초래한다. 이것은 직업선택을 못하거나, 추후의 교육을 추구하지 못하는 것으로 나타나며, 무력감, 혼란감, 허무감, 부족감, 비인간화, 소외감 등을 느끼게 하고, 부정적 정체감을 추구하게 한다(Hjelle & Ziegler, 1992).

정체감 대 역할 혼란의 갈등이 성공적으로 해결되면, 심리사회적 능력, 덕성 또는 자아특질인 충성심을 갖게 된다. 이러한 충성심은 사회적 습관, 사회적 윤리, 사회의 이데올로기를 지각하고 이를 지키는 청소년의 능력을 나타낸다.

(6) 6단계: 친밀감 대 고립감(intimacy vs. isolation)

성인생활이 시작되는 때이며, 이 시기에 경험하게 되는 심리사회적 위기는 친밀감 대 고립감이다. 이 단계에서는 부모로부터 독립하면서 직업을 선택하고, 배우자를 만나게 되며, 배우자나 직장동료 등 다른 사람과 친밀감을 이루는 것이 중요한 과업이다. 진정한 친밀감은 합리적인 자아정체감이 확립되었을 때만 가능한데, 에릭슨이 말하는 친밀감은 성적인 것 이상으로 타인의 복지에 대한 관심과 지적인 지극을 유발하는 상호작용에 대한 관심 등 사회적 친밀감을 포함한다. 따라서, 이 시기에는 개인적 정체감과 함께 사랑, 친교, 안정된 관계를 맺는 능력이 발달한다. 그러나 이러한 친밀감이 형성되지 못할 때 자신에게만 몰두하여 고립이 일어나며, 이 시기의 심리사회적 위기를 성공적으로 해결하면 사랑의 능력이 생기게 된다.

친밀감의 획득이 가능한 사람은 다른 사람을 사랑하고 일할 능력이 있는 사람이다. 그러나 이 단계에서 주요한 위험은 자기도취되거나, 친밀감이나 사회적 관여를 맺게 해주는 사람들과의 관계를 피하는 것이다. 이것은 안락하고 친밀한 인간관계를 맺을 수 없으며, 사회적 공허감이나 소외감을 느끼게 한다. 특히, 자기도취된 사람은 단순히 공식적이고, 피상적인 인간관계를 추구하며, 친밀감의 요구를 위협으로 느끼므로, 다른 사람들과 친근감을 나누지 못하고 자신을 고립시킨다.

친밀감은 다른 사람들과 감정과 가치를 교류하는 성숙된 인간관계를 필요로 하기 때문에, 자아정체감이 잘 확립되어 있는 사람만이 진정한 의미의 친밀감을 나눌 수 있다. 즉, 다른 사람이나 자신과 친밀해지려면 자신이 누구이며, 무엇인가에 대한 확고한 느낌이 발달되어 있어야 한다. 이러한 친밀감은 혼인생활을 성공적으로 수행하는 데 결정적인 역할을 한다.

이 시기에 친밀감을 형성하지 못한 사람들에게는 고립감이 나타난다. 이러한 사람들은 사회적 관계를 회피하며, 다른 사람을 거절하고, 친밀감을 나타내는 것이 자신의 자아정체감에 대한 위협으로 보기 때문에, 친밀감을 두려워하고, 혼자 지내기를 좋아한다(Schultz & Schultz, 1994).

이 단계의 긍정적인 결과는, 성적 친밀감, 진정한 우정, 안정된 사랑, 혼인생활의 지속 등을 포함한 친밀감의 유지이지만, 부정적 결과는 고립, 고독, 이혼, 별거 등이다. 친밀감 대 고립감의 갈등이 성공적으로 해결되면 심리사회적 능력, 덕성 또는 자아특질인 사랑을 얻게 된다. 이러한 사랑은 자신을 타인에게 관여시키고, 이 관여를 지키려는 능력이며, 다른 사람에 대한 보호, 존중, 책임의 태도를 가질 때 나타난다.

(7) 7단계: 유발 대 침체(generation vs. stagnation)

이 시기에는 자녀를 낳아 키우고 교육하며, 다음 세대를 양성하는 데 관심과 노력을 기울이게 되는데, 여기서 중요한 것은 다른 사람에게 필요한 사람이 되고 싶은 소망이다. 이러한 생산성은 자신의 아이를 낳아 키우면서 발달하며, 다른 사람을 가르치거나 직업적 성취를 통해 나타날 수도 있다. 이 시기의 심리사회적 위기를 성공적으로 해결하면 타인을 배려하는 능력을 갖게 되지만, 그렇지 못할 경우 개인적 욕구나 안위를 주된 관심으로 하는 이기주의를 경험하게 된다.

생산성을 제대로 발달시키지 못하면, 성격은 침체되고, 황폐해져 자신의 에너지와 기술을 오로지 자기중심적으로 사용하게 된다. 즉, 다음 세대에 대한 관심이나 배려를 하지 않고 자기 자신의 신체적 · 물질적 측면에만 치중하게 되면 타인에 대한 관대함이 결여되며 침체성에 빠지게 된다. 이와 같이 생산성의 획득에 실패한 사람은 자신에게 더욱더 몰두하는 자기도취의 상태가 된다. 이러한 사람들은 자기탐닉을 위한 것을 제외하고는 누구에게도 무엇에 대해서도 관여하지 않는 사람들이다. 즉, 그들은 생산적으로 사회의 일원으로서 기능하지 못하고, 자신의 욕구를 만족시키기 위해 살며, 인간관계가 거의 없다.

유발 대 침체의 갈등이 성공적으로 해결되면, 심리사회적 능력, 덕성 또는 자아특질인 돌봄이 나타난다. 이러한 배려는 심리적인 무관심의 반대 개념으로, 다른 사람을 위해 마음을 쓰고 돌보는 것이며, 무엇인가 또는 누군가가 문제가 있다는 느낌으로부터 비롯된다(이근홍, 2015: 194).

(8) 8단계: 자아통합 대 절망(ego integrity and despair)

통합성 대 절망감(integrity vs despair)은 노년기에 경험하는 심리사회적 위기이다. 노년기는 은퇴, 신체적 노쇠, 친구나 배우자의 사망 등을 경험하게 되면서 자신의 삶을 돌아보았을 때 삶이 무의미한 것이었다고 느끼고 후회하면 절망에 빠지게 되지만, 자신의 인생을 수용하고 삶이 보람되고 자신의 삶이 지혜를 가지게 되었다 느끼면 보다 높은 차원의 인생철학을 발전시켜 자아통합을 이루게 된다. 이 시기의 심리사회적 위기를 성공적으로 해결하면, 자아는 지혜라는 능력을 얻게 되지만, 그렇지 못할 경우 인생이 무의미하다고 느끼게 된다.

노년기에는 지금까지 자신이 살아온 삶을 돌아보는 시기이다. 자신의 생애를 돌아보면서 보람이 있었으며 가치가 있었다는 것을 인식하고, 오랜 삶을 통해 노련한 지혜를 획득하게 되면 통합성을 갖게 된다. 즉, 통합성은 모든 관점에서 자신의 인생을 돌이켜

보고 겸허하게 그러나 확고하게 '나는 만족스럽다'라고 확신하는 능력에서 생긴다(Hjelle & Ziegler, 1994).

그러나 노년기에 직업에서 은퇴한 후 신체적·경제적 무력감을 느끼며, 지금까지 자신이 살아온 인생이 무의미하고 가치가 없다고 생각하고 후회와 회한에 빠지게 되면, 절망감을 느끼게 된다. 절망감과 죽음에 대한 공포를 느끼는 노인들은, 성취감을 이루지 못한 지금까지의 인생을 다른 방향으로 바꾸기에는 시간이 너무 짧다는 것을 인식하여 초조해지기 시작한다. 희망이 없고 고독감에 찬 노인들은 비참한 절망감에서 인생을 끝내게 되는 것이다.

자아통합 대 절망의 갈등이 성공적으로 해결되면, 심리사회적 능력, 덕성 또는 자아특질인 지혜를 갖게 된다. 이러한 지혜는 죽음에 직면하여 인생에는 초연하되, 이에 대하여 아주 적극적인 관심을 갖는 것이다. 그러나 이러한 위기가 적절하게 해결되지 못하면 우울증, 피해망상 등을 초래할 수 있다.

에릭슨의 심리사회학적 발달 8단계는 〈표 2-2〉와 같다.

표 2-2 에릭슨의 심리사회학적 발달 8단계

발달단계		심리사회적 위기	덕목	주요 대상
1	영아기	기본적 불신 대 신뢰(basic mistrust vs. trust)	희망(hope)	어머니(모성 인물)
2	초기 유아기	자율성 대 수치심과 의심(autonomy vs. shame and doubt)	의지(will)	부모(부성 인물)
3	유아기	주도성 대 죄책감(initiative vs. guilt)	목적(purpose)	기본 가족
4	아동기	열등감 대 근면성(inferiority vs. industry)	능력(competence)	이웃, 학교
5	청소년기	정체성 대 역할 혼란(identity vs. role confusion)	충실(fidelity)	동료집단, 외부집단
6	성인기	친밀감 대 고립감(intimacy vs. isolation)	사랑(love)	친구, 연인, 회사동료 등
7	중년기	유발 대 침체(generation vs. stagnation)	돌봄(care)	분업과 가사분담
8	노년기	자아통합 대 절망(ego integrity and despair)	지혜(wisdom)	인류, 우리들

자료: 정서영 외(2017a: 121).

1950년 발표된 에릭슨의 심리사회적 8단계는, 1982년 발간된 《완성된 생애주기(Erikson and Erikson, *The Life Cycle Completed*)》(1982: 105-114)에서 1단계를 추가하여 '9단계(the ninth stage)'를 제시했는데, 9단계는 '절망감 대 노령초월(despair vs. gerotranscendence)'로, 덕목은 '전진(headway)'으로 설명하고 있다. 즉, 80~90대의 나이에는 과거의 절망 따위는 사치이다. 이는 '죽음의 문(death's door)'이 열려 있기 때문이다. 따라서, 90세 이상에서는 장애물과 손실물(hurdles and losses)에 대처하면서 살아가야 한다. 9번째 단계에서 절망감 대 노령초월(despair vs. gerotranscendence)로 이어지는 길에서 성공적으로 전진(headway)하도록 설득하고 있다(Erikson and Erikson, 1997: 112). 에릭슨이 주장하는 9단계는 〈표 2-3〉과 같다.

표 2-3 에릭슨의 완성된 발달단계(9단계)

발달단계		심리사회적 과제와 위기	덕목
1	영아기	기본적 불신 대 신뢰(basic mistrust vs. trust)	희망(hope)
2	초기 유아기	수치심과 의심 대 자율성(shame and doubt vs. autonomy)	의지(will)
3	유아기	죄책감 대 주도성(guilt vs. initiative)	목적(purpose)
4	아동기	열등감 대 근면성(inferiority vs. industry)	능력(competence)
5	청소년기	정체성 혼란 대 정체성(identity confusion vs. identity)	충실(fidelity)
6	성인기	고립감 대 친밀감(isolation vs. intimacy)	사랑(love)
7	중년기	침체감 대 유발(stagnation vs. generation)	돌봄(care)
8	노년기	절망감과 혐오 대 통합(despair and disgust vs. integrity)	지혜(wisdom)
9	80~90세	절망감 대 노령초월(despair vs. gerotranscendence)	전진(headway)

자료: Erikson and Erikson(1982) 재구성.

이상에서 설명된 에릭슨의 심리사회적 발달의 주요 특징은 다음과 같다(오창수 외, 2015: 130).

① 인간의 발달은 평생을 통해 계속된다.

② 각 단계에는 달성해야 할 발달과업이 있다.

③ 각 단계에서 심리사회적 위기에 직면한다.

④ 각 단계의 위기는 대립되는 성격특성에 의해 표현된다.

6) 평가

(1) 프로이트와의 비교

많은 사람들이 프로이트의 이론보다 에릭슨의 이론을 선호한다. 그 이유는 인간의 성적 본능을 지나치게 강조한 프로이트에 비해, 인간의 이성과 적응을 강조한 에릭슨의 이론이 훨씬 더 호소력이 있기 때문이다. 에릭슨은 프로이트 이론의 경험적 기초를 확장하여 정신분석이론의 신뢰도와 적용 가능성을 증가시켰다. 다시 말해서, 에릭슨은 심리성적 단계에 심리사회적 단계를, 생물학적 영향에 문화적 영향을, 자아방어에 자아정체감을, 비정상적인 연구대상에 정상적인 연구대상을, 특정한 문화적 시각에 비교문화적 시각을, 아동기에 대한 성인의 회상에서 아동에 대한 관찰을, 그리고 아동발달에 성인발달을 첨가시켰던 것이다. 특히, 인간발달에서 전 생애발달적 접근을 한 점과 문화적 상대성을 인정한 점은, 에릭슨의 매우 중요한 공헌이라 할 수 있다(정옥분, 2014: 76).

(2) 긍정적 평가

에릭슨은 프로이트이론의 경험적 기초를 확장하여 정신분석이론의 신뢰도를 높였다. 심리성적 단계에 심리사회적 단계를, 생물학적 영향에 문화적 영향을, 자아방어에 자아정체감을 도입하였고, 아동기를 넘어 성인기로 그 영역을 확장시켰다(김향선, 2018: 199). 특히, 80~90세를 노년기에서 분리하여 생애주기 구분을 기존 8단계에서 9단계로 확장한 것은 다른 학자에서 볼 수 없는 학문적 열정을 보여 준다고 할 수 있다. 이와 같이 에릭슨의 인간발달에서 전 생애발달적 접근이야말로 위대한 공헌이라 할 수 있다.

에릭슨의 긍정적 평가는 다음과 같다.

첫째, 에릭슨은 인생주기를 통한 전 생애의 발달을 강조했다.

둘째, 사회 · 문화적 요인을 배경으로 인간발달을 이해하게 함으로써 정신분석이론을 보다 확대 · 발전시켰다.

셋째, 병리적인 측면이 아니라 건강하고 건전한 측면에서 인간발달을 설명하였다.

넷째, 성숙의 개념을 보다 폭넓은 의미로 이해하고 활용할 수 있도록 하였다.

(3) 비판

에릭슨의 이론은 정신분석이론을 확대시켜 자아의 성장 가능성을 제시하였고, 인간의 건강한 발달에 관한 새로운 통찰력을 부여했다는 점에서 기여하는 바가 크다. 그러나 그의 개념은 매우 불명확하다는 한계가 있다. 예를 들어, 노년기에도 성장의 가능성이 있다는 새로운 통찰력을 제시하고 있지만, 구체적으로 그러한 과정이 어떻게 일어나는지, 그리고 성숙이 어떻게 성인기의 다른 단계들에 영향을 미치는지 설명하지 못하고 있다. 이처럼 개념이 명확하지 않으므로, 이론에 관한 실증적 연구가 부족하다는 것 또한 이론의 한계라고 할 수 있다(오창순 외, 2015: 138).

에릭슨의 심리사회적 발달이론은, 프로이트의 정신분석이론을 확장시켜 자아의 성장 가능성을 제시하였다는 점에서 이바지한 바가 크다. 또한 인간의 건강한 발달에 관한 새로운 통찰력을 부여했다는 점에서도 이바지하는 바가 크다. 하지만 에릭슨이론은 발달의 원인에 대해 모호하다는 점 때문에 비난받을 수 있다. 사람이 어떤 종류의 경험을 극복해야 하고, 다양한 심리적 갈등을 어떻게 성공적으로 해결해야 하는가? 하나의 심리사회적 단계의 결과가 이후 단계에서의 성격에 정확하게 얼마나 영향을 주는가? 불행하게도 에릭슨은 이러한 중요한 문제에 대하여 명확하게 대답을 하지 못했다. 그래서 그의 이론은 발달이 어떻게, 그리고 왜 일어나는지를 설명하지 못하는 인간의 사회발달과 정서발달에 대한 하나의 기술적 개관이다(최덕경 외, 2014: 63).

에릭슨의 이론에 대한 비판은 다음과 같다(Crain, 2017).

첫째, 에릭슨이 자아발달의 여러 측면들을 프로이트의 성적 신체부위에 너무 무리하게 연결시키려고 하였다는 것이다. 즉, 에릭슨은 각 신체부위마다 자아가 외부세계와 상호작용을 하는 특징적 양식이 있다고 보았지만 그렇지 않다는 것이다. 예를 들어, 유아의 자율성을 획득하려는 많은 노력이 보유와 배설의 항문통제방식과 관계가 있다고 보기는 어렵다는 것이다.

둘째, 에릭슨의 이론은 개념정의가 명확하지 못하며, 이론체계가 명료하지 못하고 모호하다는 것이다. 즉, 이론을 구축하는 방법에서 애매하고 모호한 개념들이 많이 발견되고 있다.

셋째, 발달의 원인에 대한 설명이 부족하고, 각 발달의 구분에서 과학적인 정확한 근거가 제시되지 못했다는 것이다. 예를 들어, 노년기의 지혜가 어떻게 성숙의 일부분인지 분명하게 설명해 주고 있지 않다는 것이다.

7) 사회복지와의 연관성

에릭슨의 심리사회이론은 사회복지실천에서 클라이언트 개인뿐만 아니라, 클라이언트를 둘러싼 환경의 중요성, 즉 환경 속의 인간(Person In Environment, PIE)에 대한 시각을 제공하였다. 전통적으로 사회복지는 환경 속의 인간을 강조하며, 이를 클라이언트 사정과 개입의 기초로 삼아 왔으므로 에릭슨의 이론은 사회복지실천에 잘 부합되는 이론이다. 또한 인간이 전 생애를 통하여 성장하며 변화한다는 그의 이론은 인간발달에 대해 새로운 관점을 제시하였다. 에릭슨 이전에 인간발달은 10대 말까지 완성되는 것으로 알려졌으나, 에릭슨의 전 생애 발달이론으로 인해, 인간의 발달은 노년기까지 평생 지속됨을 인식하게 되었다. 따라서, 에릭슨이론은 노인에 대한 새로운 시각을 제시하였고, 이에 따라 노인복지정책의 수립과 서비스 제공에도 영향을 미쳤다(오창순 외, 2015: 136-137).

사회복지사의 역할과 실무원칙으로는, 클라이언트의 일생에 걸친 성격발달과정을 이해하고, 클라이언트가 자기분석에 참여하도록 하여 발달적 역사를 파악해야 한다.

클라이언트가 심리사회적 위기를 해결하는 과정에서 경험한 성공과 실패를 파악하고 현실을 왜곡하며 자아기능을 축소시킨 발달영역을 결정할 수 있어야 한다. 다양한 사회제도가 어떤 방식으로 클라이언트의 심리적 안녕을 지지하고 방해하는지 확인하고 클라이언트가 환경 속에서 자신의 위치에 관해 새로운 인식을 가지도록 해주어야 한다(구혜영, 2015: 55).

그러므로 에릭슨의 심리사회적 이론은 사회복지를 전공하는 학생의 자신에 대한 이해에도 도움이 될 수 있다. 따라서, 에릭슨의 심리사회적 발달단계를 자신의 인생에 적용하여 자서전 혹은 자기분석보고서를 작성해 보는 것이 유용하다.

Chapter

03

정신역동이론(2)

[학습목표]

1. 개인심리학의 이론에 대한 이해
2. 아들러의 생애와 사상 숙지
3. 분석심리학에 대한 이해
4. 융의 생애와 사상 숙지

[학습내용]

1. 개인심리학: 아들러
2. 분석심리학: 융

[개 요]

개인심리학은 인간을 전체적인 관점에서 보려고 한다. 또한 개인이 자신을 어떻게 주관적으로 지각하느냐에 따라 행동이 결정된다고 본다. 분석심리학은 인간정신의 구조를 의식과 무의식으로 구분하며, 나아가 무의식을 개인무의식과 집단무의식으로 세분화한다. 본 장에서는 아들러의 개인심리학과 융의 분석심리학을 학습하고자 한다.

Chapter

03 정신역동이론(2)

1. 개인심리학: 아들러

1) 아들러의 생애와 사상

알프레드 아들러

아들러(Alfred W. Adler, 1870~1937)는 오스트리아 정신의학자이자 심리학자이다. 그는 오스트리아 빈(Vienna)에서 곡물상을 하던 아버지로부터 6남매 중 둘째로 태어난 유대인으로, 후에 미국으로 이주했다(Adler, 1931: 11). 그는 프로이트와 달리 자신이 유대인임을 별로 의식하지 않았다. 빈대학교(Universität Wien) 의학부 졸업 후, 트로츠키(Leon Trotsky, Lev Davidovich Bronstein, 1879~1940)의 친구인 러시아 여성과 결혼하여 친구 중에는 사회주의자가 많았고, 그 자신도 사회주의자였다. 프로이트의 강연에 매혹되어 문하로 들어갔으나, 프로이트의 범성욕설을 받아들이기 어려워 분파하여 사회 감정을 중요시하게 되었다. 다시 말해서, 어떠한 형태의 사회도피든 간에 모두 불건강의 징후이다. 그는 아동기에 매우 병약했다. 구루병(rickets)을 앓았으며, 때때로 후두 경련을 일으켜서 큰소리로 비명을 지르거나 할 때는 질식의 위험이 따르기도 했다. 아동기에 가장 의미심장한 사건은 바로 밑의 동생이 그의 옆 침대에서 죽어간 사건이었다. 그로 인해 어린 아들러에게 삶과 죽음이라는 문제가 커다란 마음의 과제로 움트기 시작했다. 병약한 데다 2남이고 형과 사이가 나빴던 데에서 출생 순위와 성격의 관계에 주목하던 중 열등감을 특히 중요시하게 되었다. 곧 인간은 누구나 여러 가지 원인으로 열등감을 가지고 있으며, 이를 보상하려고 노력하는 과정에서 그 사람의 생활양식이 형성되어 가므로, 만일 보상될 수 없는 열등감이나 과도하게 보상된 열등감이 있으면 인격의 왜곡이 생긴다고 생각하여 이를 시정하기 위한 재교육이 중요하다고 하였다. 그 때문에 정신분석에 관심을 가지면서도 성욕주의를 혐오하고 있는 교육자·사회사업가·종교가 등에게 환영받았다(Sweeny, 2015).

아들러는 프로이트의 강연에 매료되어, 그의 문하에 들어가 빈 정신분석학회(Wiener Psychoanalytische Vereinigung, Vienna Psychoanalytic Society: WPV)를 결성하고 초대 회장을 맡았다. 아들러는 1902년부터 프로이트와 함께 '수요모임'에서 활동하였고, 프로이트의 저서인 《꿈의 해석(*Die Traumdeutung*)》(1900)을 서평했으나, 근본적인 견해 차이로 프로이트의 이론을 거부하고 분파하여, 1912년 프로이트를 비판하는 동료들과 함께 '개인심리학회'를 설립하였고, 이를 중심으로 독자적인 학문 세계를 구축해 나갔다. 1912년 《신경증 기질(*The Neurotic Constitution*)》을 발표하면서 그중 자신의 학설을 '개인심리학(Individualpsychologie)'이라고 이름 짓고, 1914년에는 〈국제개인심리학잡지〉를 창간했다. 프로이트의 범성욕설에 반대한 것인데, 덕분에 성에 대해 보수적인 교육자, 종교인들에게 그의 정신분석은 환영을 받았다.

제1차 세계대전 이후 빈에서 정신병원을 시작했으나, 나치당은 아들러가 유대인이라는 이유로 강제 폐쇄시켰다. 그 결과, 그는 1934년 미국으로 이주했다. 아들러는 이론적인 문제에만 관심을 기울인 학자가 아니었다. 그는 직접 사람들을 만나 상담과

치료를 하는 데 더 역점을 두었고, 구미 전역에서 수많은 강연을 하였다. 1937년 5월 강연차 영국 스코틀랜드 북부 에버딘대학교(University of Aberdeen)를 3주일 예정으로 찾았었는데, 강연 뒤 심근경색으로 길거리에서 돌연사했다. 그는 평생을 '인간이해의 심리학'을 체계화하는 데 전념하였으며, 인간을 이해하는 것이 곧 삶의 주인이 되는 길임을 알려준 최초의 인본주의 심리학자이다.

아들러의 주된 관심은 우월함의 추구, 육체적 허약함이 개인에게 미치는 영향, 권력의 추구, 출생순위에 따른 성격의 형성 등이었으며, 프로이트의 환원적인 관점과도 거리를 두었다. 아들러의 관점은 이후 의미치료(Logotherapy)의 창시자인 프랑클(Viktor Emil Frankl, 1905~1997)에 의해 비판받기도 했다. 그리고 과학의 기준으로서 반증주의를 제시한 포퍼(Karl Raimund Popper, 1902~1994)의 첫 번째 공격대상이 되기도 했다. 포퍼는 빈대학교 사회주의 서클에서 활동했으며, 아들러심리학에도 빠져 관련 사회사업까지 함께 할 정도였으나, 마르크스주의와 아들러심리학의 도그마성에 회의를 느껴 둘 다 포기하게 되고, 반대로 빈대학교에서 아인슈타인(Albert Einstein, 1879~1955)의 상대성이론 강의를 듣고 과학의 방법에 대해 영감을 받았는데, 결국 자신이 내놓은 반증주의에 대한 최초의 문헌에서 마르크스주의와 아들러심리학을 반증 불가능한 대표적인 비과학이라고 비판했다.

아들러는 프로이트의 원인론적 분석에서 탈피하여 목적론적 분석을 기반으로 자신의 학설을 세웠다. 대표적인 것이 '개인심리학(Individual Psychology)'인데, 개인심리학은 신프로이트학파에 큰 영향을 끼쳤다. 아들러와 입장을 같이하는 흐름을 '아들리안학파' 또는 '아들리안'이라고 부른다.

아들러는 성년기 중 많은 기간 동안 모든 형태의 탄압과 싸웠고, 열등감이 어떻게 권력의 남용을 낳는가를 보이기 위해 애썼다. 사실 아들러는 여성의 권리를 위해 캠페인을 벌였고, 소수자를 향한 부당함에 대해 자주 발언하였다. 평화활동가로도 알려진 아들러는 개인적으로는 딸 발렌타인이 나치로부터 탈출하기 위해 러시아로 건너갔다가 잘못된 정치적 고발로 스탈린 정권에 억류되었을 때, 전쟁의 황폐함과 권력의 남용을 겪었다. 첫딸인 발렌타인은 시베리아 수용소의 매우 혹독한 상황에서 1942년에 사망하였다(Neukrug, 2010).

아들러는 생애에 걸쳐 300권 이상의 책과 저작을 남겼는데, 동시대 다른 무의식을 정립하여 사상계를 뒤흔든 프로이트나 종교학, 문화인류학 분야에 새로운 관점을 제공한 융(Carl Gustav Jung)에 비해 아들러는 교육학 · 교육심리학 · 사회복지 분야에서 종종 언급되거나 프로이트나 융을 언급할 때 같이 언급될 뿐 그다지 인지도가 높지 않았다. 그러다가 아들러의 목적론을 기반으로 일본인 철학자 기시미 이치로(岸見一郎)와 작가 고가 후미타케(古賀史健)의 저서 《미움받을 용기(嫌われる勇氣)》(2014)가 베스트셀러 반열에 오르면서 최근 일본뿐만 아니라, 우리나라에서 아들러와 그의 목적론이 각광을 받기 시작했다.

주요 저서에는 《기관 열등성의 연구(*Studie uber die Minderwertigkeit der Organe*)》(1907), 《신경증 기질(*Uber den nervosen Charakter*)》(1912), 《개인심리학의 실제와 이론(*The Practice and Theory of Individual Psychology*)》(1920) 등이 있다.

개인심리학의 실제와 이론
(2011년 출판)

2) 개인심리학의 개요

아들러는 프로이트와 같이 인생 초기 5년 동안의 경험에 의해 삶이 많이 결정된다고 보았지만, 생물학적이고 결정론적인 관점을 비판하고 인간을 전체적인 관점에서 보려고 하였다. 또한 개인이 자신을 어떻게 주관적으로 지각하느냐에 따라 행동이 결정된다고 보았기에 자신의 이론을 '개인심리학(Individualpsychologie, Individual Psychology)'이라고 명명하였다(신기원 외, 2016: 169).

개인심리학은 아들러가 주창한 성격 · 정신병리 · 심리치료 등의 이론과 방법론을 다룬 심리학을 말한다. 아들러는 성격발달과 과정에서 개인성격의 통일과 통일하는 양식, 열등감의 역할을 강조했다. 심리적 특징의 개인차의 본질과 기원에 관심을 둔 '차이심리학(Differential Psychology)'과 같은 말로도 쓰인다. 그러나 차이심리학이 개체의 차 · 성차 · 민족차 등 여러 형태의 차이를 광범위하게 취급하는 데 비해, 개인심리학은 개인을 중점적으로 다룬다.

아들러는 개인의 독자적 전체성을 강조하면서 인간을 움직이는 최대의 동기로 '우월에 대한 욕구'를 꼽았다. 프로이트가 인간의 기본적인 동기를 생물학적 성적 본능으로 간주하고 결정론적인 관점으로 설명한 반면, 그는 인간이 사회심리학적이며 목적론적인 동기에 의해 움직인다고 보았다. 이렇게 볼 때, 인간은 이드, 자아, 초자아라는 분리된 내적 요인의 갈등에 의해 구성되는 것이 아니라, 기억과 정서, 행동의 총체적인 합으로서 구성되는 것이다. 이렇듯 그는 인간을 개인의 통합성, 총체성, 분리불가능성 등의 개념으로 설명하였다.

개인심리학의 주된 주장은 인간의 모든 행동이 목적성을 지니고 있고, 미래의 목표를 향해 창조적으로 삶을 개척해 나간다는 것이다. 이때 목적은 관념에 불과하지만 실제 삶에 큰 영향을 미치기 때문에 중요하며, 이렇게 누구나 가지고 있는 궁극적인 목표를 '가상적인 최종목표(fictional finalism)'라 부른다. 또한 인간은 선천적으로 열등감을 극복하려 하는데, 이때 개인의 열등감은 그것을 극복한 우월성, 안정성, 숙련을 통한 유능감 등을 통해 보상된다. 인간은 이를 통해 더욱 발전되고 확장된 자기 모습을 경험할 수 있다(정서영 외, 2017a: 124-125).

그렇기 때문에 개인심리학에서는 의식이 무의식보다 중요하며, 각 개인이 지닌 신념체계 및 감정과 행동방식을 구성하는, 개별적이며 주관적인 해석이 강조된다. 이를 '생활양식(life style)'이라 하며, 이를 통해 개인의 일상생활과 장기목표, 역경에 대처하기 위한 고유의 행동패턴을 파악할 수 있다.

3) 인간관

아들러의 개인심리학에서 무엇보다 중요한 것은 인간을 바라보는 관점을 이해하는 것이다. 아들러는 인간은 사회적 맥락 속에서 끊임없이 변화하고 발전해 가는 존재로 보았다. 특히, 열등감은 타인과의 비교를 통해 보다 나은 자기완성을 추구하게 하는 의지를 낳는 긍정적인 동기부여 역할을 한다고 보았다(유성이, 2017: 60).

아들러이론에서 보면, 인간은 단순히 유전형질이나 환경에 의해 결정되는 것도 아니며, 또 어떻게 태어났는가 하는 것이 중요한 것이 아니라, 단지 우리가 가진 능력으로 무엇을 어떻게 하느냐 하는 것이 중요한 것이라고 믿었다(권육상, 2008: 167). 개인심리학이라고 불리는 아들러의 이론은 인간을 유일하고 분해할 수 없으며, 자아일치적이고 통합된 실체로 보았다. 아울러 인간은 창조적인 능력이 있기 때문에 인생의 목표를 달성할 수 있고, 현실과 세상을 고유하게 해석하는 자기만의 눈을 가지고 있으며, 목적과 가치에 일치되는 삶의 방식을 선택할 수 있는 합리적인 존재, 즉 사회에 기여할 수 있는 사회적 존재로 보았다.

그러므로 아들러는 인간을 성장 모형에 근거하고 있기 때문에 가치, 신념, 태도, 목표, 관심, 개인의 현실적 지각과 같은 내적 결정인자를 강조한 사람으로서, 심리학에 있어 접근의 선구자로 총체적 · 사회적 · 목표 지향적 · 인본주의적 접근의 개척가라 할 수 있다.

아들러의 인간관은 다음과 같다(유성이, 2017: 61).

① 인간은 각각의 특성이 있으며, 더 이상 나누어지지 않는 통합된 실체다.
② 발달이란 완전한 것을 향한 능동적인 노력, 즉 성장을 위한 개인의 노력이다.
③ 유전, 문화적 압력, 본능적인 욕구가 개인의 발달에 영향을 미치기는 하나, 대부분의 발달은 개인의 능동적 선택에 의해 이루어진다.
④ 발달은 5세경에 거의 형성되며, 그 이후에는 근본적인 변화가 없다.
⑤ 각각의 개인은 환경을 주관적으로 파악하고, 이러한 주관적 신념이나 믿음에 따라 행동한다.
⑥ 자아는 창조적 힘을 가지고 있으며, 열등감에 대한 보상과 미완성을 극복하고 완성을 추구하고자 하는 성향을 지니고 있다.
⑦ 건강한 정신은 개인이 우월성을 추구하는 과정에서 환경적 방해를 어느 정도 극복하느냐와 사회적인 관심 정도에 달려 있다.

4) 핵심 개념 및 내용

(1) 열등감

아들러에 따르면, 모든 인간은 열등감(inferiority complex)을 가지고 있으며, 인간의 기본 동기는 열등감을 극복하고 우월감, 완전함, 전체성을 얻고자 노력하는 데 있다고 보았다(Adler, 1964b). 열등감은 스스로가 부족하다고 느끼는 것에 대한 불만족에 의해 시작되는데, 자신을 다른 사람이나 사회적 요구와 비교함으로써 얻어지는 주관적인 경험에 의해서 형성된다(유성이, 2017: 62).

아들러는 열등감 콤플렉스의 세 가지 원인으로서 기관열등감, 과잉보호, 양육태만을 제시하였다(노안영 · 강영신, 2011: 195-296).

① 기관열등감

기관열등감(organ inferiority)의 원천은 개인의 신체와 관련된 것이다. 즉, 개인이 부모에게서 물려받은 자신의 신체에 대하여 어떻게 생각하는가와 관련된 것이다. 외모에 대해서 어떻게 생각하는가? 신체적으로 건강한가? 아니면 자주 아픈가? 신체적으로 불완전하거나 만성적으로 아픈 아이들은 다른 아이들과 성공적으로 경쟁할 수 없다. 그래서 이런 아이는 열등감이라는 소라 껍데기 속에 움츠러든다.

② 과잉보호

과잉보호(spoiling)의 원천은 부모의 자녀교육과 관련된 것이다. 자녀를 얼마나 독립적으로 키우느냐 의존적으로 키우느냐는 부모의 교육방식에 따라 달라진다. 가족이 핵가족화됨으로써 '내 자식 위주'의 사고를 가진 부모들이 많아졌다. 아이가 학교나 사회에서 어떤 문제를 일으켰을 때, 아이 스스로 해결할 수 있도록 기회를 주기보다는 부모들이 먼저 나서서 모든 일을 해결해버리는 경우가 많다. 과거 한참 유행이었던 '마마보이'라는 말은 부모의 과잉보호로 인해 부모 없이는 아동 스스로 아무것도 결정할 수 없다는 것을 비꼬는 말이었다. 과잉보호로 자란 아이들은 다른 사람들이 항상 그를 위해 모든 것을 해주기 때문에 자신감이 부족하게 된다. 그 결과로 그들 자신이 인생의 어려운 고비에 부딪쳤을 경우 해결할 능력이 없다고 믿고 깊은 열등감에 젖게 된다.

③ 양육태만

양육태만(neglect)의 원천은 부모가 자녀에 대한 최소한의 도리를 하지 않는 것과 관련된다. 아이들의 성장에 있어서 부모의 사랑과 관심은 매우 중요한 요소이다. 아이들은 부모와의 신체접촉, 놀이를 통해 안정된 정서를 갖게 되며 자신의 존재 가치를 느끼게 된다. 사회의 급격한 변화와 더불어 이혼율과 여성의 사회참여가 증가하면서, 자녀에 대한 사랑과 관심이 줄어들고 있다. 특히, 가정에서 비디오 교육이라는 명목으로 아이들에게 홀로 비디오를 보게 함으로써 부모의 역할을 태만히 하는 경우가 많다. 이렇게 양육태만된 아이들은 근본적으로 자신이 필요하지 않다고 느끼고 있기 때문에 열등감을 극복하기보다는 오히려 문제에 대해 회피하거나 도피한다. 즉, 이러한 아이들은 자신의 능력을 인정받고 애정을 얻거나 남으로부터 존경을 받을 수 있다는 자신감을 잃고 세상을 살아간다. 그러므로 이러한 세 가지 어릴 때의 상황에서 비롯된 열등감 콤플렉스의 원인은 성년이 된 후에 신경증을 일으키는 중요한 요인이 된다.

한편, 아들러는 심한 신체적 약점이나 결함이 있는 사람이 연습이나 훈련을 통해 이를 보상하려는 노력을 하며, 이들 중 일부는 결국 그 약점을 보상하는 것에 주목하였다. 보상은 잠재력을 발휘하도록 인간을 자극하는 건전한 반응이다. 이와 관련해 아들러는 인간은 항상 좀 더 나아지고 싶어 하기 때문에 본질적으로 열등감이 발달하게 되어 있다고 주장한다(Adler, 1956). 열등감은 항상 긴장을 낳기 때문에 우월감을 향해 나아가게 하는 자극이 된다.

(2) 가족구도와 출생순위

아들러이론의 또 하나의 주요 개념은 형제간의 출생순위가 성격형성에 미치는 영향이다. 한 부모에게서 태어난 아이들도 그 출생순위에 따라 부모의 기대치, 관심의 정도, 양육태도 등 그들이 경험하는 환경은 다르며, 이는 그들의 성격형성에 주요한 변인이라는 것이다(Adler, 1927).

아들러는 가족구도(family constellation)와 출생순위(birth order)가 우리의 생활양식 형성에 중요하다는 것을 강조하였다. 가정에서 부모를 중심으로 자녀와의 가족관계가 어떠한 가족구도를 형성하고 있는가는 자녀의 생활양식을 형성하는 데 중요하다. 역시 자녀의 수가 몇 명인가와 출생순위도 성격형성에 영향을 준다. 결혼을 해서 낳은 첫째 아이가 부부가 정말 원해서 출생하였는가의 여부, 첫째 아이가 남자인 경우 혹은 여자인 경우, 독자인 경우 등에 따라 부모가 자녀에게 대하는 심리적 태도가 다를 수 있다. 우리나라는 유교문화의 전통 속에서 오랫동안 부모들이 아들을 선호해 왔다. 요즘에는 자녀들이 하나 아니면 둘이지 세 명 이상인 경우는 많지 않다. 하지만 세 명 이상인 경우에는 자녀가 딸, 딸 그리고 아들이거나 딸, 딸, 딸 다음에 아들일 확률이 높다. 이것은 꼭 아들이 있어야 한다는 우리의 문화적 풍토를 반영한 것이다. 부모를 중심으로 한 가족구도 속에서 부모가 민주적으로 모든 자녀에게 대등한 관계에서 자녀를 양육하지 못할 경우 어떤 자녀는 심리적 상처를 받을 수 있다(노안영 · 강영신, 2011: 98).

그러므로 출생순위와 가족 내 위치에 대한 해석은, 어른이 되었을 때 세상과 상호작용하는 방식에 큰 영향을 미친다. 아동기에 타인과 관계하는 독특한 스타일을 배워서 익히게 되며, 그들은 성인이 되었을 때도 그 상호작용 양식을 답습한다. 아들러 학파 치료에서는 가족역동, 특히 형제간의 관계를 다루는 것을 매우 중요시한다. 따라서, 어떤 유목으로 전형화하는 것은 피해야 할 일이지만 아동기에 형제간의 경쟁의 결과로 생겨난 성격 경향이 개인의 남은 삶을 통해서 재현되는가를 살피는 것도 도움이 될 것이다.

(3) 생활양식

생활양식(life style)이란 개인의 독특성과 존재를 특정짓는 것으로 삶에 대한 개인의 방식, 즉 삶의 목적, 생활의 전략, 가치, 태도 등을 포함하는 것으로 삶의 목표를 향해 나아가는 방식이다(정서영외, 2017a: 130).

아들러는 인생의 과업으로 직업, 우정, 사랑과 결혼을 꼽았다. 이 세 가지 인생과업에 대한 태도인 자신의 활동수준과 사회적 관심이라는 대인관계의 두 가지 차원을 통하여 네 가지 생활양식을 구분하였다(Hjelle & Ziegler, 1992).

첫째, 지배형(ruling type)은 사회적 관심이 낮고 활동수준이 높아 공격적이고 활동적이다. 인생과업에 있어서 반사회적이며 독단적으로 다른 사람에 대한 배려는 고려하지 않는다. 알코올 중독자, 약물이나 마약 중독자, 자살의 가능성이 있는 사람이다.

둘째, 획득형(getting type)은 부모가 지나치게 과잉보호와 간섭하며 지배를 한 방식이다. 사회적 관심은 낮고 활동수준은 중간 정도로 외부세계와 관계를 맺으며, 다른 사람에게 의존하여 욕구를 충족하는 방식이다. 다른 사람을 자신의 욕구 충족을 위하여 도구로 사용하려고 한다.

셋째, 회피형(avoiding type)은 사회적 관심도 낮고 인생에 참여하는 활동수준도 낮다. 인생의 모든 문제를 직면하려는 용기가 전혀 없고 회피하여 한 치의 실패 가능성도 모면하려는 것이다. 주로 신경증 환자나 정신병 환자에게서 볼 수 있다.

넷째, 사회적 유용형(socially useful type)은 심리적으로 건강한 사람의 모델이다. 개인의 활동수준과 사회적 관심이 높은 사람으로 자신의 욕구는 물론 다른 사람의 복지에도 관심을 가진다. 일과 우정, 사랑 같은 사회적 관심을 중요시한다. 또한 문제를 해결하기 위하여 다른 사람을 존중하며 협력하는 태도와 용기를 가지고 적극적으로 대처한다.

아들러의 네 가지 생활양식은 〈표 3-1〉과 같다.

표 3-1 아들러의 네 가지 생활양식

사회적 관심	활동수준	
	높음	낮음
높음	사회적 유용형	획득형
낮음	지배형	회피형

자료: 손병덕 외(2019: 77).

(4) 사회적 관심

아들러가 정신건강의 주요한 지표로 제시한 독특한 개념 중 하나가 사회적 관심(social interest)이다. 아들러는 사회적 관심을 세 가지의 발달적 측면에서 기술하고 있다. 첫 번째 발달단계는, 타고난 기질로서의 사회적 관심이다. 이는 다른 사람과의 관계를 추구하고 협동하는 기질적 측면을 의미하며, 선천적인 개인차를 나타낼 수 있다. 두 번째 단계는, 개인적 능력으로서 타인을 이해하고 공감하며 협동과 기여를 할 수 있는 사회적 능력을 의미한다. 이러한 능력은 교육과 훈련을 통해서 함양할 수 있는 협동의 기술을 뜻한다. 세 번째 단계는, 일반적인 태도로서 다른 사람과의 협동을 소중하게 여기고 사회적 이익을 위해 헌신하려는 의지를 의미한다.

사회적 관심은 두 가지 차원으로 나누어 이해할 수 있다. 한 차원은 타인이나 사회적 환경과 조화를 이루기 위해 타협하고 협동하려는 노력을 의미하며, 다른 차원은 사회적 이익과 발전을 위해서 자신을 희생하고 기여하려는 노력을 뜻한다. 이러한 사회적 관심은 특히 다른 사람을 배려하기 어려운 상황에서 협동하고 헌신하려는 의지와 행동을 통해 평가될 수 있다. 또한 개인이 타인이나 사회적 집단을 넘어서 자연세계나 우주 전체와의 연결성 속에서 자신의 삶을 영위하려는 이상적인 태도로 확장될 수 있다.

아들러는 사회적 관심을 개인의 장래에 모든 적응이 달린 중요한 문제로 간주하였다. 개인의 사회적 관심에 대한 수준을 가지고 그 개인의 심리적 건강을 추정하는 척도로 사랑하였으며, 사회적 관심이 부족한 사람은 적응이 어렵다고 주장하였다(Adler, 1956).

(5) 우월감 추구

아들러는 초기에 인간행동을 좌우하는 위대한 역동적인 힘을 공격성, 즉 방해물을 극복하기 위한 강한 동기라고 믿었다. 그러나 곧 그는 공격적인 충동을 포기하고, 권력에 대한 의지(will to power)로 생각을 바꾸게 된다. 아들러는 남녀가 부족감과 열등감을 대체하려는 노력으로 갖게 되는 과잉보상의 한 형태인 '남성적 추구(masculine protest)'라는 개념을 제시하였다. 그러나 아들러는 남성적 추구의 개념이 정상인의 동기유발을 만족스럽게 설명하지 못한다고 보고 이를 포기하고, 그 대신 우월에 대한 추구(striving for superiority)의 개념을 채택하게 된다.

아들러는 우월에 대한 추구가 인간생활의 기초라고 결론을 내리고 있다. 모든 사람은 '위대한 향상의 동기(great upward motive)', 즉 마이너스(−)에서 플러스(+)로, 아래에서 위로, 미완성에서 완성으로 나아가는 동기를 공유하고 있다. 이러한 우월이나 완성을 향한 추구의 동기는 선천적으로 타고난다(Adler, 1964b). 그러나 우월에 대한 추구가 선천적으로 타고난 것이긴 하지만 인생발달단계에서 적절히 신장되어야만 한다. 출생 시 그것은 실재가 아닌 잠재력으로 존재하며, 이 잠재력을 자기 나름으로 현실화하는 것은 각 개인에게 달려 있다(권중돈, 2014: 259-260). 이런 잠재력을 실현하는 과정은 아동들이 자신의 인생목표를 설정하기 시작하는 다섯 살 때부터 시작된다. 인생목표가 유년기에 처음 형성될 때는 어느 정도 모호하고 일반적으로 무의식적이지만, 차츰 동기의 방향을 결정하고 심리적 운동을 구체화하고 또 의미를 부여한다.

이러한 우월의 목표는 인간사회발달에 기여하는 측면에서 긍정적인 경향과 부정적인 경향으로 나타날 수 있는데, 긍정적인 경향은 사회적인 관심이나 다른 사람의 행복을 지향하는 이타적 목표이며, 부정적인 경향은 개인적인 우월성을 추구하는 자기존중, 권력, 개인적인 허세와 같은 이기적인 목표들이다(권육상, 2008: 168).

(6) 프로이트와의 비교

프로이트의 정신분석이론과 아들러의 개인심리이론의 기본 관점을 비교정리하면 〈표 3-2〉와 같다.

표 3-2 아들러와 프로이트의 비교

구분	프로이트	아들러
이론의 토대	생리학	사회심리학
인간행동	행동의 인과론적 결정론	행동의 목표지향성 강조
인간관	수동적 인간관	창조적 · 능동적 인간관
심리치료의 목표	정신 내적 조화를 이루는 것이 심리치료의 이상적 목표	자기실현 및 사회적 관심의 고양이 심리치료의 이상적 목표
인간관계	인간은 경쟁자이므로, 우리는 그들로부터 우리를 보호해야 함	사람들은 동료들이므로, 우리의 인생에 도움을 주는 존재
신경증	성적 문제가 원인	학습의 실패이며, 왜곡된 지각의 산물

자료: 강상경(2018: 105).

5) 평가

(1) 공로

아들러의 이론은 열등감과 우월추구, 신체결함과 정신신체반응, 반사회적인 성격발달에서 무관심의 욕망, 생활방식의 개념, 스트레스와 적응, 출생순위, 자아실현과 타인에 대한 봉사, 심리적 건강, 그리고 창조력 등과 같이 수없이 많은 연구분야에 기여했다.

아들러의 개인심리학은 가족 분위기, 가족 형태, 가족구성원의 생활양식 등에 초점을 두고 있다. 아들러의 이론은 사회복지실천에 있어서 가족상담에 유용한 지식기반을 제공하였으며, 이와 더불어 집단경험을 통해 잘못된 생활양식을 바꾼다는 개념도 유용하게 활용되고 있다.

아들러의 개인심리이론은 현대의 인지치료, 심리치료, 가족치료, 현실치료 등의 발전에 영향을 미쳤으며, 아동지도, 청소년교육, 자녀양육, 부모교육, 부부치료, 교정재활, 지역사회 정신건강 등의 분야에 널리 적용되었다. 아들러의 이론은 프로이트의 정신분석이나 융의 분석적 치료와는 달리 비교적 간단하여 단기간에 시행될 수 있으며, 보다 평범한 언어로 구성되어 있어 폭넓은 적용이 가능하다는 이점이 있다.

(2) 한계점

아들러의 개인심리학은 몇 가지 한계점을 가지고 있다(박언하 외, 2019: 63-64).

첫째, 그의 이론의 핵심이라고 볼수 있는 창조적 자아의 실체에 대하여 그의 분명한 답을 찾을 수 없다는 점이다.

둘째, 그는 주장하기를 사람들이 갖는 생활양식이 4~5세에 고정되어 전 인생을 두고 불변한다고 했는데, 과연 이러한 그의 불변적 인간관을 어느 정도 수용해야 할지 이에 대한 검증이 프로이트의 것만큼 충분하지가 못하다는 점이다.

셋째, 인간은 선천적으로 사회적인 관심을 가지고 있으며, 이로 인하여 열등의식을 갖게 되고 이를 극복하기 위해 우월에 대한 추구를 하게 된다고 했는데, 그렇다면 과연 어떻게 아동의 성격 형성에 지대한 영향을 주게 되는 사회의 건전성 내지는 불건전성에 대한 척도는 무엇인가 하는 점에 대해 그의 성격이론은 침묵하고 있다는 점이다.

6) 사회복지와의 연관성

사회복지와의 연관성은 다음과 같다(이영호, 2018: 63-64).

첫째, 아들러는 인간의 행동을 주요 인물들 부모, 형제자매들과의 관계, 생활양식과 함께 사회환경과의 상호작용에 관심을 두었기 때문에 미시적인 사회복지실천에 영향을 미쳤다고 할 수 있다. 특히, 클라이언트의 생활양식을 분석하는 과정은 사회복지사가 개인을 이해하고 이를 바탕으로 사정하여 개입계획을 세울 수 있는 이론적 근거가 되며, 아들러의 치료방법들은 사회복지사에게 '말로써 제공하는 서비스', 즉 면담방법에 많은 영향을 주었다.

둘째, 아들러의 개인심리학에서는 가족의 분위기, 가족형태, 가족구성원의 생활양식에 관심을 두고 있고, 따라서 사회복지실천에 있어 가족상담에 유용한 지식기반을 제공하고 있다. 또한 아들러의 이론에서 성격의 사회적 요인에 대한 강조는 집단 내에서 개인을 치료하는 집단치료의 개념을 선도하였고, 집단 사회복지실천에 유용하게 활용되고 있다.

셋째, 아들러는 클라이언트들을 정신적으로 병든 상태로 보는 것이 아니라, 좌절한 것으로 본다. 그래서 아들러의 치료이론은 증상의 제거보다 기본적인 삶의 전제나 왜곡된 삶의 동기를 수정하는 것이다. 이처럼 아들러의 개인심리학은 사회복지실천에서의 중요한 관점인 강점관점과 관련이 있다. 또한 치료과정에서 클라이언트가 두려워하는 행동이나 사고를 의도적으로 과장하는 역설적인 방법과 클라이언트로 하여금 자신이 원하는 방식으로 행동해 보도록 하는 기법들은, 클라이언트 스스로 합리적인 대안들을 찾아볼 수 있도록 도와준다. 이는 사회복지사가 클라이언트의 자기결정을 최대화하도록 하고, 클라이언트를 클라이언트 자신의 삶에 있어 전문가로 고려해야 하는 사회복지실천을 안내하는 원리를 제공한다고 할 수 있다.

넷째, 아들러의 인간에 대한 주요 가정에서 인간이 사회적인 존재라는 것을 강조하고 있는데, 인간은 기본적으로 공동체의식, 즉 사회적 관심을 지닌 존재라는 것이다. 이는 사회복지실천에 있어 클라이언트의 과거 심리 내적인 정신역동적 측면과 함께 상황 속의 인간을 이해하도록 하고 있다. 더 나아가 클라이언트가 다른 사람들과 보다 협동하며 사회적 기여를 하도록 노력하거나 환경에 잘 적응하여 건강한 삶을 살아가도록 하는 사회복지실천의 본질과도 관련이 있다.

2. 분석심리학: 융

1) 융의 생애와 사상

칼 구스타프 융

융(Carl Gustav Jung, 1875~1961)은 1875년 스위스 바젤(Basel)에서 출생하였다. 그의 집안은 의사와 종교인이 많았으며, 바젤에서 명망 있는 집안에 속했다. 융의 할아버지는 의사였으며, 바젤대학교(University of Basel) 의과대학 학장을 지냈다. 외할아버지는 바젤지역의 개신교목사협회 회장을 지냈다. 그의 부친은 스위스 개신교 교회의 목사였고, 경제적으로는 어려운 형편이었다. 어머니는 독실한 기독교 신자로 건강이 좋지 않았다. 어머니가 요양원에 자주 입원해서 융은 어려서부터 홀로 시간을 보내는 일이 많았다. 1895년 아버지가 사망한 이후, 어머니의 병세가 호전되면서 어머니의 관심과 영향 속에서 성장하였다. 하지만 가정형편이 어려워 자신이 생계와 학업을 병행해야만 했다.

청년기에는 바젤 후마니스티셰스 김나지움에서 그리스어와 라틴어를 공부하였다. 이 시기에 아버지가 정신병원 상담목사로 활동하면서 정신분석에 관심을 가지게 되었다. 1895년 바젤대학교 자연과학부에 입학하여 해부학, 생물학 등 의학공부에 필요한 과정을 배웠으며, 정신의학을 전공분야로 선택했다. 그가 정신의학을 선택하는 데 가장 큰 영향을 미쳤던 것은 에빙(Kraft-Ebbing)의 저서들이라고 회고했다. 1900년 12월 졸업한 후, 취리히대학교(The University of Zurich) 부속 부르크횔츨리정신병원(Burghölzli Asylum)의 블로일러(Eugen Bleuler, 1857~1939) 교수를 보조하는 보조의사이자 연구원이 되었다. 이 시기에 활발하게 정신의학을 연구하였다. 한편, 1903년 스위스에서도 손꼽히는 시계제조업체의 딸로 IWC 상속녀인 엠마 라우셴바흐와 결혼하였으며, 엠마는 그의 비서이자 연구를 돕는 내조자로 충실한 역할을 하였다.

1904년경 정신병 환자를 치료하기 위해서 정신분석의 유효성을 인식하고 단어를 통한 연상실험을 창시하였다. 그는 단어연상법으로 프로이트가 《꿈의 해석(*Die Traumdeutung*)》(1900)을 통해서 제기한 억압된 것, 즉 억압이론을 입증하고, 그것을 '콤플렉스(Complex)'라고 이름 붙였다. 1906년 조현병(정신분열병)의 증상을 이해하는 데 정신분석이 유효하다는 것을 증명하였다. 1907년 융은 오스트리아 빈에 살고 있는 프로이트를 찾아가 교류하면서 서로의 연구에 공감하며 친분을 나누게 되었고, 자신의 연구업적으로 프로이트의 두터운 신뢰와 인정을 받게 되었다. 이후 콤플렉스라는 개념은 정신분석학과 심리학에서 사용하게 되었고, 융과 부르크휠츨리 병원은 세계적인 명성을 얻기 시작했다.

1908년 4월 오스트리아의 잘츠부르크(Salzburg)에서 개최된 최초의 국제정신분석학회 제창자가 되었으며, 이 회의에서 발행하기로 결정한 기관지 〈정신분석학 · 정신병리학 연구연보〉의 편자로 뽑혔다. 1909년에는 미국 보스턴 클라크대학교(Clark University)의 초청을 받아 프로이트와 함께 미국을 여행하였다. 그러나 그후 그는 '리비도(Libido, 성본능 · 성충동)'의 개념을 성적이 아닌 일반적인 에너지라고 하였기 때문에 프로이트와 의견이 대립되어, 1914년에 정신분석학회를 탈퇴하고, 그 이후 자신의 심리학('분석심리학'이라 일컬음)을 수립하는 데 노력하였다. 그의 심리학은 신비적인 색채를 지니고 있는 데다 난해하였기 때문에, 심리학 일반에 대해서는 영향을 끼치지 못하였으나, 인간의 유형을 '외향형'과 '내향형'으로 나눈 유형론(Typology)은 그의 큰 공적이다. 융은 1961년 6월 6일 색전증(embolism)으로 자택에서 사망했다. 융의 묘비에 "부르든 부르지 않든, 신은 존재할 것이다."라고 적힌 문구는 언젠가 그가 인터뷰에서 한 말을 상기시킨다. '신을 믿느냐'는 질문을 받자, 융은 이렇게 대답했다. "나는 그분을 믿는 게 아니라, 그분을 압니다."

융은 개인의 인생은 무의식의 자기실현의 역사이고, 무의식에 있는 모든 것은 표현되려고 노력하며, 성격은 무의식의 조건에서 발현되기를 갈망한다고 보았다. 또한 융은 언제나 '마음과 영혼의 의사'로서 무의식의 자기실현을 몸소 실천하였고, 20세기 유럽이 낳은 정신 과학자 중에서 동양 사상을 누구보다도 깊이 이해함으로써 동서에 다리를 놓았으며, 인류가 무엇을 보고 어떻게 살아야 할 것인가를 제시하였다(김종운, 2013: 169).

융은 이미지로서 나타난 집합적 무의식의 내용을 이해하거나 그것에 접근하기 위해 옛날 이야기, 신화학, 문화인류학, 종교학 등을 학제적으로 연구하였다. 특히, 연금술은 융이 생각하는 개성화에 있어서 중요한 모델이 되었다. 나중에 융과의 작업이 제시하고 있는 바와 같이, 정치도 집합적 무의식의 작용으로서 고찰의 시정에 포함시킨 것이다. 또한 역으로 융 심리학은 신화학이나 종교학 분야의 연구에 큰 영향을 미쳤다(정서영 외, 2017a: 139).

대표적인 저서로는 《변용의 상징(*Symbols of Transformation*)》(1914~1952), 《심리유형론(*Psychological Types*)》(1921), 《심리학과 연금술(*Psychology and Alchemy*)》(1944~1951) 등이 있다.

심리유형론(2016년 출판)

2) 분석심리학의 개요

분석심리이론은 융에 의해서 정립된 이론이다. 융은 정신분석이론의 기본 구조인 인간정신의 구조와 정신역동에 대해서는 대부분 인정을 한다. 하지만 성적·생물학적 에너지에 의해서 인간성격이 결정된다는 정신분석이론의 관점에 이의를 제기하고 무의식의 중요성을 인정하면서도 의식의 중요성을 간과해서는 안 된다는 관점에서 이론을 전개한다. 융의 관점에서 심리적 안녕상태는 의식이 무의식을 감독하고 지도하면서 균형상태를 이루는 것이라고 정의된다(강상경, 2018: 97).

1913년의 어느 강연에서 융은 자신의 이론을 '분석심리학'이라고 명명했다. 이는 프로이트의 '정신분석학'이나 블로일러의 '심층심리학'과 대비되는 개념이었다. 분석심리학(Analytische Psychologie, Analytical Psychology)은 무의식을 개인무의식과 집단무의식으로 나누고, 집단무의식 속에 고태형을 가정한다. 꿈이나 신화의 분석을 통하여 무의식적인 내용을 의식화하는 과정을 중시하였다. 따라서, 이를 '융 심리학'이라고도 부른다.

융은 프로이트로부터 무의식의 중요성에 대해 영향을 받아 무의식의 개념을 확장하여 체계적 이론을 구축하였다.

분석심리학은 인간정신의 구조를 의식과 무의식으로 구분하며, 나아가 무의식을 개인무의식과 집단무의식으로 세분화한다. 먼저, 의식은 자아(ego)에 의해 지배되는 부분으로, 인간이 자신을 외부에 표현하고 외부 현실을 인식하는 기능을 한다. 개인이 자신의 의식을 능동적으로 외적 세계에 초점을 맞추는 경향을 '외향성'으로 칭하며, 내적 · 주관적 세계로 향하는 성향을 '내향성'이라 한다. 융은 우리 모두가 두 가지 상반되는 태도를 가지고 있으며, 하나의 지배적인 경향에 따라 우리의 성격 및 태도가 달라진다고 보았다. 의식이 외부세계를 인식하는 방식은 감각과 직관으로 구성된 비합리적 차원, 그리고 외부세계를 판단하는 방식은 사고와 감정으로 구성된 합리적 차원으로 나뉜다. 융은 심리적 태도와 의식의 기능을 조합하여 여덟 가지 심리적 유형을 정리하였다. 융의 성격유형이론을 근거로 하여 브릭스(Katharine C. Briggs)와 그의 딸 마이어스(Isabel B. Myers)가 고안한 자기보고식 성격유형검사(Myers-Briggs Type Indicator, MBTI)가 있다.

3) 인간론

융은 인간을 하나의 전체적인 존재로 간주한다. 즉, 인간은 본래부터 하나의 전체로서 존재한다는 것이다. 인간은 부분적으로 획득되어, 비로소 어떤 일관된 조직적 통일성을 갖게 되는 것이 아니라, 본래부터 완전성을 가진 존재로 간주된다. 다시 말해서, 인간은 이미 전체성을 가지고 있으며, 하나의 전체로 태어난다고 인정된다. 따라서, 융은 인간이 일생을 통해 해야 할 일은 타고난 전체성을 최고로 분화시키고, 동시에 일관성을 가진 조화로운 상태로 발전시키는 것이다. 이는 제각기 흩어져 제멋대로 움직이며 갈등을 일으키는 여러 체계로 분열(왜곡된 인격이 되는 것)되는 것을 막는 것이라고 주장하였다. 그러므로 융에게 있어 정신분석의 궁극적인 목표는 정신 통합에 있다(장성화 외, 2016: 160).

프로이트의 정신분석이론과 비교하여 융의 분석심리학의 가장 큰 관점의 차이는 프로이트가 인간은 무의식에 의해서 결정되는 불변적 존재라고 가정한 반면, 융은 인간을 무의식의 영향을 받지만 의식에 의해 조절할 수 있는 가변적 존재라고 가정한다는 것이다. 분석심리학에서는 인간을 의식과 무의식 간의 대립을 극복하고 의식에 의한 조절을 통해서 의식과 무의식을 통일해나가는 생물학적 · 심리학적 · 사회문화적 특성을 반영한 전체적 존재로 인식한다. 이러한 의미에서 인간은 역사적이면서 미래 지향적 존재이고 목표달성을 위해서 노력하고 행동을 조절할 수 있는 존재이다(강상경, 2018: 97).

4) 핵심 개념 및 내용

(1) 성격구조

융의 구조적 개념에 대해 하나하나 논하면, 그것들이 서로 관계가 없는 별개의 것으로 생각될지 모르지만 그렇지 않다. 그것들 사이에는 많은 상호작용이 존재한다. 융은 세 가지 상호작용을 논하고 있다. 첫째, 어떤 구조가 다른 구조의 약점을 '보상하는' 경우, 둘째, 어떤 요소가 다른 요소와 '대립되는' 경우, 셋째, 둘 또는 그 이상의 구조가 '결합하여' 하나의 종합을 이루는 경우다.

한편, 인격의 곳곳에 대립이 존재한다. 페르소나와 그림자 사이에도, 페르소나와 아니마 사이에도, 그림자와 아니마 사이에도 대립은 존재한다. 예를 들어, 남자 속의 여성은 남성과 싸운다(Hall, 1999).

① 의식

의식은 개인이 유일하게 직접적으로 알 수 있는 부분이며, 태어날 때부터 죽을 때까지 지속적으로 성장해 간다. 개인은 타인과 구별되는 자신만의 고유한 존재로 성장하는데, 융은 이러한 과정을 '개성화(individuation)'라고 지칭했다. 개성화의 목표는 개인이 가능한 한 완전하게 자신의 전체성을 인식하는 것, 즉 '자기인식의 확대'에 있다. 개성화는 무의식적인 내용을 의식으로 가져옴으로써 이룰 수 있다. 의식의 중심에는 자아(ego)가 존재하는데, 자아는 개인의 정체성과 자기 가치감을 추구하며 자신과 타인과의 경계를 수립하여 구분하는 기능을 한다. 뿐만 아니라, 의식에 대한 문지기 역할을 하며 지각, 사고, 기억 그리고 감정이 의식될지 여부를 판단한다(이영호 외, 2018: 67).

ⓐ 자아

자아(ego)는 의식적인 지각, 기억, 사고, 감정으로 이루어져 있다. 자아는 비록 정신 전체 속에서는 작은 부분을 차지하고 있지만, 의식에 이르는 문지기라는 대단히 중요한 역할을 하고 있다. 자아에서 그 존재가 인정되지 않으면 관념, 감정, 기억, 지각은 자각될 수 없다. 자아는 고도로 선택적이다.

자아는 인격의 동일성과 연속성을 보장한다. 심리적 재료의 취사선택에 따라 개별적 인격의 연속적인 일관성이 유지될 수 있기 때문이다. 오늘의 자기가 어제의 자기와 같은 인간이라고 느끼는 것은 자아 덕분이다. 이런 의미에서 개성화와 자아는 독특하면서도 늘 전진하는 인격의 발달에 서로 긴밀히 협력하고 있다. 인간은 자아가 경험의 의식화를 허용하는 한계 내에서만 개성화를 달성할 수 있다(Hall, 1999).

ⓑ 개인무의식

개인무의식(personal unconsciousness)은 프로이트의 전의식과 유사하지만 무의식까지 포함하는 개념이라고 할 수 있다. 출생 이후 개인의 경험세계에서 억압 또는 망각된 개인적인 정신내용이다. 즉, 한때 의식하고 있었으나 그 후 억압해 버렸거나 잊어버린 경험들로 구성된다. 고통스런 느낌이나 생각들은 아직 의식 속에 떠오르지는 않지만 억압되고 무시당한 채로 무의식 속에 남아 있다. 개인무의식은 의식에 인접해 있는 부분으로 쉽게 의식화될 수 있는 망각된 경험이나 감각경험으로 구성되고, 개인의 과거 경험으로부터 비롯된 내용이다. 개인무의식은 의식되었지만 그 내용이 중요하지 않거나 고통스러운 것이기 때문에 망각되었거나 억압된 자료의 저장소이다(박언하 외,

2019: 69).

콤플렉스는 개인무의식의 흥미 있는 하나의 중요한 특징이다. 이것은 일군의 내용이 모여 하나의 집단을 형성하기도 한다(Hall, 1999).

ⓒ 집단무의식

집단무의식(collective unconsciousness)은 융이 제안한 독창적 개념으로 분석심리학의 이론체계에서 가장 핵심적인 개념이다. 집단무의식은 출생과 함께 이미 갖추어져 있던 선험적인 내용으로서 과거의 조상들로부터 물려받은 것으로, 한 세대에서 다음 세대로 전달되어 온 중대한 기억들로 '정신활동의 뿌리'이다. 집단무의식은 사람들이 역사와 문화를 통해 공유해온 모든 정신적 자료의 저장소라고 할 수 있다. 집단무의식은 인류역사를 통해 선조로부터 물려받은 우리의 행동에 영향을 주는 정신적 소인인 수없이 많은 원형(archetype)으로 구성되고, 집단무의식은 직접적으로 의식화되지는 않지만, 인류역사의 산물인 신화, 민속, 예술 등이 지니고 있는 영원한 주제의 현시를 통해 간접적으로 관찰될 수 있다. 각 시대와 각 문화에 공통으로 나타나는 신화, 환영, 종교적인 관념, 다양한 꿈의 지속적인 생산자라고 지적하고, 영웅신화의 예를 통해 집단무의식의 개념을 설명하고, 또 이러한 신화가 유아기에서 성숙기로 이행해나가는 아이의 발달을 동화적 언어로 설명한 것이다(박언하 외, 2019: 68-69).

② 태고유형(원형)

집단무의식의 여러 가지 내용은 태고유형(archetype)이라고 불린다. 태고유형이라는 용어는 다른 동류의 것들이 그에 기초를 두고 모조되는 원 모델을 의미한다. 그 동의어는 '원형(prototype)'이다(Hall, 1999).

태고유형은 내용을 지니지 않고 단지 형태만을 지닌 심리적 반응양식이다. 태고유형은 한 사람 한 사람에게 따로 생긴다기보다는, 문화와 세대에 그리고 그 안에 존재하며 타고난 것이기에 문화와 세대를 통해 전달된다.

태고유형은 어떤 유형의 지각과 행동의 가능성을 나타내고 있으며, 태고유형들은 집단무의식 내에서 서로 별개의 구조를 이루고 있지만 결합을 하기도 한다. 모든 태고유형들이 여러 가지로 결합되어 작용하기 때문에 개인의 성격이 각기 판이하게 다른 것이다.

태고유형은 고정관념이나 기본형으로 생각해도 좋다. 예를 들어, 현명한 노인, 어머니, 아버지, 어린이, 부인, 남편, 영웅, 사기꾼, 예언자, 제자, 환생, 자기(개성화 과정의 궁극적 목표) 등을 포함한다. 태고유형은 꿈과 환상에서도 나타나고 종종 상징을 통해서도 나타난다. 태고유형의 유형에는 페르소나, 아니마, 아니무스, 그림자, 자기 등이 있다.

ⓐ 페르소나

본래 페르소나(개성, the Persona)란 극중에서 특정한 역할을 하기 위해 배우가 쓰는 가면을 말한다. 인물(pereon)이나 인격(pereonality)도 같은 어원에서 유래한다. 융 심리학에서도 페르소나의 태고유형은 같은 목적을 위해 사용된다. 개인은 페르소나에 의해 반드시 자기 자신의 성격이 아닌 성격을 연기할 수 있다. 페르소나란 개인의 가면 또는 외관이며, 사회의 인정을 받을 수 있도록 좋은 인상을 주려고 한다. 이것을 '적응 태고유형'이라고 부를 수도 있다(Hall, 1999).

인간의 행동은 자신의 태고유형과 본성을 그대로 반영하지는 않는다. 페르소나(persona)는 바로 그러한 겉으로 드러나고 외부세계로 표출되는 자아를 말한다. 이런 의미에서 페르소나는 가면이고 사회적 요구에 대한 반응이며 인습적인 역할이다. 집단이 그 구성원들에게 요구하는 도리, 본분, 역할, 사회적 의미를 말한다. 따라서, 페르소나는 진정한 자기가 아니며 남들에게 좋은 인상을 주거나 자신을 은폐하는 공적인 얼굴이다. 우리나라 말 가운데 '체면', '얼굴'이 여기에 해당한다. 갱년기 우울증이란 개인이 자신의 사회적 역할인 페르소나와 지나치게 동일시하는 경우 무의식이 그 사람으로 하여금 자신의 내면세계에 관심을 갖게끔 하기 위해 나타내는 증상이라 할 수 있다. 융에 따르면, 사회에 적응하기 위해서 페르소나는 유익하다. 그러나 그것에 빠져 있으면 자기소외를 가져온다. 즉, 자신의 본성과 심상 또는 태고유형을 억제하고 무시하면 심리적 불안정에 빠지거나 공허할 수 있다(고명수 외, 2018: 69-70).

한국사회는 특히 페르소나가 강조되는 사회이며, 개인이 싫든 좋든 그것을 따르도록 강요되는 사회이다.

ⓑ 아니마, 아니무스

페르소나가 자아와 외부세계의 접촉을 중재해 주는 요소라면 자아와 내면세계의 접촉을 중재해 주는 것은 아니마(Anima)와 아니무스(Animus)이다.

남성의 무의식 속에 있는 여성적 요소를 아니마라고 하는데, 아니마는 남성에 있어서 조상 대대로 여성에 관해서 경험한 모든 것의 침전물이다. 여성의 무의식 속에 있는 남성적 요소를 아니무스라고 하는데, 아니무스는 여성에 있어서 조상 대대로 남성에 관해서 경험한 모든 것의 침전물이다.

이 두 용어는 자신 안에 있는 반대 성적인 요소를 가리키는 분석심리학 용어이다. 아니마와 아니무스는 우리 정신 안에서 자아를 집단적 무의식의 이미지와 연결시켜 자아가 좁은 의식세계에만 몰두하지 않고, 정신의 전체적인 통합을 지향해 나아가게 하고, 그것을 바탕으로 하여 역동적인 삶을 살게 하는 정신요소이다(김성민, 2001: 34 재인용).

융은 사회적인 성차 때문에 남성에게는 여성적인 측면이, 여성에게는 남성적인 측면이 억압되어 있다고 본다. 사고, 영웅적 생각, 지적, 스포츠맨적인 명성, 자연의 정복은 남성의 원리이며, 양육, 감정, 예술 및 자연과의 일치는 여성적 원리로 보았다. 남자가 남성적 특성만 나타내면 그의 여성적 특성은 무의식에만 머물러서 발달하지 못한다. 흔히 겉으로는 남자답게 행동하는 사나이가 내면으로는 연약하고 고분고분한 것은 무의식의 나약함 때문이다. 한 남자가 한 여성에게 낭만적인 매력을 느끼는 경우는 여자에게 그 남자의 아니마, 여성성과 같은 성향이 있기 때문에 가능하다. 그리고 남자가 갈등이나 혐오감을 느끼는 것도 그 남자의 아니마 여성상과 갈등을 유발하는 성향을 가지고 있는 경우이다. 여자가 아니무스를 투사하는 경우도 마찬가지이다. 인격이 잘 적응하고 조화롭게 균형을 유지하고 있으면 남성인격의 여성적 측면과 여성인격의 남성적 측면이 의식 및 행동에 표현되는 것이 허용된다(강기정 외, 2015: 62-63).

아니마와 아니무스의 인식은 우리의 자기자각, 발전, 관계에 긍정적인 영향을 줄 수 있다. 하지만 페르소나에 과도하게 묶여 있는 사람들은 그들의 아니마와 아니무스를 지각하지 못하기 쉽고 사람들과의 관계를 잘못 전달하는 방식으로 타인들에게 그것을 투사하게 된다.

ⓒ 그림자

앞에서 말한 바와 같이 아니마 또는 아니무스는 이성에게 투영된다. 남자와 여자의 관계 양상은 아니마 또는 아니무스에 의해 결정된다. 당사자 자신의 성을 대표하고 동성인 사람과의 관계에 영향을 미치는 또 다른 태고유형이 있는데, 융은 이 태고유형을 그림자라고 부르고 있다.

그림자(shadow)의 태고유형은 성격의 어두운 면을 나타낸다. 사람들은 이 부분을 자신에게서 인식하는 것을 좋아하지 않는다. 인간은 기본적으로 동물적 본성을 가지고 있어서 가장 강력하고 잠재적으로 가장 위험하다. 그림자는 조상으로부터 물려받은 태고유형에서 전래되지만 집단 무의식과 개인무의식 모두에서 나타날 수 있다. 인간은 사회생활을 무리 없이 하기 위해 그림자에 포함된 동물적 본성을 자제하느라 페르소나를 발달시킨다. 그림자는 도덕적으로 불쾌한 특징이나 충동들이고 사회적으로 용인되지 않거나 수치스럽고 사악한 생각, 감정, 행동들을 끌어내는 가능성을 포함한다. 어떤 의미에서는 그림자가 페르소나의 반대라고 할 수 있다. 그림자가 사회적으로 적절하지 않은 것을 받아들이는 반면, 페르소나는 사회적 수용과 승인을 추구한다. 좋은 그림자도 있지만 일반적으로 그림자는 부정적인 특질이나 요인을 반영한다(이영호 외, 2018: 69).

인간이 동물적 본성을 억제하면 문명인이 될 수 있지만 자발성, 창조성, 통찰력, 깊은 정서 등 인간성에 필수적인 원동력을 잃어버릴 수 있다. 반면, 자아와 그림자가 조화를 이루면 생기와 활력이 넘친다. 그림자에 대한 통찰은 자기 자각과 성격 통합의 첫걸음이 된다. 그러나 투사 때문에 그림자를 인식하기가 쉽지 않다. 융은 인간관계의 모든 갈등은 그림자 투사에 의해 발생한다고 보았다. 자신의 일부임에도 불구하고, 외면했던 그림자가 상대방에게서 발견될 때 질투심이나 적개심을 느끼게 된다는 것이다. 그림자 이미지는 신화에서 악마와 괴물, 악 등으로 등장한다.

ⓓ 자기

자기(self)는 의식과 무의식을 포함한 성격 전체의 중심이다. 자기는 성격을 통합하는 에너지를 제공하는 일을 한다. 자아가 의식의 중심이라면, 자기는 성격 전체의 중심이면서 동시에 성격 전체를 포함하고 있다. 개성화가 나지 않는 미숙한 사람들의 경우에는 자기가 무의식의 중심에 묻혀 있어서 다른 원형과 콤플렉스를 잘 인식하지 못한다. 융은 자기의 실현이 인간 삶에 있어서의 궁극적인 목표라고 보았다. 이처럼 자기는 성격에 통합, 평형, 안정성을 제공하며 성격발달의 목표로, 접근되긴 하지만 좀처럼 도달되지는 않는다.

융은 자기가 성격의 모든 부분을 한데 묶어 균형 있게 하는 것으로 보았다. 자기는 성격의 모든 부분의 통일성, 완전성 및 전체성을 향해 노력하는 것으로 본 것이다. 이는 또한 의식과 무의식과정의 동화를 이루려 노력한다. 융은 자기를 하나의 원형으로 보아 자기원형이라는 표현도 아울러 쓰고 있다(안범희, 2011: 123).

(2) 상징

융에 의하면, 밤중의 꿈에 나타나는 것이든 한낮에 깨어 있는 생활에서 사용하는 것이든 간에 상징(symbol)은 두 가지 중요한 목적에 유용하다. 한편으로, 상징은 만족되지 않은 본능적인 충동을 만족시키려는 시도를 나타내고 있다. 상징의 이러한 측면은 상징을 충족되기를 바라는 욕구의 위장으로 보는 프로이트의 사고와 일치하고 있다. 한낮의 생활에서 거의 제지당하는 성적 욕구나 공격적 욕구에 의해 꿈의 상징의 대부분을 설명할 수 있다.

융에 의하면, 상징은 위장 이상의 것이다. 상징은 원시적인 본능 충동이 변형된 것이기도 하다. 상징은 본능적인 리비도를 문화적인 또는 정신적인 가치로 보내려고 한다.

문학이나 예술, 그리고 종교도 생물학적인 본능의 변형이라는 것은 잘 알려진 견해다. 예컨대, 성 에너지가 다른 곳으로 돌려져 예술의 한 형식인 무용이 되고, 공격 에너지가 다른 곳으로 돌려져 경기가 된다(Hall, 1999).

그러나 상징이나 상징적인 행동은 본능 에너지를 그 본래의 대상에서 대리대상으로 향하게 하는 수단에 그치는 것이 아니라고 융은 말한다. 예컨대, 무용은 성활동의 단순한 대용품이 아니라 그 이상의 무엇이다.

(3) 꿈

1900년에 프로이트의 저서 《꿈의 해석(*Die Traumdeutung*)》(1900)이 출간되자, 융은 즉시 그것을 읽고 1902년에 발표한 그의 박사학위논문에서 자주 인용했다. 그러나 융의 정신관은 프로이트의 그것과 크게 거리가 있었기 때문에 융은 프로이트의 정신분석을 떠나 독자적인 사상과 개념을 발전시켰다. 그리하여 융의 꿈이론은 빈의 정신 석학자의 그것과 크게 대립하게 되었다.

프로이트와 마찬가지로 융에게 있어서도 꿈은 무의식적인 마음의 가장 명확한 표현이다. 융에 따르면, 꿈은 무의식적인 정신의 편벽되지 않고 자발적인 산물이다. 꿈은 꾸미지 않은 자연스러운 진리를 보여 준다(Jung, 1970). 꿈에 대해 고찰할 때, 우리는 우리의 기본적인 본성에 대해 고찰하고 있는 것이다.

모든 꿈이 한결같이 이 목적을 위해 유용한 것은 아니다. 꿈의 대부분은 그날의 걱정과 관련이 있을 뿐, 꿈을 꾼 당사자의 정신의 심층이 빛을 비추는 일은 거의 없다. 가끔 본인의 생활과 너무나 동떨어지고, 너무나 '신령하고'(강렬하고 감동적인 체험을 가리켜 융이 즐겨 사용하는 말), 너무나 기이하고 섬뜩하기 때문에 당사자가 꾸었다고는 볼 수 없는 꿈이 있다. 그것은 딴 세계에서 온 것처럼 보인다. 정말 그렇다. 딴 세계란 지하의 무의식의 세계다. 고대에서는, 그리고 오늘날에도 어떤 민족들 사이에서는 그런 꿈은 신 또는 조상들의 계시라고 간주하고 있다.

다른 각도에서 보면 꿈은 보상적이다. 꿈은 정신이 소홀히 한, 따라서 미분화된 측면을 보상하며, 그렇게 함으로써 결여된 균형을 이루려고 한다. 융에 따르면, 꿈의 일반적인 기능은 정신 전체의 균형을 재건하는 꿈의 재료를 산출함으로써 심리학적 균형을 회복하려는 것이다(Jung, 1964b).

(4) MBTI

융의 외향성 및 내향성에 따른 8가지 성격 유형에 기초를 두고 이를 더 세분화하여 인간의 성격 특성을 파악하려는 시도로, 마이어스(Myers, 1962)는 인간의 성격특성을 16가지로 구분하고, 이에 따른 검사지를 개발했다(안범희, 2011: 131).

MBTI(Myers-Briggs Type Indicator)는 성격 유형을 측정하는 검사로서, 우리나라에서도 광범위하게 사용되고 있다. MBTI는 융의 심리유형론을 근거로 하여 보다 쉽고 일상생활에 유용하게 활용할 수 있도록 고안한 자기보고식 성격 유형 지표이다. 융의 심리유형론은 인간행동이 그 다양성으로 인해 종잡을 수 없는 것같이 보여도, 사실은 아주 질서정연하고 일관된 경향이 있다는 데서 출발하였다. 그리고 인간행동의 다양성은 개인이 자각하고 판단하는 특징이 다르기 때문이라고 보았다.

MBTI의 바탕이 되는 융의 심리유형론의 요점은 각 개인이 외부로부터 정보를 수집하고(인식기능), 자신이 수집한 정보에 근거해서 행동을 위한 결정을 내리는 데(판단기능) 있어서 각 개인이 선호하는 방법이 근본적으로 다르다는 것이다. 융의 심리유형론을 경험적으로 검증하여, 실생활에 적용하기 위해 만들어진 MBTI에서는 인식과정을 감각(sensing)과 직관(intuition)으로 구분하여 사물, 사람, 사건, 생각들을 지각하게 될 때 나타나는 차이점을 이해할 수 있도록 해주며, 판단과정은 사고(thinking)와 감정(feeling)으로 구분하여 우리가 인식한 바에 의거해서 결론을 이끌어 내는 방법들 간의 차이점을 알 수 있도록 해준다. 그리고 이러한 기능을 사용할 때 어떤 태도를 취하는가에 따라 외향성(extroversion)과 내향성(introversion) 및 판단(judging)과 인식(perceiving)으로 구분하여 심리적으로 흐르는 에너지의 방향 및 생활양식들을 이해할 수 있도록 해준다(정서영 외, 2017a: 149).

MBTI는 융의 이론에 바탕을 둔 성격 유형검사로서 네 가지 차원을 조합한 것이다. 이러한 네 가지 차원은 다음과 같다(노안영 · 강영신, 2011: 128).

첫째, 자아(ego)와 대상(object)과의 관계에서 자아가 주체가 되어 반응하는 외향성과 외부 자극이 왔을 때만 반응을 나타내는 내향성이다(내향성-외향성).

둘째, 자아와 관련된 정신적 기능에서 합리적 차원인 사고-감정이다.

셋째, 자아와 관련된 비합리적 차원의 직관-감각이다.

넷째, 감각과 직관을 통한 인식과 사고와 감정을 통한 판단으로 이루어진 인식-판단 차원이다.

그러므로 MBTI는 대인관계나 부부관계의 갈등에서 서로 다른 성격 유형을 서로가 이해하게 되고, 상대방의 독특성을 수용하고 인정함으로써 해결의 실마리를 제공할 수 있게 한다.

(5) 성격 유형

융은 1921년 그의 저서 《심리유형론(*Psychological Types*)》에서 성격에 따라 여덟 가지로 인간 유형을 제시한다.

① 외향적 사고 유형

이 유형의 사람은 객관적 사고를 일생의 지배적 정열의 위치로 높이고 있다. 전형적인 이 유형의 사람은 객관적 세계에 대해 될 수 있는 대로 많이 배우는 데 전력투구하는 과학자이다. 자연현상의 이해, 자연법칙의 발견, 이론 구성이 그의 목적이다. 외향적 사고 유형이 가장 발달한 사람은 다윈(Charles Robert Darwin, 1809~1882)이나 아인슈타인과 같은 사람이다. 외향적 사고자는 자기 본성의 감성적 측면을 쉽게 억압할 수 있으므로, 다른 사람들에게는 인간미가 없고 냉혹하며 교만하기까지 해 보일지 모른다.

억압이 너무 심하면 감정은 곁길로 벗어날 수밖에 없고, 한쪽으로 기울어진, 때로는 이상한 성격의 소유자가 된다. 그는 독선적이고 완고하며, 허세를 부리고 미신적이며, 남의 비판을 받아들이지 않을지도 모른다. 감정이 결여되어 있으므로 그의 사고는 불모상태가 되거나 빈곤해지기 쉽다. 그 극단의 예는, 주기적으로 정신병을 일으키는 괴물인 지킬 박사(Dr. Jekyll, 1931년 작품) 혹은 '미친 과학자'이다.

② 내향적 사고 유형

이 유형의 사람은 사고가 안으로 향하고 있다. 자기 자신의 존재의 현실을 이해하려고 하는 철학자나 실존 심리학자가 그 전형이다. 극단의 경우에는 그의 탐구결과는 현실과 거의 관계가 없을 것이다. 그는 드디어는 현실과 연결을 끊고 정신분열증에 걸릴지 모른다. 그는 외향적 사고 유형과 같은 성격특성을 많이 가지고 있다. 그것은 같은 이유에서다. 즉, 무의식 속에 억압된 감정으로부터 자기 자신을 지켜야 하기 때문이다. 그는 무감동하고 쌀쌀해 보인다. 인간에게 가치를 부여하지 않기 때문이다. 그는 자기와 같은 유형의 소수의 열성적인 신봉자를 가지고 있을지는 모르지만, 자기의 사고를 남에게 인정받는 데 별로 관심이 없다. 그는 완고하고 고집이 세며, 인정이 없고, 교만하며, 짓궂고 냉담한 경우가 많다. 이 유형이 강화되면 점점 사고가 억압된 감정기능의 비실행적이고 특이한 영향을 받게 된다.

③ 외향적 감정 유형

융에 의하면, 이 유형은 여성 쪽이 많다고 하는데, 사고보다도 감정을 우위에 놓고 있다. 이 유형의 사람은 변덕스러울 경우가 많은데, 이것은 상황이 달라지면 거기에 따라 그의 감정도 변하기 때문이다. 상황 속에 약간의 변화만 있어도 그의 감정은 변한다. 그는 허풍을 떨고 감정적이며 과시적이고 기분파이다. 그는 사람들에게 강한 애착을 느끼지만, 그 애착은 변하기 쉽고 사랑은 쉽게 미움으로 변한다. 그의 감정은 상당히 상투적이며 언제나 최신 유행을 쫓는다. 사고기능이 크게 억압되어 있을 경우, 외향적 감정 유형의 사고과정은 원시적이고 발달되어 있지 않다.

④ **내향적 감정 유형**

이 유형도 여성에게 많다. 감정을 과장해서 표현하는 외향적 감정 유형과 달리, 내향적 감정 유형은 자기감정을 사람들에게 감추고 있다. 그는 말이 없고 가까이하기 어려우며, 무관심하고 그 마음속을 헤아릴 길이 없다. 우울 또는 억울에 빠져 있는 것처럼 보일 때가 많다. 그러나 한편 조화되어 있고 침착하며 자신 있는 인상을 주는 경우도 있다. 그는 때때로 다른 사람들에게는 신비적인 힘 또는 카리스마를 가지고 있는 듯이 보인다. 그는 "조용한 물은 깊다."라는 말을 듣는 사람이다. 사실 그는 대단히 깊은 과격한 감정을 가지고 있으며, 때때로 그것이 폭발해서 격정의 회오리가 되어 친척이나 친구들을 놀라게 한다.

⑤ **외향적 감각 유형**

이 유형의 사람은 주로 남자다. 그는 외계에 관한 사실을 수집하는 데 흥미를 느끼고 현실주의적이며 실제적이고 빈틈이 없지만, 사물이 무엇을 의미하는가에 대해 별로 관심이 없다. 앞날에 대해 생각하지 않고 별로 고민하지 않으며 세상을 있는 그대로 받아들인다. 그러나 주색을 즐기고 쾌락과 스릴을 찾아다니기도 한다. 그의 감정은 얕고 단순하다. 그는 인생에서 느낄 수 있는 감각을 위해 살고 있다. 극단적인 경우에는 짓궂은 호색가 혹은 의젓한 탐미주의자가 된다. 그 관능적인 성향 때문에, 그는 여러 가지 중독, 도착(perversion), 강박관념에 사로잡히기 쉽다.

⑥ **내향적 감각 유형**

모든 내향자와 마찬가지로 내향적 감각 유형도 외적 대상과 거리를 두고 자기 자신의 정신적인 감각에 몰두하고 있다. 그는 자신의 내적 감각에 비하면 외계는 평범하고 재미없다고 생각한다. 예술을 통해 표현하는 경우를 제외하고는 자기 자신을 표현하는 데 있어서 어려움을 느끼는데, 그가 만들어 낸 것은 무의미하고 공허한 것인 경우가 많다. 다른 사람들에게 그는 조용하고 수동적이며 자제심이 있는 듯이 보이지만, 사실은 무관심한 것에 불과하다. 사고와 감정에 결함이 있기 때문이다.

⑦ 외향적 직관 유형

이 유형에 속하는 사람은 일반적으로 여성이며, 엉뚱함과 불안정이 특징이다. 그는 외계에서 새로운 가능성을 발견하기 위해 이곳저곳을 돌아다닌다. 낡은 세계를 미처 정복하기도 전에 새로운 세계를 추구한다. 사고기능에 결함이 있으므로 자기의 직관을 오랫동안 끈기 있게 추구하지 못하고 새로운 직관에 매달린다. 그는 새로운 기업이나 대의의 추진자로서 남달리 힘을 기울이기를 사양하지 않을지 모르지만, 거기에 오래 흥미를 갖지 못한다. 평범한 일에는 싫증을 느낀다. 기발한 일이 그의 생명의 양식이다. 그는 잇따라 일어나는 직관에 생명을 허비한다. 호기심을 갖고 열광적으로 새로운 일에 뛰어들지만, 믿을 만한 친구는 못 된다. 그의 관심은 오래 지속되지 못하기 때문에, 그는 본의는 아니지만 사람들을 곧잘 실망시킨다. 취미는 많지만 곧 싫증을 느낀다. 한 가지 일을 오래 계속하지 못한다.

⑧ 내향적 직관 유형

예술가가 이 유형의 대표자지만 몽상가, 예언자, 괴짜, 기인도 이에 속한다. 내향적 직관자는 친구들에게는 때때로 수수께끼 인간으로 보이고, 자기 스스로를 남들이 이해할 수 없는 천재라고 생각한다. 그는 외적 현실이나 일반 통념과 접촉이 없으므로 같은 유형의 동료도 잘 이해하지 못한다. 그는 원시적인 이미지의 세계에 고립되어 있지만, 그 자신도 그 이미지의 의미를 알지 못하고 있다. 외향적 직관자와 마찬가지로 새로운 가능성을 추구하여 이미지에서 이미지로 찾아다니지만, 실제로는 자기의 직관을 발전시키지 못한다. 그는 하나의 이미지에 오래 흥미를 느끼지 못하므로, 내향적 사고자처럼 정신과정의 이해에 크게 공헌하는 일도 없다. 훌륭한 직관을 가질 수는 있지만, 그것을 쌓아올리고 발전시키는 것은 다른 사람이다.

위에서 설명한 각각의 유형의 예는 극단적인 것이다. 인간은 외향적인 동시에, 내향적이며, 여러 가지 비율로 모든 기능을 사용하는 경우가 훨씬 많다. 그러나 일반적으로 개인은 내향적이기보다는 외향적이며, 혹은 그 반대이다. 두 가지 태도가 완전히 균형을 유지하는 경우는 드물 것이다. 마찬가지로 개인은 한 가지 기능을 다른 세 가지 기능보다 많이 사용하고 있을 것이다. 융은 그것을 '주요기능'이라고 부르고 있다. 이 밖에 '보조기능' 이 있다. 보조기능은 주요기능에 봉사한다. 보조기능은 그 자체의 독립성을 가지고 있지 않다. 따라서, 주요기능과 대립할 수 없다.

그러므로 개인의 성격을 알기 위해서는 각각의 태도와 기능이 어느 정도 각각 분화된 의식상태 혹은 미분화된 무의식상태에 있는가를 판단해야 한다. 개인을 장기간에 걸쳐서 관찰하고 철저히 분석하지 않으면 올바른 판단을 할 수 없다. 일반적으로 그러한 정보는 장기간의 정신분석에 의해서만 얻을 수 있다. 판단 절차를 단축하려는 시도에서 태도와 기능의 의식적인 표현의 강도를 측정하기 위한 실험이 고안되었다. 그런 실험에서는 피험자의 취미, 흥미, 행동, 습관에 대한 일련의 질문 또는 선택문제가 제시된다. 예컨대, 피험자가 파티에 가기보다는 집에서 책을 읽고 있는 편이 낫다고 대답한다면, 이 대답은 내향성의 지표다. 여러 가지 체험을 하는 것을 좋아한다고 대답하면, 그것은 감각 유형의 지표다.

5) 발달단계

융은 저서 《인생의 단계(*The stage of life*)》(1960)에서 인생의 발달단계를 논하고 있는데, 그는 생애주기를 4단계로 설명하고 있다. 그에 따르면, 발달은 인생에 걸친 연속적인 과정이지만 중요한 고비가 몇 차례 있으며, 따라서 '인생의 여러 단계'를 문제 삼을 수 있다.

이 성장과정은 유전, 어린 시절의 부모와의 경험, 교육, 종교, 사회, 연령 등 수많은 조건에 의해서 능동적 혹은 수동적인 영향을 받게 된다. 인생의 중년기에는 발달에 있어서 근본적인 변화가 일어난다. 그것은 외부 세계에의 적응에서 자기의 내적 존재에의 적응으로의 이행이다(Hall, 1999).

(1) 아동기

이 단계는 출생에서 시작하여 사춘기 또는 성적 성숙기까지 계속된다. 출생 시 및 그 후의 몇 해 동안은 사실상 어린이에게 아무 문제도 생기지 않는다. 문제가 생기기 위해서는 의식적 자아가 있어야 하는데, 어린아이는 이것을 가지고 있지 않다. 확실히 어린아이에게도 의식은 있지만, 그의 지각이 아직은 거의 또는 전혀 조직화되어 있지 않고 그의 의식적 기억은 매우 유동적이다. 따라서, 의식의 연속성이 없고 자기 동일성의 감각이 없다. 정신생활이 모두 본능에 지배되고 있는 이 최초의 몇 해 동안 어린이는 전적으로 부모에게 의존하고 있으며, 부모에 의해 조성된 정신적 분위기에 휩싸여서 살아가고 있다. 그의 행동은 규율과 통제가 없고 무질서와 혼란상태에 있다. 본능 덕택에 약간의 질서는 있다. 그는 정기적으로 공복과 갈증을 느끼고, 방광 또는 장이 가득 차면 배설하고, 피로하면 잠을 잔다. 그러나 그의 생활 속의 질서의 대부분은 부모가 미리 정해 주어야 한다.

이 단계의 후반이 되면 어느 정도 기억이 연장되고 또 주위에 자기 동일성의 감각('나'라는 것)과 결부된 지각이 쌓여, 자아 콤플렉스가 에너지의 공급을 받아 개성화되기 때문에 자아가 형성되기 시작한다. 어린이는 자기 자신을 일인칭으로 이야기하기 시작한다. 학교에 들어가면 어린이는 부모의 닫힌 세계 또는 심리적 자궁에서 빠져나오기 시작한다.

(2) 청년기 및 젊은 성인기

이 단계가 시작된 것을 보여 주는 것은 사춘기에 일어나는 생리학적 변화다. 융에 따르면, 생리학적 변화는 정신적 혁명을 가져온다. 융은 이 시기를 '정신적 출생'이라고 부른다. 정신이 형성되기 시작하는 것은 이 시기이기 때문이다. 청년이 큰 힘과 열의를 가지고 자기주장을 하게 되었을 때에는 분명히 정신적 혁명이 시작된 것이다. 청년기는 때때로 감당하기 어려운 시기라고 말한다. 이 시기는 부모도 청년 자신도 감당하기 어렵기 때문이다. 청년기 정신은 모든 문제, 여러 가지 결단의 무거운 짐을 짊어져야 하고, 사회생활에 다양하게 적응해 나가야 한다. 인생의 여러 가지 필요가 갑자기 어린이다운 공상을 몰아내고 개인에게 닥쳐와 많은 문제가 생기게 된다.

본인의 준비, 적응, 자각이 충분히 발달되어 있으면, 아동기의 활동에서 직업생활로의 이행은 별다른 어려움 없이 이루어질 수 있다. 그러나 아동기의 환상에 매달려 현실을 인식하지 못하면, 확실히 그는 많은 문제에 부딪치게 될 것이다. 책임 있는 생활에 접어들 때 누구나 어떤 기대를 갖게 마련이다. 그러나 이 기대는 때때로 무너진다. 그 이유는 이 기대가 본인이 직면하고 있는 상황에 적합하지 않기 때문이다. 예컨대, 어떤 젊은이는 항공기의 조종사가 되기를 꿈꾸면서 청춘을 보내고, 막상 이를 실현하려고 하면 시력이 나빠 이 일에 적합하지 않음을 알게 된다. 그의 기대는 깨진다. 이러한 기대는 쉽게 다른 작업으로 돌려지지 않는다. 기대가 어긋나는 또 하나의 이유는, 본인이 지나친 기대를 갖거나 지나치게 낙관적 또는 비관적이거나, 또는 직면하는 문제를 얕잡아 보는 데 있다.

이 제2단계에서 생기는 모든 문제가 직업이나 결혼과 같은 외적 사정과 관계가 있는 것은 아니다. 같은 정도로 내적 · 정신적인 문제도 일어난다. 융은 성본능에 기인하는 정신적 균형의 붕괴가 문제되는 경우가 매우 많다고 말하고 있다. 마찬가지로 극단적인 과민성과 불안정에서 생기는 열등감도 문제가 된다.

청년기의 문제는 무수히 많지만, 대체로 하나의 공통된 특징을 가지고 있다. 그것은 아동기의 의식수준에 매달려 있다는 것이다. 우리 안의 어떤 감정(어린이의 태고유형)은 어른이 되기보다는 어린이로 머물기를 좋아한다. 인생의 제2단계에서 개인이 직면하는 문제는 오히려 외향적인 가치와 관계가 있다. 그는 세상에서 자기의 위치를 구축해야 한다. 그 때문에 굳센 의지가 가장 중요하다. 젊은 남녀는 효과적으로 결단을 내리고, 직면하는 무수한 장애물을 극복하며, 자기 자신 및 가족을 위해 물질적인 만족을 확보할 수 있는 충분한 의지를 가지고 있어야 한다.

(3) 중년기

제2단계는 대체로 35~40세 사이에 끝난다. 이 정도 나이의 개인은 대체로 많든 적든 외적 환경에 잘 적응하고 있다. 지위는 안정되어 있고, 결혼하여 자녀를 갖고 있으며, 시민으로서 사회에 적극적으로 참여하고 있다. 때때로 좌절, 실망, 불만은 느끼겠지만, 이것을 제외하면 중년의 남녀는 인생의 후반을 비교적 안정된 상태에서 보낼 수 있을 것으로 생각될지 모른다.

그런데 사실은 그렇지 않다. 인생의 후반기에는 이 시기에 적응해야 하는 특유한 문제가 있는데, 개인은 이에 대한 마음의 준비가 되어 있지 않다. 이 제3단계에서 중요한 일은 새로운 가치체계를 중심으로 하여 생활을 바꾸어 나가는 것이다. 그때까지 외적 적응에 사용했던 에너지를 이 새로운 가치로 돌려야 한다.

35세가 지나서 인식해야 하는 새로운 가치는 무엇일까? 그것은 정신적인 가치라고 융은 말한다. 이와 같은 정신적인 가치는 전부터 줄곧 정신 속에 잠재해 있었으나, 젊었을 때에는 외향적 · 물질주의적인 흥미가 팽창하고 있었기 때문에 등한히 할 수밖에 없었다. 제2단계 동안에 확립해 놓았던 낡은 수로에서 새로운 수로로 정신 에너지를 돌려야 하는 문제는 인생에 있어서 최대의 도전 가운데 하나다. 많은 사람들이 이 도전을 극복하지 못하고 인생을 파멸로 이끄는 경우도 있다.

심리학자들은 오히려 유년기, 아동기, 청년기, 노년기를 집중적으로 연구하기를 좋아하고, 이 결정적인 시기에는 별로 주의를 기울이지 않았다. 융은 중년기의 심리를 이해하려고 한 소수 심리학자 중 한 사람이다. 그에 따르면, 이 문제를 깊이 생각하지 않을 수 없었던 이유는, 그의 환자 대부분(2/3 이상)은 이 제3단계에 있었기 때문이다. 이 단계로 옮아 갈 때의 융 자신의 경험도 그가 이 시기에 흥미를 느끼게 된 한 원인이 아닌가 생각된다. 프로이트와의 결별을 예고하고 그 이후의 융의 연구와 사상의 기반이 된 저서 《변용의 상징(*Symbols of Transformation*)》을 그가 쓴 것은 36세 때였다. 그리고 그의 자전에 의하면, 이 책을 출판한 후에는 휴경기가 계속되었던 것 같다. 아마도 새로운 가치가 자라던 시기였다.

융의 환자 대부분은 직업생활에서 크게 성공하여 최고의 업적을 쌓고 상당한 사회적 지위를 얻고 있는 남녀들이었다. 그들은 때때로 고도로 창조적이고 지적인 사람들이었다. 왜 그들은 융에게 상담할 필요를 느꼈을까? 그들이 융의 상담실에서 은밀히 고백한 바에 의하면, 인생에서 정열과 모험심이 상실되었을 뿐만 아니라, 의미도 상실되었기 때문이다. 이전에는 매우 중요하다고 생각했던 것이 시시하게 보이고, 인생이 공허하고 무의미하게 생각되었다. 그들은 우울상태에 빠져 있었던 것이다.

융은 그들이 우울상태에 빠진 이유를 발견했다. 사회적인 지위를 얻기 위해 쏟은 에너지가 그들의 목적이 실현됨으로써 관심의 위축을 가져왔던 것이다. 가치의 상실이 인격의 공동화를 만들어 낸 것이다. 그 해답은 낡은 가치 대신에 구멍을 메울 새로운 가치를 찾아야 한다. 그러나 단지 흥미를 느끼는 것만으로는 안 된다. 그것은 물질주의적인 관점을 넘어 개인의 지평을 확대시키는 가치라야 한다. 그 지평은 정신적 · 문화적인 지평이다. 이제는 활동보다는 오히려 명상에 의해 자기를 실현해야 할 때다. 융은 다음과 같이 말한다.

> 아직 적응하지 못하고 아무것도 성취하지 못한 젊은이에게는 자기의 의식적인 자아를 되도록 효과적으로 형성하는 것, 즉 자기의 의지를 훈련하는 것이 가장 중요하다. 인생의 후반에 있는 자, 즉 이제는 의식적인 의지를 훈련할 필요가 없고, 자기의 개인적인 생활의 의미를 이해하고 자기 자신의 내적 존재를 체험해 나가야 하는 자의 경우에는 그렇지 않다(Jung, 2014).

(4) 노년기

이 시기는 아주 노령의 시기이며, 거의 융의 흥미를 끌지 않고 있다. 노년기는 또한 아동기와 비슷하다. 개인은 무의식 속에 가라앉는다. 어린이는 의식으로 떠오르지만, 노인은 무의식 속에 가라앉아 마침내는 그 속에서 소멸된다.

신체가 죽으면 인간의 인격은 존재하지 않게 될까? 사후의 생활은 있는 것일까? 심리학자가 이와 같은 문제를 제기하는 것은 기묘하고 잘못되어 있는 것처럼 보일지 모른다. 그러나 융은 내세의 문제를 다루기를 주저하지 않았다. 세계의 많은 사람들이 믿고 있고, 종교의 첫째 요소이며, 수많은 신화와 꿈의 테마인 내세의 관념을 단지 미신이라고 경멸해서는 안 된다고 융은 생각했다. 이 관념에는 어떤 무의식적인 기반이 있을 것이다. 하나의 가능성은, 사후의 삶이라는 관념이 정신의 개성화의 또 하나의 단계를 나타내고 있다는 것이다. 정신은 완전한 자기실현을 달성하지 못했으므로, 정신생활은 사후에도 계속된다고 추측할 수도 있다.

6) 평가

융의 이론은 현대 심리학의 발전에 크게 영향을 미쳤으며, 정신의학 · 철학 · 종교학 등을 비롯한 다양한 학문분야의 발전에도 기여했다. 그의 이론 중에서 특히 내적 경험의 중요성, 인간 본성의 양면성, 상징주의, 중년기 발달에 대한 관심 등은 지금까지도 중요하게 다루어지고 있다. 융의 저작은 끊임없는 지혜와 영감(inspiration)의 샘이며, 우리는 되풀이하여 거기로 되돌아가서 자기와 세계에 대해 무엇인가 새로운 것을 배울 수 있다. 융을 읽는 것이 마음을 부유하게 하고 상쾌하게 하는 독특한 체험인 것은 그 때문이다(Hall, 1999).

이러한 학문적인 공헌에도 불구하고 융의 이론은 몇 가지 측면에서 비판을 받고 있다(Engler, 2006).

첫째, 융의 이론은 개념이 너무 어려워 이해하기가 쉽지 않다는 것이다. 즉, 이것은 개념의 명료성이 다른 정신역동이론에 비해 부족하며, 이론 간의 관련성이 애매하다는 것이다. 또한 융의 이론은 체계적으로 구성되어 있지 못하며, 신비로움과 초자연적인 것과 깊이 관련되어 있어서 모호한 점이 많다(Schultz & Schultz, 1994).

둘째, 융의 이론은 프로이트와 마찬가지로 환자의 치료과정에서 나타난 경험적 자료를 바탕으로 연구한 것이기 때문에 과학적인 검증이 어렵다. 또한 그의 이론은 문화, 종교, 신화, 상징, 연금술, 신비 등과 관련된 자료를 활용하여 연구한 것이기 때문에 실증적인 검증이나 설명이 어렵다.

7) 사회복지와의 연관성

융의 분석심리학과 사회복지의 연관성을 정리하면 다음과 같다(이영호 외, 2018: 77-78).

첫째, 융이론의 대부분은 클라이언트를 치료하는 과정에서 비롯된 것이고, 클라이언트의 삶을 통합하는 데 필요한 경험과 무의식의 본질을 이해하는 데 도움을 줄 수 있으므로 임상사회복지사가 적용 가능하다.

둘째, 융은 인간이 자아실현을 향한 개인의 성장에 있어 방해를 받거나 멈추면 심각한 문제가 발생한다고 설명하였고, 이에 대한 치료과정을 네 단계로 설명하였다. 첫 번째 정서적 해소단계는, 클라이언트가 자신의 문제를 타인과 나누는 단계로 모든 사람과의 유대감을 자각하고, 정화하는 과정을 통해서 사회복지사와 신뢰를 형성하게 되며 전이가 일어나는 단계이다. 두 번째는 설명단계로, 사회복지사가 설명하는 내용을 클라이언트는 표면화하게 되고 이러한 전이를 통해 문제의 원인을 이해하게 된다. 세 번째는 교육단계로, 클라이언트가 사회환경에 적응하기 위해 자신의 성격에 대한 통찰을 하는 단계이다. 네 번째는 변화단계로, 사회복지사와 클라이언트의 역동적 상호작용을 통해 사회적응을 넘어 자아실현으로의 변화가 일어나도록 하는 것이다. 이러한 치료과정은 사회복지사와 클라이언트 간의 관계나 사회복지실천의 과정에 대해서도 잘 설명해 주고 있고 사회복지실천에 있어 활용 가능하다.

셋째, 융의 이론에서 페르소나의 개념은 사회복지실천에서의 사회기능과 같은 개념이라고 할 수 있다. 클라이언트의 페르소나를 구축시켜 클라이언트의 본성과 다른 측면으로 표현하게 하여 클라이언트의 사회기능을 원조할 수 있다.

넷째, 최근에는 예술매체를 이용한 원조활동이 많으므로 사회복지실천의 활동요법에 다양하게 활용할 수 있다. 특히, 춤, 동작, 그림 그리기, 찰흙작업 또는 모든 예술매체를 사용하여 클라이언트를 돕는 사회복지사에게 유용한 이론이라고 할 수 있다.

Chapter

04

행동주의 및 사회학습이론

[학습목표]

1. 행동주의이론에 대한 이해
2. 조건화에 대한 이해
3. 파블로프의 생애와 사상 숙지
4. 스키너의 생애와 사상 숙지
5. 사회학습이론에 대한 이해
6. 반두라의 생애와 사상 숙지

[학습내용]

1. 행동주의이론의 개요
2. 고전적 조건화: 파블로프
3. 조작적 조건화: 스키너
4. 사회학습이론: 반두라

[개 요]

행동주의이론은 인간행동에 대한 특정 법칙이나 원리를 기술하려는 실험에 기초할 뿐만 아니라, 포괄이론이기도 하다. 또한 사회학습이론이란 사람의 행동은 다른 사람의 행동이나 어떤 주어진 상황을 관찰하고 모방함으로써 이루어진다는 이론이다. 여기에서는 파블로프의 고전적 조건화, 스키너의 조작적 조건화, 반두라의 사회학습이론을 학습하고자 한다.

Chapter

04 행동주의 및 사회학습이론

1. 행동주의이론의 개요

심리학의 제2세력인 행동주의는 인간행동을 연구하는 심리학의 주요한 세력으로서 20세기 후반을 지배해 왔다. 행동주의자들은 인간의 관찰될 수 있는 행동만이 과학적 심리학의 연구주제가 된다고 주장하였다. 특히, 행동주의는 실용주의가 지배하는 미국의 학문적 토양에 부합하여, 1930~1960년대까지 미국에서 전성기를 이루었다(정서영 외, 2017a: 155).

행동치료 지지자들은 확고히 자신들의 실제가 실험에서 도출된 학습원리에 뿌리를 두고 있다. 그러나 행동주의이론은 인간행동에 대한 특정 법칙이나 원리를 기술하려는 실험에 기초할 뿐만 아니라, 포괄이론이기도 하다. 포괄이론으로서의 이 접근은 행동 습득과 유지에 막대한 영향을 미치는 환경적 상황조건의 역할에 초점을 둔다. 가장 급진적 형태의 행동주의 모델은 인간행동의 원천을 단지 배고픔이나 성적 긴장과 같은 생물학적 박탈, 개인의 학습사, 환경적 맥락의 특징 및 그 맥락에 의해 제공되는 상황조건에서 찾으려 한다. 마음이나 자유의지와 같은 개념은 들어설 자리가 없다.

그러나 행동치료에서도 조건화(급진적 행동치료)에 기반한 접근과 인지적 중재 변인을 강조하는 접근 간의 구분이 출현했으며, 전자가 후자보다 더욱 결정주의적이다(Nelson-Jones, 2014).

행동주의 접근의 기초가 되는 중요한 학습이론으로 파블로프(Ivan M. Pavlov)의 실험에 근거한 고전적 조건화(Classical or Respondent Conditioning)와 스키너(B. F. Skinner)의 조작적 조건화(Operant Conditioning)를 들 수 있다. 초기에, 행동치료는 이러한 학습원리를 인간 활동에 논리적으로 확장한 것으로 간주되었다. 그러나 오늘날의 행동치료는 더 이상 고전적 조건화와 조작적 조건화이론의 임상적 적용이라고 단순히 정의할 수 없을 정도로 다양한 발전을 이룩하였다.

행동주의와 사회학습이론의 전통을 이어 받은 반두라(A. Bandura)는 급진적 행동주의의 단점을 보완하고자 하였다. 이들은 인지의 중요성을 내포한 사회적 행동과 학습이론을 행동주의 원리에 따르면서, 심리학의 다른 개념을 행동주의에 통합시키려고 노력하였다. 이들의 이론은 매우 단순한 실험실 상황에서 벗어나 보다 복잡한 사회적 맥락에서 연구되어야 함을 강조하였다. 또한 동물을 연구하기보다는 인간을 대상으로 연구하여 행동의 원리를 밝혀야 한다고 주장하였다(노안영 · 강영신, 2011: 365).

그러므로 행동주의자들은 인간이 조건화의 산물이라고 보며, 모든 인간학습의 기본적 유형으로서 자극-반응의 패러다임을 주장하였다. 행동주의의 주요한 변화는 1960년대 학습의 인지에 대한 중요성이 점차 수용되면서 사회적 학습이론으로 발전되었다.

여기서는 성격에 대한 행동 및 사회적 학습관점으로 행동주의의 권위라고 할 수 있는 파블로프의 고전적 조건화(classical conditioning), 스키너의 조작적 조건화(operant conditioning), 반두라의 사회학습이론(social learning theory)이라는 세 가지 접근방법으로 분류하여 살펴보고자 한다.

2. 인간관

행동주의에서는 인간을 동식물과 같은 하나의 유기체로 보면서 환경에 대한 작용과 반작용을 강조한다. 또한 행동주의자들은 인간의 행동이 자연현상과 마찬가지로 일정한 법칙성을 지니고 있다고 가정한다. 이에 따라, 인간의 행동은 여러 가지 변인에 의해 결정되므로, 이 변인과 행동을 지배하는 법칙을 밝혀낼 수 있다면 인간의 행동을 예언하고 수정할 수 있다고 본다. 또한 행동주의이론은 대부분의 행동이 학습된다는 전제하에 인간의 행동은 학습의 법칙을 따른다고 본다. 따라서, 인간의 행동이 환경적 사건에 의해 형성되고 결정된다는 입장을 취한다. 초기 행동주의 연구자들은 과학적 법칙성에 의해 인간의 행동을 설명할 수 있다는 점을 강조하였다. 초기 행동주의자들의 인간관은 주로 인간을 환경에 반응하는 수동적인 존재로 보는 기계론적이고 결정론적인 입장이었다. 즉, 행동주의는 인간의 조건화 산물이라고 보며, 모든 인간학습의 기본적 유형으로서 자극-반응의 패러다임을 주장했다(김춘경 외, 2016: 302-303).

미국의 행동주의 개척자인 왓슨(John Broadus Watson, 1878~1958)은 심리학에서의 인간행동에 대한 객관적인 연구가 필요함을 주장했다. 그는 개인의 모든 행동은 학습의 결과로 이해될 수 있다고 주장했다. 그러나 최근에 들어와서는 인간이 환경에 영향을 줄 수 있다는 면이 강조되면서, 행동주의 심리학자들의 인간관은 인간의 자유의지에 의한 선택을 중심으로 인간의 능동적인 측면이 강조되는 경향으로 변화하였다. 이에 따라 최근 행동주의에서는 자기지도, 자기관리, 자기통제 등의 개념이 나오면서 인간이 자신의 행동을 스스로 수정할 수 있는 능력이 있다는 점이 더 강조되고 있다.

행동주의이론에서는 비교적 일관성 있는 인간의 행동에는 관심이 적다. 인간의 행동은 학습원리에 의해 생겨나기도 하고 없어지기도 하는 것으로 본다. 따라서, 바람직한 행동과 바람직하지 않은 행동은 모두 같은 학습원리에 의해 학습된다고 보는 것이다.

행동주의에서는 인간의 본성을 다음 세 가지로 설명한다(강진령, 2013a: 114).

첫째, 학습결과에 따라 행동하는 존재이다. 즉, 행동주의의 관점에서 긍정적이지도 부정적이지도 않으며, 다만 학습결과에 따라 행동하는 존재다. 따라서, 행동치료에서는 주로 관찰 · 측정 · 계량화할 수 있는 행동에 초점을 맞춘다.

둘째, 성격은 특성으로 구성된다고 볼 수 없는 존재이다. 즉, 행동주의는 관찰할 수 없는 성격구조, 발달, 역동, 특성보다는 관찰 가능한 구체적인 행동과 그 변화에 관심이 있다. 따라서, 인간의 성격이 특성 또는 특질(trait)로 구성된다는 입장을 거부한다. 왜냐하면 행동주의는 성격특성보다는 행동에 초점을 맞추는 한편, 행동 변화를 성격구조에 의한 것이 아니라, 자극과 반응, 반응결과, 그리고 인지구조의 상호관계에 의한 것이라고 믿기 때문이다.

셋째, 학습원리에 의해 행동습득이 가능한 존재이다. 즉, 행동주의는 정상행동과 마찬가지로 신경증적 행동을 포함한 문제행동이나 증상 역시 병적으로 발생한 것이 아니라, 특정 환경조건하에서 일어난 학습의 결과로 보고 학습원리에 의해 소거될 수 있다고 믿는다. 따라서, 행동치료는 구체적인 행동상의 목표, 치료방법, 그리고 일정 설정을 치료를 위한 재교육 · 재학습과정으로 간주한다. 이 과정에서 적응적 · 생산적 행동은 강화되고, 부적응적 · 역기능적 행동은 소거시킨다.

3. 고전적 조건화: 파블로프

1) 파블로프의 생애와 사상

이반 파블로프

파블로프(Ivan Petrovich Pavlov, 1849~1936)는 시골 목사의 맏아들로 태어나서 중앙 러시아의 랴잔(Ryazan)에서 어린 시절을 보냈다. 그는 교회학교와 신학교에 입학하여 헌신적으로 지식을 전달하는 신학 선생들에게서 깊은 인상을 받았다. 1870년에는 신학 공부를 포기하고, 상트페테르부르크대학교(Saint Petersburg State University)에서 화학과 생리학을 공부했다. 상트페테르부르크의 임피리얼 의학아카데미에서 의사자격을 취득(1883)한 후, 1884~1886년에 라이프치히대학교(University of Leipzig)의 심장혈관 생리학자 루트비히(C. Ludwig)와 브레슬라우대학교(Friedrich-Wilhelm University in Breslau)의 심장생리학자 하이덴하인(R. Heidenhain)의 지도 아래 독일에서 연구했다. 파블로프는 루트비히와 공동으로 연구하면서 순환계에 대해 독자적인 연구를 하기 시작했다. 이후 귀국하여 육군 군의학교에서 연구하였다. 1890년 군의학교 약리학 교수 및 실험의학연구소 소장이 되었다.

1888~1890년까지는 상트페테르부르크에 있는 봇킨 실험연구소에 있으면서 심장의 생리와 혈압조절에 관하여 연구하였다. 그는 능숙한 외과의사가 되어 마취를 하지 않고도 고통 없이 개의 대퇴부 동맥에 카테터(catheter)를 주입하고 다양한 약리적 · 정서적인 자극이 혈압에 미치는 영향을 기록할 수 있었다. 1890년 그는 임피리얼의학학회(imperial medicine academy)의 생리학 교수가 되어 1924년 사임할 때까지 일하였다.

1890년경부터 위나 침샘의 누공수술을 한 개의 심리적 자극효과에 주목하여 조건반사학의 새로운 분야를 개척하였다. 만년에는 수면기구, 이종본능 간 경쟁 시에 생기는 반응, 신경증의 원인 등을 연구하였다. 그는 새로 설립된 실험의학연구소에서 외과수술 후 건강을 유지하기 위해 필요한 설비에 큰 관심을 기울이며, 동물을 대상으로 외과적인 실험을 시작했다. 그는 1930년까지 소화기의 분비활성에 대해 외과적인 실험방법으로 정상적인 동물의 위장액 분비를 연구하였다. 1935년에는 그의 이름을 붙인 생리학연구소를 설립하였다.

파블로프는 생리학자이면서 학습심리학분야에서 유명한 인물 가운데 한 사람이지만, 사실 유명인사가 되기 전까지 방 한 칸도 못 구할 만큼 가난했다. 그럼에도 그는 모든 것을 실험에 쏟아 부었다. 양육비가 없어서 첫째 아들을 잃은 뒤, 둘째 아이를 위해 제자들이 갹출한 돈마저 실험용 동물을 구입하는 데 썼을 정도이다. 개의 소화계 생리에 관한 연구인 조건반사실험을 통해 1904년에 노벨생리학상을 수상하였다. 1907년 과학아카데미 회원이 되었다. 1902년 타액이 밖으로 나오도록 수술한 개에게서 타액선을 연구 중, 사육사의 발소리에 개가 타액을 흘리는 것을 발견하여, 조건반사의 연구에 착수, 1923년 연구를 집대성하여 발표하였다. 만년에는 수면, 본능, 신경증의 연구를 진행하였으며, 소련의 기초과학발달에도 영향을 미쳤다. 또한 조건반사의 연구를 계속해서 대뇌 생리학의 진보에 공헌했다.

파블로프는 일생 동안 연구활동에만 전념했기 때문에 정치활동에는 전혀 참가하지 않았다. 하지만 파블로프는 1917년 볼셰비키혁명을 주도한 혁명세력에 대해 적대적이었을 뿐 아니라, 그의 아들은 혁명 이후 벌어진 내전(1918~1921)에서 반혁명세력인 백군에 가담해 한동안 시베리아로 유배를 가기도 했다. 이 때문에 그는, 행리학연구는 물론 정상적인 생활이 어렵다며 소련정부에 해외이민을 신청했다. 그러자 통치자 레닌은 파블로프의 연구를 특별히 지원하라는 명령을 내리게 되었고, 노벨수상자인 파블로프는 '신생 소비에트의 구보'로 대우받아 그의 생활비와 연구비를 지원받았다.

대표적인 저서로는 《조건반사학 강의(*Lectures on conditioned reflexes*)》(1927), 《심리학자들에 대한 생리학자의 대답(*The reply of a physiologist to psychologists*)》(1932) 등이 있다.

조건반사학 강의
(1995년 출판)

2) 고전적 조건화의 개요

행동주의적 학습이론(learning theory)은 인간의 모든 행동은 자극과 반응의 연합이며 이는 외적 조건과 경험에 의해서 형성된다고 본다. 즉, 인간은 반응적 존재로서 환경에 의해 만들어지는 존재이기 때문에, 환경을 세분화시킬 수 있다면 인간이 어떻게 반응할 것인지를 예측할 수 있다는 것이다. 행동주의적 학습이론에서는 기본적으로 모든 유기체의 행동을 조건화(conditioning)의 결과라고 보고 있다. 고전적 조건화란 일정한 자극에 의해 선천적으로 유발되는 반사를 처음에는 그것과 아무런 관계가 없던 중립자극과 연합시킴으로써 이 중립자극이 선천적인 반사반응을 유발하게 되는 것을 말한다.

파블로프는 소화에 대해 연구함으로써 노벨상을 수상한 러시아의 생리학자였다. 식사시간에 실험실을 드나들다가 개가 침을 흘리는 것을 보고 자신이 개에게 하나의 신호 또는 예언적 자극대상이라는 것을 발견하고 정식실험을 하였다. 우연한 발견에 의해 시작된 이 실험은 '고전적 조건화(classical conditioning)' 또는 '반응적 조건화(respondent conditioning)'라고 불리는 심리학의 역사에서 주요 반환점이 된 중요한 실험이 되었다(이주희 외, 2013: 171).

그는 개의 침샘 일부를 외과적으로 적출하여 먹이를 먹을 때마다 분비되는 침의 양을 측정하는 연구를 하고 있었다. 그런데 문득 그 개가 먹이 주는 사람 발소리를 듣거나 빈 밥그릇만 보아도 침을 분비한다는 것을 발견하였다. 그 유명한 파블로프의 고전적 조건화의 개념이 바로 여기서부터 출발했다. 즉, 그 개는 발소리와 그릇이 먹이와 함께 나타난다는 일종의 '연합'을 학습한 것이고, 따라서 처음에는 침 분비와 아무 상관이 없었을 소리와 그릇이 먹이와 같은 효과를 지니게 된 것이다. 이를 보다 구체적으로 알아보기 위해 파블로프는 먹이를 주기 전 항상 불빛을 보여 주며 먹이와 같은 효과를 가질 수 있는가를 알아보았고 그 결과는 적중했다.

고전적 조건화는 다음과 같은 네 가지의 요소를 가정한다.

① **무조건자극**(Unconditional Stimulus, US): 자동적/생득적 반응을 유발하는 자극(예: 먹이)

② **무조건반응**(Unconditional Response, UR): 학습되지 않은 자동적/생득적 반응(예: 먹이에 대한 침분비)

③ **조건자극**(Conditional Stimulus, CS): 무조건자극과 짝지어져 새로운 반응(즉, 무조건반응)을 유발하는 자극(예: 발소리, 빈 밥그릇, 또는 불빛)

④ **조건반응**(Conditional Response, CR): 조건자극에 의해 새로이 형성된 반응(예: 조건자극에 대한 침 분비)

이 실험에서 불빛이 개로 하여금 침을 분비하게 만드는 과정은 다음과 같이 설명된다. 최초에는 무조건자극(먹이)에 의한 무조건반응(침 분비)만이 존재할 것이다. 그러나 무조건자극과 조건자극(불빛)이 계속적으로 같이 제시됨으로써 조건자극만 제시되어도 무조건반응과 동일한 조건반응을 이끌어 내는 것이 가능하다. 이러한 고전적 조건화는 왜 필요할까? 환경에 적응하기 위해서다. 왜냐하면 사건들(CS와 US) 사이의 관계성을 학습하여 다가올 사건에 대한 준비를 할 필요가 있기 때문이다. 예를 들어, 번개(CS)가 치면 귀를 막아 조금 있으면 경험하게 될 천둥소리(US)에 대비하여 귀의 손상을 막는다. 또한 긴급한 자극에 대비해 생명 유지를 가능하게도 해 준다. 영양은 사자 냄새(CS)가 흘러 들어오면 미리 멀리 달아날 수 있다. 사자(US)를 직접 보는 순간 이미 때는 늦기 때문이다.

하지만 한 번 조건화된 조건반응도 무조건자극 없이 조건자극만 되풀이되면 점차 사라질 수밖에 없다. 불빛이 계속 먹이 없이 제시되면 결국 그 개가 불빛에 침을 흘리는 일은 없어진다는 것이다. 이를 '소거(extinction)'라고 한다. 하지만 일정한 기간 후 불빛(CS)을 제시하면 소거된 침 분비가 다시 나타나며 이를 '자발적 회복(spontaneous recovery)'이라고 한다. 즉, 소거된 반응이 완전히 사라진 것이 아니라, 잠시 동안 억압되어 있음을 의미한다는 것이다. 물론 그 회복된 반응은 강도가 약하기는 하지만 말이다. 또한 원래의 조건자극이 아니더라도 그와 유사한 자극은 조건반응 유발이 가능하다. 이는 '자극 일반화(stimulus generalization)'라고 한다.

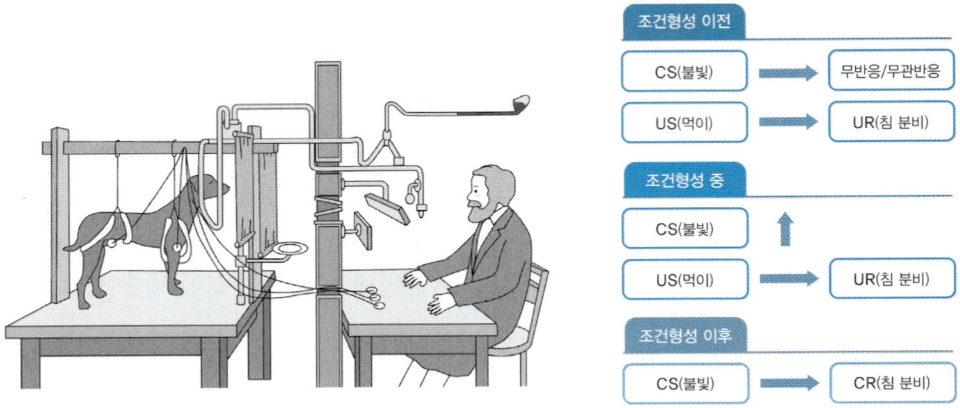

자료: 김보기 외(2017: 117) 재인용.

그림 4-1 파블로프의 개와 실험장치(좌), 고전적 조건화 절차(우)

3) 핵심 개념 및 내용

(1) 조건반응의 습득

고전적 조건형성에서 습득(acquisition)이란 새로운 조건반응이 형성 또는 확립되었다는 것을 의미한다. 조건형성이 잘 되기 위해서는 일상적인 자극보다는 새롭고, 특이하고, 강렬한 자극이 효과적이다. 왜냐하면 이러한 자극들이 일상적인 자극에 비해서 더 뚜렷하고 분명하기 때문이다(이주희 외, 2013: 173).

파블로프는 조건반응의 습득은 조건자극(CS)과 무조건자극(US)을 어느 정도의 시간 간격으로 제시하는가 하는 자극의 시간적 접근(temporal contiguity)에 의해 조건반응이 획득된다고 보았다. 특히, 자극을 제시하는 시간간격이 중요하다. 조건자극과 무조건자극의 시간간격에 따른 조건형성의 유형은 [그림 4-2]에 제시되어 있다.

[그림 4-2]에 제시된 네 가지 조건화 가운데 어느 것이 가장 효과적인 짝짓기가 될 것인가? 이를 탐구한 실험결과에 의하면 CS가 US보다 약 0.5초 먼저 제시되는 지연조건화(delayed conditioning)가 가장 효과적이라고 한다(Heth & Rescorla, 1973; Kamin, 1965). 역행

조건화(backward conditioning)의 경우, CS가 US를 전혀 예측해 주지 못하므로 가장 비효과적인 짝짓기이다. 동시조건화(simultaneous conditioning)와 흔적조건화(trace conditioning)는 역행조건화보다는 지연조건화와 비교할 때 효과적인 짝짓기는 되지 못한다(현성용 외, 2015: 142).

시간적 근접이 가장 짧은 동시조건형성은 조건반응을 일으키는 데 별로 효과적이지 않고, 흔적조건형성도 별 효과가 없다. 역행조건형성은 CS가 US를 전혀 예측해주지 못하므로 가장 비효과적이다. 가장 효과적인 방법은 지연조건형성이고 가장 이상적인 시간간격은 0.5초이다(Heth & Rescorla, 1973).

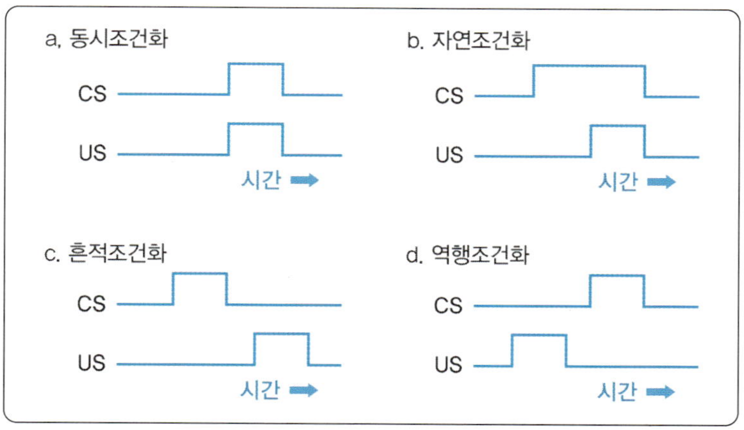

자료: 김보기(2017: 118) 재인용.

그림 4-2 고전적 조건화에서 CS와 US 사이의 시간적 관계

(2) 소거와 자발적 회복

소거(extinction)란 조건반응이 사라지는 것을 말한다. 즉, 무관자극이 조건화되어 무조건자극의 제시 없이 계속해서 조건자극만 주게 되면 조건자극은 점차 조건반응을 유발하는 힘을 상실하게 되어 나중에는 원래의 무관자극으로 돌아가는 현상이다. 파블로프 실험을 보면, 소거가 진행됨에 따라 타액의 분비가 줄어든다 하지만 반응이 소거되었다고 해서 완전하게 상실되는 것은 아니다(김남일, 2005: 207).

종소리에 침을 흘리는 조건반응이 완전히 소거된 개에게 몇 시간 또는 며칠 후 다시 소리를 제시하면 침을 흘리는 반응이 다시 나타난다. 이와 같이 소거된 조건반응도 일정 기간이 지난 후 조건자극을 제시하면 조건반응이 다시 나타나는데, 이러한 현상을 '자발적 회복(spontaneous recovery)'이라고 부른다. 이러한 현상이 나타나는 이유는, 소거된 조건반응이 완전히 사라진 것이 아니라, 일시적으로 차단되는 것임을 보여 준다. 자발적 회복은 처음 습득되었던 조건반응의 강도보다는 약하고 지속기간도 일시적이다.

(3) 자극 일반화와 변별

조건화가 일어난 후에 유기체는 조건화 과정에서 경험하였던 조건자극(CS)이 아닌 그것과 유사한 자극에 대해서도 반응을 나타내는 경향이 있다. 예를 들어, 파블로프의 개는 조건자극인 종소리가 아닌 부저소리에 대해서도 침을 흘리고, 토끼는 다른 부저소리를 듣고도 눈꺼풀을 깜박이는 반응을 나타낸다. 이와 같이 특정 자극에 대해서 반응하는 것을 학습한 유기체는 원래의 자극과 유사한 새로운 자극에 대해서도 비슷한 방식으로 반응하는데, 이는 자극일반화이다(현성용 외, 2015: 142). 다시 말해서, 자극일반화란, 변별 특정의 조건자극에 조건화된 반응은 그 자극과 유사한 자극에 의해서도 유발되는 것을 말한다. 이를테면, 파블로프실험에서 종소리에 타액을 분비한 개는 후에 부저나 메트로놈 소리에도 침을 흘렸다. 우리 옛말에 '자라보고 놀란 가슴 솥뚜껑 보고도 놀란다'는 말이 바로 이런 자극의 일반화를 일컫는 말이다(김남일, 2005: 208).

왓슨은 자극일반화에 관심이 많았다. 왓슨은 자신의 부인인 레이너(Rayner)와 함께 생득적인 정서적 반사가 어떻게 해서 중립적인 자극에 조건화되는지를 알아보기 위해 생후 11개월 된 앨버트(Albert)라는 아이를 대상으로 실험을 하였다. 그의 실험내용은 다음과 같다.

어린아이들은 처음에는 쥐를 두려워하지 않는다. 앨버트도 처음에는 보통의 아이들처럼 쥐를 장난감처럼 만지면서 전혀 공포를 느끼지 않았다. 그렇게 앨버트가 쥐를 만질 때 왓슨은 쇠막대기를 두들겨 큰 소리를 울렸다. 앨버트는 큰소리에 놀라 펄쩍 뛰었다가 앞으로 넘어졌다. 그러나 조금 지나자 앨버트는 다시 쥐를 만지려고 하였다. 이때 또다시 쇠막대기를 두들겨 큰 소리를 내자 앨버트는 깜짝 놀라며 울기 시작했다. 이러한 절차를 여러 번 반복했더니 처음에는 쥐에 대해 아무런 공포심이 없던 앨버트가 쥐를 보여 주기만 해도 놀라 울면서 쥐에 대한 공포반응을 보였다. 즉, 중립자극이었던 쥐와 쇠막대기 소리가 연합이 되어 조건형성이 된 것이다. 그리고 이 공포는 쥐와 비슷한 털을 가진 다람쥐, 개, 모피, 외투, 산타클로스의 수염에도 일반화되어 나타났다.

왓슨과 레이너의 실험은 〈표 4-1〉과 같다.

표 4-1 왓슨과 레이너의 실험

구분	실험내용
조건형성 전	흰쥐(CS) ---------- 무반응 큰소리(US) ------- 두려움, 놀람, 울음(UR)
조건형성	흰쥐(CS) + 큰소리(US)
조건형성 후	흰쥐(CS) ---------- 두려움, 놀람, 울음(CR) 다람쥐(CS와 유사자극) -- 두려움, 놀람, 울음(UR) ⇒ 일반화

자료: 이주희 외(2013: 175).

위의 실험은 파블로프의 고전적 조건형성의 원리와 같은 것으로, 쇠막대기 소리는 무조건자극이며, 이 자극은 무조건 공포를 유발시키는데, 그것이 무조건반응이다. 처음에 쥐는 공포를 유발시키지 않는 중립자극이었으나 이것이 무조건자극인 쇠막대기 소리와 결합하면서 공포를 유발시키는 조건자극이 되었다.

왓슨은 정서적 반응도 고전적 조건형성을 통해 습득하게 된다고 하였다. 그러므로 분노, 사랑 등도 역시 이와 흡사한 조건형성의 과정으로 학습된 것이라고 하였다. 그러나 이러한 고전적 조건형성의 원리는 정서적 반응을 포함한 선천적인 반응, 즉 반사적 반응에 한정되는 것으로 보인다는 비판도 있다.

왓슨은 앨버트실험결과에 고무되어 1924년 게재한 "나에게 아기를 보내라!(Give me the baby!)"라는 글에 다음과 같이 쓰고 있다.

> 나에게 건강하고 잘 기른 아기를 달라. 그리고 그들을 기를 구체적인 세계를 이야기해 달라. 그러면 그들 중의 어느 누구라도 그의 재능이나, 취미나, 경향이나, 능력이나, 직업이나, 부모의 인종 여하를 불문하고 의사, 법률가, 예술가, 상인, 서장, 그리고 심지어는 걸인이나 도둑 등 당신이 선택하는 어떠한 유형의 전문가라도 만들어 낼 수 있다.

그런데 자극일반화의 용이성은 원래의 조건자극(CS)과 새로운 자극 간의 유사성에 달려 있다. 다시 말해서, 원래의 조건자극(CS)과 새로운 자극이 유사할수록 일반화의 가능성은 커진다. 반대로 유사성이 감소할수록 일반화 정도는 줄어든다. 예컨대, 앨버트는 쥐와 전혀 닮지 않은 나무토막에 대해서는 공포를 나타내지 않았다. 이와 같이 조건형성된 조건자극(CS)과 다른 자극을 구별하여 반응하는 것을 '변별(discrimination)'이라고 한다. 변별은 일반화와 상반된 현상이다. 자극변별이란 특정 자극에 대해 반응을 학습한 유기체가 원래의 자극과 유사한 다른 어떤 자극에 대해서 동일한 반응을 하지 않는 현상을 말한다.

(4) 고차적 조건형성

하나의 조건화는 그것을 기반으로 하여 새로운 조건화가 되기도 한다. 먹이와 종소리를 반복 제시하여 종소리에 대한 타액반응을 조건화시킨 후 종소리와 새로운 자극인 불빛을 반복해서 제시하면 불빛에 대해서도 타액반응이 나타난다. 여기서 불빛은 먹이와 한 번도 짝지어진 적이 없지만 종소리와 짝지어짐으로써 타액 분비를 유발할 수 있는 능력을 획득한 것이다. 조건자극(종소리)이 마치 무조건자극(먹이)과 같은 역할을 하는 것이다. 이와 같이 조건자극에 제2의 중립자극을 연합시키면 조건반응을 유발하는 것을 '고차적 조건화(high-order conditioning)'라고 한다. 인간의 반응 중 많은 부분은 고차적 조건화의 결과이다(Rescorla, 1980).

표 4-2 고차적 조건형성의 절차

CS1 (종소리)	CR1 (타액 분비)
CS2 (불빛) + CS1(종소리)	CR1 (타액 분비)
CS2 (불빛만 제시)	CR2 (타액 분비)

자료: 김보기(2017: 120).

(5) 일상생활과 고전적 조건화

일상생활에서 고전적 조건화는 주로 정서적 반응의 습득과 관련된다. 인간의 주관적 감정, 정서반응, 생리적 반응은 어떤 특정한 자극에 대한 조건반사현상의 측면을 가지고 있다. 고전적 조건화는 공포와 불안과 같은 정서반응을 형성하는 데 중요한 영향을 미친다. 예컨대, 감기가 걸려서 병원에서 주사를 맞아서 아픈 경험을 한 어린이는 주사에 대한 공포를 학습할 것이고, 주사를 놓는 간호사와 연합되어서 흰 가운으로 일반화되는 현상은 고전적 조건화의 결과라고 할 수 있다. 또 한 가지 예로, 운전 도중 제한속도를 위반하여 교통위반 스티커를 받은 사람들은 다음과 같은 반응을 습득하여 왔다. 즉, 경찰차를 보는 순간 심장은 방망이질하듯 뛰며 자신이 제한속도로 달리고 있음에도 불구하고, 반사적으로 가속기에서 발이 떨어진다. 이와 같이 고전적 조건화를 통해 형성된 정서반응을 '조건화된 정서반응'이라고 한다. 쾌락 또는 고통을 유발하는 무조건자극과 연합되어 있는 조건자극을 경험할 때 나타나는 긍정적 감정이나 부정적 감정을 가리킨다(이주희 외, 2013: 177).

고전적 조건화의 원리는 상업광고에도 많이 이용되고 있다. 광고들은 대개 정적인 감정을 유발시키는 자극(US)과 상품을 짝지어 제시한다. 매력적인 유명 연예인은 사람들에게 정적인 감정을 유발하는 무조건자극(US)이다. 이처럼 정적인 자극(US)과 상품

(CS)을 연합시켜 광고를 하게 되면 그 상품에 대해 정적인 감정을 가지게 될 것이고, 구매행동도 증가할 것이라고 기대할 수 있다.

고전적 조건화의 절차를 임상에 적용하여 공포와 불안과 같은 정서반응을 극복할 수 있다. 예컨대, 좁은 장소를 두려워하는 사람에게는 '지하실'이나 '엘리베이터'라는 말만 들어도 두려움을 느끼게 한다. 이를 '폐쇄공포증'이라고 하는데, 이것을 역조건화(counter-conditioning)의 원리를 이용한 체계적 둔감법(systematic desensitization)을 통해 극복할 수 있다.

고전적 조건화는 정서반응과 같은 외현적 행동뿐만 아니라, 생리적 과정에도 영향을 준다. 예컨대, 감염물질이 몸에 들어오면 신체의 면역체계는 항체를 생산하여 감염균에 대항한다. 신체의 면역체계가 제 역할을 하지 못하면 AIDS라는 치명적 병이 생기는 것만 보아도 면역체계가 얼마나 중요한지 알 수 있다. 최근 연구결과에 의하면, 조건화를 포함한 여러 심리적 요인이 신체의 면역체계에 영향을 준다고 한다.

아더와 코헨(Ader & Cohen, 1984)은 고전적 조건화가 항체생산을 감소시키는 면역억제(immunosuppression)와 관련이 있다는 사실을 관찰하였다. 피험동물에게 특이한 맛을 내는 음료(CS)와 동시에 면역체계를 억제하는 약물(US)을 투여하였다. 며칠 뒤 약물투여로 면역억제효과가 사라진 뒤에 다시 그 음료(CS)를 주었다. 그 결과, 피험동물의 면역반응이 감소하였다.

4. 조작적 조건화: 스키너

1) 스키너의 생애와 사상

벌허스 프레데릭 스키너

스키너(Burrhus Frederic Skinner, 1904~1990)는 1904년 미국 펜실베이니아(Pennsylvania) 주에 있는 작은 마을 서스퀴해너(Susquehanna)에서 출생하였다. 부친은 변호사였다. 그의 부모는 그에게 옳고 그름에 대한 확실한 감각이 몸에 배도록 엄격한 교육을 하였다. 스키너는 자서전에서, 어머니는 자신이 올바른 길에서 벗어나면 사람들이 어떻게 생각할지에 대해 생각해 보도록 하여 행동을 통제하려 했다고 밝혔다. 주일학교를 다니면서 12~13세쯤에 종교적 권위라는 것이 일종의 행동강화기제에 불과하다는 생각을 하기 시작했다는 그의 회상으로 볼 때, 스키너 개인에게는 종교교육이 행동형성에 크게 작용하지 않은 듯하다.

1926년 해밀턴대학교(Hamilton College)에서 영문학을 전공한 후 시와 소설을 습작하였으나, 성과 없이 지내다가 파블로프와 왓슨(John B. Watson, 1878~1958)의 글에 매료되면서 하버드대학교(Harvard University)에 재입학, 심리학을 공부하여 석사 · 박사학위를 취득하였다. 1931~1936년 하버드대학교 연구원, 1936~1945년 미네소타대학교(University of Minnesota)에서 전임강사 · 조교수 · 부교수를 역임하였다. 1938년에는 학위논문을 체계화하여 《유기체의 행동(Behavior of Organism)》을 집필하였다. 행동의 실험분석에 대한 이 독창적인 설명은 심리학에 대한 그의 가장 중요한 공헌에 포함되며 새로운 분야, 즉 행동분석의 토대가 되었다. 1945년 스키너는 인디애나(Indiana)대학교로 옮겨서 정교수이자 심리학과 학과장이 되었다. 이 시기에 그는 자기과학에 대한 철학, 즉 급진적인 행동주의를 체계화하였다. 이후 1948년에 하버드대학교로 돌아가, 비둘기실험을 하였다.

1953년에는 《과학과 인간의 행동(*Science and Human Behavior*)》을 출판했는데, 이 책은 개인행동(예: 자기통제와 사고), 사회적 상호작용(예: 공격성), 문화적 실천(예: 교육과 행정)에 대한 해석을 제시하면서 그것을 변화시키는 방법을 서술하고 있다. 이 연구는 행동치료와 응용행동분석의 토대가 되었다. 스키너는 1974년에 하버드대학교에서 명예교수로 은퇴하였으며, 같은 해에 자신의 체계를 개관한 《행동주의에 관하여(*About Behaviorism*)》를 출간하였다.

스키너는 인간과 동물을 동일시함으로써 심리학의 역사에서 가장 많은 논란을 일으킨 장본인이기도 하다. 인간을 환경과 상호작용하는 동물로 인식하고 분석해야 한다고 주장함으로써, 인간은 단순한 반사기계가 아닌 행동의 결과로 자신의 행동까지도 바꿀 수 있는 대상으로 보았다. 스키너는 가설의 구성이나 설명보다도 조작주의적 분석에 의해, 선행조건과 귀결과의 관계만을 기술하는 입장을 주장하여 스키너학파를 이루었다. 행동은 이 입장에서는 레스폰던트(respondent)와 오퍼런트(operant)로 나뉘는데, 오퍼런트의 상세한 강화 스케줄에 의한 실험연구는 일반 심리학뿐만 아니라, 생리심리학 · 약리심리학 · 교육심리학 · 임상심리학에도 이용된다. 스키너는 헐(C. Hull), 톨먼(E. Tolman) 등과 함께 신행동주의자의 한 사람으로 일컬어진다. 스키너 상자(Skinner Box), 티칭머신(Teaching Machine)의 고안으로 유명하다. 1968년 국가과학훈장이 수여되었으며, 1990년 백혈병으로 사망하였다.

유기체의 행동
(1991년 출판)

스키너는 행동주의의 대표이며, 현대 심리학자 중 가장 유명하고, 가장 영향력을 미치는 심리학자라 말할 수 있다(한국교육심리학회, 2000: 217).

주요 저서로는 《유기체의 행동(*Behavior of Organism*)》(1938), 《과학과 인간의 행동(*Science and Human Behavior*)》(1953), 《언어적 행동》(1957), 《자유와 존엄을 넘어서(*Beyond Freedom and Dignity*)》(1971), 《행동주의자가 되다(*Shaping of a Behaviorist*)》(1979), 《결과의 문제(*A Matter of Consequences*)》(1983) 등이 있다.

2) 조작적 조건화의 개요

고전적으로 조건화되는 반응은 불수의적인 것이다. 파블로프의 개는 타액 분비를 스스로 조절할 수 없다. 그리고 우리는 일반적으로 손바닥에 땀이 나는 것이나 부끄러울 때 얼굴이 붉어지는 것을 마음대로 조절하지 못한다. 그러나 대부분의 인간행동은 수의적인 것이다. 우리는 좋은 결과를 가져다주는 것을 추구하고, 반대로 나쁜 결과를 가져다주는 것을 피한다. 또한 우리의 이러한 행동성향은 그 결과가 변경될 때 그에 따라 적절하게 변화한다. 이와 같이 결과를 바탕으로 행동을 변화시키는 능력은 조작적 조건화 원리로 설명할 수 있다(현성용 외, 2015: 148).

파블로프의 고전적 조건화는 자극에 의해 통제되는 반사적 반응을 가장 잘 설명한다. 그러나 많은 행동은 고전적 조건화로 설명할 수 없는 경우가 많다. 고전적 조건화는 '불수의적 반응(involuntary response)'이기 때문이다. 파블로프의 개는 타액 분비를 스스로 조절할 수 없다. 그러나 인간행동은 대부분 수의적인 행동이다. 예컨대, 학생이 열심히 공부를 하거나 회사원이 직장에서 열심히 일하는 행동은 반사적인 반응이 아니라, 성적이나 취직 또는 승진이나 보너스 등과 같은 결과의 영향을 받는다. 이와 같이 유기체가 자신의 행동과 그 결과 사이의 관계를 학습하는 것을 '조작적 조건화(Operant Conditioning)'라고 한다(이주희 외, 2013: 179).

스키너는 행동을 반응적 행동(Respondent Behavior)과 조작적 행동(Operant Behavior)으로 구분하였다. 파블로프의 고전적 조건화는 어떤 자극에 따라 나타나는 반응적 행동을 학습하는 것이기 때문에 유기체의 의도와 상관없이 이루어지는 학습이다. 반면, 조작적 행동은 유기체가 다양한 환경조건에서 능동적으로 적절한 반응을 함으로써 보상을 받거나 유리하게 적응하는 것이다. 즉, 유기체의 자발적 반응에 대하여 강화(보상)를 함으로써 학습을 하는 것이다. 스키너는 이러한 종류의 학습을 '조작적 조건화(Operant Conditioning)'라고 하였다. 여기서 조작적이란 유기체가 자극에 대해 단순히 반응하는 것이 아니라, 환경을 조작하여 변화시킨다는 의미이다. 즉, 학습은 반응에 수반하는 결과의 영향을 받는다는 것이다. 따라서 조작적 조건화는 수의적 반응이 그 결과에 의해 통제된다는 의미를 갖는다. 이러한 조작적 조건화는 자발적인 인간행동의 설명에 더 큰 비중을 차지하고 있다(이주희 외, 2013: 181).

스키너는 유기체가 어떠한 반응을 한 후에 보상이 있느냐 없느냐에 따라 조작행동은 강해지거나 또는 약화된다고 보고 자신의 이름을 딴 실험상자인 '스키너상자(Skinner Box)'를 고안하였다. 실험상자 안의 동물(흰쥐 또는 비둘기)이 지렛대를 누르면 먹이가 나온다. 먹이가 나오게 되면 갈수록 지렛대를 누르는 횟수가 증가하게 되었다. 이 실험은 유기체가 스스로 어떤 반응을 하고 그 반응이 긍정적 보상을 가져다주게 되면, 그 후에도 그와 비슷한 반응을 나타낼 확률이 높아진다는 것을 보여 주는 것이다.

이와 같이 보상(reward)을 유기체의 특정 반응 뒤에 얻어지게 함으로써 반응률을 높이는 과정을 스키너는 '강화(Reinforcement)'라고 하였다.

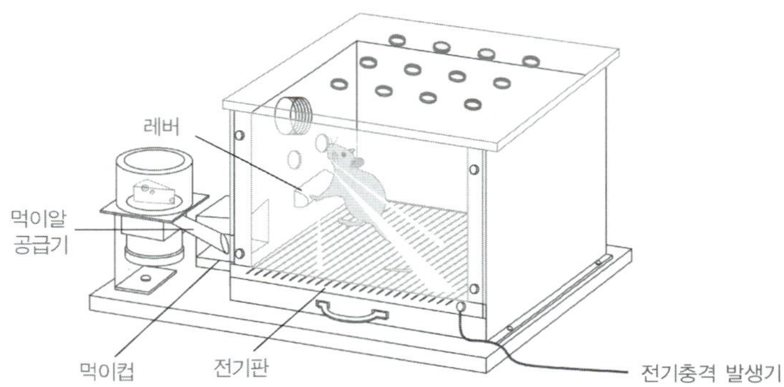

자료: 김보기(2017: 126) 재인용.

그림 4-3 스키너상자

3) 핵심 개념 및 내용

(1) 조형

스키너상자 안의 동물(흰쥐 또는 비둘기)은 처음부터 지렛대를 누르지 않는다. 그래서 실험자가 원하는 행동을 유도하기 위해서는 목표행동을 단계적으로 조작할 필요가 있다.

예컨대, 상자 안의 동물(흰쥐 또는 비둘기)에게 지렛대를 누르는 반응을 유도하기 위해서는 최초에 동물이 지렛대 쪽으로 고개를 돌릴 때, 다음에는 지렛대에 접근하려 할 때, 다음에는 지렛대에 아주 가까이 다가갔을 때, 마침내는 지렛대를 눌러야만 먹이를 주는 식으로 단계적으로 일련의 반응에 대해 강화물을 제공하는 절차가 필요하다.

조작적 조건화에서는 조성(Shaping, 조형), 또는 계기적 근사법(Successive Approximation, 점진적 접근법)이라는 과정을 통해서 조작적 반응을 유도한다. 즉, 조형이란 바라는 목표행동을 이끌어 내기 위해 목표행동에 가까운 반응을 단계적으로 조작하는 과정으로, 목표반응과 조금이라도 가까운 반응을 강화하여 새로운 행동을 유도하는 것을 말한다. 예컨대, 조형을 통하여 서커스에서 돌고래가 여러 가지 재주를 부리거나 원숭이가 자전거를 타는 등의 재주를 부리도록 학습을 시킨다.

조형은 두 가지 요소를 통하여 이루어진다.

첫째, 차별강화(Differential Reinforcement)로, 어떤 반응은 강화를 주고 어떤 반응은 강화를 주지 않는 것이다.

둘째, 계속적 접근(Successive Approximation)으로, 실험자가 원하는 반응에 접근할 때만 강화를 주는 것이다.

(2) 소거와 자발적 회복

고전적 조건화와 마찬가지로 조작적 조건화에서도 보상을 제거하면 소거(Extinction)가 일어난다. 조작적 조건화에서 소거란 피험자가 아무리 반응을 해도 더 이상 강화물이 제공되지 않아 반응경향성이 감소되어 사라지는 것을 말한다. 예컨대, 스키너상자에서 동물이 지렛대를 누르는데도 먹이를 주지 않으면 소거가 일어난다. 소거과정이 시작되면 동물의 조작반응은 급상승하다가 점진적으로 감소하여 더 이상은 반응하지 않게 된다.

조작적 조건화에서 한 가지 중요한 현상은, 강화물을 중단할 때 소거에 대한 저항과 관련된 문제이다. 소거에 대한 저항(Resistance to extinction)이란 강화물을 철회한 뒤에도 조작반응을 계속하려는 경향을 말한다. 소거에 대한 저항이 크면 클수록 반응을 계속할 가능성도 크다. 예컨대, 지렛대를 누르는 조작행동을 더 이상 강화하지 않는데도 반응이 아주 서서히 감소한다면 소거에 대한 저항이 강한 것이다. 그러나 조작반응이 빨리 감소한다면 소거에 대한 저항이 약한 것이다.

지렛대를 누르는 반응이 소거된 동물을 일정 기간 동안 다른 곳에 있도록 한 뒤에 다시 스키너상자에 넣으면 동물은 다시 지렛대를 누르는 반응을 한다. 이러한 현상을 자발적 회복(Spontaneous Recovery)이라고 한다. 이때 스키너상자의 동물에게 다시 보상을 주면 처음 조건화를 시킬 때보다 빠르게 지렛대를 누르는 것을 학습한다. 이와 같이 처음 학습 때보다 학습시간이 단축된 현상을 '재조건화(Reconditioning)'라고 한다.

(3) 미신적 행동

유기체는 좋은 결과를 초래한 반응은 계속하고, 나쁜 결과를 초래한 반응은 중지한다. 즉, 유기체는 자신의 반응이 그 결과의 원인인 것처럼 행동하는 것이다. 그런데 만약 어떤 반응에 강화가 우연히 뒤따르면, 즉 우발적 강화가 주어지면 어떻게 될까?(윤가현 외, 2016: 123).

스키너는 상자 안의 동물에게 행동과 상관없이 매 15초마다 무조건 먹이를 제공하였다. 흥미롭게도 동물은 매우 독특한 나름대로의 행동을 학습하는 것을 발견하였다. 즉, 매번 먹이가 떨어지기 전 어떤 동물은 시계방향으로 두 바퀴 돌고, 또 어떤 동물은 상자의 구석에 머리를 박아 넣는 등 독특한 행동이 반복적으로 일어나는 것을 발견하였다. 이와 같은 동물의 행동은 먹이가 떨어지는 것과 전혀 관계가 없음에도 마치 이것이 먹이를 이끌어 내는 것으로 착각하고 있는 것 같았다. 이는 우연히 특정 행동과 그 결과가 조건화되었기 때문이다. 이러한 의식적 행동을 스키너는 '미신적 행동(Superstitious Behavior)'이라고 불렀다. 미신적 행동이란 보상과 아무런 관련이 없으면서 우연히 한 어떤 행동이 강화에 선행한 경우 그 행동을 고정적으로 계속하려는 경향성을 말한다.

스키너가 제안한 미신적 행동의 원리는, 특정 행동이 일어난 후 우연히 어떤 강화가 주어지면 그 특정 행동은 강화될 가능성이 높다는 것을 보여 준다. 인간에게 있어서도 미신적 행동을 찾아볼 수 있다. 예컨대, 시험 준비를 하는 수험생이 시험 당일 미역국을 먹지 않는다거나, 시험 보는 날 우연히 속옷을 뒤집어 입고 갔다가 좋은 결과를 얻은 사람은 매번 시험 볼 때마다 속옷을 뒤집어 입는 미신적 행동을 지속한다. 중요한 시합이 있기 전에는 수염을 깎지 않는 운동선수, '13'이라는 숫자를 피함으로써 불행을 멀리하는 것 등 인간은 일상생활에서 많은 미신적 행동을 한다.

(4) 강화와 처벌

① 강화와 강화물

스키너의 조작적 조건화는 반응-자극 학습원리, 즉 유기체에 의해 행동이 먼저 발생하고 그 결과로서 자극이 따르게 된다는 원리로 볼 수 있다. 그는 행동주의에 '강화(Reinforcement)'라는 개념을 도입하였다. 강화는 반응에 이어서 주어지는 자극을 말하는데, 이 자극이 어떠냐에 따라서 그 반응의 빈도가 증감된다.

강화는 두 가지로 구분할 수 있는데, 긍정적 강화(Positive Reinforcement)와 부정적 강화(Negative Reinforcement)이다. 긍정적 강화는 유기체가 선호하는 것을 제공함으로써 바람직한 행동의 강도와 빈도를 증가시키는 것을 의미한다. 예컨대, 노트 정리를 잘하는 학생에게 칭찬을 해줌으로써 더욱 노트 정리를 잘하도록 유도하거나, 미술시간에 그림을 잘 그린 학생의 작품을 교실 게시판에 전시하여 학생이 그림에 더욱 흥미를 갖도록 하는 것 등이다. 반면에, 부정적 강화는 유기체가 바라지 않거나 혐오하는 것을 제거하여 바람직한 행동의 강도와 빈도를 증가시키는 것을 의미한다. 예컨대, 수업시간에 집중을 잘하고 좋은 질문을 하는 학생들에게 청소당번을 면제해주는 경우가 부정적 강화에 해당된다.

한편, 강화물은 선천적으로 강화의 기능을 가지고 있는가 아니면 후천적인 학습을 통하여 강화의 기능을 획득했는가에 따라 일차적 강화물(Primary Reinforcer)과 이차적 강화물(Secondary Reinforcer)로 구분할 수 있다. 일차적 강화물이란 아무런 학습과정을 거치지 않고도 생물학적 욕구를 만족시켜 주기 때문에 그 자체가 강화속성을 지닌 강화물을 말한다. 예컨대, 인간의 경우 음식, 물, 성, 수면, 온도 등은 일차적 강화물의 예이다. 이차적 강화물은 일차적 강화물과 결합되어 강화물의 기능을 하는 강화물을 말한다. 이차적 강화물은 학습과정에 의존하기 때문에 '학습된 강화물(Learned Reinforcer)'이라고 부르기도 한다. 인간의 경우 칭찬, 인정, 성적, 지위, 자격증 등이 이차적 강화물의 예이다. 이차적 강화물 중 여러 개의 일차적 강화물과 결합된 강화물들이 있는데, 이를 '일반화된 강화물(Generalized Reinforcer)'이라고 한다. 인간의 경우 돈, 지위, 권력, 명예 등이 일반화된 강화물이다. 특히, '돈'은 무수히 많은 일차적 강화물과 결합되어 있으므로 가장 대표적인 일반화된 강화물이라고 할 수 있다(김보기 외, 2017: 130 재인용).

② 강화계획

강화계획(Reinforcement Schedule)이란 구체적인 강화물을 언제, 어떻게 줄 것인가 하는 규칙 또는 방식을 말한다. 유기체에게 새로운 학습을 시키고자 할 때는 원하는 반응을 할 때마다 강화를 하는 것이 가장 효과적이다. 그러나 이러한 계속적 강화(Continuous Reinforcement)는 학습을 촉진시키지만 강화가 중지되면 학습된 것이 빨리 소거된다. 이에 비해 목표반응 중에서 일부만 강화하는 방식인 부분강화(Partial Reinforcement) 또는 간헐적 강화(Intermittent Reinforcement)는 계속적 강화보다 소거에 대한 저항이 강하기 때문에 쉽게 소거가 되지 않는다. 따라서, 새로운 학습을 시키는 초기에는 계속적 강화를 주고 완전히 학습한 뒤에는 부분강화계획으로 바꾼다면 행동이 쉽게 소거되지 않는데, 이러한 현상을 '부분강화효과(Partial Reinforcement Effect, PRE)'라고 한다.

부분강화계획은 매우 다양하지만 강화를 주는 기준에 따라 크게 일정한 시간간격에 따라 강화물을 제시하는 방식인 간격강화(Interval Reinforcement)와 사전에 정해진 수만큼의 조작반응이 있어야 강화물을 제공하는 비율강화(Ratio Reinforcement)로 구분할 수 있다. 그리고 시간 또는 반응횟수를 고정시키느냐 변동시키느냐에 따라 다음과 같이 네 가지의 강화계획이 가능하다(손병덕 외, 2019: 130).

첫째, 고정간격 강화계획(Fixed Interval Schedule, FI)은 일정한 시간이 지난 후에 나타나는 첫 번째 반응에 강화를 주는 강화계획이다. 예를 들어, 식사하고 두 시간이 지난 후에 간식을 주는 것 등이다.

둘째, 변동간격 강화계획(Variable Interval Schedule, VI)은 강화를 주는 시간간격을 변화시키는 강화계획이다. 즉, 강화 사이의 간격이 예기치 않게 변화하면서 불규칙해지거나 평균시간이 지난 뒤 행동에 강화를 주는 것이다.

셋째, 고정비율 강화계획(Fixed Ratio Schedule, FR)은 반응하는 데 걸린 시간에 관계없이 항상 일정한 수만큼의 반응을 할 때마다 강화를 주는 계획이다. 예를 들어, 방 청소를 세 번 한 후 용돈을 주는 것 등이다.

넷째, 변동비율 강화계획(Variable Ratio Schedule, VR)은 정해진 수의 반응이 있을 때마다 강화하지 않고 평균 몇 번의 반응이 있을 때 강화를 주는 계획이다. 슬롯머신과 같은 자동도박게임기는 변동비율 강화에 따라 프로그램된 대표적인 경우라고 할 수 있다.

③ 강화지연

조작적 조건화에서 반응에 수반하여 즉각적인 보상이 주어질 때 학습효과가 높다. 만일 반응과 보상의 시간 간격이 지연되면 그 반응은 강화받지 못할 수도 있다. 그러므로 반응과 강화물 제시 사이의 시간간격이 길어질수록 조건화의 속도는 느려진다(Church, 1989). 왜냐하면 강화물을 지연해서 제시하면 반응과 결과 간의 수반관계가 모호해지기 때문이다.

동물에게 있어서는 강화가 지연되면 학습이 늦어지며, 30초 이상 지연되면 학습이 이루어지지 않는다. 그러나 인간은 강화가 지연된다고 해서 항상 행동이 감소하지는 않는다. 예컨대, 먼 훗날 합격을 위한 수험생들의 공부, 내 집 마련을 위한 장기적인 저축 등과 같은 경우는 즉각적인 만족을 지연함으로써 먼 훗날의 보상을 기대할 수 있기 때문이다. 그러나 인간에게 있어서도 즉각적인 보상은 매력적이다. 예컨대, 체중을 줄이기 위한 다이어트가 어려운 것도 이런 이유 때문이다. 먹는 것에 대한 보상은 즉각적이지만 날씬해진 몸매에 대한 보상은 몇 달 후에나 나타난다.

④ 처벌의 유형

강화는 특정한 반응확률을 증가시킨다. 반면에, 처벌(Punishment)은 반응에 수반해서 혐오적인 자극을 제시하거나 선호자극을 제거함으로써 반응경향을 감소시키는 것을 말한다. 스키너상자의 동물이 지렛대를 누를 때마다 전기충격을 주면 지렛대를 누르는 반응률은 급속하게 감소한다. 이와 같이 전형적인 처벌은 혐오적인 자극을 제시하는 것이지만 보상적인 자극의 제거도 포함한다.

처벌은 제시형 처벌(Presentation Punishment)과 제거형 처벌(Removal Punishment)로 구분할 수 있다. 제시형 처벌은 바람직하지 않은 행동을 감소시키기 위해 혐오자극을 제시하는 처벌의 형태로서 정적 처벌(Positive Punishment)이라고도 한다. 예컨대, 교실 바닥에 습관적으로 휴지를 버리는 행동을 제거하기 위해 교사가 꾸지람을 하거나 체벌을 하는 것은 정적 처벌에 해당한다. 반면, 제거형 처벌은 바람직하지 못한 행동을 할 때 선호자극을 제거함으로써 행동을 약화시키거나 감소시키는 것을 말하며, 이를 부정적 처벌(Negative Punishment)이라고 한다. 예컨대, 떠드는 학생을 교실에서 다른 장소로 격리시키거나 방과 후에 학교에 남아 있도록 하는 것은 부정적 처벌이다.

강화와 처벌의 종류는 〈표 4-3〉과 같다.

표 4-3 강화와 처벌의 종류

구분	선호자극	혐오자극
제시	긍정적 강화	긍정적 처벌
제거	부정적 처벌	부정적 강화

자료: 이주희 외(2013: 190).

⑤ 처벌의 효과

처벌은 인간이나 동물의 행동을 통제하기 위해 오래 전부터 가장 보편적으로 사용되어 왔다. 그러나 행동을 교정하고 바람직한 결과를 유도하려는 목적으로 사용하더라도 언제, 어떻게 사용하느냐에 따라 다른 결과를 가져올 수 있기 때문에 주의 깊게 사용하여야 한다. 스키너도 처벌은 반응강도를 약화시키는 것이 아니라, 일시적으로 억제하는 것이기 때문에 행동을 통제하는 강력한 수단이 아니라고 주장하였다(Skinner, 1938).

훈육수단으로서 처벌을 사용할 때 생기는 가장 큰 문제점은 의도하지 않은 부작용이 생긴다는 점이다. 그 내용은 다음과 같다(정서영, 2017b: 174-175).

첫째, 처벌은 처벌하지 않은 다른 행동까지 억압할 수 있다. 스키너상자에서 전기충격을 받은 동물은 지렛대를 누르지 않을 뿐만 아니라, 마치 얼어붙은 것처럼 보였다. 마찬가지로 아주 심한 처벌을 받은 아동은 사람을 피하고, 감정을 억제하며, 소극적으로 행동하였다. 뿐만 아니라, 처벌은 공포, 불안, 분노와 같은 부정적인 정서반응을 유발하기도 한다.

둘째, 이런 강한 부정적인 정서는 일시적이나마 정상적인 기능을 방해하고, 처벌자에 대한 적대감을 유발한다.

셋째, 신체적 처벌을 많이 받은 아동들은 다른 아동들에 비해 훨씬 더 공격적이다. 이러한 처벌의 부작용을 고려할 때 처벌을 효과적인 훈육수단이라고 보기 어렵다.

처벌은 훈육수단으로 잘못 사용되기도 하지만 처벌의 효과가 반드시 나쁜 것만은 아니다. 처벌을 기술적으로 사용하면 처벌의 부작용을 최소화하고 훈육수단으로 유용하게 활용할 수 있다. 처벌을 효과적으로 사용할 수 있는 방법은 다음과 같다(김보기 외, 2017: 133 재인용).

첫째, 가능한 한 즉각적으로 처벌해야 한다. 강화를 지연하면 그 효과가 감소하듯이 처벌도 지연시키면 효과가 없다.

둘째, 처벌은 효과가 있을 정도로 강해야 한다. 처벌이 강할수록 바람직하지 않은 반응을 약화시키는 데 효과적이지만 그만큼 부작용을 일으킬 가능성도 증가한다.

셋째, 처벌은 일관성이 있어야 한다. 이런 측면에서 처벌은 강화와 다르다. 바람직하지 않은 행동을 없애려면 그러한 행동을 할 때마다 처벌해야 한다. 간헐적 처벌은 혼란만 초래될 뿐이다.

넷째, 처벌의 이유를 설명해야 한다. 특정 행동을 처벌할 때 가능하다면 자세히 그 이유를 설명해 주어야 효과적이다.

다섯째, 대안적인 반응을 제시하고 정적 강화를 주어야 한다. 처벌은 어떤 행동을 못하게 하는 것일 뿐 대안적 반응을 제시하지 않는 단점이 있다. 예컨대, 아동들의 문제행동은 부모의 관심을 끌기 위한 것이 많다. 이럴 경우 부모의 관심을 받을 수 있는 다른 바람직한 행동을 제시해 주고, 이를 정적으로 강화하면 문제행동은 감소할 것이다.

여섯째, 신체적 처벌은 최소화해야 한다. 왜냐하면 신체적 처벌은 적대감과 공격성을 유발한다. 뿐만 아니라, 기대하는 만큼 효과적이지도 않다. 아동의 경우, 아주 심한 체벌을 하더라도 한두 시간 지나면 잊어버리는 경향이 있다. 오히려 소중히 여기는 특권을 철회하면 아동들은 그 특권을 되찾기 위한 방법을 생각할 것이므로 이 방법이 더 효과적일 수 있다.

(5) 조작적 조건화의 적용

조작적 조건화의 원리를 이용하여 스트레스에 대한 신체반응을 제어하도록 학습하고 훈련할 수 있다. 신체 내의 생물학적 상태에 대한 정보를 얻는 방법으로 바이오피드백(Biofeedback)이 있다. 바이오피드백은 몸에 감지기를 붙이고 근육 긴장도, 혈압, 심박동 수, 뇌파 등에 따라 달라지는 생리신호를 환자가 컴퓨터 화면을 통해 직접 관찰할 수 있도록 만든 것이다. 즉, 바이오피드백은 자발적인 제어가 불가능한 생리활동을 공학적으로 측정하여 지각이 가능한 형태의 정보로 생체에 전달하고, 그것을 바탕으로 학습과 훈련을 되풀이하여 심리적 안정상태를 유도할 수 있도록 해준다.

바람직하지 못한 행동을 변화시키기 위한 방법으로 '행동수정(Behavior Modification)'이 있다. 행동수정은 잘못된 행동을 수정하는 데 초점을 두고, 고전적 조건화, 조작적 조건화, 관찰학습 등의 학습원리에 기초하여 조직적인 프로그램을 통해 행동을 변화시키는 방법이다. 즉, 행동수정에서는 환경적인 변화를 통하여 인간의 행동을 변화시키고자 한다.

행동수정을 위해서 가장 먼저 해야 할 일은, 현재 수준에서 도달할 수 있는 표적행동(Target Behavior)을 정하는 것이다. 표적행동은 변화시키려고 선택한 행동으로, 표적행동을 변화시키는 데는 어떤 행동을 증가시키는 것과 제거시키는 두 가지 방법을 사용할 수 있다. 표적행동이 정해지면 행동을 변화시키기 위한 시도를 하기 전에 발생한 행동의 빈도수 등을 그래프로 기록해 준다. 강화를 통하여 수정이 되면 바람직하지 않았던 행동의 빈도수는 줄어들고 반대로 바람직한 행동의 빈도수는 증가된 그래프가 나타나게 되어 행동수정의 효과를 검증할 수 있게 된다. 행동수정의 방법으로는 바람직한 행동을 가르치는 방법인 행동조성(Shaping), 행동연쇄(Behavior Chaining), 용암법(Fading), 프리맥의 원리(Premack Principle), 토큰경제(Token economy) 등의 방법과 바람직하지 않은 행동을 수정하는 방법인 격리(Timeout), 포만(Satiation), 반응대가(Response Cost), 과잉교정(Overcorrection) 등이 있다.

5. 사회학습이론: 반두라

1) 반두라의 생애와 사상

반두라(Albert Bandura, 1925~)는 1925년 12월 4일 캐나다 앨버타(Alberta) 주 북쪽의 전체 인구가 100명 정도밖에 되지 않는 조그만 시골 마을인 문데어에서 폴란드인 아버지와 우크라이나인 어머니 사이에서 태어났다. 6남매 중 막내인 반두라는 교사 2명과 전교생 6명인 작은 초등학교를 다녔는데, 회고하기를 교육적인 환경이 제한된 덕분에 학생들은 스스로 공부를 해야 했다고 하였다. 이때 반두라는 교재에서 배운 내용의 대부분은 시간이 지나면 기억 속에서 사라지는데, 자기주도적인 학습은 시간이 지날수록 큰 효과를 발휘하게 된다는 사실을 경험으로 깨달았다. 이 같은 초기 경험이 후에 반두라가 개인적 행위 주체성(personal agency)에 역점을 둔 이론을 펼치는 기반이 되었다. 고등학교를 졸업하고, 반두라는 캐나다 북부 알래스카 고속도로(Alaska Highway)의 침강을 막기 위한 보수작업에 참여하면서 다양하고 독특한 사람들과 접하게 되었고, 보통 사람들의 심리 및 정신병에 관하여 관심을 갖게 되었다.

알버트 반두라

1949년 반두라는 영국의 브리티시 컬럼비아(British Columbia)대학교에 입학하여 심리학 공부에 매진하여, 심리학부에서 볼로칸상(Bolocan Award)을 수상하였다. 졸업한 후로는 이론적 심리학에 더욱 관심을 보였다. 이후 1951년 미국 아이오와(Iowa)대학교에서 심리학 석사, 1952년 심리학 박사학위를 취득하였다. 아이오와 대학 시절에는 아더 벤톤(Arthur Benton), 윌리엄 제임스(William James) 등의 영향을 받으면서, 클락 헐(Clark Hull), 케네스 스펜스(Kenneth Spence) 등과 함께 연구를 하였다. 그때 사회학습이론에 관심을 보인 반두라는 당시의 이론이 너무 행동주의적인 설명에만 집중되어 있다는 것을 느꼈다. 초기에는 임상심리학에 흥미를 가졌지만, 후에 행동수정이론, 관찰학습, 자기효능감 등에 관한 연구로 옮겨 갔다. 그래서 반두라의 초기연구 중에는 심리치료과정, 아동의 공격성과 관련된 것이 있다.

아이오와(Iowa, 미국 중서부)에서 그는 지역 간호전문학교에서 강의를 하고 있던 반스(Virginia Varns)를 만나 결혼하였고, 슬하에 두 딸을 두었다. 반두라는 밀러와 달러드(Miller & Dollard)가 쓴 《사회학습이론(*Social Learning Theory*)》의 영향을 받아 인지와 행동에 관심을 갖게 되었다. 아동의 공격적인 행동에 영향을 주는 요인에 관한 연구를 계속하면서, 그는 모방학습의 핵심적인 의미를 파악하였고, 수차례의 실험을 통해서 관찰과 모방에 의한 학습과정을 규명하였다. 모든 학위과정을 마친 다음, 1953년부터 현재에 이르기까지 그는 많은 연구를 수행하면서 셀 수 없는 논문을 발표하였다.

환경과 행위자(agent) 간의 상호적인 영향관계를 보여 주기 위한 정신적 현상과 상호결정론 개념 등을 상세히 설명하면서, 행동주의에 치우쳐 단순화되고 제한적이던 심리학계에 커다란 방점을 찍었다. 그는 정신적인 과정을 이론적으로 설명하는 동시에, 실제적인 방법을 제공하면서 정신분석과 관상학의 정신적인 구성 개념에 반대하였다. 반두라는 졸업 이후 위치타캔자스지도센터에서 임상실습의로 잠시 머물렀다가, 다음 해인 1953년에 스탠퍼드대학교의 교수로 임용되어 계속 근무하였다. 1974년에는 미국심리학회(APA)의 회장으로 선출되었고, 1980년에는 미국 서부심리학회장으로 선출되었다.

사회학습이론의 창시자로 불리는 반두라는 처음에는 사회적 행동과 동일시 학습(identi- ficatory learning)의 선구자인 로버트 시어스(Robert Sears)의 영향을 받아 초기연구에서는 인간행동의 동기, 사고, 행위 등에 대한 사회적 모델링의 역할에 중점을 두었다. 그러다가 자신의 첫 박사 제자인 리처드 월터스(Richard Walters)와 함께 사회적 학습 및 공격성에 대한 연구를 하여, 《청소년 공격성(*Adolescent aggression*)》(1959)이라는 저서를 공동 출간하였다. 월터스와 연구를 계속하면서, 1963년에는 《사회학습과 성격발달(*Social Learning and Personality Development*)》도 공동 출간하였다. 이어서 1973년에는 《공격: 사회학습분석(*Aggression: a social learning analysis*)》도 출간하였다.

당시는 스키너의 행동주의가 지배적인 시기였는데, 반두라는 '보상과 처벌'이라는 단순한 행동수정의 틀을 가진 고전적 조작조건화는 부적절한 경우가 많다고 보면서, 인간행동 중 많은 부분이 타인에게서 학습된다는 생각을 하였다. 또한 반두라는 아동의 생활 속에서 폭력에 대한 근원을 밝혀내어 심하게 공격적인 아동을 치료하는 방법을 분석하였다.

1961년 반두라의 연구는 마침내 엄청난 파장을 몰고 오는 '보보인형' 실험에 이르렀다. 이 실험에서 그는 보보인형을 때리고 고함을 치는 공격적인 행동과 언어를 화면으로 보여 주었을 때, 그것을 본 아동들이 방에서 인형을 가지고 놀면서 인형을 때리고 고함을 치는 행위를 나타낸다는 결과를 얻었다. 이 연구는 모든 행동이 직접적인 강화나 보상으로 만들어진다는 행동주의의 주장과는 다른 것이었다. 아동은 강화나 처벌이 없어도 인형을 때리고 괴롭혔다. 이들은 단순히 관찰한 행동을 모방했을 뿐이다. 반두라는 이러한 현상을 '관찰학습'이라 하고, 효과적인 관찰학습은 주의(attention), 파지(retention), 재생산(reciprocation), 동기화(motivation) 등의 요소로 이루어진다고 보았다. 그는 사회학습이론 분야의 많은 연구를 수행했으며, 후에 그의 이론을 사회인지이론으로 바꾸어 부르게 되었다.

그의 이론은 환경 자체의 영향보다는 환경에 대한 인간의 반응으로서 자기조절기제와 반응에 영향을 주는 동기에 관심을 가졌다는 점에서 인지이론으로 분류되며, 이러한 점이 급진적인 행동주의자인 스키너와 다르다. 그는 인간이 행동을 습득하는 것에 관심을 갖고 다른 사람의 행동을 관찰하고 모방하는 과정에 초점을 둔 것이다. 반두라는 인간에게는 경험을 상징화하는 능력이 있다고 주장하면서 이 능력이 환경을 조성하고 목적을 이루게 하는 태도, 문제해결, 결과에 대한 예측 및 비판, 시간과 공간을 넘나드는 타인과의 의사소통 등을 이해할 수 있도록 해 준다고 하였다. 이것이 그가 주장한 자기효능감이론(the theory of self-efficacy)과 연결된다.

이와 같은 심리학과 학습이론에 대한 그의 혁혁한 공로는 1980년 미국심리학회에서 수여하는 우수과학공로상(Award for Distin- guished Scientific Contributions), 1999년 손다이크 우수공로상(Thorndike Award for Distinguished Contribution), 2001년 행동치료발달협회(Association for the Advancement of Behavior Therapy: AABT)에서 수여하는 생애업적상(Lifetime Achievement Award), 2004년 미국심리학회 심리학상, 2008년 그라베마이어상(Grawemeyer Award) 등을 받은 것으로도 여실히 증명되었다. 반두라는 전 학문적 생애를 통하여 사회인지이론 및 치료, 성격심리학 등 심리학의 여러 분야에 독보적인 공헌을 해 왔다. 특히, 행동주의와 인지심리학 간의 전환에 큰 영향을 미쳤다. 그는 아직도 연구와 집필을 계속하고 있으며, 1995년에는 《변화하는 사회에서의 자기 효능감(*Self-Efficacy in Changing Societies*)》, 1997년에는 《자기효능감(*Self-Efficacy*)》 등을 출간하였다.

사회학습이론
(1976년 출판)

반두라의 업적은 1960년대 후반에 시작된 심리학의 인지적 혁명의 일부라는 평가를 받고 있다. 그의 이론들은 성격심리학, 인지심리학, 교육학, 심리치료 등에 헤아릴 수 없는 영향을 미치고 있다.

주요 저서로는 1963년 월터스와 공동 집필한 《사회학습과 성격발달(*Social Learning and Personality Development*)》을 출간한 뒤, 1976년 현대

교육심리학 분야의 역저로 꼽히는 《사회학습이론(*Social Learning Theory*)》을 출간하였다. 그 밖의 저서로는 《공격성: 사회학습분석(*Aggression: A Social Learning Analysis*)》(1973), 《변화하는 사회 속에서의 자기효능(*Self-Efficacy in Changing Societies*)》(1995), 《자기효능(*Self-efficacy: the exercise of control*)》(1997) 등이 있다.

2) 사회학습이론의 개요

사회학습이론(social learning theory)은 반두라에 의해 세워진 이론이다. 반두라는 1976년 출간한 《사회학습이론(*Social Learning Theory*)》을 통해 사회학습이론의 학문적 발판을 마련한 심리학자로, 초기에는 행동주의학습이론에서 출발해 나중에는 인지적 측면을 중시하는 사회학습이론을 발전시켰다. 사회학습이론은 사람의 행동은 다른 사람의 행동이나 어떤 주어진 상황을 관찰하고 모방함으로써 이루어진다는 이론으로 해석한다. 이런 점에서 보상이나 처벌의 조작결과로 인간의 행동이 결정된다는 종래의 학설과는 다르다.

어떤 학습은 단지 다른 사람의 행동을 관찰함으로써 일어난다. 사람들은 누군가의 행동을 관찰하고 나서 그것을 따라할 수 있다. 심지어 직접적인 강화를 받지 않더라고 그것을 똑같이 따라할 수 있다. 이런 종류의 학습을 설명하기 위해 반두라는 학습이 사회적 맥락 안에서 일어난다는 사회학습이론(social learning theory)을 개발하였다.

이처럼 개인이 강화를 받는 것과 상관없이 단순히 다른 사람을 관찰하는 것으로 이루어지는 학습을 '관찰학습(observational learning)'이라고 한다. 관찰학습을 통해 사람들은 자기 가족 내에서, 또는 자기 문화권에서 어떻게 행동하는지를 배우게 된다. 관찰학습을 통해 사람들을 관찰함으로써 인사하고, 먹고, 웃고, 농담하는 법을 배우며, 교실과 캠퍼스에서 행동하는 법을 배운다. 고등학교나 대학교에 입학했던 처음 며칠을 기억해 보자. 다른 사람들을 관찰함으로써 당신은 사람들이 서로 어떻게 대화하는지, 어떤 옷이 '유행'에 맞는지, 선생님과 어떻게 상호작용하는지 등을 배웠다(Kosslyn & Rosenberg, 2010: 169).

관찰학습에는 관찰한 것을 모방하는 모방학습뿐 아니라, 어떤 상황을 관찰하였으나 모방하지는 않는 학습까지 포함된다. 예를 들어, 눈앞으로 돌이 날아온다고 하면, 누구든 그 돌에 맞지 않고 피할 것이다. 이 경우 당사자는 돌이 날아오는 것을 관찰함으로써 학습은 하였지만, 모방하지는 않았는데, 반두라는 이러한 학습이 인지적인 과정 때문이라고 설명한다. 따라서, 사회학습이론에서는 밖으로 드러나는 행동에만 초점을 맞추는 행동주의학습이론과 달리, 인간의 내면에서 일어나는 인지과정도 중시한다. 다시 말해 관찰학습을 통해 형성된 정보는 자기 효율성이라는 강화를 통해 필요성이 있을 때 행동으로 옮겨진다.

결론적으로 사회학습이론에서는 다른 사람의 행동, 인지구조 등을 중시하는 것 외에 대중매체를 통해 제시되는 모델, 여러 환경의 상호작용 등도 중요한 학습요인으로 다룬다.

3) 인간관

반두라는 평생 갖게 되는 습관의 대부분이 다른 사람을 관찰하고 모방함으로써 배우는 것이라고 생각하고, 사회학습의 경험이 성격을 형성한다고 하였다. 관찰학습은 직접적인 강화가 주어지지 않은 상태에서 다른 사람을 관찰함으로써 행동에 대한 학습이 이루어진다. 특히, 아동발달은 아동과 환경 간의 계속적 상호작용에 의해 이루어지며 서로 영향을 미친다고 보았다. 따라서, 사회학습이론은 대리학습, 관찰학습, 본뜨기학습, 모방학습, 간접학습, 모델링(modeling)이라고도 한다(유성이, 2017: 95).

스키너와 반두라의 인간관에 있어서는 다음과 같은 공통점이 있다. 즉, 스키너와 반두라는 모두 인간의 행동을 불러일으키는 요인은 환경적 자극이라는 점에 동의를 하고 있다. 그리고 스키너는 강화속성을 변화시킴으로써 인간행동은 얼마든지 변화시킬 수 있다고 보고 있으며, 반두라는 자기강화와 환경적 자극과 강화의 변화를 통하여 인간행동의 변화가 가능하다고 보고 있기 때문에, 이 두 사람은 인간본성이 가변적 속성을 지니고 있다는 점을 인정하고 있다. 또 다른 공통점은 두 사람 모두 관찰 가능한 행동에 초점을 두고 있기 때문에, 과학적 연구를 통하여 인간본성을 설명할 수 있다고 보고 있는 점이다.

행동주의이론의 인간관은 스키너를 비롯한 전통적 또는 급진적 행동주의자의 관점과 반두라를 비롯한 사회학습이론가와 인지적 행동주의자들 사이에 많은 차이점이 있다(정서영 외, 2017a: 179).

첫 번째 차이는, 인간행동의 결정요인에 대한 시각의 차이다. 스키너는 자율적 인간이란 존재할 수 없다고 주장하면서 인간의 자기결정과 자유의 가능성을 완전히 배제하고 있다. 이에 반하여, 반두라는 인간은 단지 사회문화적 조건의 산물은 아니며, 그 자신의 환경을 산출해 내는 주체자라고 보고 있다(Bandura & Walters, 1963).

둘째, 스키너와 반두라는 인간본성의 주 · 객관성에 대한 관점에 있어서도 차이를 보인다. 스키너는 인간행동을 객관적인 자극-반응의 관계에서만 설명할 수 있다고 보고 인간본성에 대해 강한 객관적 관점을 가지고 있다. 이에 반하여, 반두라는 환경으로부터의 객관적 자극에 반응할 때 인간 내면의 주관적인 인지적 요소가 관여한다고 보고 있기 때문에, 인간에 대한 주관적 관점과 객관적 관점을 동시에 지니고 있다(권중돈, 2014: 324).

4) 핵심 개념 및 내용

(1) 상호결정론

반두라에 따르면, 인간의 성격이란 개인적 · 행동적 · 환경적인 요소들 간의 지속적인 상호작용에 의하여 발달한다. 이를 상호결정론(reciprocal determinism)이라고 한다. 환경은 사람이 행동하는 상황을 제공하고 사람은 인지와 지각을 통하여 그 상황을 분석하여 어떤 행동을 선택할 것인지 결정하며, 행동은 사람의 상황분석과 관련된 정보를 제공하고 그 환경을 수정한다. 즉, 어떤 개인이 지닌 '자신이 무엇을 할 수 있다'는 신념은 어떤 특별한 행동을 수행하는 것에 영향을 주고, 그 행동은 환경에 영향을 준다. 환경은 다시 그 사람의 기대를 변화시키는 역할을 한다. 그러므로 환경, 사람, 행동이라는 세 가지 요소는 서로에게 영향을 주며 상호의존적이다.

인지적 사회학습이론은 아동발달이 아동과 환경 간의 계속적 상호작용에 의해 이루어진다고 주장한다. 즉, 아동이 경험하는 환경이 아동에게 영향을 미치고 아동의 행동도 환경에 영향을 미친다는 것이다. 이것이 시사하는 점은, 아동은 자신의 성장과 발달에 영향을 미치는 환경조성에 적극적으로 참여한다는 것이다(유성이, 2017: 97).

(2) 모델링

모델링(modeling, 모방)은 다른 사람이 행동하는 것을 보고 들으면서 그 행동을 따라하는 것이다(Bandura, 1969). 반두라는 사회학습에 있어서 중요한 과정은 '모방'이라고 하였다. 새로운 반응들은 학습될 수 있으며 직접적인 강화를 받지 않고도 다른 사람들의 행동을 관찰하거나 반응하는 결과를 통해서 변화될 수 있다. 반두라의 실험적 연구에 따르면, 아동은 위대하다고 생각하는 사람의 행동을 위대하다고 생각하지 않는 사람의 행동보다 더 잘 모방하고, 자기와 동성인 모델의 행동을 이성인 모델의 행동보다 더 잘 모방하며, 돈, 명성, 높은 사회경제적 지위 등을 지닌 모델을 더 잘 모방하고, 벌을 받은 모델을 거의 모방하지 않으며, 연령이나 지위에서 자기와 비슷한 모델을 상이한 모델보다 더 잘 모방하는 경향이 있다(표갑수 외, 2015: 247).

(3) 자기효능감

자기효능감(self-efficacy)이란 특정 상황에서 자신에게 주어진 일을 성공적으로 잘해낼 수 있다는 자신에 대한 믿음을 의미한다. 외적인 보상이나 벌에 의하여 인간행동이 학습된다는 급진적 행동주의자들과는 달리, 반두라는 인간이란 감정, 사고, 행동을 통제할 수 있는 자기반영적인 능력을 가지고 있기 때문에 개인의 행동은 자기강화와 외적인 영향요인에 의해서 결정된다고 보았다.

자기효능감이란 자신이 바라는 목적을 이루기 위해 어떤 특정 행동을 성공적으로 수행할 수 있다는 신념이다. 반두라는 한 개인이 주관적으로 개인적인 효능감에 대하여 어떤 개념을 가지고 있느냐가 중요하다고 보았는데, 이러한 개념을 지각된 자기효능감이라고 하였다. 이는 행동을 결정짓는 데 중요한 요소이다. 특히, 자기에 대하여 확신을 가지느냐 또는 자기불신이 있느냐 하는 것이 중요하다. 자신을 능력 있는 사람으로 판단하는 사람은 자신이 수행할 수 있다고 믿는 과업과 도전을 잘 해내고 자신의 능력을 초과하는 일을 피하는 경향이 있다. 자기효능감이 있는 사람은 역경에 직면했을 때 그 상황에 잘 대처해 나간다. 이러한 개념은 역량강화이론과 관련이 있다. 반두라는 자기효능감이란 단일한 개념이 아니라 다양한 영역에서 사용된다고 하였다. 예를 들어, 어떤 사람이 운동에 있어서는 고도의 자기효능감이 있어도 사회적 관계에서는 낮은 효능감을 지닐 수가 있다.

한편, 자기효능감은 종종 자기존중감이란 용어와 같은 의미로 쓰이는데, 이 두 가지 용어는 전혀 다르다. 즉, 자기효능감은 개인의 능력에 대한 판단과 관련 있다고 한다면, 자기존중감은 자기가치에 대한 판단과 관련된다. 예를 들어, 노래를 못 부르는 사람은 자신이 잘하지 못하는 일에 대한 자기효능감이 낮을 수 있다. 그러나 노래를 못 부른다고 해서 자신을 가치 없는 사람이라고 보지는 않는다. 따라서, 자기효능감은 특정 영역에 대해 지각하는 개인의 성취능력과 관계되는 것이다(이우언, 2017).

(4) 자기규제

자기규제란 자신의 행동을 감독하고 스스로 자부심을 가지는 것으로서, 주로 인간의 행동은 자기강화에 의해 규제된다. 즉, 인간의 행동이란 외부로부터의 보상이나 처벌에 따라 영향을 받기도 하지만 내적인 표준의 지배를 받기도 한다. 자기규제는 개인이 자신의 성과를 어떻게 평가한 것인지 개인적인 기준에 따라 좌우되며 자기 평가적 반응과 관련이 있다. 예를 들어, 자신이 수행한 행동이 자신의 기대를 초과할 때에는 스스로 자부심을 느끼지만 자신의 기대에 미치지 못할 때에는 스스로 수치심을 가지거나 자신을 평가절하한다. 사람들은 자신의 행동을 스스로 감독하기 때문에 자기가 설정한 기준에 의하여 영향을 받고 규제를 받는다.

반두라는 사람들이 자기가 만든 기준뿐 아니라 타인들이 만든 외적인 기준에 입각하여 자신의 행동을 규정한다고 하였다. 사람들은 스스로를 위해서 기준을 개발할 때 타인이 만든 외적인 기준에 맞추려고 노력한다. 자신이 이러한 기준에 맞을 때는 자기강화로써 보상하지만 기준에 맞지 않을 때는 죄책감과 같은 자기부담감을 가지고 자신을 처벌한다. 그래서 결국은 자기를 통제하고 규제하는 행동을 한다. 비록 반두라가 인간발달을 특별한 단계로 구분하지는 않지만, 사람들은 인지적 성장과 사회적 성장에 있어서 성숙을 향해서 발전하며 자기강화를 통하여 행동에 대한 자기 통제력을 증진시킨다고 믿고 있다. 또한 사람들은 자기보상을 받는 방법으로 그들의 외적인 환경을 점점 형성해간다(최옥채 외, 2015: 124).

5) 관찰학습

(1) 관찰학습의 개념

유기체가 직접 경험을 하는 대신에 다른 개체들의 반응을 보고서 학습을 하는 것을 관찰학습(observational learning) 또는 대리학습(vicarious learning)이라고 한다. 관찰학습의 대표적인 예로서, 반두라(Bandura, 1965)는 아동이 타인의 공격적 행동을 얼마나 잘 모방하는가를 보여 주었다(윤가현, 2016: 131).

조건형성실험에서는 유기체가 대개 학습할 반응을 직접 수행함으로써 배운다. 개가 먹이를 받고 침을 흘리지 않으면 CS에 대해 침 흘리는 반응이 학습될 수 없으며, 비둘기가 원반을 쪼는 반응을 하지 않으면 먹이가 주어지지 않으므로 원반 쪼기가 학습될 수 없다. 그러나 우리가 모든 행동을 실제 수행을 통해 학습해야 한다면 큰 문제가 생긴다. 효과의 법칙에 따르면, 예컨대 운전을 배우는 사람은 여러 행동을 시행착오적으로 하면서 그중 강화받은 몇 가지 행동을 학습할 것이다. 차를 움직이는 것은 여러 반응을 해 보다가 우연히 가속페달을 밟는 반응을 함으로써 배울 수 있다고 하자. 그러면 차를 정지시키는 것은 어떤가? 브레이크를 밟는 반응을 하기 전에 전조등을 켜거나 기어를 바꾸는 등의 엉뚱한 반응을 하면 그것이 차를 정지시키는 데 아무 효과가 없다는 것을 배우기도 전에 사고가 나게 마련이다(김보기 외, 2017: 135).

반두라는 인간의 행동은 자극과 반응에 의해서 학습하는 수동적 형태가 아니라 유기체의 신념이나 기대와 같은 인지적 역할에 따라 일어난다고 보았다. 인간은 환경에 영향을 미치는 존재이면서 환경에 영향을 받는 존재이다. 행동을 결정짓는 방식에는 기대, 신념, 태도, 지식과 같은 개인요인, 물리적이거나 사회적인 환경요인, 행동이나 언어, 선택 등과 같은 행동요인의 3요인이 있다.

3요인은 서로 상호작용하기 때문에 3요인 상호결정론을 강조하는데, 그 내용은 [그림 4-4]와 같다.

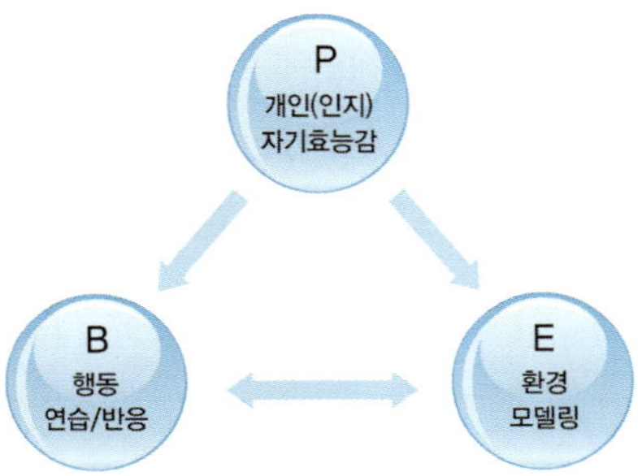

자료: 김보기 외(2017: 136) 재인용.

그림 4-4 3요인 상호결정론

반두라는 한 모델이 보보 인형에게 폭력을 가하는 영화를 제작하여 세 그룹에 보여 주고 공격성 실험을 하였다. 첫 번째 그룹에게는 폭력적 행동을 한 모델에게 상을 제공하는 영화를 보여 주었다. 두 번째 그룹에게는 공격적 행동을 한 모델에게 벌을 주는 영화를 보여 주었다. 세 번째 그룹에게는 상도 벌도 받지 않는 영화를 보여 주었다. 그 결과, 모델의 공격적 행동을 본 아동들은 그런 행동을 보지 못한 그룹보다 더 공격적이 되었고, 모델의 공격적 행동을 모방하였다. 또한 공격적 행동을 칭찬하는 것을 관찰한 아동은 더 공격적이 되었다. 이처럼 타인의 행동의 결과를 관찰하여 자신의 결과를 학습하는 것을 대리강화(vicarious reinforcement) 또는 대리처벌(vicarious punishment)이라고 한다.

(2) 모델링의 과정

관찰학습은 타인의 행동을 관찰하거나 모방하여 학습이 된다고 강조하기에 모델링을 중요하게 생각한다. 반두라는 모델링의 과정을 주의집중단계, 파지단계, 재생단계, 동기화단계 등 4단계로 설명한다(Bandura, 1976).

첫째, 주의집중단계(attention phase)이다. 주의집중은 학습자가 모델의 중요한 행동에 주의나 관심을 기울이는 것에서 시작한다. 모델에 관심이 많고 주의를 기울일수록 모방할 가능성은 커진다.

둘째, 파지단계(retention phase)이다. 파지단계는 주의를 기울였던 모델의 행동을 기억하거나 유지하는 과정이다. 이 과정에서는 시·청각과 같은 감각으로 들어온 정보를 기억으로 전이하는 과정이다. 파지과정은 심상이나 인지적 시연과 같은 내적 시연이 있고, 실제로 행동해 보는 운동시연과 같은 외적 시연이 있다.

셋째, 재생단계(reproduction phase)이다. 재생과정은 모델처럼 잘하기 위해서는 능력과 기술이 있어야 한다. 따라서, 모델행동을 모방하기 위해 연습을 많이 해야 한다. 또 시행착오를 거쳐 정확한 모방을 하기 위해서는 피드백이나 지도가 필요하다.

넷째, 동기화단계(motivation phase)이다. 아무리 학습이 일어났어도 수행으로 이어지려면 동기화가 되어야 한다. 적절한 동기가 유발되면 학습이 수행으로 이어지고, 이때 강화는 결과기대를 가져오므로 행동을 촉진시킨다. 즉, 관찰학습이나 사회학습은 강화기대나 결과기대가 있을 때 모델행동이 더 잘 일어난다.

(3) 사회학습에서의 강화

사회학습을 유도하는 강화에는 세 가지가 있다.

첫째, 직접강화(direct reinforcement)로 외부에서 오는 강화이다. 부모나 교사로부터의 칭찬이 여기에 속한다.

둘째, 대리강화(vicarious reinforcement)이다. 타인이 강화받는 행동을 관찰하면 자신도 그 행동을 반복할 가능성이 높다. 다이어트에 성공한 여학생이 멋진 남학생과 데이트를 하는 것을 보고 자신도 멋진 남학생과 데이트를 하려고 다이어트를 할 가능성이 높다.

셋째, 자기강화(self reinforcement)이다. 외적 보상이 아닌 자기만족이나 성장으로 인해 관찰행동을 지속하는 것이다. 자기효능감이 높은 개인은 목표를 달성하고자 노력을 하고 이 노력은 좋은 결과를 가져온다. 좋은 결과로 인해 교사의 칭찬을 받게 된다. 개인은 자신감을 가지고 더욱 노력을 하여 성취감을 경험하고 더 도전하게 되는 것이다. 처음에 주어지는 교사의 칭찬은 외적 강화이지만 성취감은 자기강화이다.

(4) 관찰학습의 영향요인

관찰학습에 영향을 주는 요인은 모델의 특성, 관찰자의 특성, 보상결과가 있다(이억범 외, 2014: 65-66).

첫째, 모델의 특성은 학습자가 관찰대상과 비슷하고 또래일수록, 지위가 있을수록, 유능하다고 지각할수록 관찰학습의 효과는 증가한다. 청소년의 희망직업이 가수나 연예인이 많은 것도 아이돌 스타를 모방하기 때문이다. 연령대가 비슷하고 돈을 많이 벌고 인기가 있다고 지각하기에 연예인이 되고 싶은 것이다.

둘째, 관찰자의 특성이다. 관찰자의 자존감이나 발달단계에 따라 다르다. 자존감이 낮은 아동은 부모의 행동을 모방할 확률이 높다. 폭력가정의 자녀들은 낮은 자존감으로 인해 부모의 폭력을 모방할 확률이 높아 폭력이 대물림되는 것이다.

셋째, 행동과 관련된 보상이다. 모델의 행동이 정적 강화로서의 유인가가 있으면 행동을 모방할 가능성이 높다. 사회학습의 관점에서 보면, 부모나 교사, 그리고 어른들의 행동은 자녀나 학생에게는 중요한 모델링의 대상이 된다.

6. 평가

1) 행동주의

(1) 공헌

행동주의론이 공헌한 점들 중의 하나는 행동기법들의 다양성이다. 행동주의 접근에서는 단지 문제에 대해 이야기하거나 통찰을 얻도록 하는 것과는 달리, 행동하는 것을 강조하기에 행동을 바꾸는 데 도움을 주는 행동적 법 또는 전략을 다양하게 가지고 있다. 따라서, 행동주의이론은 윤리적으로 중립적이며 누구의 행동이 바뀌어야 한다거나 무슨 행동이 변해야 한다는 것을 명령하지 않는다. 그리고 환경 내에 존재하는 여러 가지 제약을 어떻게 제거할 수 있으며, 효율적인 행동의 학습을 위한 환경적 조건을 어떻게 조성할 수 있는가 하는 구체적인 방안을 밝혔다(김향성, 2018: 242).

(2) 비판

행동주의이론에 대한 비판은 다음과 같다(이우언 외, 2017: 196-197).

첫째, 행동주의자들은 관찰하고 실험하여 얻은 결과가 아닌 것을 인정하지 않는 철저한 실증주의자들의 입장을 고수하였으며, 이 관점은 특히 그들이 프로이트의 인간연구방법(꿈의 해석)을 비난하게 하는 계기를 마련하였다.

둘째, 인간행동에 관한 연구는 그래서 우리가 직접 관찰할 수 있는 어떤 유기체에 주어지는 자극(stimulus)과, 이로부터 생기는 반응(response)으로만 연구되어야 한다고 주장하여 인간행동의 동기를 무시하였다.

셋째, 인간을 자율적인 존재가 아닌 외부환경의 산물로 봄으로써 인간을 그저 외부 환경에 반응하는 수동적인 모습으로 표현했다.

넷째, 결국 인간을 기계의 한 부속품으로 간주하는 위험한 사고를 낳았다.

2) 사회학습이론

자극-반응이라는 유형을 넘어서 복합적인 사회적 상호작용의 중요성을 강조하였다. 특히, 모방학습의 중요성을 인식하게 해 주었다. 다른 행동주의이론과의 차이점은 개인의 인지를 강조하고 있다는 점이다. 사회학습이론의 비판은 인지가 행동의 원인이 될 수 없다는 점과 정신역동이론에 비해 인간의 행동을 잘 예견하지 못한다는 점이다(고명석 외, 2018: 212).

7. 사회복지와의 연관성

1) 행동주의

행동주의이론은 행동에 영향을 미치는 상황적 · 환경적 요인의 역할을 인식한 이론으로 환경의 중요성에 주목하는 사회복지실천에서도 보편적으로 적용되고 있다. 이 이론을 통해 사회복지는 원조의 초점을 정신내적 갈등에서 외현적 행동으로 이동하게 되었고, 행동주의이론은 인간의 발달에 환경이 얼마나 중요한지에 대한 지식기반을 사회복지학에 제공하였다. 특히, 스키너의 학습이론에서는 실험과 관찰을 통해 체계적인 연구가 가능하기 때문에 사회복지실천의 효과성을 가시적으로 측정하고 제시하는 데 유용한 이론이다(오창순 외, 2015: 182).

스키너는 경험적 실증을 통하여 인간행동을 설명하고자 다양한 실험을 하였고, 또한 인간을 이해하는 데 환경의 중요성을 부각시켰으며, 상당수 사회복지 전문직으로 하여금 원조의 초점을 정신내적 갈등에서 외현적 행동으로 이동시키도록 하였다. 또 신체적 · 심리적 발달에 환경이 얼마나 중요한가를 입증하였다.

행동주의이론은 사회복지실천에 있어 다른 이론들보다 치료적인 면에서나 임상적으로 더욱 효과적이라는 연구보고들이 있다. 행동을 변화시키기 위한 시도로 보상이나 인센티브를 사용하는 것은 행동주의이론에서 개념이며, 인지행동적 치료는 사회복지영역에서 널리 사용되고 있다. 특히, 행동강화는 구체적인 행동수정을 목표로 문제행동을 지속시키는 선행조건과 강화요인이 무엇인지를 사정하고, 문제행동의 빈도와 강도를 측정하여 치료를 통한 문제행동의 해결 정도와 목표의 달성 정도를 지속적으로 평가할 수 있게 함으로써, 사회복지실천의 효과성을 보여 줄 수 있는 객관적 이론으로 인식되고 있다.

그러나 행동주의이론에서는 인간행동이 외부환경에 의해서만 결정된다고 보며, 인간 자체에 관심을 갖지 않음으로써 인간의 본성과 인간 자체에 많은 가치를 두고 있는 사회복지실천에의 적용에는 어느 정도 한계가 존재하게 된다.

2) 사회학습이론

사회학습이론에서는 부적응행동은 기능장애적 학습의 결과로 직접 경험에 의한 학습이거나 바람직하지 못한 모델에 노출된 학습으로 간주한다. 즉, 행동이란 관찰학습을 통해 학습되고 직접적이고 대리적인 강화물에 의해 유지되는 경향이 있다. 그러므로 사회복지사들은 모델링을 체계적으로 사용하여야 하며, 모델링을 사용하여 교육자 역할을 최대한 수행해야 한다.

사회학습이론이 자가강화와 자기효능감에 강조를 두고 있다는 것은, 임파워먼트 이론과 맥을 같이 하고 있기 때문에, 클라이언트의 참여를 극대화하고 그들의 장점 및 잠재력을 활성화하고자 하는 최근의 사회복지실천의 경향과 일치한다. 특히, 개인의 인지와 외부환경의 상호작용에 초점을 맞춘 반두라의 이론은 사회복지실천에 적용이 보다 용이할 것이다. 반두라의 이론을 잘 활용하기 위해서는 이 이론이 어떠한 사람에게 자극을 주어 보상이나 제재를 가했을 때 효과가 있을지를 먼저 숙지해야 할 것이다(장수환 외, 2017: 236).

사회학습이론이 사회복지실천에 미치는 영향은 다음과 같다(강세현 외, 2016: 213-214).

첫째, 사회복지사가 클라이언트 및 모든 사람의 행동을 명확히 인지하고, 이 행동이 서로 어떻게 연관되는지 파악하는 것을 가능하게 하였다.

둘째, 사회학습이론은 어떤 행동이 있을 때와 없을 때, 서로 어떻게 다른지 관찰하는 사정의 중요성을 강조하였다.

셋째, 임상 모델링을 통해 관찰과 모방이 클라이언트의 문제행동을 제거하는 데 유용하다는 것이 입증되었다.

Chapter

05

인본주의이론

[학습목표]

1. 인본주의이론에 대한 이해
2. 인간 중심 이론에 대한 이해
3. 로저스의 생애와 사상 숙지
4. 욕구위계이론에 대한 이해
5. 매슬로우의 생애와 사상 숙지

[학습내용]

1. 인본주의의 개요
2. 인간 중심 이론: 로저스
3. 욕구위계이론: 매슬로우

[개 요]

인본주의(현상학)는 개인의 주관적 경험, 감정, 그리고 세계와 자신에 대한 개인적 견해 및 사적 개념을 연구한다. 로저스의 인간 중심 이론은 1940년대 상담 및 심리치료의 주요한 추세에 도전하면서 탄생되었다. 또한 매슬로우의 욕구위계이론이란 인간의 욕구는 위계적으로 조직되어 있으며, 하위단계의 욕구충족이 상위계층 욕구의 발현을 위한 조건이 된다는 이론이다. 본 장에서는 로저스의 인간 중심 이론, 매슬로우의 욕구위계이론에 대하여 학습하고자 한다.

Chapter

05 인본주의이론

1. 인본주의의 개요

인본주의(humanitarianism)는 1940년대에 로저스(Carl Rogers)에 의하여 개발되어 지금까지 계속 발달하고 있는 인간의 성장과 변화에 대한 접근법이다. 이 이론은 내담자 및 인간의 변화 및 성장을 존중하며, 일치성, 공감 및 긍정적 존중의 태도를 존중한다. 인본주의(현상학)는 개인의 주관적 경험, 감정 그리고 세계와 자신에 대한 개인적 견해 및 사적 개념을 연구한다. 로저스는 현상학적 심리학자의 한 사람으로서, 사람의 행동은 그 사람이 세계를 어떻게 지각하느냐에 달려 있다고 보았다. 행동이란 개인이 세계를 지각하고 해석한 직접적인 사건의 결과로 생기므로, 인간의 행동을 잘 이해하기 위해서는 그 개인의 '내적 준거 틀(internal frame of reference)'을 이해하는 것이 필요하다고 보았다.

인본주의는 잠재적으로 능력이 있는 개인 안에 이미 존재하는 능력을 해방시키는 것을 심리치료의 목표로 삼는다. 만일 어떤 특정한 조건이 제시된다면, 개인은 점차로

실현의 능력을 가지고 그가 조건부 가치에 의해 내사시켜 온 한계를 극복해 나갈 수 있을 것이다. 여기에서 특정한 조건이란 치료적인 관계 내에서 개인이 진솔성이나 일치성, 정확한 공감적 이해 및 무조건적인 긍정적 존중을 지각하는 것이다. 이때 내담자의 성격 변화는 그의 존재가 자신의 내적 경험을 좀 더 많이 인식하는 방향으로 자신의 내적 경험이 유동적이고 변화할 수 있도록 허용하는 방향으로, 그리고 그의 내적 경험과 일치하게 행동하는 방향으로 일어날 것으로 보고 있다(장수환 외, 2017: 259).

인본주의이론은 정신역동학파에서 말하는 본능적이고 역동적인 개념을 거부하고, 자기(Self)에 관한 것에 초점을 두기 때문에 '현상학적 이론' 또는 '자아실현이론'이라고 불린다. 현상학적 이론은 개인이나 생활사건에 대한 자기인식은 성격발달을 이해하기 위한 준거 틀을 제공한다는 사실을 강조하고 있다. 현상학적 입장에 따르면, 각 개인은 행동의 주체이며, 행동이란 단지 내부세계의 관찰 가능한 표현일 뿐이기 때문에 인간의 경험에 대한 연구를 하는 것이 필요하다. 또한 생활사건에 대한 개인적인 해석에 기반을 두고서 환경에 반응을 나타내는 개인을 이해하는 것이 중요하다는 입장이다(최옥채 외, 2015: 131).

인본주의이론은 무의식적 결정론에 근거한 정신분석이론과 환경결정론에 근거한 행동주의이론의 입장에 반대하는 '제3세력의 심리학'에 속한다. 인본주의이론에서는 사랑, 선택, 창조성, 의미, 가치, 자아실현과 같은 인간의 자아실현경향과 긍정적 측면에 초점을 둔다(Corey, 2008).

인본주의이론의 발달에 기여한 주요 인물들 중에서 로저스는 모든 인간이 긍정적 방향으로 성장하고자 하는 경향과 자기결정 및 자아실현경향을 가지고 있으며, 자신의 운명을 스스로 결정하고 자유롭게 선택하는 존재라는 점을 중시하는 '인간 중심적' 접근방법(Personal-centered Approach)을 제시하였다 또한 매슬로우(Abraham Maslow) 역시 인간을 자아실현을 위하여 노력하는 존재로 규정하고 '욕구위계이론'을 제시하였다.

2. 인간 중심 이론: 로저스

1) 로저스의 생애와 사상

칼 로저스

로저스(Carl Ransom Rogers, 1902~1987)는 1902년 일리노이(Illinois) 주 오크파크(Oak Park)에서 태어났다. 그의 부모는 자상한 반면에 철저한 종교적인 입장을 지니고 있었기 때문에, 로저스의 소년 시절은 엄격하고 비타협적인 종교적 규율의 분위기였다. 가족 이외에는 친구가 없어서 고교 시절까지 대부분의 시간을 혼자서 독서와 사색으로 보냈다. 1919년에 위스콘신대학교(University of Wisconsin)에 입학한 후, 대학교 3학년 때에 그의 인생을 변화시킬 만한 일이 생겼다. 그는 중국 북경에서 개최된 세계기독학생연합회에 참가하는 12명의 미국 학생 중 한 사람으로 선발되어 6개월 동안 중국에 머물렀다. 그곳에서 다양한 종교와 문화적인 특성들을 지닌 많은 외국인들과 만나게 되었고, 그러한 경험들은 그로 하여금 자신의 인생관을 보다 자유롭게 다시 결정할 수 있게 하였던 것이다. 로저스는 그때의 경험을 통하여 "나는 나 자신의 사고방식대로 생각할 수 있고, 나 자신의 결론에 도달할 수 있으며, 나 자신이 믿는 바에 따라 행동할 수 있다"는 인식을 갖게 되었다(정서영 외, 2017a: 193).

그는 위스콘신대학교 사학과를 졸업한 후, 콜럼비아대학교(Columbia university)에서 아동철학으로 전공을 바꾸었고, 듀이(John Dewey, 1859~1952) 철학의 영향으로 어린이들과 함께 실제적인 임상실험을 하여 교육심리학으로 석사(1928)와 박사학위(1931)를 받았다. 그 후 로체스터(Rochester)의 아동학대방지협회에서 연구원으로서 12년간 비행아동과 불우아동을 위하여 치료활동을 하다가 1940년 오하이오 주립대학교의 심리학 교수로 초빙되었다. 그는 이 대학에서 학생들에게 자신의 경험을 토대로 하여 당시 임상가들이 활용하고 있던 원리들 가운데서 정수를 뽑아다 분명한 상담의 실제적인 방법으로 도출해 낸 아이디어들을 가르쳤다. 그러한 강의과정에서 그는 자신의 아이디어들이

상담 및 심리치료에 있어서 하나의 새로운 접근임을 깨닫게 되었다. 이 아이디어들을 1940년 12월에 미네소타대학교(University of Minnesota)에 한 논문으로 발표하였다. 이것은 로저스가 상담에 대한 자신의 아이디어를 처음 발표한 논문이었는데, 이 논문이 놀라운 반응을 일으켰다. 이를 토대로 하여 1942년에 그는 《상담과 심리치료(*Counseling and psychotherapy*)》를 출판하였다. 그 당시만 해도 미국을 지배하고 있었던 상담 및 심리치료의 세력들은 지시적 접근과 정신분석적 접근이었고, 이들은 모두 상담자의 지식과 기술에 의존하는 것이었으며, 내담자를 진단하고 해석하는 방법들이었다.

그 후 1945~1957년까지 시카고대학교(University of Chicago)의 심리학 교수와 상담소장의 일을 맡았다. 이 기간 동안에 《내담자 중심치료(*Client-centered therapy*)》를 출판하였다. 1957년에는 모교인 위스콘신대학교 교수로서 활동하였으며 1964년에는 캘리포니아의 라호야(La Jolla)에 있는 서부행동과학연구소와 인간연구소로 자리를 옮겼다. 그는 1956년, 1972년에 미국심리학회(American Psychological Association, APA)의 우수과학 공로상과 우수공로자상을 각각 수상하였다. 그는 미국응용심리학회 · 미국심리학회 회장도 지냈다. 그는 인간의 잠재력에 접근하는 심리요법과 상담요법을 고안하여 실행한 성격 연구의 혁신자이며 참만남운동(encounter movement)의 개척자로서 활동하다가 1987년에 사망하였다.

로저스는 인본주의 심리학의 대변인이라고 할 수 있으며, 자신이 발전시킨 사상을 반영한 개인적 삶을 살았다. 즉, 늘 의문을 갖는 자세로 살았고 변화에 대해 두려워하지 않으면서 개인적으로나 직업적으로 미지의 세계를 기꺼이 맞이하려는 용기로 살아왔다. 그는 자서전에서 자신의 유년기 가족 분위기를 가족의 유대를 강조하면서 드러나지 않는 강한 애정으로 자녀의 행동을 강하게 통제하며, 종교적 규범을 엄격히 따르는 분위기로 기술하였다. 그가 아버지의 농장에서 성장하면서 많은 식물들이 자라는 모습을 보아온 것, 학부 초반에 농학을 전공한 것은 인간 역시 하나의 유기체로서 자신을 실현하려는 경향성을 가지고 자기실현의 과정을 밟게 된다고 보는 그의 인간관과 상담이론에 기본적인 영향을 준 것으로 보인다.

인간 중심 상담은, 다음과 같은 점에서 상담분야에 큰 공헌을 했다고 말할 수 있다.

첫째, 상담의 초점을 기법에서 상담관계를 중시하는 쪽으로 움직여 놓았다. 이는 상담자의 기본적인 자세와 태도로서 상담접근에 따라 어떤 기법과 방법을 사용하든 간에 상담자로서 기본적으로 지녀야 하는 태도를 제시했다는 큰 의미가 있다.

둘째, 상담자, 심리학자, 사회사업가, 그 외 인간 조력 전문가를 훈련하는 데 경청, 배려, 이해의 중요성을 강조하였다. 인간 중심 상담이론의 영향으로 상담자의 훈련 과정에서 경청, 반영, 공감, 관계 촉진 기술 등이 주요 부분으로 포함되었다.

한편, 인간 중심 상담은, 첫째, 내담자가 표현한 것에 전적으로 의존하기 때문에 내담자가 의식하지 못하는 무의식적인 부분이나 내담자가 왜곡하여 전달하는 것을 무시했다는 점, 둘째, 사용하는 용어가 상당히 범위가 넓고 모호하여 이해하기 어렵다는 점 등에서 비판을 받고 있다.

그러나 이러한 비판에도 불구하고 인간 중심 접근은 개인상담 혹은 개인심리치료와 집단상담 혹은 집단심리치료는 물론 교육, 가족생활, 리더십과 관리, 조직구성, 건강관리, 문화나 인종 간 활동, 국제관계 등에 폭넓게 적용되고 있다. 로저스의 이론과 방법은 한국상담계에도 매우 큰 영향을 미쳤으며, 그의 저작도 여러 권 번역되어 있다. 로저스의 공적은 내담자 중심 요법의 전개에서 그치지 않고 비의사인 심리학자에게 치료행위의 길을 열어 주었던 점이나 상담의 과학적 · 실증적 연구를 개척했다는 점 등 다방면에 걸쳐 있다.

상담과 심리치료
(2007년 출판)

그는 미국 역사상 가장 영향력 있는 심리학자이다. 교육, 상담, 심리치료, 갈등해결 및 평화분야 모두에 크게 공헌했으며, 인본주의 심리학의 창시자로서 공감적인 삶, 실험적인 연구, 16권의 저서, 200편이 넘는 학술논문을 통해 전 세계에 영향을 미쳤다.

그의 주요 저서로는 《상담과 심리치료(*Counseling and Psychotherapy*)》(1942), 《심리치료와 성격 변화(*Psychotherapy and Personality Change*)》(1954), 《인간론(*On Becoming a Person: A therapist's view of psychotherapy*)》(1961), 《사람이 되어가는 어떤 방식(*A Way of Being*)》(1980) 등이 있다.

2) 인간 중심 이론의 개요

로저스의 인간 중심 접근은 1940년대 상담 및 심리치료의 주요한 추세에 도전하면서 탄생되었다. 즉, 그는 프로이트의 정신분석에서 취하는 치료자 중심보다 내담자 중심 치료를 강조하였고, 지시적 접근보다 비지시적 접근이 내담자를 조력하는 데 효과적임을 주장하였다. 로저스는 인간의 기본적 동기로서 실현화 경향성을 가정하였으며, 성격을 변화시키고 향상시킬 능력이 각 개인 내에 있다는 것을 제안하였다. 그는 유기체의 지혜를 강조하였으며, 경험을 통한 인간의 가치화 과정을 필수적인 것으로 생각하였다(노안영 · 강영신, 2011: 320).

로저스의 성격이론은 개인의 독특한, 주관적인 경험을 강조한다. 그는 삶 속에서 사건들을 보고 해석하는 방식이 행동에 결정적인 영향을 준다고 믿었다.

로저스(Rogers, 1951)에 따르면, 각 개인은 주관적 세계에서 생활하며, 이른바 과학자가 말하는 객관적 세계조차도 주관적인 지각, 목적 및 선택 등의 산물이다. 어느 누구도 다른 사람들의 내적 참조 틀을 완전히 가정할 수 없기 때문에, 개인 자신이 그의 실체가 무엇인지에 대한 가장 큰 자각의 잠재력을 지닌다. 다시 말해서, 개인은 자신에 대한 세계 최고의 전문가이며 자신에 대한 최상의 정보를 지니고 있다. 로저스에게 있어서 행동은 지각되는 장에서 경험하는 유기체의 욕구를 만족시키려는 유기체의 전형적인 목표 지향적인 시도이다.

3) 인간관

로저스는 오랜 임상경험을 바탕으로 하여 인간은 기본적으로 자유로우며, 자신의 행동에 책임을 지고, 유목적적이며, 합리적이고 건설적인 방향으로 지속적으로 성장해 나가는 미래 지향적 존재라고 보고 있다. 인간은 스스로 자신의 문제를 해결하고 이해할 수 있는 능력을 가지고 있으며, 또한 사람의 발달은 고정된 것이 아닌 되어가고 있는 진행 중의 단계로 보고 있다. 따라서, 이러한 선천적 잠재력을 발휘할 수 있는 조건들이 적절히 갖추어진다면 인간은 무한한 성장과 발전이 가능하다고 결론지었다. 이러한 로저스의 인간관을 자세히 살펴보면 자유, 합리성, 그리고 자아실현의 경향이 서로 연결되어 있다(장성화 외: 2016: 138-39).

결론적으로 로저스는 인간을 통합적 존재로 규정하고 있다. 이러한 로저스의 인간에 대한 전체주의적 관점은 그의 자아 개념에 잘 반영되어 있다. 로저스(Rogers, 1961)는 유아의 미분화된 현상학적 장에서 출발하여, 자아 개념의 발달로 그 장(field)이 자아와 환경으로 분화되고, 각 개인이 자아일치성(Self-consistency)을 계속 추구하는 데서 발달의 최정점에 이를 수 있다고 하였다. 이와 같이 로저스는 인간을 항상 전체성과 통합성을 향하여 발전해 가는 존재로 보고 있다.

4) 핵심 개념 및 내용

인본주의(현상학)는 개인의 주관적 경험, 감정 그리고 세계와 자신에 대한 개인적 견해 및 사적 개념을 연구한다. 로저스는 현상학적 심리학자의 한 사람으로서 사람의 행동은 그 사람이 세계를 어떻게 지각하느냐에 달려 있다고 보았다. 행동이란 개인이 세계를 지각하고 해석한 직접적인 사건의 결과로 생기므로 인간의 행동을 잘 이해하기 위해서는 그 개인의 내적 준거 틀을 이해하는 것이 필요하다고 보았다. 현상학적 이론이 지니고 있는 주요 개념에 대하여 살펴보고자 한다.

(1) 유기체

로저스의 인간 이해를 위한 철학적 입장은 현상학(phenomenology)의 영향을 받아 형성되었다. 철학에서 현상학은 즉각적인 경험에 대한 자료를 기술하는 것을 추구하는 것을 의미하지만, 심리학에서 현상학은 인간의 자각과 지각에 대한 연구를 의미한다. 즉, 현상학자에게 중요한 것은 대상 또는 사건 그 자체가 아니라, 개인이 대상 또는 사건을 어떻게 지각하고 이해하는가이다. 현상적 장은 경험의 전체를 의미한다.

유기체(organism)의 긍정적인 방향으로 경험학대, 거부당하는 경험은 선택하지 않는다. 이 과정은 자기실현을 보충하는 것으로서 실현화 과정과 관련되어 있으며, 유기체의 긍정적인 성장 방향으로 도움이 된다. 어릴 때의 이 과정은 매우 효율적인데, 그것은 어린이의 가치관념이 매우 분명하기 때문이다. 그러나 경험이 계속되고 확대되면, 유기체는 자기가 거부당하는 경험은 선택하지 않으려고 한다. 즉, 아기는 배가 고프면 음식에 긍정적인 가치를 부여하는 반면, 배가 부르면 부정적인 가치를 부여하게 되는데, 이는 긍정적인 가치 개념이 따뜻함이나 돌봐줌과 관련되어 있기 때문이다(권육상, 2008: 232).

대체로 우리는 좋아하고 싫어하는 것을 구별하면서 살게 된다. 다시 말해서, 우리 인간은 우리에게 좋은 것과 나쁜 것을 구분할 수 있다. 어릴 때에는 가치부여과정이 계속되며 융통성 있게 작용하고 긍정적이냐 부정적이냐의 기준은 유기체를 유지 또는 확대하느냐 안 하느냐가 되어, 한 번 발달하게 되면 이것은 자아가 된다. 가치부여과정은 개인 속에서 발생하는데, 그 개인이 바람직하다고 느끼는 경험이나 바람직하지 않다고 느끼는 경험이 함께 연결되어 있는 것이다. 어른이 되면 대부분이 이 유기체적인 가치부여과정과 고리가 끊어지게 되어, 우리의 가치에 있어서 불분명하고 불안해지게 되는 것이다.

(2) 자기실현 경향성

자기실현 경향성(self actualization)이란 인간이 본능적으로 타고나는 자신을 보호하고 고양시키며, 자신의 잠재력을 최대한 실현시켜 개인의 유지나 향상을 위해 노력하는 인간의 본성을 말한다. 인간은 선천적으로 자신을 유지시키거나 향상시키기 위하여 자신의 능력을 개발하는 경향성을 지니고 있다. 이러한 자기실현 경향이 아기로 하여금 경험적 잠재력을 확대하도록 하여 부모와 같은 중요한 타인과의 상호작용이 일어나게 되고, 이러한 상호작용의 결과 아기의 유기체적 경험의 일부가 '자기' 또는 '자기개념'으로 분화된다. 인간행동의 근원을 자기실현의 욕구로 보았는데, 이 욕구는 다양성을 가지고 있다(신기원 외, 2016: 208).

로저스는 자기실현 경향성이 성장과 퇴행 중 어느 하나를 선택해야 하는 상황에 처하게 될 때, 더욱 두드러지게 나타난다고 보았다. 즉, 그는 모든 인간이 퇴행적 동기도 지니고 있지만 그보다는 성장 지향적 동기, 즉 자기실현욕구가 기본적 행동동기라고 보았다. 그런데 현실지각이 왜곡되어 있을 경우, 퇴행적 동기가 더 우세하게 유아적 수준의 행동을 나타내는 경우도 있다. 그렇지만 자기실현의 과정은 완전한 최종상태를 말하는 것이 아니라, 죽을 때까지 보다 유능한 인간으로 되어가는 과정이다. 이러한 과정을 통하여 모든 인간은 삶의 의미를 찾고 주관적인 자유를 실천해 나감으로써, 점진적으로 완성되어 간다는 점을 로저스는 강조했다(이우언, 2017: 255).

(3) 일관성과 위협

사람은 현실적 자기와 경험 사이의 일관성을 유지하려고 노력한다. 자기구조와 일관되는 경험들은 지각되어 그 구조의 일부가 된다. 어떤 것들은 자아와 아무런 상관이 없어 보이므로 그냥 지나쳐 버리게 된다. 자아와 상치하거나 자아에 위배되는 체험은 개인에게 위협을 준다. 이 위협에 대항하기 위해 사람들은 흔히 이 체험을 거부하거나 그 의미를 왜곡시킨다.

문제가 되는 것은 거부나 왜곡 때문에 문제의 본질을 제대로 파악하지 못할 수 있다는 데 있다. 개인은 자신의 자아를 유지하고, 보호하고, 고양시키려는 강력한 욕구를 지니고 있으므로, 자아에 위배되는 것을 쉽게 걸러내 버리고자 하는 유혹을 받는다. 이는 개인의 자아정체성 확립에 크게 도움이 되는 특성이기도 하지만, 성격이나 행동이 변하기 어려운 측면을 설명해 주는 측면도 가지고 있다. 많은 가치의 조건들도 위축된 자아 개념을 형성하게 한다. 그러한 경우 그 사람은 경험에 개방적이지 못하게 되고, 따라서 자아에 위배되는 많은 체험, 지각, 기억들이 우리의 의식에 포함되지 못하고, 결국 개인의 성장 또한 그렇게 위축될 가능성이 높다(안범희, 2011: 366).

그러므로 로저스의 내담자 중심 치료의 핵심이 되는 것은 바로 이러한 '왜곡된 자아상'의 실체를 본인 스스로가 깨닫게 하는 데 있다.

(4) 충분히 기능하는 사람과 조력자의 특성

로저스(Rogers, 1961)는 임상경험을 통해 '충분히 기능하는 사람(Fully Functioning Person)'에 대한 몇 가지 사항을 제시하고, 심리치료에 있어서 조력을 주는 관계에 있는 치료가 지녀야 할 몇 가지 자질을 들고 있다. 그는 최적의 도움을 주는 관계는 심리적으로 원숙한 사람에 의해 창조되는 어떤 생각을 가짐으로써 조력자의 특성은 곧 원숙한 인간의 특성과 일치되는 것임을 시사하고 있다.

로저스가 주장하는 '훌륭한 삶(good life)을 살아가는 충분히 기능하는 사람'의 특성은 〈표 5-1〉과 같다(Schultz, 1977).

표 5-1 충분히 기능하는 사람

구분	내용
경험에 대해 개방적이다	• 가치의 조건에 구애받지 않고 모든 감정과 태도를 자유롭게 경험한다. • 위협받는 것이 전혀 없으므로 방어해야 하는 것도 전혀 없다. • 긍정적 · 부정적 정서들을 폭넓게 받아들인다.
실존적인 삶을 살아간다	• 매 순간 충실하게 살아간다. • 존재하는 어느 순간에서나 완전하게 충분한 삶을 영위하며, 매 순간의 경험을 새롭고 신선하게 느낀다.
자기 유기체에 대한 신뢰가 있다	• 자신을 신뢰하기 때문에 자신이 옳다고 느끼는 대로 행동하며, 그것이 이성적이거나 지적인 요소들보다 더 믿을 만하다고 생각한다. • 결정에 도달하는 데 사용된 자료가 왜곡되지 않고 정확하므로 그들 스스로를 신뢰한다.
창조적이다	• 모든 영역에서 창의적인 소신과 삶으로 스스로를 표현한다. • 문화에 단순히 적응하는 것이 아니라 자신이 원하는 방식으로 그리고 자신만의 독특한 방식으로 살아간다.
자유롭다	• 선택과 행동에서 자유롭다. • 외적인 압력이나 강압으로부터도— 그리고 자신의 내적인(혹은 잠재적인) 긴장이나 근심으로부터도 자유롭다.

5) 성격발달

내담자를 조력하기 위해 상담자가 갖추어야 할 세 가지 태도 혹은 특성은 일치성(Congruence or Genuineness), 무조건적 긍정적 존중(Unconditional positive Regard) 그리고 공감적 이해(Empathic Understanding)이다(노안영·강영신, 2011: 333).

(1) 일치성

진정한 상담자는 있는 그대로의 자신이 되려고 한다. 상담자는 겉치레를 하지 않고, 개방적이며 진솔하다. 그래서 내담자는 상담자가 진실하다고 느낀다. 일치성이 있는 상담자는 내담자와 인간 대 인간으로 만날 수 있다. 진실한 관계에서 상담자는 내담자와 부정적인 감정조차도 자유롭게 공유한다.

(2) 무조건적 긍정적 존중

상담자는 내담자를 한 인간으로 깊고 진실하게 돌봐준다는 것을 의미한다. 상담자가 내담자에게 무조건적 긍정적 존중 또는 수용을 제공할 때, 내담자가 스스로 자아탐색을 할 수 있게 된다.

(3) 공감적 이해

상담자가 마치 내담자라는 가정을 결코 잃지 않으면서 내담자의 내적 참조 틀에 의해서 파악한 내담자의 주관적 가치나 감정을 되돌려 주는 것을 의미한다. 공감적 이해의 조건은 경험을 지각하는 상담자의 능력과 그 순간의 내담자의 의미가 된다. 내담자의 경험이나 내담자가 하는 말에 대한 기계적인 반응이 아니라, 내담자 그 자체를 하나의 존재로 보고 내담자와 함께 하는 것이다. 경청은 내담자에 의해 경험된 감정, 그리고 개인적인 의미를 이해하는 활동이며, 공감의 필수적인 요소이다.

6) 평가

초기에 로저스는 정신분석이나 랭크(Otto Rank)의 기능주의 접근법 등 다양한 치료방법들에 관하여 관심을 가졌다. 그러나 당시의 심리치료분야의 주류였던 정신분석과 지시적인 상담에 회의를 느끼면서, 클라이언트를 위한 독특한 관점을 개발시켜야 함을 인식하여, 클라이언트 중심의 '비지시적인 치료방법(client-centered nondirective therapy)'을 개발하였다.

로저스이론은 인간 내면의 주관적 경험을 다룰 수 있는 새로운 과학적 연구모델인 클라이언트 중심의 비지시적 · 비위협적 · 비심판적 태도, 공감과 진실성, 무조건적인 긍정과 관심, 문제해결자로서의 클라이언트에게 중요성을 둔 치료방법을 개발하여, 심리치료의 영역에 대한 연구의 새로운 문을 열었을 뿐만 아니라, 일선에서 서비스를 제공하는 사람들의 실천적 자세 측면에서 전환점을 마련하였다. 이로 인해, 다양한 문화를 지닌 사람들의 상호 이해를 발전시키는 데 적용됨으로써, 인간관계와 다문화적 치료에 지대한 공헌을 하였다.

반면에, 이 이론의 한계점도 있다(신기원 외, 2016: 212).

첫째, 인간본성에 대한 긍정적인 측면을 너무 강조하고 인간의 부정적인 면과 부적응적인 인간에 대한 설명이 부족하다.

둘째, 치료자의 비지시적 태도가 모든 클라이언트에게 적용되기 어렵다. 또한 클라이언트가 면접의 방향을 잡아야 할 책임이 생긴다.

셋째, 학습을 통한 인간행동의 발달을 간과하고 있고 자기개념, 완전히 기능하는 사람 등 현상학이론에서의 개념들이 모호하고 포괄적이어서 이해하기 어렵다.

7) 사회복지와의 연관성

인본주의이론은 심리치료분야의 변화를 야기한 주요 원동력이다. 로저스는 인간본성에 대해 낙관적인 관점을 가지고, 실천가가 감정이입적 · 무조건적인 긍정적 관심으로 클라이언트를 수용하면 변화가 일어난다고 보았다. 이러한 클라이언트 중심 모델은 실천가-클라이언트의 관계를 위계적 · 지시적 접근에서 수평적 · 인간적 관계로 전환시켰고, 이는 사회복지영역에서 사회복지사와 클라이언트의 관계를 설명하는 데 중요한 기반이 되었다. 또한 인본주의이론의 중요한 원칙들이 사회복지실천에 영향을 주었다.

최근에는 사회복지실천의 기초적인 면접기술과 인본주의이론의 원칙을 구분하기 어려울 정도로 인본주의이론의 지식, 기술, 가치가 사회복지실천의 기초를 형성하고 있다. 예를 들어, 인본주의이론의 관점과 관계의 중요성에 대한 강조는 사회복지실천의 주요 원리인 개별화, 의도적인 감정의 표현, 통제된 정서적 관여, 수용, 자기결정, 비심판적 태도와 연결되어 있다. 이와 같이 인본주의 모델이 사회복지실천현장에서 중요하게 취급되는 이유는 클라이언트에 대한 신뢰와 존중의 가치를 구체적으로 실천하고 있기 때문에, 사회복지사의 기본적 속성에 잘 부합하기 때문이다. 또한 개인과 집단에 대한 개입 모두에 활용할 수 있으며, 클라이언트를 분석 · 해석 · 진단하지 않고 함께 지지적인 분위기를 갖도록 노력하므로, 클라이언트에게 심리적 위협을 가중시킬 우려가 적어 다른 모델보다 안전하다고 취급되기 때문이다(오창순 외, 2015: 205).

로저스의 이론은 사회복지학 이외에도 다양한 학문적 배경을 가진 상담전문직의 발전을 가져왔다. 특히, 인간 중심 치료는 교육, 건강, 산업, 군대 등 다양한 분야에서 상담기술을 훈련하는 사람들의 개입모 델이 되었다.

이러한 역할을 수행하는 치료관계에서 핵심부분을 차지하는 상담자의 인간적 특성 및 태도는 다음과 같다(강상경, 2018: 141).

첫째, 공감적 감정이입적 이해이다. 이것은 치료단계의 순간마다 표출될 수 있는 내담자의 경험과 감정을 상담자가 심리적으로 내담자의 입장이 되어 이해하려는 태도를 일컫는다.

둘째, 무조건적 · 긍정적 관심과 배려이다. 이것은 내담자를 인격적으로 존중하여 그의 감정, 사고, 행동을 평가하거나 판단하지 않는 상태에서 있는 그대로 받아들이는 것을 의미한다. 인간 중심 이론에 의하면, 상담자가 이러한 태도를 마음과 행동으로 보여 줄 때, 내담자는 자유롭게 자신의 감정을 경험하고 표현할 수 있게 된다.

셋째, 통합적 일치성과 솔직성(congruence/genuineness)으로, 이것은 상담자로서 갖추어야 할 가장 중요한 태도 중의 하나이다. 상담자가 자신의 부정적 감정을 표현할 뿐만 아니라, 내담자가 표현하는 부정적 감정을 받아들일 수 있을 때 내담자와의 솔직한 감정교류가 가능해질 수 있으므로, 상담자는 내담자와의 관계에서 느낀 감정을 긍정적이든 부정적이든 솔직하게 표현할 수 있어야 한다.

3. 욕구위계이론: 매슬로우

1) 매슬로우의 생애와 사상

아브라함 매슬로우

매슬로우(Abraham H. Maslow, 1908~1970)는 1908년 미국 뉴욕 브루클린(Brooklyn) 빈민가에서 출생하였다. 그의 부친은 유대계 러시아인으로 미국으로 이주하여 7형제를 두었다. 매슬로우는 그중 첫째였다. 부친의 사업 성공으로 매슬로우는 뉴욕 시립대학교(City University of New York)에서 법률 공부를 시작하였으나, 1928년 위스콘신대학교(University of Wisconsin)로 옮겨 심리학으로 전공을 바꾸었다. 이때 할로(Harry Frederick Harlow, 1905~1981)와 영장류 연구를 함께 하기도 하였다. 1934년 심리학 박사학위를 취득한 후 콜롬비아대학교(Columbia University)에서 심리학자 손다이크(Edward Lee Thorndike, 1874~1949)와 연구활동을 진행하였으며, 이후 브루클린대학교(Brooklyn College, CUNY의 하나)에서 14년간 강의하였다.

매슬로우가 등장하기 전 심리학 진영은 과학적 행동주의자와 정신분석학자들이 심리학을 주도하고 있었으며 이에 완전히 다른 제3세력의 심리학인 인본주의 심리학이 매슬로우에 의해 주도, 창설되었다. 매슬로우는 기본적인 생리적 욕구에서부터 사랑, 존중 그리고 궁극적으로 자기실현에 이르기까지 충족되어야 할 욕구에 위계가 있다는

'욕구 5단계설(Maslow's hierarchy of needs)'을 주장하였다.

인간의 욕구는 병렬적으로 열거되어 있는 것이 아니라, 낮은 단계에서부터 충족도에 따라 높은 단계로 성장해가는 것이며, 낮은 단계의 욕구가 충족되지 않으면 높은 단계의 욕구는 행동으로 연결되지 않고 이미 충족된 욕구도 행동으로 이어지지 않는다고 보았다. 그러나 매슬로우가 주장한 인간의 욕구는 강도나 중요성에 따라 계층적으로 배열한 것이지 결코 행복 그 자체를 계층적으로 배열한 것은 아니다. 매슬로우에 의해서 '자아실현(self-actualization)'의 개념이 널리 알려지기 시작하였고 자신의 운명이나 사명을 피하려는 인간의 성향을 '요나 콤플렉스(Jonah complex)'의 용어로 설명하고 있다. 1962년에는 캘리포니아 첨단기업 초청 연구원으로 재직 중 자아실현 개념을 기업환경에 적용하는 시도가 있었으며, 1968년 심리학협회 회장직을 맡았다. 1970년 심장마비로 사망하였다.

인간 동기의 이론
(논문, 2013년 출판)

그의 저서에는 《이상심리학 원리(*Principles of Abnormal Psychology*)》(1941), 《인간의 동기와 성격(*Motivation and Personality*)》(1954), 《존재의 심리학(*Towards a Psychology of Being*)》(1968), 그리고 사후 출간된 《최상의 인간 본성(*The Farther Reaches of Human Nature*)》(1971) 등이 있다.

요나 콤플렉스(Jonah complex)

인간이 가지고 있는 모태귀소본능을 일컫는다. 구약성경에 나오는 요나(Jonah)의 이야기에서 유래된 말이다. 요나는 큰 물고기 뱃속에 들어갔다 나와 회개하는 인물로, 이 요나의 이야기에서 모태귀소본능(母胎歸所本能) 증상, 즉 요나 콤플렉스가 유래되었다. 보통은 소년기 이하 미성년자들에게 잘 나타나는 것으로 과도하게 폐쇄적인 성격을 보이거나 유아기 혹은 아동기의 습관이나 퇴행적인 증상을 보인다. 쉽게 말해서, 어머니 뱃속 시절을 그리워해 현실에 적응을 못하는 것을 말한다. 한편, 프랑스의 구조주의 선구자 바슐라르(Gaston Bachelard, 1884~1962)는 《공간의 시학(*La poétique de la réverie*)》(1960)이라는 저서에서 요나 콤플렉스에 대해 언급하였다. 즉, 그것은 우리들이 어머니의 태반 속에 있을 때에 우리들의 무의식 속에 형성된 이미지로서, 우리들이 어떤 공간에 감싸이듯이 들어 있을 때에 안온함과 평화로움을 느끼는 것이 바로 이 요나 콤플렉스이다.

2) 욕구위계이론의 개요

매슬로우의 관점은 행동주의와 정신분석을 부정하는 입장으로서, 행동주의는 인간을 관찰 가능한 단순한 행동체계로만 취급할 뿐, 가치관, 감정, 장래희망, 행동의 선택, 창조성 등의 인간적 측면을 간과하고 있고, 정신분석은 신경증적 행동을 병리적으로 강조한 결과 건강한 성격의 발달을 다루지 못했다고 보았다(Maslow, 1968). 행동주의와 정신분석에 대한 반동으로 매슬로우는 탁월한 자기실현자들을 연구한 결과, 내적으로 잠재력을 완전히 실현한, 즉 자유롭고 건강하며 두려움 없는 사람이 사회에서 완전히 기능한다는 것을 발견하였다. 성장, 자기실현, 건강에 대한 열망, 정체감과 자율성의 추구, 향상을 향한 노력이 보편적인 인간의 성향으로 간주되었다(Maslow, 2013). 매슬로우는 유전이 성격발달에 중요한 역할을 수행하고 있으며, 유전구조 속에 잠재적인 재능이나 흥미가 결정지어져 있다고 인정하였다. 그렇지만 이러한 유전적 토대 위에서 자기실현은 환경에 의해 결정된다는 것이다(이인정 · 최혜경, 2007: 272).

욕구위계이론(hierarchy of needs theory)이란 인간의 욕구는 위계적으로 조직되어 있으며, 하위단계의 욕구충족이 상위계층 욕구의 발현을 위한 조건이 된다는 매슬로우의 동기이론을 말한다. 인간의 동기를 설명하는 데 가장 보편적으로 이용되고 있는 욕구위계이론은 매슬로우가 1943년에 발표한 논문 〈인간 동기의 이론(A theory of human motivation)〉에서 주장한 것으로, 이는 임상실험에서 관찰된 대다수 사람들에 의해 소유되는 주요한 욕구들을 단계화함으로써 하나의 이론으로 발전시킨 것이다. 인간의 욕구에 위계적 · 계층적 질서가 존재한다는 의미를 담아 '욕구위계이론'이라고 하며, 또는 '매슬로우의 욕구이론'이라고 부른다.

매슬로우의 욕구위계이론은 인간의 성장단계를 설명하는 발달심리학의 많은 이론과 맥을 같이 한다. 매슬로우는 인간의 동기가 일반적으로 움직이는 양상을 묘사하기 위해 인간에게는 생리적 욕구, 안전의 욕구, 애정과 소속의 욕구, 존중의 욕구, 자아실현의 욕구 등 다섯 가지 욕구가 있다고 주장한다. 이러한 욕구들은 강도와 중요성에 따라 위계적 관계로 배열되어 있는데, 일단 하위욕구가 충족되면 유기체는 상위욕구를 추구하게 된다는 것이다. 예를 들어, 배고픔과 같은 강한 생리적 욕구를 가지고 있는 사람은 다른 어떤 욕구에 의해서도 동기화되지 않는다. 그러나 일단 이 욕구가 충족되면 그는 다음 단계의 욕구인 안전에 대한 욕구를 추구하게 된다. 그리고 안전에 대한 욕구가 충족되면 다시 세 번째 수준의 욕구로 옮겨가게 된다. 네 번째와 다섯 번째 욕구도 마찬가지이다.

매슬로우는 정신적으로 문제가 있거나 신경증적 기질을 가진 사람들보다는 대중에게 본보기가 될 만한 사람들, 이를 테면 아인슈타인(Albert Einstein, 1879~1955), 아담스(Jane Addams, 1860~1935), 루스벨트(Eleanor Roosevelt, 1884~1962)와 같은 모범적인 인물을 탐구함으로써 인간의 동기양상을 살펴보았다. 구체적으로는 가장 건전하고 건강한 상위 1%의 학생집단을 대상으로 연구를 수행했다. 매슬로우의 이론은 1954년 출간된 저서 《동기와 성격(*Motivation and personality*)》에서 완성되었다.

3) 인간관

인간의 행동에 대한 매슬로우의 기본 가정은 대부분의 인간행동은 자신의 삶을 의미있고 가치 있는 것으로 만드는 개인적인 목표를 달성하려는 욕구에서 비롯된다는 것이다. 이러한 욕구에 대해 매슬로우는 '자아실현의 욕구'라는 말을 썼는데, 이는 개인의 선천적이고, 긍정적인 가능성을 개발하고 성취시키려는 경향을 뜻한다(Bruno, 1977).

매슬로우는 인간의 가장 보편적인 특성은 창조성으로 보았다. 모든 인간은 태어날 때 창조성을 잠재적으로 가지고 있으나 문명화되면서 창조성을 잃게 되었다고 생각하였다. 그는 인간행동의 연구에서 건전하고 창조적인 측면을 기초로 하였으며, 인간 행동이 자신의 욕구를 추구하려는 동기에서 나타난다고 보았다. 즉, 인간이 항상 무엇인가 다른 존재가 되려고 하는 과정 중에서 형성되어 가는 과정을 자아실현의 과정으로 보았으며, 인간본성의 고유한 것으로 간주하였다. 자아실현이란, 인간이 자신의 잠재력을 최대한 발휘하여 성격의 성숙을 포함한 자신의 성장과 발전을 기하며 자기가 원하는 사람이 되도록 하는 것이다. 성장, 자아실현, 건강에 대한 열망, 정체감과 자율성의 추구, 향상을 향한 노력이 보편적 인간의 성향으로 간주되었다. 매슬로우는 유전이 성격발달에 중요한 역할을 수행하고 있으며, 유전구조 속에 잠재적 재능이나 흥미가 결정지어져 있다고 인정하였다. 그러나 자아실현은 유전적 토대 위에서 환경에 의해 결정된다고 하였다.

4) 핵심 개념 및 내용

(1) 욕구

매슬로우는 다른 이론의 욕구 개념과 구별하기 위해 욕구를 두 가지 형태로 구별하고 있다(Maslow, 1968).

제1형태는 기본적 욕구 또는 결핍성의 욕구(deficiency need)를 말한다. 즉, 음식, 물, 쾌적한 온도, 신체의 안전, 애정, 존경 등의 욕구이다. 기본적 욕구 또는 결핍성의 욕구는 다섯 가지 객관적 특징과 두 가지 주관적 특징을 가진다.

① 결핍되면 병이 생긴다.
② 충족되어 있으면 병이 예방된다.
③ 충족시키면 병이 회복된다.
④ 자유롭게 선택할 수 있는 상황이라면 충족이 결핍된 사람은 우선적으로 그것을 충족하려고 한다.
⑤ 건전한 사람에게는 결핍성의 욕구가 기능적으로 존재하지 않는다.
⑥ 의식적 또는 무의식적 바람이다.
⑦ 부족감 또는 결핍감으로 느껴지게 된다.

매슬로우는 신경증이 결핍성 질환이라고 보았다. 즉, 기본적 욕구의 만족이 결핍되는 데서 신경증이 생긴다는 것이다. 대부분의 신경증은 안전, 소속과 동일시, 친밀한 애정관계, 존경과 위신에 대한 욕구가 충족되지 못한 것과 관련이 있다.

기본적 욕구가 갖는 특징은 〈표 5-2〉와 같다.

표 5-2 기본적 욕구의 특징과 내용

특징	내용
객관적 특징	• 충족되어 있으면 병이 예방된다. • 결핍되면 병(신경증)이 생긴다. • 충족시키면 병이 회복된다. • 자유롭게 선택할 수 있는 상황이라면 충족이 결핍된 사람은 우선적으로 그것을 충족하려고 한다. • 건전한 사람에게는 결핍성의 욕구가 기능적으로 존재하지 않는다.
주관적 특징	• 의식적 또는 무의식적 바람이다. • 부족감 혹은 결핍감으로 느끼게 된다.

제2형태는 성장욕구(meta need) 또는 자기실현욕구(self-actualization need)이다. 자기실현욕구는 잠재능력, 기능, 재능을 발휘하려는 욕구이다. 매슬로우는 결핍성의 욕구를 저변으로 하여 자기실현욕구를 정점으로 하는 체계를 가정했다. 그는 성장욕구도 결핍성의 욕구와 같이 선천적인 것이라고 보았다. 심리적 건강을 유지하고 완전한 성장을 이루려면 성장욕구를 만족시켜야 한다. 그는 성장욕구에 의해 동기화된 사람들이 진, 선, 미, 법, 질서, 정의, 완전을 추구한다고 보았다(Maslow, 1971).

(2) 자아실현

매슬로우는 자기실현을 하는 사람은 평범한 사람들에 비해 그들을 움직이는 어떤 힘이 질적으로나 양적으로 다르다는 사실을 인식하였다. 이에 그는 자기실현에 대해 나름의 정의를 내린 후 그 정의에 맞는 사람들의 공통적 특성을 발견하고자 하였다. 그 결과, 자기실현자는 존재가치에 의해 동기화되는데, 성장동기로서 존재가치가 체험을 확장하고 삶을 풍부하게 하는 것으로 밝혀졌다. 또 하나의 공통적인 특성은 연령인

데, 자기실현자는 중년 이상이라고 보았다. 젊은이들은 정체감이나 자율감이 강력하지 못하고, 아직 충분히 지속적인 사랑의 관계를 갖지 못하며, 자신이 헌신하고자 하는 사명을 발견하지 못하고 자기의 가치관이나 인내심, 용기와 지혜를 아직 충분히 발달시키지 못한다고 간주하였다. 즉, 중년기 이전에는 자아실현을 이루기가 어렵다. 성년기에는 에너지가 성욕, 교육, 직업경력, 결혼과 부모역할 등의 여러 방향으로 분산된다. 그리고 경제적 안정을 이루려는 노력은 상당한 양의 정신적 에너지를 소모하게 한다. 그러나 중년기에는 이러한 욕구를 대부분 충족하고, 이제 자아성숙을 향한 노력에 에너지를 할애할 수 있다(정옥분, 2015: 213).

매슬로우가 제시한 자기실현자의 특징을 갖도록 자기실현을 성취하는 사람은 극소수에 불과하다. 욕구 5단계의 피라미드에서 보듯이 자기실현은 피라미드의 꼭대기에 위치한 가장 작은 공간을 점유한다. 이는 자기실현이 인간의 모든 동기 가운데 가장 약한 것이며, 다른 동기나 환경의 지배를 받을 수 있음을 상징한다. 매슬로우는 사회의 표준적 · 전형적 행동에서 일탈하는 것이 문제가 아니라, 자기의 잠재능력이나 내적 본성으로부터의 일탈이 문제라고 강조한다. 더욱이 자기실현은 자기 자신을 알아야 한다는 조건이 전제된다. 사실 많은 사람들이 자신의 잠재력에 대해 모르므로 개인이 가진 잠재력의 성취는 새로운 착상과 경험에 개방적이어야 한다. 때로는 자신을 안다는 것이 위협적일 수도 있다. 또 시류에 맞서는 것은 큰 용기를 필요로 한다. 따라서, 자기실현은 가능하지만 자기실현자가 되기 위해서는, 하위수준의 욕구들이 모두 충족된 사람이라야 가능하고, 사회적 환경에 언론의 자유, 행동의 자유, 탐구의 자유, 자신을 방어할 수 있는 자유 등이 이미 부여되어 있어야만 한다(이인정 · 최해경, 2007: 281).

5) 인간 욕구위계 5단계

매슬로우는 인간의 욕구는 '우성 계층(hierarchy of prepotency)'의 순으로 배열되어 있다고 보았다. 즉, 어떤 욕구는 다른 욕구보다 우선권을 가진다는 것인데, 이러한 욕구의 위계적 계층은 고정되어 있다기보다는 상대적으로 나타나는 것으로서, 하위계층의 욕구가 어느 정도 충족되면 상위계층의 욕구가 나타난다. 욕구 피라미드의 하단에 위치한 4개 층은 가장 근본적이고 핵심적인 욕구로 구체적으로는 생리적 욕구, 안전의 욕구, 애정과 소속의 욕구, 그리고 존중의 욕구이다. 이 네 가지 욕구는 충분히 충족되지 않거나 부족할 경우 문제를 일으킬 수 있기 때문에 매슬로우는 이들을 '결핍욕구(deficiency needs)', 또는 줄여서 'd-욕구(d-needs)'로 명명했다. 이러한 기본적인 욕구가 충족되고 나서야 사람들은 부차적인 또는 상위단계의 욕구에 대해 강한 열망을 가지게 된다. 이러한 현상을 설명하기 위해 매슬로우는 기본적인 욕구충족을 넘어서 지속적인 성장을 위해 노력하는 사람들의 동기를 '상위 동기(meta motivation, 메타 동기)'라는 용어로 설명했다. 이와 같이 매슬로우는 인간의 동기가 작용하는 양상을 설명하기 위해 동기를 생리적 욕구, 안전의 욕구, 애정과 소속의 욕구, 존중의 욕구, 그리고 자아실현의 욕구 등 5단계로 구분했다.

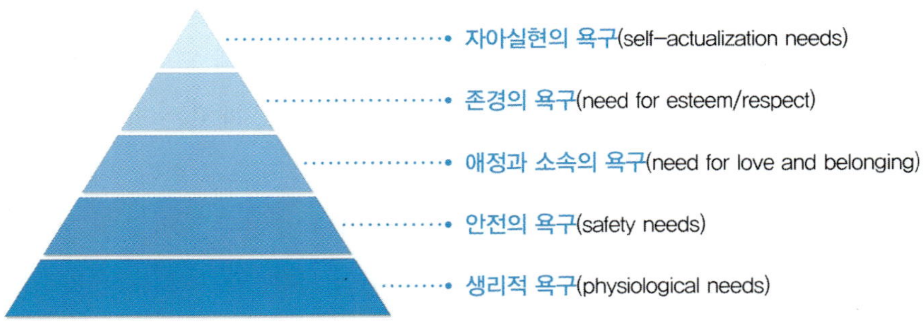

출처: Maslow(2013).

그림 5-1 매슬로우의 욕구위계

표 5-3 매슬로우 욕구위계의 특성

단계	욕구위계	특성
1단계	생리적 욕구	• 인간의 생존과 유지에 관련한 가장 강력한 욕구 • 음식, 물, 공기, 수면 등
2단계	안전의 욕구	• 질서 있고 안정적이며 위기, 불안, 공포에 대해 안전, 보호, 자유의 욕구
3단계	애정과 소속의 욕구	• 타인과의 친밀감, 애정에 대한 욕구 • 특별한 집단에 대한 소속욕구
4단계	존중의 욕구	• 자신으로부터의 존중과 타인으로부터의 존경을 필요로 하는 욕구 • 자아존중의 자신의 힘, 가치, 적절함에 대한 확신
5단계	자아실현의 욕구	• 최상위욕구로 자신의 모든 잠재력과 능력을 인식하고 충족시키고자 하는 욕구 • 모든 인간이 추구하는 욕구이나 소수의 사람들만 달성

출처: 표갑수 외(2016: 264).

(1) 생리적 욕구

생리적 욕구(physiological needs)는 인간에게 나타나는 가장 기본적이면서도 강력한 욕구로 욕구 피라미드의 최하단에 위치한다. 인간 생존을 위해 물리적으로 요구되는 필수 요소이기 때문에, 생리적 욕구가 충족되지 않으면 인간의 신체는 제대로 기능하지 못하고, 따라서 적응적 생존이 불가능해진다. 음식, 물, 성, 수면, 항상성, 배설, 호흡 등과 같이 인간의 생존에 필요한 본능적인 신체적 기능에 대한 욕구가 생리적 욕구이다. 가장 기본적이면서 중요한 욕구이므로, 다른 어느 욕구보다도 먼저 충족되어야 한다.

(2) 안전의 욕구

생리적 욕구가 어느 정도 충족되면 안전의 욕구(safety needs)가 우위를 차지한다. 안전의 욕구는 두려움이나 혼란스러움이 아닌 평상심과 질서를 유지하고자 하는 욕구로, 안전의 위협을 느낀 사람들은 불확실한 것보다는 확실한 것, 낯선 것보다는 익숙한 것, 안정적인 것을 선호하는 경향을 보인다. 전쟁이나 자연재해, 가정폭력, 유아학대와 같이 개인의 물리적 안전이 보장되지 못할 경우 사람들은 '외상 후 스트레스 증후군

(Post Traumatic Stress Disorder, PTSD)'을 경험할 수 있다. 경제 위기나 실업 등으로 인해 개인의 경제적 안전이 보장되지 못하면 사람들은 고용보장제도에 대한 선호, 고충처리 제도(grievance procedure) 등과 같은 방식으로 안전의 욕구를 나타낸다. 현대사회에서는 보험 가입, 종교 귀의 행위 등에서 안전의 욕구를 실현하는 모습을 볼 수 있다.

안전과 안정의 욕구는 다음과 같은 영역을 포함한다.

① 개인적인 안정
② 재정적인 안정
③ 건강과 안녕
④ 사고나 병으로부터의 안전망

(3) 애정과 소속의 욕구

생리적 욕구와 안전의 욕구가 충족되면 대인관계로부터 오는 애정과 소속의 욕구(need for love and belonging)가 나타난다. 애정과 소속의 욕구는 사회적으로 조직을 이루고 그곳에 소속되어 함께하려는 성향으로 생존을 위해 무리를 지어 다니는 모습은 근본적으로 동물적 수준의 사회적 성향을 반영하는 것으로 볼 수 있다. 다시 말하면, 사회적인 상호작용을 통해 전반적으로 원활한 인간관계를 유지하고자 하는 욕구를 말한다.

이 욕구는 특히 다른 발달단계보다도 애착이 중요한 어린아이에게서 강하게 나타나며, 심지어 학대 부모의 자녀에게서는 안전의 욕구보다 더 중요하게 나타나기도 한다. 폭력, 방만, 회피, 외면과 같이 애정과 소속의 욕구를 결핍시키는 요인이 나타나면 교우관계, 가족관계를 포함한 전반적인 사회적 관계를 맺고 유지하는 데 큰 장애를 형성할 수 있다.

매슬로우에 의하면, 인간은 누구나 규모가 크든 작든 사회집단에 소속되어 수용되고자 하는 욕구가 있다. 규모가 큰 사회집단의 예로는, 직장 동료, 종교단체, 전문적 조직, 스포츠 팀과 같은 것이 있으며, 소규모 사회집단의 예로는 가족구성원, 연인관계, 멘토

(mentor), 친구관계 등이 있다. 사람은 사랑하기를 원하고 다른 이에게서 사랑받기를 원한다. 많은 사람들은 사랑과 소속의 욕구가 결핍되었을 때, 외로움이나 사회적 고통을 느끼며, 스트레스나 임상적인 우울증 등에 취약해진다.

(4) 존중의 욕구

모든 사람들은 존중받고자 하는 욕구(need for esteem/respect)를 가지고 있다. 존중은 타인으로부터 수용되고자 하고 가치 있는 존재가 되고자 하는 인간의 전형적인 욕구를 나타낸다. 사람들은 종종 어떤 훌륭한 일을 하거나 무엇을 잘함으로써 타인의 인정을 얻고자 한다. 이러한 활동은 사람들에게 자신이 가치 있다고 느끼거나 자신이 무언가에 기여하고 있다는 느낌을 갖게 해 준다.

이러한 존중의 욕구가 충족되지 않거나 욕구에 불균형이 생기면 사람들은 자아존중감(self-esteem)이 낮아지거나 열등감을 갖게 된다. 자아존중감이 낮아지면 사람들은 종종 명예나 영광과 같은 것들을 찾기도 한다. 그러나 명성과 같은 것들은 사람들이 스스로가 누구인지를 충분히 인정하고 내적으로 안정된 자아를 찾기 전까지는 진정한 자아존중감을 쌓는 데 도움이 되지 않는다. 우울증과 같은 심리적 불균형은 높은 수준의 자아존중감이나 자기존중을 형성하는 데 방해요소가 된다.

대부분의 사람들은 안정된 자아존중감을 갖기를 원한다. 매슬로우는 '낮은' 수준과 '높은' 수준이라는 두 종류의 존중감을 이야기한다. '낮은' 수준의 존중감은 타인으로부터 존중받고자 하는 욕구이다. 이는 지위나 인정, 명성, 위신, 주목에의 욕구와 같이 외적으로 형성된 존중감이다. '높은' 수준의 존중감은 자기존중(self-respect)에 대한 욕구이다. 이를 테면, 사람들은 강인함, 경쟁력, 어떤 것의 숙달, 자신감, 독립성, 또는 자유와 같은 가치를 갖고자 한다. 이러한 높은 수준의 존중감은 낮은 수준의 존중감보다 우위에 있는데, 그 이유는 높은 수준의 자기존중은 경험을 통해 형성된 내적인 자기경쟁력을 갖게 해 주기 때문이다.

그러므로 존중욕구의 두 가지 측면이 결합되어야, 즉 스스로가 자신을 중요하다고 느낄 뿐 아니라, 다른 사람으로부터도 인정을 받아야 비로소 궁극적인 의미에서 존중의 욕구가 충족되었다고 볼 수 있다. 존중에의 욕구가 결여되었을 때 사람들은 열등감, 나약함, 무력감과 같은 심리적 불안정에 시달릴 수 있다.

(5) 자아실현의 욕구

욕구 피라미드의 최상부에 위치한 자아실현의 욕구(self-actualization needs)는 각 개인의 타고난 능력 또는 성장 잠재력을 실행하려는 욕구라 할 수 있다. 자아실현욕구는 자신의 역량이 최고로 발휘되기를 바라며 창조적인 경지까지 자신을 성장시켜 자신을 완성함으로써 잠재력의 전부를 실현하려는 욕구이다.

매슬로우는 앞선 4개의 욕구가 충족되지 않았을 경우에 생긴 긴장을 해소하려는 방향으로 욕구 해소의 동기가 작용하는 반면, 자아실현욕구는 결핍상태에서 출발하는 것이 아니라 성장을 향한 긍정적 동기의 발현이라는 점에서 바람직하고 성숙한 인간 동기라고 주장한다. 자신이 원하는 바를 이루고자 하는 욕구는 때로 한계에 부딪히지만 이를 극복하면서 더욱 분발하는 것을 뜻하며, 매슬로우는 이러한 자아실현의 욕구를 가장 인간다운 욕구로 중요하게 본다.

자아실현의 욕구는 사람마다 다르게 구현되며 구체적으로 나타난다. 이를 테면, 어떤 사람은 이상적인 부모가 되는 것으로 자아실현을 이룩하고자 하며, 다른 사람은 화가가 되거나 가수가 되는 것이 궁극적으로 자아실현을 이루는 것이라고 생각한다. 중요한 것은 이러한 방향이 자기 내면의 경험을 기반으로 반추하면서 내재적 동기가 중심이 되어 이루어져야 한다는 것이다. 따라서, 자아실현 여부는 목표달성이라는 측면보다는 자아실현자의 특징을 기준으로 개인이 얼마나 이런 특성을 경험하느냐를 가지고 가늠할 수 있을 것이다.

한편, 매슬로우에 따르면 자아실현의 욕구는 모든 사람들이 경험하는 것이 아니라, 하위단계욕구가 충족된 다음에 나타난다고 보았다. 매슬로우의 표현에 따르면, 이 단계의 욕구를 이해하기 위해서는 한 사람이 이전 4단계의 욕구가 충족되어야 할 뿐 아니라 욕구에 대한 숙달도 역시 높아야 한다.

6) 평가

(1) 공헌

1943년에 제시된 매슬로우의 욕구위계이론과 욕구 피라미드는 행동과학에서 인간의 동기를 설명하는 인지적으로 가장 영향력 있는 이론 중 하나였다. 매슬로우의 욕구단계는 5단계로 시작하였으나, 존중의 욕구와 자아실현의 욕구 사이에 '인지적 욕구(cognitive needs)'와 '심미적 욕구(aesthetic needs)'를 추가하여 7단계로 수정하였다. 그리고 말년에 '초월 욕구(transcendence needs)'를 주장하며 이를 자아실현욕구 위에 놓음으로써 자기 초월을 가장 높은 단계의 동기 혹은 인간 삶의 완성이라고 주장했다.

매슬로우가 주장한 욕구위계이론은 인간의 동기를 설명하는 기본적이고 보편적인 모형을 제시했다는 점에서 큰 의의가 있다.

(2) 비판

욕구 피라미드에 포함된 각 욕구를 바라보는 관점에서 학자들의 이견이 제기되면서 매슬로우의 욕구위계이론은 여러 비판에 직면했다.

실제 현실을 살펴보면, 대부분의 경우에 매슬로우가 제시한 다섯 가지 욕구들이 전부 충족되는 경우는 드물다. 일반적인 사람의 경우 다섯 가지 욕구들이 모두 부분적으로 충족되어 있는 것이 대부분이며, 상위욕구계층으로 올라갈수록 욕구충족의 수준이 낮아지는 것이 일반적이다.

임의적인 예를 들어보면, 한 개인의 생리적 욕구가 95% 달성되었다면, 안전에 대한 욕구는 85% 정도 달성되고, 애정과 소속의 욕구는 70% 정도 달성되고, 자존감의 욕구는 50% 정도 달성되고, 마지막으로 자아실현의 욕구는 20% 정도 충족되어 상위욕구로 갈수록 충족의 수준이 낮아진다. 비슷한 맥락에서 하위욕구의 충족에 의하여 상위욕구가 발로되는 방식은 점진적이다. 예컨대, 안전에 대한 욕구가 10% 정도로 조금밖에 충족되어 있지 않으면, 사람은 안전에 신경을 쓰느라고 애정과 소속의 욕구는 거의 나타나지 않을 것이다. 하지만 안전에 대한 욕구가 50% 정도 충족되었다면, 어느 정도 안전에 대해서 우려를 하기는 하지만 동시에 상위욕구인 애정과 소속의 욕구도 5% 정도로 조금쯤은 나타날 수 있을 것이다. 같은 맥락에서 더 나아가 안전에 대한 욕구가 80% 정도 충족된다면, 애정과 소속의 욕구도 더 높아져서 50% 정도로 상승되어서 표출될 수 있을 것이다. 매슬로우의 초기이론은 이러한 현상들을 충분히 고려하지 않은 상태에서 욕구를 위계적으로만 이해하려고 한 한계가 있다(강상경, 2018: 138-139).

7) 사회복지와의 연관성

인간본성에 대한 매슬로우의 긍정적인 관점은 인간을 이해하는 데 있어서 인간을 전체로 보고 다루며, 환경과 상호작용하는 존재로 보고, 자신의 경험에 관한 해석과 이해를 존중하며, 클라이언트 중심의 개입을 가능하게 해주었다. 이런 면은 사회복지 실천의 기본적인 원칙에 잘 부응하는 측면이다. 특히, 욕구단계이론은 사회복지사가 클라이언트의 욕구를 사정하고 개입계획을 세우는 데 유용한 지침이 될 수 있다. 사회복지사가 클라이언트를 처음 접하고 충분한 정보가 없는 상태에서 우선 사정하고 개입계획을 세워야 할 때, 매슬로우의 욕구단계는 든든한 근거를 제공해 준다. 클라이언트에게 충족되어야 할 욕구가 무엇인지를 찾고 그것부터 충족하도록 해야 하는 의무가 사회복지사의 가장 기본적인 역할과 의무이기 때문이다. 왜 기본적인 욕구들이 충족되지 못해왔는가는 대개 개인력이나 가족력을 조사하는 과정에서 파악되며, 현재 다급한 욕구를 충족하기 위한 내적 · 외적 자원은 얼마나 되는지를 알아보는 과정은 그의 강점과 약점, 기존의 자원동원력, 이용능력, 그를 둘러싼 생태체계를 파악하는 과정이 될 것이다. 물론 사회복지현장에서는 여러 가지 욕구가 동시에 충족되도록 도와야 하는 경우도 다수 발생하기 때문에, 사회복지사들의 업무는 때로 시간을 다투고 긴급할 때가 많다(유수현 외, 2015a: 144).

Chapter

06

인지이론

[학습목표]

1. 인지이론에 대한 이해
2. 피아제의 생애와 사상
3. 사회복지와의 연관성 관련 학습

[학습내용]

1. 피아제의 생애와 사상
2. 인지이론의 개요
3. 인간관

[개 요]

피아제의 인지이론은 인간이 외부세계를 이해하고 파악하는 바탕인 인지적 구조가 형성되는 과정을 설명한다. 그는 지식의 구체적 내용에 관심을 가진 것이 아니라, 적극적 과정으로서의 인식에 관심을 가져, 인지적 성숙과정을 주된 연구영역으로 하였다. 본 장에서는 피아제의 인지이론에 대한 학습을 하고자 한다.

Chapter

06 인지이론

1. 피아제의 생애와 사상

장 피아제

피아제(Jean Piaget, 1896~1980)는 1896년 스위스 뇌샤텔(Neuchâtel)에서 출생하였다. 중세학자인 아버지와 지성적인 어머니로부터 엄격한 가정교육을 받으며 성장하였다. 어린 시절에는 동물학에 관심을 가졌는데, 10세 때 백색종 참새 관찰결과를 논문으로 발표했고, 연체동물에 대한 논문을 여러 편 발표하여 15세 때에는 이미 유럽 동물학자들 사이에서 인정을 받게 되었다.

그는 뇌샤텔대학교에 다녔고 1915년에 연체동물학으로서 학사 학위를 받은 후 소르본대학교(Université Panthéon-Sorbonne, 현재 파리 제4대학교)에서 비네(Alfred Binet, 1857~1911)에게 심리학에 대해 배우기 시작하여 1921~1922년 사이에 4편의 심리학 논문을 발표하였다. 1923년 그는 자신의 학생인 발렌틴 샤트네(Valentine Châtenay)와 결혼하여, 3명의 아이를 두었다. 1929년에는 루소(Jean Jacques Rousseau,

1712~1778)의 연구 기관장이 되어 어린이 연구를 하게 되었으며, 이것이 피아제를 심리학과 교육학에서 중요한 인물로 만들어 준 계기가 되었다. 1926~1927년까지는 뇌샤텔 대학교에서 철학 교수로 재직했으며, 1929년에는 제네바대학교의 아동심리학 교수가 되어 죽을 때까지 이 대학에서 연구를 하였다. 1955년 그는 제네바에 유전인식론 국제 연구소를 세우고 소장이 되었다.

피아제는 파리에서 처음 발견한 주제, 즉 아이의 정신은 일련의 정해진 단계를 거쳐 성숙한다는 생각을 계속 발전시켜 나갔다. 아이가 자신의 독자적인 현실 모형을 끊임없이 창조하면서, 한 단계가 지날 때마다 단순한 개념들을 통합하여 좀 더 높은 수준의 개념으로 조직화함으로써 정신적으로 성장한다고 생각하였다. 그는 아이에게는 선천적으로 정해져 있는 사고력 발달의 시간표가 있다는 '유전인식론'을 주장하면서, '발달과정의 4단계'를 밝혔다. 이는 교육심리학에 대단한 공헌을 하였다.

이러한 아동의 연구를 통하여 피아제는 수·양 개념의 발달, 시간, 공간, 인과성, 언어와 사고, 도덕성발달 등 아동의 지적 발달 전반에 중요한 기여를 하였다. 아동 심성의 독자성과 발달단계를 명확히 하고 아동과 어른 간에는 논리구조에 질적으로 차이가 있다는 것을 나타내어, 아이들을 어른의 작은 모형으로 파악하는 낡은 아동관의 결정적 전회를 깨닫도록 하였다.

피아제는 지적 활동에 대한 심리학적 이론에서 많은 공헌을 하였으며 아동심리에 대해서 특히 깊은 조예를 가지고 있다. 그의 심리학적·논리학적 구상은 발생적, 역사적, 비판적으로 지식을 분석하는 것이며, 그럼으로써 주관이 대상에 대해서 갖는 지식의 발전은 그 지식을 단단하고 확고하게 하여, 일정한 불변적인 것이 되어 가는데, 이렇게 되는 것은 지식이 대상 및 대상의 여러 성질을 반영하기 때문이라고 생각했다.

과학(심리학 참조)적 접근을 중요시하던 심리학자들은 양적 연구보다는 질적 연구 혹은 사례 연구에 치중하던 피아제의 연구결과를 신뢰하지 않았다. 하지만 1960년대에 들어서면서 다시 인식론과 인지가 심리학자들의 주된 관심 주제가 되면서 피아제의 이론도 주목받게 되었다. 미국심리학회에서는 1969년에 피아제에게 특별공헌상을 수여했다. 유럽인으로서는 최초였다. 피아제이론은 '신피아제이론(Neo-Piagetian theories)'으로 발전

아동의 언어와 사고
(1923년 출판)

하였는데, 이 이론은 피아제의 인지발달이론에 대하여 부분적으로 반대 또는 수정하면서 발전된 발달심리학을 말한다.

그의 주요 저서로는《아동의 언어와 사고(*Le langage et la pensée chez l'enfant*)》(1923),《아동의 판단과 추리(*Le Jugement et la raisonnement chez l'anfant*)》(1924),《아동 지능의 탄생(*La Naissance de l'intelligence chez l'enfant*)》(1948) 등이 있다.

2. 인지이론의 개요

인지이론에서는 인간을 매우 주관적인 존재로 규정한다. 즉, 이 세상에는 객관적인 현실이란 존재하지 않으며, 각 개인의 주관적 현실만이 존재하기 때문에 개인의 행동이나 사고를 이해하기 위해서는, 그 개인의 주관적 현실을 이해해야 한다고 보았다. 행동주의이론에서는 인간행동이 환경의 영향을 받는다고 주장하지만, 인지이론에서 '안다는 것'은, 개인과 환경 간의 상호작용에 의하여 형성된다고 보았다(Norlin & Chess, 1997). 또한 인지이론에서는, 인간의 무의식에 초점을 두고 인간을 다분히 충동적 존재로 보는 정신분석이론과 달리 인간의 의식에 초점을 두고 인간을 사고하는 합리적인 존재로 인식한다. 더불어 환경적 원인들이 인간에 의해서 어떻게 지각되고 인식되는가에 중점을 두고 있다.

피아제의 인지이론은 인간이 외부세계를 이해하고 파악하는 바탕인 인지적 구조가 형성되는 과정을 설명한다. 그는 지식의 구체적 내용에 관심을 가진 것이 아니라, 적극적 과정으로서의 인식에 관심을 가져, 인지적 성숙과정을 주된 연구영역으로 하였다. 여기서의 인식은 경험을 조직화하고 의미를 부여하는 과정으로 말한 것을 해석하고, 문제를 해결하며, 정보를 종합하고, 복잡한 과제를 분석하는 포괄적인 인지적 활동을 말한다.

피아제는 인식의 근원이 아동의 생물학적 능력에 있다고 가정하였다. 생물학을 전공한 피아제는 큰 호수에 있던 연체동물을 작은 연못으로 옮겼을 때, 환경의 변화로 인해 유기체에 구조적 변화가 오는 것을 관찰하고, 연체동물이 어느 정도 환경에 적응해 나갈 수 있는 특성을 가지고 태어난다는 구조상의 유연성을 깨달았다. 피아제의 연체동물에 관한 연구는 인간에게서 유사점을 발견하는 계기가 되었는데, 이는 아동이 나이가 들면서 사고과정의 유연성을 보이며 문제를 잘 해결한다는 발견이다. 즉, 인간의 뇌는 인지적 구조를 변화시킴으로써 환경에 적응하는 능력을 가지고 있으며, 지능은 환경이 적절한 다양성과 탐구에 대한 지지를 제공하면 체계적인 방식으로 발달한다는 것이다(이인정 · 최해경, 2007: 245-246).

인지이론은 사고의 획득과 기능에 초점을 두는 이론으로서 한 개인이 무엇을 어떻게 알게 되고 생각하게 되는지, 그리고 무엇을 느끼고 행동하는지에 초점을 두기 때문에, 인간의 잠재력과 행동을 이해하고 이를 변화시키는 데 있어서 필수 불가결한 이론적 기반이 된다. 피아제는 인간이 유아기에서 성인기로 성장하는 과정에서 다양한 단계를 거치면서 생각하고 배우는 능력을 갖춘다고 하였다(고명석 외, 2018: 83). 피아제는 아동의 사고과정으로 동화와 조절을 새로운 지식에 대한 평형을 이루기 위한 기제로 제시하면서, 성인의 사고과정과 질적으로 다르다는 것을 임상적으로 연구하였다. 아동의 인지발달은 언어적인 기술을 획득하는 것처럼 사고와 추론기술을 발달시키는 과정을 의미하며, 아동이 어떻게 생각하는지와 또 발달해 가면서 어떻게 변화하는지에 초점을 맞춘다(표갑수 외, 2016: 213).

결론적으로 인지는 지식, 의식, 사고, 상상, 추론, 문제해결, 개념화, 분류, 상징, 지각, 학습 등 정신적 과정을 포괄하므로, 인간의 심리과정을 이해하는 데 인지이론은 매우 중요하다. 피아제의 인지발달에 관한 이론은, 성격의 한 측면으로 간주될 수 있는 인지기능의 다양한 발달수준을 개념적으로 설명해주어 인지적 측면의 인간행동과 인간발달에 관한 사회복지사의 이해를 넓히는 데 기여한 바가 지대하다.

3. 인간관

인지이론에서는 인간을 매우 주관적인 존재로 규정하고 있다. 인지이론에서는 이 세상에는 객관적 현실이란 존재하지 않으며, 각 개인이 나름대로 부여한 주관적 현실만이 존재한다고 본다. 따라서, 인지이론에서는 각 개인의 정서, 행동, 사고는 개인이 현실을 창조해내는 방식, 즉 현실세계를 구성하는 방식에 따라 달라진다고 본다(Beck, 1976). 인지이론에서는 인간본성에 대해 비결정론적 시각을 지니고 있으며, 성장 가능성을 인정하고 있다. 즉, 인지이론에서는 인간이 유전적 요인에 의해 결정되는 존재가 아니며, 환경적 영향을 받기는 하지만, 이러한 환경적 자극을 능동적으로 중재하고 재구성할 수 있는 능력이 있으며, 지속적으로 성장할 수 있는 잠재력을 지니고 있다고 본다.

인지이론의 기본 가정은 일생을 통하여 인지적 성장과 변화가 이루어진다는 것이다. 특정 연령에서 각 개인의 특정 영역의 인지적 유능성은 개인이 기능하는 맥락에 따라 차이가 있다고 보았다. 인지는 개인이 환경적 사건에 노출된 결과일 뿐 아니라, 개인이 이러한 사건의 의미를 활동적으로 구성한 결과이다. 개인의 행동은 환경적 사건을 인지적으로 어떻게 표상하는가에 따라 달라진다. 예를 들어, 사건의 어떤 측면에 선택적으로 주의를 기울이며, 어떤 의미를 부여하는가에 따라 행동이 달라진다. 사고 감정, 행동, 그리고 그 결과는 원인과 관련성이 있다. 자신에 대한 사고를 포함한 인지적 표상은 사회적 기능과 정서적 안정에 영향을 미치며, 변화가 가능하다. 인지 변화는 행동 변화에 영향을 미친다.

피아제는 인간의 인지는 환경과의 상호작용을 통하여 변화하고 발달한다고 보고 있으며, 이러한 상호작용에서 인간의 능동적 역할을 중시하고 있다. 피아제를 비롯한 인지이론가들은, 무의식을 강조한 정신분석이론에 비해, 긍정적이고 환경에 인간이 능동적으로 적응한다는 측면에서 인간의 성장 가능성을 시사하고 있다.

4. 핵심 개념 및 내용

1) 인지

인지(cognition)란 자극을 조직화하여 지식을 얻는 심리적 과정으로 총체적 정신과정을 포함하는 포괄적 개념이다. 포괄적 개념이라는 점에서 알 수 있는 것처럼, 최근에는 인지를 지식, 의식, 지능, 사고, 상상, 계획과 전략의 개발, 합리화, 추론, 문제해결, 개념화, 분류 및 유목적화, 상징, 환상, 그리고 꿈과 같은 이른바 높은 수준의 정신과정을 모두 포함하는 개념으로 받아들인다. 이러한 인지의 개념에서 볼 수 있는 것처럼 인지이론은 인간이 외부세계를 이해하고 파악하는 바탕인 인지적 구조가 형성되는 과정을 설명하는 이론이다. 인지연구는 지식의 구체적 내용뿐만이 아니라 인지적 성숙과정을 연구하는 것이다.

인지이론은 다음과 같은 특징을 갖는다. 인지이론에서는 인간의 지능은 생물학적 적응의 연장이고 연령에 따라 단계별로 한 단계에서 높은 단계로 발전한다고 가정한다. 지금까지 살펴본 다른 이론들과 비교할 때, 인지이론이 갖는 중요성과 특징은 다음과 같다. 즉, 인지이론은 개인의 인지적 특성에 따라서, 환경의 의미가 달라진다는 것을 의미한다. 인지이론의 입장에서는 환경적 자극이 있을 때 개인은 인지적 특성에 따라서, 그 자극을 인지적으로 재해석하고 환경에 반응한다고 가정한다. 이러한 의미에서 인지이론은 생물학적 결정론과 환경적 결정론에서 벗어나, 개인의 사고가 감정과 행동에 미치는 영향력에 초점을 둔다고 볼 수 있다.

2) 도식

도식(schema)은 어원으로는 '형태'라는 의미이며, 일반적으로 사물이나 사건 또는 사실에 대한 전체적인 윤곽이나 개념을 말한다. 피아제는 개념보다 도식이란 용어를 선호했는데, 도식이 언어와 그 외 다른 상징적 체계들이 발달하기 전인 유아기의 개념 및 개념적 연결에 해당되는 것이라고 보았다. 그는 도식을 행동이 유사한 상황 속에서 반복되면서 전승되거나 일반화되는 행동의 구조 또는 조직으로 정의했다(Piaget & Inhelder, 1969). 그리고 도식이 사건, 감정, 관련된 심상, 행동, 또는 생각들의 의미 있는 배치임과 동시에 자료나 정보가 투입될 때 일종의 준거 틀로 기능한다고 보았다. 이에 따르면, 도식은 정신적 조직화의 일차적 단위이며 인간은 도식을 통해 환경에 적응한다.

유아는 기본적 도식을 가지고 태어나, 조직화와 적응의 과정을 통해 새로운 도식을 개발하고 기존의 것들을 변화시킨다. 빨기와 잡기 같은 최초의 도식은 본질적으로 반사적이다. 도식은 연합에 의해 발달하는데, 반사가 다른 경험과 연합되면 빨기, 잡기, 보기와 같은 단편적인 행동이 좀 더 반경이 넓어지고 통합적으로 된다. 예를 들어, 보기, 잡기, 빨기는 동시에 보고 잡으며 빠는 것으로 통합된다. 도식은 일생에 걸쳐 계속해서 개발되며 수정된다(이인정 · 최해경, 2007: 247).

3) 조직화

조직화는 신체적 또는 심리적 과정을 일관된 전체로 종합하는 식으로 배우는 것이 아니라, 성숙해지면서 상이한 도식들을 결합시키는 것이다(Piaget, 1963). 즉, 서로 다른 감각의 입력정보들을 상호 관련시키는 것이다. 예를 들어, 출생 후 몇 달이 지나면 유아는 어떤 대상을 쳐다보고 그것을 잡을 수 있게 된다. 보이는 것을 잡는다는 것은 보는 것과 잡는 것을 결합한 행동이다. 심리적 측면에서 조직화는 떠오르는 생각들을 이치에 맞게 종합되는 것을 말한다.

4) 동화

동화(assimilation)는 사람들이 입력되는 정보를 변환시켜서 기존의 사고방식에 적합하도록 만드는 과정을 말한다. 즉, 기존의 도식으로 새로운 물체를 이해하는 것을 피아제는 동화라고 불렀다. 예를 들어, 텔레비전의 드라마에 나온 도둑 역을 맡은 사람을 도둑의 도식으로 가진 어린아이가 그 사람과 비슷한 사람을 만났을 때 도둑이라고 하는 현상은 동화에 의한 것이다. 즉, 동화라는 것은 새롭게 부여되는 자극이 이전부터 존재하는 인지구조의 활동인 도식에 의해서 변경되는 것을 의미한다. 다른 예를 들면, 아동이 사자를 보고 고양이라고 말할 때, 누군가가 "고양이가 아니고 사자다."라고 말해줌으로써 잘못을 바로 잡을 수 있다. 이때 아동은 '사자'라고 불리는 새로운 도식을 형성하게 된다.

5) 조절

조절(accommodation)이란 이전의 사고와 행동방식의 요소를 수정하거나 새로운 대상에 대해 좀 더 적절한 새로운 방법을 배우는 것을 의미한다. 유아가 새로운 자극을 만나면 그것을 이미 가지고 있는 도식에 끌어들여 동화시키려고 한다. 그러나 때로 자극을 동화할 수 있는 도식이 없을 경우, 인지적 구조의 변화를 가져오게 하는 인지과정이 필요하다. 즉, 새로운 자극을 받아들일 수 있는 새로운 도식을 만들거나 이미 가지고 있는 도식을 변형하는 일이 필요한 것을 조절이라고 한다. 위의 예를 들어 설명하면, '네 발로 다니는 것은 모두 개다'에서 '네 발로 다니더라도 모두 개는 아니다'라고 이해했다면 기존의 이해의 틀이 변화되었으므로 조절이다. 즉, 네 발로 다니는 고양이가 개의 도식에 속하지 않음을 알게 되어 고양이를 보고 '야옹이'라고 부르게 되면 조절이 이루어졌다고 본다(표갑수 외, 2016: 214).

6) 적응

인간은 성장하면서 지속적으로 새로운 환경적 자극에 노출된다. 새로운 자극에 노출될 때마다 인간은 동화나 조절을 통해서 환경에 적응하게 된다. 이러한 인간의 환경에 대한 적응은 위에서 살펴본 동화와 조절의 상호작용에 의해 일어난다. 피아제는 적응

(adaptation)을 행동주의자들이 말한 학습의 종류보다 더 넓고 광범위한 것으로 이해했다. 피아제는 적응을 근본적인 생물학적 과정으로 보았고 인간의 인지발달의 가장 중요한 특징은 새로운 자극에 대한 적응 및 문제해결의 과정으로 이해하였다.

7) 평형화

평형화(equilibrium)란 기존의 사고방식과 새로운 경험 간의 상호작용을 통해서 인지체계와 외부세계 사이에 균형이 유지된 상태를 말한다. 이는 피드백(feedback) 개념과 유사하다고 할 수 있다. 이러한 평형화과정에는 위에서 살펴본 동화와 조절의 두 과정이 모두 포함된다. 평형화는 인지발달을 일으키는 근본원리이다. 피아제는 발달을 아동의 인지체계와 외부세계 사이에 점점 더 안정된 평형이 확립되는 것이라고 보았다.

평형화는 세 단계로 일어난다(강상경, 2018: 191).

첫째 단계는, 이동이 자신의 사고방식에 만족하여 평형상태에 있는 단계이다.

둘째 단계는, 기존의 사고방식의 한계를 깨닫고 이에 만족하지 않음으로써 불평형의 상태에 이르게 되는 단계이다.

셋째 단계는, 아동들이 이전의 사고방식의 한계들이 제거된 좀 더 발전된 사고방식을 채택하게 되면서 평형성을 회복하는 단계이다.

5. 인지발달단계

피아제는 감각 및 운동능력의 결과로 이루어지는 인지발달에서 출발하여 추상적이고 논리적 사고의 습득과 표현, 즉 형식적 사고로 완결되는 인지발달의 네 단계를 제시하였다(Piaget, 1954, 2013).

1) 감각운동기(sensorimotor period : 0~2세)

감각운동이란 용어는 아동의 행동이 자극에 대한 반응이기 때문에 붙여졌다. 즉, 아동이 경험하는 자극이 감각적이고 이에 대한 반응이 신체운동으로 나타난다는 것이다. 단순한 반사반응만 나타내는 출생 직후부터 초기의 아동적 언어를 사용하는 상징적 사고가 시작되는 2세까지가 이 단계에 해당된다. 신생아의 인지세계는 미래에 대한 설계나 과거의 기억이 없는 현재의 세계이며, 신생아는 감각운동에 기초해서만 경험한다. 이 시기의 아동은 주로 사물을 만져보고, 그것들을 조작해보며, 환경을 직접 탐색해서 학습을 한다. 이 단계의 끝에 가서 최종적 성취는 자신의 환경이 독특하고 안정된 속성을 가지고 있다는 것을 아동이 이해하는 것이다(이인정 · 최혜경, 2007: 253).

감각운동기는 출생 직후 신생아의 타고난 반사활동에서 시작해서 초기의 아동적 언어를 나타내는 상징적 사고가 시작되는 2세경에 끝난다. 아동은 외부세계에 대해 빨기, 쥐기, 때리기와 같은 신체적 행동양식을 조직화하므로, 이 시기를 감각운동기라고 한다. 이때의 행동양식은 대부분 자극에 대한 반응으로 과거에 대한 기억이나 미래에 대한 계획이 아닌 순전히 감각운동에 기초하여 행동한다. 즉, 초기의 인지활동은 감각적이고 운동적인 행동도식을 통해 외부환경을 이해하고 적응해 나가지만 후기에는 꽤 발달된 지적 활동을 한다.

피아제는 감각운동기를 독립적이지만 상호 관련되는 여섯 개의 하위단계들로 구분하였다. 이 하위단계들은 아동이 어떤 체계적인 목적 없이 행동하는 수동적인 유기체에서 지능의 초기적 요소를 가진 사고하는 존재로 발달하는 과정을 나타낸다.

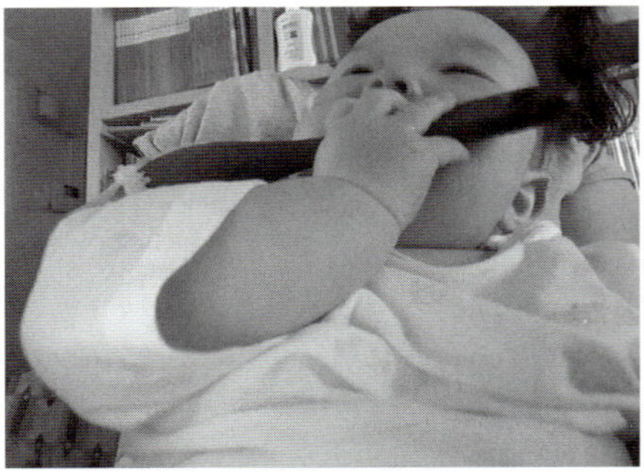

자료: 송형철(2018: 114).

그림 6-1 감각운동기의 적극적인 빨기

(1) 반사활동기

출생 직후부터 약 1개월까지 영아는 환경에서 자극에 적응할 수 있는 반응을 창출하는 도식을 형성한다. 즉, 신생아는 학습되지 않은 생득적 반사로 환경에 적응한다. 외부세계에 대한 아동의 선천적 능력과 준비는 제한되어 있어 아동은 대상에 행하는 자신의 행위와 대상 그 자체를 구분하지 못하며, 외부세계에 대한 지식을 습득하는 일차적 정보원은 잡기, 빨기, 큰소리에 반응하기와 같은 반사적 행동이다. 출생 후 한 달 동안 아동의 행동에는 목적이 없다.

아동은 반복적으로 같은 반사를 사용하는 재생적 동화를 한다. 예를 들어, 아동은 장난감이든 이불이든 닥치는 대로 빨거나 손이 닿는 곳에 있는 모든 것을 잡는다. 동화가 환경적응의 대부분을 차지하지만 때로 조절도 일어난다. 예를 들어, 젖을 빨면서 젖꼭지와 가슴을 구별하게 된다. 반사활동기의 특징은 두 가지이다. 첫째, 자신과 외부세계의 구분이 없다. 둘째, 다양한 반사도식들을 사용해 경험을 쌓아감에 따라 아동은 증가하는 환경의 요구에 더욱 잘 적응할 수 있게 된다.

(2) 1차 순환반응

출생 후 약 1~4개월까지 영아는 새로운 경험을 하게 되면서 흥미를 끄는 행동을 반복한다. 이 시기는 아동의 관심이 외부의 대상보다 자신의 신체에 있기 때문에 일차 순환반응이라 불린다. 순환반응은 반복되는 빨기, 잡기, 블록 치기와 같은 감각운동행동의 반복을 의미한다. 반사활동기에는 동화와 조절의 기능이 거의 차이를 보이지 않으나 이 단계에서는 반사행동들 간의 분리가 증가하여 동화와 조절기능이 분리된다. 순환반응의 목적은 기존 도식에 대한 수정이며, 도식의 수정은 곧 지적 발달을 의미한다. 이 하위단계에서 아동은 다양한 반사들에 숙달하고 이 반사들은 서로 협응된다. 예를 들어, 아동은 눈으로 흥미 있는 물체를 추적하면서 그 물체를 잡으려고 손을 뻗는다. 이 하위단계에서 아동은 많은 시행착오를 거쳐 학습을 하며 학습과정에서 우연은 중요한 요소가 된다.

이 시기에도 아동은 목적 지향적이지 않으나, 다양한 순환반응의 협응은 인지발달에 영향을 미친다. 시행착오학습을 통해 아동은 구체적인 인과관계를 분명히 알지는 못할지라도 어느 정도 인과 개념을 발달시킨다. 아동은 자기의 행동을 예측되는 결과에 연결시킨다. 즉, 딸랑이를 흔들면 소리를 듣게 되리란 것을 안다. 일차 순환반응은 환경이 제공하는 대로 학습하거나 획득하는 것이 아니며, 아동 스스로 발견하는 자신의 신체에 대한 탐구과정이다.

(3) 2차 순환반응

출생 후 약 4~8개월까지 영아는 최초로 자신의 환경 내에 있는 사물이나 상황에 관심을 가지고 이들을 탐색하는 행동을 보이게 된다. 이차 순환반응이란, 영아가 자신이 아닌 주위 환경에 대한 인식을 하게 되면서 우연히 했던 어떤 행위가 재미있었다면 똑같은 결과를 얻기 위해 행동을 반복하는 것이다. 예를 들어, 유모차에 누워 있는 영아가 눈 위에 있는 딸랑이를 손으로 건드려서 나는 소리를 듣고 흥미로우면 반복해서 손으로 건드리는 행동을 하게 된다.

영아의 반복적 행동은 자신의 행동을 통해 환경 내에서 어떤 결과를 얻게 될 수 있다고 인식한 다소 의도적이고 목적을 지닌 행위라 할 수 있다. 그러나 이러한 의도적인 행위는 우연한 것이며, 행동 이전에 목표를 갖고 계획되지는 못한다. 또한 이 시기에는 스스로 어떤 반응을 새롭게 만들어 내는 능력을 갖게 되며, 대상영속성의 개념이 서서히 나타나기 시작한다.

(4) 2차 도식의 협응

출생 후 약 8~12개월까지 영아는 특정한 목적을 달성하기 위해 이전에 획득한 여러 가지 도식을 새로운 상황에 사용하게 된다. 이차 도식의 협응은 목적을 달성하기 위해 의도적으로 수단이 되는 기존의 다른 도식들을 협응시키는 것을 의미한다. 예를 들어, 영아가 장난감을 잡으려고 베개를 치우는 것은 목적을 달성하기 위한 수단의 사용이다.

영아는 이 시기에 특정한 목적을 계속적으로 지향하는 행동을 하게 되며, 사람과 사물을 구별하게 되고, 숨긴 물건을 기억했다가 다시 찾으려고 하는 대상영속성이 어느 정도 획득된다. 즉, 영아의 행동은 수단과 목적을 결합하는 최초의 의도적인 문제해결 행동이며, 실질적인 지적 행동이다. 이 시기에는 영아의 모방능력이 급속하게 발달되어 신체적인 움직임뿐만 아니라, 얼굴 표정도 모방할 수 있게 된다.

(5) 3차 순환반응

출생 후 약 12~18개월까지 영아는 수단과 목적의 관계를 단순히 반복하는 것이 아니라, 적극적인 탐색과 시행착오과정을 통해 새로운 행동과 결과를 탐색하게 된다. 즉, 삼차 순환반응은 단순한 목적을 지닌 반복이 아니라, 새로운 행동이 어떤 결과를 가져올 것인가를 알아보기 위해 다양하게 반복적으로 실험해 보는 것이다. 예를 들어, 영아는 손바닥으로 탁자를 약하게도 두드려 보고, 강하게도 두드려 보면서, 그에 따라 소리가 다르게 나는 것을 즐거워하며 반복적으로 두드린다.

영아는 마치 되풀이해서 새로운 실험을 하듯이 사물을 탐색하고, 속성을 파악하여 새로운 도식들을 형성하게 된다. 즉, 영아는 여러 가지를 스스로 학습해 보면서 외부 세계에 대한 호기심을 일으켜 여러 가지 도식을 발달시켜 나간다는 것이다. 그러나 일련의 행동들이 감각운동 차원에서 이루어지며, 사고로 내면화되지 못하는 점에서 이 단계의 인지발달에 한계가 있다(이근홍, 2015: 27).

(6) 상징적 표상

출생 후 약 18~24개월까지 영아는 좀 더 내면적으로 사고한 후에 행동을 하게 된다. 영아는 문제를 해결하기 위해 실재의 물체뿐만 아니라, 상징이나 이미지를 인지적으로 조합하고 조정하기도 한다. 즉, 상징을 통해 새로운 인지구조를 생각하기도 하며, 이러한 인지구조들을 결합시켜 새로운 수단을 알아내는 사고를 시작한다. 이 시기에는 시행착오과정을 통해 다른 행동을 취하는 것이 아니라, 머릿속으로 생각을 한 후 행동한다.

영아는 목격한 행동을 그 자리에서 모방하지 않고 시간이 지난 후에 사라진 모델의 행동을 재생할 수 있는 지연모방(deferred imitation)을 획득하게 된다. 지연모방이 가능하다는 것은 영아가 관찰한 상황을 표상의 형태로 저장하고 있음을 입증해 주는 예가 된다. 표상이 형성되면서 눈앞에 없는 대상에 대한 사고가 가능하게 되며, 전조작기의 단계로 이행하게 된다.

부감각운동기 세부단계별 인지발달의 특성은 〈표 6-1〉과 같다.

표 6-1 부감각운동기 세부단계별 특성

세부단계		연령범위	인지발달특성
1	반사 활동기	출생~1개월	• 빨기, 파악반사, 웃음, 미소반사 등 타고난 반사행동을 통하여 환경과 접촉하고 적응적 방향으로 수정됨
2	일차 순환반응	1~4개월	• 우연히 어떤 행동을 하여 흥미 있는 결과를 얻었을 때, 이러한 행동을 반복함(예: 손가락 빨기) • 점차 대상의 특성을 발견하고 그 물체의 요구에 따라 반응을 수정해 가는데, 이를 위해서는 감각체계 간의 협응이 이루어져야 함
3	이차 순환반응	4~8개월	• 활동 자체의 흥미에서 벗어나 환경 변화에 흥미를 가지고 활동을 반복(예: 딸랑이 흔들기) • 자신의 행동과 예상되는 결과를 예측하며, 자신의 욕구충족을 위하여 의도적으로 행동함 • 그러나 예상하지 못한 행동결과가 나타나면 놀라기도 함

세부단계		연령범위	인지발달특성
4	이차도식의 협응	8~12개월	• 친숙한 행동이나 수단을 통해 새로운 결과를 얻으려고 하므로, 이 단계의 행동은 의도적이고 목적적임 • 1차 도식(예: 엄마의 옷을 잡아당기기)과 2차 도식(예: 엄마를 다른 곳으로 데려가기)의 협응이 이루어짐
5	삼차 순환반응	12~18개월	• 친숙한 행동으로 목표에 도달할 수 없을 경우 전략을 수정하여 사용함 • 도식 자체가 크게 변화하게 되고, 능동적으로 새로운 수단을 발견함 • 시행착오적 행동을 함(예: 높은 곳에 물건을 내리는 것에 실패할 경우 의자를 가져다 놓고 높은 곳에 있는 물건을 내림)
6	상징적 표상	18~24개월	• 행동하기 전에 생각을 함으로써 돌연한 이해와 통찰을 얻을 수 있음 • 수단과 목적의 관계에 대한 정신적 조작이 가능해짐 • 몸으로 행동하는 대신 마음속으로 행동의 결과를 예측함

자료: 송형철 외(2018: 118).

2) 전조작기(preoperational period: 2~7세)

이 단계는 2~7세까지 지속된다. '조작(operation)'이란 정보의 전환을 이해하는 능력, 즉 처음으로 되돌아갈 수 있는 능력을 의미한다. 이 단계에서 언어의 습득을 통하여 사물이나 사건을 내재화할 수 있는 능력이 생기고, 보이지 않는 것을 기억하는 상징적 표상능력을 지닐 수 있게 되며, 개념적 사고를 하기 시작한다. 하지만 자기중심 · 직관적 · 비가역적 사고의 특성 때문에 아직 조작적 사고가 이루어지지 않은 상태이다.

전조작기의 아동들은 언어를 사용하게 되면서 사물이나 사건을 기억하고 표현하는 능력이 가능해지지만, 조작능력에는 한계가 있어 변형된 경험을 논리적으로 환원시키지 못하고 지각에 의한 직접적 경험으로 사물이나 사건을 이해한다. 즉, 이 시기에는 정신적 표상에 의한 사고는 가능하나 아직 개념적 조작의 단계에 들어서지 못하므로 전조작단계라고 한다. 이 단계의 아동은 자신의 관점과 사고가 옳다고 보는 자아중심성으로 인해 사물을 자신의 입장에서 보기 때문에, 타인의 관점을 이해하지 못하며, 비논리적 사고로 직관적 사고에 의해 판단하므로, 보존 개념을 획득하지 못한 상태이다(정서영 외, 2017a: 232-233). 지능은 지식에 의해 지배되는 경향이 있으며, 점차 보존,

분류, 서열의 개념이 생겨나기 시작한다. 2세가 지나면서 감각동작적 행동에만 의존하던 것을 차츰 새로이 습득한 언어를 사용할 뿐만 아니라, 언어 이외의 다양한 상징적 능력도 발달한다. 이 단계에서의 사고는 비논리적이며 환상이나 놀이를 통한 상징적 표상이 문제해결과 지배감을 갖게 되는 중요한 통로가 된다.

이러한 특성을 지닌 전조작단계는 전개념적 사고단계와 직관적 사고단계로 구분된다.

(1) 전개념적 사고단계

이 단계는 2~4세 시기로, 유아기에 발달한 도식이 상징적으로 사물을 조절할 수 있도록 해주는 표상기술을 획득하는 시기이다. 개념발달을 위해서 다양한 언어활동과 신체활동에 참여하는 시기이다. 이 시기의 유아들은 자기중심적이며, 흔히 잘못된 개념, 현실에 위배되는 개념들을 가지고 있다. 이 시기 유아들의 개념획득에 가장 결정적인 것은 다양한 언어활동과 신체적 활동을 통한 경험이다. 따라서, 유아는 더 이상 만지거나 보지 않아도 되며, 표상기술을 사용하여 과거에 일어났거나 미래에 일어나기를 원하는 사건을 표현할 수 있다. 이 단계에서는 상징놀이를 통하여 사회, 신체 및 내적 세계를 실험하고 이해하며, 현실적으로 불가능한 것도 다룰 수 있고, 언어적 제한성을 보충할 수 있다.

전개념적 사고단계에 있는 유아들의 특징은 자기중심적이다. 즉, 다른 사람의 관점에서 사물을 이해할 수 없다. 눈에 똑똑히 보이는 한 가지의 사실에만 기초하여 사물을 분류할 수 있고, 하나의 준거에 의해서만 물체를 수집할 수 있다. 예를 들어, 여러 가지 단추 중에서 동그랗게 생긴 것들을 가려낼 수는 있지만, 동그랗고 빨간 단추는 가려낼 수 없는 것과 같다. 사물을 단계별로 배열할 수 있다. 그러나 바로 접하지 않는 사물을 추리해서 배열할 수는 없다. 예를 들어, 연필을 길이가 긴 순서로 배열할 수는 있지만, 'a는 b보다 길고, b는 c보다 길기 때문에 a는 c보다 길다'라고 추리할 수는 없다 등이다.

(2) 직관적 사고단계

이 단계는 5~7세까지로서 여러 사물과 사건을 표상하기 위하여 많은 개념들을 형성하지만 아직 불완전하며, 부분적 논리를 통해 추론을 한다. 언어화되지 않는 모호한 인상이나 지각적인 판단에 의존한다. 상징적 매체, 즉 언어가 개입되지 않은 직관에 의존하기 때문에, 이 시기 유아의 사물에 대한 판단은 흔히 잘못된 것이 많다. 예를 들어, 마주 하고 있는 선생님이 '오른손을 드세요' 하면서 오른손을 들면 유아는 선생님의 말은 무시하고, 선생님의 오른손은 자기의 왼손 방향에 있으므로 왼손을 들곤 한다.

이 단계에서는 상위 개념과 하위 개념을 완전히 구분하지 못하므로, 분류능력이 불완전하다. 사물이나 사건의 개별적 특성만을 고려하여 추리하고 특수한 것에서 특수한 것을 추가하는 전도추리 경향이 나타난다. 전체 상황 중에서 하나의 차원이나 측면에만 주의를 기울이고, 다른 중요한 차원은 무시하는 중심화 경향이 나타난다. 일련의 논리나 사건을 원래 상태로 역전시킬 수 없는 비가역적 사고 특성이 나타난다. 타인의 관점과 역할을 고려하지 않은 채, 자신의 입장에서 세계를 지각하는 자기중심적 사고 특성이 나타난다. 수의 개념을 사용하고 보존성의 원리를 어렴풋이 이해하기 시작한다. 이 단계의 아동들에게 나타나는 인지 유형은 다음과 같다(이우언 외, 2017: 224-227).

3) 구체적 조작기(concrete operational period : 7~11세)

구체적 조작기는 사고가 안정되고 일관성이 있으며, 조작적이면서 논리적 추리력을 갖게 되는 단계이다. 이 시기는 논리적 사고가 현저하게 발달하는 시기이지만, 아동의 사고가 현실에 존재하며 관찰이 가능한 구체적 사건이나 사물에만 한정되어 있기 때문에, 이 시기를 구체적 조작기라고 한다. 아동은 가상적인 상황을 만들어서 추론할 수 없기 때문에, 추상적이고 복잡한 가설의 정신적 사고는 아직 가능하지 않다.

구체적 조작기에 아동은 인지능력이 발달하여 보존 개념, 분류화, 서열화, 탈중심화, 자율적 도덕성 등을 갖게 된다(이근홍, 2015: 281).

(1) 분류화

분류화(classification)란, 대상을 구분하고 동시에 두 개 이상의 계층을 고려할 수 있는 능력을 가질 수 있는 것을 의미한다. 색깔이나 크기에 따라 순서를 배열할 수 있는 능력을 갖고 크기를 비교할 수 있게 된다.

(2) 서열화

서열화(seriation)는 어떤 특정의 속성이나 특징을 기준으로 하여 상호관계에 따라 사물을 잘 어울리게 배열하는 것이다. 이것은 여러 사물이나 현상들을 특정 속성에 따라 순서대로 배열하는 것을 말한다. 이 시기의 어린이는 사물 간의 관련성을 이해하기 때문에, 한 사물을 여러 대상이나 사물들과 비교할 수 있게 되어 차례대로 늘어놓을 수 있게 된다.

(3) 보존

보존(conservation)은 어떤 대상의 형태와 위치가 변화하더라도 그 양적 속성이나 실체는 변하지 않는다는 것이다. 이 시기에 아동은 아무것도 보태거나 빼지 않을 경우 본래의 양은 동일하다는 '동일성(identity)' 및 어떤 변화상태란 그 변화과정을 역으로 수행하면 본래의 상태로 되돌아갈 수 있다는 '가역성(reversibility)', 그리고 어떤 차원에서의 변형에 의한 양의 손실은 다른 차원에서 얻어진다는 '보상성(compensation)'을 이해할 수 있다. 이러한 동일성, 가역성 및 보상성에 대한 이해는 보존 개념의 획득을 가능하게 한다.

(4) 탈중심화

탈중심화(decentration)는 사물의 어떤 두드러진 특성이나 측면에만 얽매이지 않고 여러 가지 특성이나 측면을 고려하는 다면적 사고를 할 수 있는 것이다. 따라서, 이 시기에 아동은 자기중심적 사고에서 타인의 관점을 수용하고 이해하는 능력이 발달하게 된다. 하지만 구체적 조작을 성취함으로써 아동은 논리적으로 사고할 수 있지만 논리를 가설적 문제에 적용하지는 못한다.

(5) 자율적 도덕성

자율적 도덕성(autonomous morality)은 사람들이 서로 뜻을 같이 하여 규칙을 만들 수도 있고, 또 서로가 동의하면 언제든지 변화될 수 있다는 것을 의미한다. 또한 행위의 결과보다 행위자의 의도에 따라 옳고 그름에 대한 판단을 내리게 된다. 예컨대, 어린이가 어머니를 돕기 위해 설거지를 하다가 컵을 깨뜨렸다면 일부러 깨뜨린 것이 아니기 때문에 잘못했다고 판단하지 않는다. 어린이는 규칙을 어겼다고 해서 꼭 벌을 받는 것은 아니며, 경우에 따른 정상 참작이 필요한 것을 알게 된다.

4) 형식적 조작기(formal operational period: 11세 이후)

이 단계는 11~15세까지 지속되는 단계로서, 아동은 자신의 지각이나 경험보다는 논리적 원리의 지배를 받으며, 추상적 사고가 가능하기 때문에 경험하지 못한 사건에 대한 가설적이고 추상적인 합리화를 통하여 과학적 사고를 할 수 있게 된다(정서영 외, 2017a: 234).

(1) 추상적 사고

추상적 사고(abstract thinking)는 실제적, 구체적으로 경험할 수 없는 사물이나 사건을 머릿속으로 생각하는 것이다. 형식적 조작기에는 어떤 사물에 대해 다양한 요인을 함께 고려할 수 있을 뿐만 아니라, 사물이 존재하는 방식과 기능하는 방식에 대해 창의적으로 사고할 수 있다. 또한 이 시기에는 자신의 미래에 대해서나 자신이 나아갈 사회에 대해서도 사고를 하게 되며, 현실과 다른 가상적 사회를 꿈꾸고 구상하기도 한다.

(2) 가설 연역적 추리

가설 연역적 추리(hypothetical-deductive reasoning)는 제시된 문제에 내포된 정보로부터 하나의 가설을 설정하여 일반적인 원리를 바탕으로 특수한 원리를 논리적으로 이끌어 내는 것을 말한다. 즉, 구체적 조작기에는 어떤 문제상황에 놓이게 되면 과거의 문제해결경험을 바탕으로 문제를 해결하려고 하지만, 형식적 조작기에는 문제해결방안과 관련된 가설을 설정하고 체계적인 검증을 통하여 하나의 문제해결의 원리를 표출해 낸다.

(3) 조합적 사고

조합적 사고(combination thinking)는 하나의 문제를 해결하기 위해 여러 가지 가능한 해결책을 논리적으로 구성하여 문제해결에 이를 수 있는 사고이다. 구체적 조작기에는 문제해결을 위한 가능한 방법을 체계적으로 조합하여 생각하지 못하지만, 형식적 조작기에는 문제해결을 위해서 사전에 모든 가능한 방법을 생각하고 체계적으로 조합할 수 있는 능력을 갖게 된다.

(4) 명제적 사고

명제적 사고(propositional thinking)는 경험적 현상에 대해 추리하는 것이 아니라, 진술 간의 논리적 관계를 추리하는 것으로 논리적 판단을 언어나 기호로 표현할 수 있는 능력을 말한다. 형식적 조작기에는 현실세계의 상황을 고려하지 않고 명제의 논리적 진위만을 판단하며, 여러 명제 간의 논리적 추론을 이끌어 내는 명제적 사고를 할 수 있게 된다.

(5) 다차원적 사고

다차원적 사고(multi dimensional thinking)는 하나의 차원을 넘어 여러 차원을 동시에 바라볼 수 있는 것을 말한다. 즉, 이것은 인식의 범위가 하나의 상황을 단일상황이 아닌 여러 가지 입체적 · 통합적 흐름 속에서 다면적으로 바라볼 수 있는 의식체계를 말한다. 청소년은 한 가지 측면의 사고에 국한되지 않고 다차원적인 사고능력이 발달함에 따라 다른 사람의 관점에서 사고할 수 있게 된다.

피아제의 인지발달단계는 〈표 6-2〉와 같다.

표 6-2 피아제의 인지발달단계

인지발달단계	연령	특징
감각운동기 (sensorimotor stage)	0~2세	• 감각운동에 기초하여 다양한 감각경험 및 발달 • 대상영속성 개념 획득 • 사물을 직접 탐색하고 조작하여 학습함 • 하위 여섯 단계로 구분 ① 반사활동(0~1개월): 반사가 보다 효율적이며 모든 대상을 빨기 도식에 동화시킴 ② 1차 순환반응기(0~4개월): 새로운 경험을 반복하며, 협응 등 초보적인 학습능력이 생김 ③ 2차 순환협응기(4~10개월): 우연한 발견의 의도적 반복으로 새로운 반응능력을 갖게 됨 ④ 2차 도식협응기(10~12개월): 기존 도식을 새로운 대상에 활용, 조절 확대 ⑤ 3차 순환반응기(12~18개월): 문제해결을 위한 새로운 수단을 발견하고 반복 ⑥ 상징적 표상기(18~24개월): 행위의 내면화, 시작 전 상황에 대한 사고를 하기 시작
전조작기 (preoperational period)	2~7세	• 보이지 않는 것을 기억하는 표상적 상징이 가능 • 상징놀이, 물활론, 보존 개념의 부족 등의 특성 (물활론 - 생명이 없는 대상에서 생명과 감정을 부여, 예를 들어, 곰인형이 무서울까 봐 빨리 집에 가야 한다고 함) • 자아중심적 사고, 직관적인 사고 • 사고는 가능하나 논리적이지는 않음
구체적 조작기 (concrete operational period)	7~11세	• 분류, 영속성, 서열화, 보존 개념의 획득 • 실제적이고 구체적인 대상과 사상들에 한정된 논리만 가능 • 간단한 산술과 연산 이해 • 자아중심성에서 탈피하여 자율적 도덕성 획득
형식적 조작기 (formal operation)	11세~	• 논리적 · 연역적 추론, 추상적 사고 가능 • 가능성과 실제 간의 가설적 문제의 해결 가능 • 체계적인 사고능력, 다양한 해결책 고려할 수 있는 사고능력 발달

자료: 정서영(2017a: 234-235) 재인용.

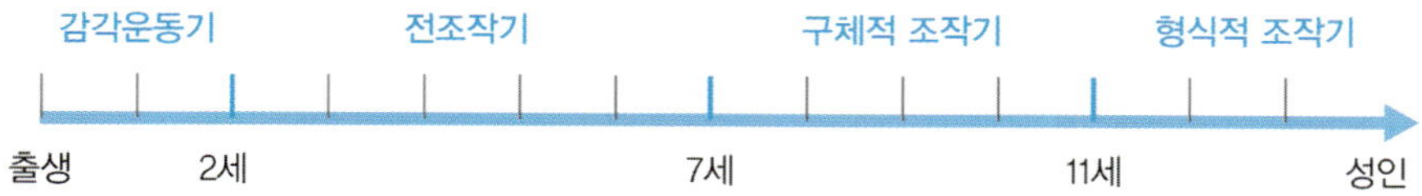

자료: 송형철(2018: 128).

그림 6-2 피아제의 인지발달단계

6. 평가

피아제의 이론은 일상생활에서 실제로 아동이 하는 행동을 중심으로 개발한 이론으로서, 아동을 대상으로 아동의 나이에 적합한 놀이기구, 게임, 학습방법 등을 그들의 관점에서 바라볼 수 있어야 한다는 점을 인식시켜 주고 있다. 그러나 아동 스스로 학습한다는 자율성에 근거하여 훈련이나 연습의 효과를 무시한다는 것과, 아동에 대한 직접적인 관찰을 통해서 수집한 자료이기 때문에, 과학적인 방법으로 증명되기 어렵다는 점에서 비판받고 있다(정은, 2014: 130).

피아제의 인지이론에 대한 비판은 다음과 같다(오창순 외, 2015: 155).

첫째, 실험실에서 과학적으로 이루어진 연구가 아니고, 자녀를 관찰한 내용을 토대로 하여 연구방법의 객관성과 신뢰성이 부족하다.

둘째, 유럽지역의 일부 아동을 대상으로 한 연구에 국한된 것으로서 아동의 인지발달에서 문화적 · 사회경제적 · 인종적 차이를 충분히 고려하지 않는다.

셋째, 인지발달에서 가까운 사람 및 사회환경과의 관계에는 관심을 두지 않았고, 정서장애나 성격장애에 대한 설명이 없다.

넷째, 인지발달이 청소년기에 멈춘다고 주장하여 이후의 발달단계에 있는 성인의 인지발달에 대해서는 언급이 없다.

7. 사회복지와의 연관성

피아제이론은 아동발달에 대한 전반적 이해의 틀을 제시하였다. 피아제는 일상생활에서 실제로 아동의 행동을 관찰하고 이에 근거하여 이론을 개발하였기 때문에, 아동의 인지발달을 위한 여러 가지 사회복지실천 프로그램의 개발에도 적용이 용이하다. 또한 인지발달을 설명하는 그의 이론은 일반 아동의 인지발달에 대한 이해뿐만 아니라, 인지발달이 늦거나 학습장애 등을 가진 아동에 대한 개입에서도 중요하다. 인지이론이 사회복지실천에 미친 영향은 다음과 같다(신기원 외, 2016: 200).

첫째, 개인과 환경의 상호작용을 강조하고 있다. 인지이론은 개인이 환경 속의 다른 사람들과의 행동이나 사건, 상황에 어떠한 의미를 부여하는지에 대한 이론의 틀을 제시했다. 또한 인간의 환경에 대한 도식인 동화와 적응은 인간과 환경의 상호적 관계를 설명하는 것으로, 사회복지실천에서 시사하는 바가 크다.

둘째, 인지이론에서 인지는 현실을 해석하여 정서와 행동에 영향을 주는 매개요인으로 작용한다. 즉, 인지이론은 클라이언트가 지각한 현실이 중요하다는 근거를 제공하는 것으로, 사회복지사들은 클라이언트가 보는 관점으로 문제를 이해하고 개입하여야 한다는 것이다.

결론적으로 피아제의 이론은 가치지향적인 사회복지실천 분야보다는 교육학적 측면에서 이론적 토대를 이루고 있으므로, 아동 클라이언트 개개인을 사정하여 서비스를 제공하며 기능을 촉진하고 회복하고 유지하고 향상시키고자 하는 사회복지실천의 궁극적 목적을 위해 활용할 수 있을 것이다.

PART

03

생애주기와 인간발달

Chapter

07

태내기, 영아기

[학습목표]

1. 태내기 발달의 영향요인 학습
2. 태내발달에 관한 지식 습득
3. 임신과 출산의 의미 파악
4. 영아기의 발달특성 숙지

[학습내용]

1. 태내기
2. 영아기

[개 요]

태내기는 정자와 난자가 결합하여 수정란을 이루면서 태내발달이 시작되고 태아가 수정 후 약 280일(40주) 기간 동안 모체 내에서 자라는 시기를 말한다. 영아기(infancy)는 태어나면서부터 만 3세까지, 즉 36개월까지를 말하며, 발달의 여러 영역에서 급속한 성장이 이루어지는 시기다. 본 장에서는 태내기와 영아기의 발달특성을 학습하고자 한다.

Chapter

07 태내기, 영아기

1. 태내기

1) 태내기의 개념

태내기(womb, prenatal period)란 정자와 난자가 결합하여 수정란을 이루면서 태내발달이 시작되고 태아가 수정 후 약 280일(40주) 기간 동안 모체 내에서 자라는 시기를 말한다. 인간의 개인적 차이는 환경이나 그 사람이 성장하면서 부딪히는 경험 이상의 것에 기인한다. 이는 개인적인 변이가 유전에 의해서 영향을 받는다는 것을 의미한다. 부모로부터 전달되는 특성이나 기질을 유전인자라고 하며 이것은 염색체 속에 들어 있다. 우리가 인간의 구조나 모습을 갖춘 것은 인간 특유의 염색체를 가지고 있기 때문이지만, 염색체와 유전인자의 구성이나 배열은 개인마다 다르다(Newman & Newman, 2011).

생물학적 측면의 인간발달은 아기가 수정이 되는 태내기부터 이미 시작된다. 이 시기는 임산부의 연령, 건강, 약물복용 및 정서적 상태까지 태아의 발달에 주요한 영향을 미친다(Zastrow & Kirst-Ashman, 2012). 임신 중 '태아'를 의학적으로 정확히 구분하면, 정자와 난자가 만나서 수정된 후 3~8주간은 태아가 아닌 '배아'라고 부르며 11주 이후부터는 '태아'라 부른다(강세현 외, 2015: 19).

태내기는 태내발달에서 가장 긴 시기이며, 수정 후 8주경부터 출생하기 전까지를 말한다. 이 시기에는 배아기에 형성된 신체기관이 성장하고 좀 더 정교해진다. 태아는 골격과 근육을 가지고 있어서 발로 차기도 하고, 팔을 구부리고 손을 폈다 접었다 할 수도 있으며, 심지어 손가락을 빠는 행동을 보이기도 한다. 태아의 움직임은 배아기가 끝나는 시점부터 어머니는 성장이 상당히 진행된 후인 수정 후 17~20주 사이에 태아의 움직임을 느끼기 시작한다. 20주쯤에는 외음부가 형성되어 태아의 성별을 초음파로 파악하는 것이 가능해진다.

정상적인 태내발달은 37~40주에 완성되고, 대부분의 아기는 이 시기에 출생을 한다. 하지만 가끔씩 37주 이전에 태어나는 아기들이 있는데, 이런 아이들은 조산아라고 불린다. 조산을 했을 경우에 생존할 수 있는 가장 이른 시기는 22~26주이며, 이보다 전에 태어난 아기들은 폐가 매우 미성숙하고, 호흡이나 체온을 조절할 수 있는 기능을 갖추지 못하였기 때문에 생존율이 낮다(윤가현 외, 2016: 207). 이 시기는 정자와 난자가 만나는 순간부터 출생의 시기이며, 어머니의 자궁 내에서 태아의 신체 조직이 발달하고 신체 성장이 가장 큰 폭으로 일어나는 시기이다. 인간의 개인적 차이는 환경뿐 아니라, 유전에 의해서 영향을 받는다. 따라서, 태아에게 유전적 요인과 환경적 요인 등이 영향을 미치기 때문에 각별히 조심해야 하는 시기이다.

2) 태내발달

생명은 '임신'으로 시작된다. 임신이란, 성숙된 난자가 성숙된 정자와 결합하여 수정란이 되는 것을 말한다. 남자의 정자와 여자의 난자를 '배우체(gametes)'라고 하는데, 이 두 배우체의 결합을 '수정'이라 한다.

여성은 출생 시에 이미 난소를 가지고 있는데, 난소에는 약 20만 개의 미성숙된 난자가 들어 있다가, 성숙한 여성이 되면 매달 한 개씩의 성숙된 난자가 난소에서 배출된다. 이것이 곧 여성의 생식세포인데, 난자가 정자에 비해 크다고 하지만, 실제 지름은 0.14mm이다. 남성이 성숙하면 남성의 생식세포인 정자를 배출한다. 정자의 크기는 난자의 약 1/40 정도인데, 이렇게 작지만 별로 움직이지 않는 난자에 비해 아주 활동적이다. 정자는 성교 시에 배출되며, 1회의 배출량은 약 1억~5억 마리 정도나 된다. 정자는 긴 꼬리가 달려 있는 올챙이 모양으로서 유전적 정보는 머리 모양의 앞부분에 있다. 이 정자는 자궁을 거쳐 난자가 있는 난관까지 헤엄쳐 갈 만큼 활동적이다.

수많은 정자가 난관을 향해 헤엄쳐 가다가 먼저 난자에 도달하는 정자만이 난막을 뚫고 난자와 결합되며, 결합된 정자의 꼬리는 떨어져 버린다. 이렇게 정자의 핵(nucleus)과 난자의 난핵이 결합하면 단핵의 수정란, 즉 접합체가 되는데, 이것을 '수정(fertilization)', 즉 임신이라고 한다.

태내발달은 대략 266일 지속되는데, 수정으로 시작되고 출생으로 끝난다. 임신은 3시기로 나눌 수 있는데, 즉 배란기, 배아기, 태아기가 있다(Santrock, 2018).

3) 분만

분만은 진통이라고 부르는 자궁근육의 불수의적인 수축으로부터 시작된다. 진통의 시작에서부터 신생아의 출산까지의 시간은 초산부의 경우 약 14시간, 경산부의 경우 약 8시간 정도이나 임신부에 따라 변수가 다양하다. 분만단계별로 분만의 전구증상, 분만 1, 2, 3, 4기를 거친다(지영주 외, 2016: 152-155).

4) 임신과 출산의 의미

임신과 출산이 아기와 부모, 그리고 사회에 미치는 의미는 다음과 같다(박성연 외, 2017: 104-105).

(1) 아기의 관점에서

임신은 태어나는 아기의 관점에서 볼 때 생의 시작을 의미한다. 정자와 난자의 결합에 의해 수정란이 형성된다. 이 수정란이 자궁내막에 착상하는 임신의 과정이 생물학적인 측면에서 생의 시작이라면, 임신부의 태내에서 10달을 성장한 후 모체 밖으로 나오는 출산의 순간은 사회적인 생의 시작점이라 할 수 있다. 따라서, 임신과 출산, 이 두 사건은 모두 태아에게는 생의 시작점이라는 공통점을 갖는다.

태내기는 아기에게 생물학적으로 완전하고 정상적인 인간이 되는 결정적 시기이다. 부모의 유전적 특성과 태내환경의 여러 요소의 영향에 따라, 이 기간 중 태아는 선천적인 출생결함은 물론 사망에까지 이를 수 있기 때문에, 임신과 출산 사이의 태내발달 기간은 아기의 이후 생에 대한 결정적 시기의 의미를 갖는다.

(2) 부모의 관점에서

임신과 출산의 또 다른 당사자인 성인의 관점에서, 임신과 출산의 의미는 심리적인 의미와 현실적인 의미를 두 가지로 살펴볼 수 있다.

먼저, 심리적인 면에서 임신과 출산은 자신의 생산성을 확인할 수 있는 중요한 사건이다. 에릭슨(Erikson, 1994a)은 인간의 발달단계 중 30~40대에 해당하는 성인기의 주요 발달과업으로 생산성 대 침체기를 제시하였다. 그리고 이러한 생산성 획득의 보편적인 예로, 자녀출산을 설명하였다. 현실적인 면에서, 임신과 출산은 이전의 다양한 역할에 더하여 부모라는 새로운 역할이 부여되는 사건의 의미를 갖는다. 인간은 전 생애발달 과정 중 다양한 사람과 관계를 맺고 상호작용하며 시간과 장소에 따라 여러 역할을 수행한다. 이 중 부모역할은 몇 가지 측면에서 다른 역할들과 차이를 보인다. 즉, 부모역할은 단기간에 이루어지며, 그 역할범위가 뚜렷하지 않을 뿐 아니라, 자발적으로 그만둘 수 없다는 점에서 다른 사회적 역할들과 구별된다. 더욱이 부모는 자녀에 대한 최종적인 책임을 져야 한다는 점에서 그 역할에 대한 부담과 책임이 매우 크다. 임신과 출산에 대한 개인의 결정권이 확대된 현대사회에서 출산율 감소현상이 두드러지게 나타나는 것은 이러한 부모역할의 어려움과 관계가 있다. 따라서, 임신기간에 부모로의 전환을 준비함으로써 그러한 부담을 줄여야 한다. 그 일환으로 최근에는 임신부를 위한 다양한 형태의 부모교육이 이루어지기도 한다.

한편, 출산은 실제로 부모역할이 시작되는 시점을 의미한다. 출산이라는 사건은 막연했던 부모 준비기에서 벗어나 현실에서의 전혀 새로운 가족생활을 시작하게끔 한다. 가족생활주기를 연구하는 많은 가족학자가 첫 자녀의 출산을 가족생활주기 변화의 주요한 기준으로 삼는 것은 자녀의 존재로 말미암아 변화되는 생활패턴 및 가족생활가치 때문이다.

(3) 사회적 관점에서

인간발달의 측면에서 생의 시작은 수정의 순간부터라고 할 수 있다. 그러나 사회적인 존재로서의 시작은 하나의 생명체가 세상에 나오는 시점인 출산과 함께 시작된다. 국가와 사회의 관점에서 출산은 세대확장 및 계승을 의미하며, 이는 단순히 노동력의 재생산뿐 아니라 국가 및 사회의 존속이라는 기본적이면서도 가장 중요한 의미를 가진다.

최근 우리 사회에서 저출산현상이 심각한 사회문제로 인식되고 있는 이유가 바로 이것 때문이다. 즉, 출산율의 저하는 지속적인 인구의 감소를 야기하며, 이는 인구의 구성비율 중 젊은 세대의 감소에 의한 고령화사회(aging society)로의 변화를 의미한다. 그 결과 국가경쟁력 상실은 물론 더 나아가 국가 자체의 존폐 위기와 직결된다.

2. 영아기

1) 영아기의 개념

영아기(infancy)는 태어나면서부터 만 3세까지, 즉 36개월까지를 말한다. 현행 우리나라의 보육 서비스에서는 영아를 36개월 미만으로 정의하고 있다. 유아교육법에서는 "유아란 만 3세부터 초등학교 취학 전까지의 어린이를 말한다"(제2조 1)를 규정하고 있다. 하지만 학문적으로 영아기를 더 세분해서 만 2세까지는 영아기(infancy)로, 만 2~3세까지는 걸음마기(toddler)로 구분하기도 한다. 대부분의 저작에서는 만 2세까지를 영아기로 구분한다. 그중에서도 출생 후 첫 1개월을 신생아기라고 한다.

영아기는 발달의 여러 영역에서 급속한 성장이 이루어지는 시기다. 신체 및 운동발달단계에서 '제1성장급등기'라고 불릴 만큼 빠른 발달이 이루어지며, 언어발달에 있어서도 다른 사람과의 의사소통이 이루어질 수 있을 정도로 발달한다. 전반적으로 이 시기는 인지발달을 포함한 모든 영역에서 균형적이고 긍정적인 발달을 위해서 새로운 것을 많이 접하고 경험하는 시기이다. 이 시기는 신체적 성장이 매우 급격히 이루어지며, 기본적 운동능력, 언어습득, 개념형성 등의 인지적 발달이 이루어진다. 또한 이후의 사회성 발달에 큰 영향을 미치는 애착관계를 형성하여 다른 사람과 정서적 유대관계를 맺을 수 있게 된다(최덕경 외, 2014: 185).

이 기간의 가장 큰 특징은 성장속도가 매우 빠르다는 것이다. 영아기는 독립적으로 생활할 수 없으므로 신체적, 심리적으로 성인에게 의존하며, 부모나 형제자매 등 돌보는 사람에게 애착행동을 보이게 된다. 영아기의 가장 큰 변화는 일어서서 이동하는 능력을 나타내는 것이다. 또한 감각운동의 시기이며, 한두 단어를 사용할 수 있게 된다. 이 기간 동안 무력한 존재인 영아는 하나의 독립된 개체로서 성장할 준비를 하게 된다. 특히, 신생아기는 태내환경과 너무나 상이한 새로운 환경에 적응해야 하므로 매우 중요한 의미를 갖는다(김보기 외, 2017: 149-150).

2) 신체적 발달

모체로부터 갓 태어난 신생아의 평균 몸무게는 보통 3.5kg이며, 키는 50cm 전후다. 출생 시 체중이 2.5kg 이하인 경우 '저출생체중아'라고 한다. 출생 후 인간의 성장은 수태 이후부터 일반적인 원리에 따라 예측 가능한 방식으로 이루어진다. 성장은 머리에서 시작되어 아래쪽으로 진행되는 두미(cephalocaudal)발달원리에 따라 다리보다 팔을 먼저 사용할 수 있게 된다. 또한 신체의 중심부에서 바깥으로 이루어지는 원리에 따라 신체 말부보다 중심부가, 그리고 소근육보다 대근육을 더 빨리 통제할 수 있다.

인간의 뇌는 생후 5년 동안 급속하게 성장하는데, 돌 무렵까지 성인 뇌의 절반 정도로 커지고 만 2세에는 성인기 뇌 무게의 75%까지 성장한다. 뇌 무게의 성장은 뇌의 구조적이고 기능적인 발달과 관련이 있다.

두 돌에 이르는 24개월 무렵에는 아기의 키는 거의 두 배에 가깝게, 체중은 세 배 이상 늘어난다. 신체와 체중의 급격한 성장뿐 아니라, 골격 및 근육의 발달도 현저하게 나타난다. 신체근육의 움직임을 조절하는 능력에서 변화가 일어나는 것을 '운동발달'이라고 한다. 운동능력 면에서 거의 무력하던 영아들은 생후 첫 2년 동안 독립적이고 이동적이 되어간다. 첫 발걸음을 떼는 변화는 10~17개월에 이루어지게 된다. 이 시기 동안 영아들은 주변 여러 환경들을 탐색하는 데 도움이 되는 행동을 조절하는 대근육 운동기술과 세분화된 작은 움직임에 관련된 소근육 운동기술을 발달시킨다. 대근육 운동은 기기, 서기, 걷기, 뛰기 등과 같이 팔, 다리, 몸통과 같은 대근육을 사용하는 운동을 말하며, 소근육운동은 손으로 물건 잡기, 손가락으로 글씨 쓰기 등과 같이 몸의 소근육을 이용하는 운동을 의미한다. 치아는 약 6개월을 전후하여 나오기 시작한다. 맨 처음 아래 가운데 앞니가 나기 시작하여 늦어도 34개월까지는 20개의 젖니가 모두 나온다.

3) 인지적 발달

영아의 감각운동은 지능발달의 기초가 되며, 지능이 유기체와 환경과의 상호작용을 통해서 발달해 간다는 것이다. 영아는 선천적으로 타고난 반사행동으로 환경에 적응하며, 점차 경험에 의해 획득된 적응반응을 반복하게 되고, 그 이후에 반사행동을 통합하여 어느 정도 의도적인 행동을 할 수 있게 된다는 것이다. 영아는 갑자기 나타나는 자극의 방향으로 향하는 행동을 하게 되는 지향반응을 보이며, 이러한 자극이 계속적으로 반복될 때는 지향반응이 사라지고 습관화가 이루어진다. 또한 영아는 두 개 이상의 여러 자극이 있을 때 어느 한 개의 자극에 대하여 선택적으로 집중하는 주의집중을 보이기도 한다. 영아는 조건화를 통하여 많은 것을 학습하기도 하고, 순수하게 감각운동을 통하여 문제를 해결하기도 한다.

이 시기의 영아는 불수의적인 반사행동이 점차 목적 지향적인 행동으로 변화하는 시기이다. 24개월까지의 영아에게 가장 중요한 인지적 발달은 '대상영속성'(object Permanence)을 형성하는 것이다. 대상영속성은 사물이 우리의 바람이나 생각과는 상관없이 독립적으로 존재하고 있음을 이해하는 능력이다. 즉, 사물이 내 눈에 보이지 않아 없는 것같이 생각되더라도 그것이 여전히 존재하고 있음을 아는 능력이다. 이는 감각적으로 접하고 있지 않더라도 어떤 대상의 심상을 마음속에 떠올릴 수 있는 능력, 즉 기억력과 관련 있다. 인지발달이론을 연구한 피아제에 따르면, 4개월의 아기는 장난감을 담요 속에 감추면 곧 장난감을 잊어버린다. 그러나 대상영속성을 형성한 만 2세의 영아는 담요를 들추어 장난감을 찾을 수 있다. 장난감이 눈에 보이지 않아도 그 심상을 마음속에 간직하여 그것이 존재함을 알 수 있기 때문이다. 탁자 위에 있는 과자가 지금 당장 눈에 보이지 않더라도 탁자 위에 과자가 있음을 기억하고 그것을 얻기 위해 몇 가지 동작을 목적 지향적으로 조합하는 것은 대상영속성이 형성되어야 가능한 행동이다(신기원 외, 2016: 53).

4) 정서적 발달

정서의 이해와 표현은 일찍부터 발달하기 시작한다. 영아들도 자신의 정서를 표현하고, 주 양육자인 어머니의 정서표현에 적절하게 반응한다. 영아기 정서반응의 일반적인 특성은 정서상태의 지속기간이 비교적 짧고 폭발적인 표현의 빈도가 잦다. 특히, 이 시기의 영아들은 작은 일에 쉽게 좋아하고, 떼쓰기 등의 분노의 표출도 자주 하지만 곧 풀어지기도 한다.

영아들의 기본적 정서표현발달의 주요 유형에는 기쁨과 분노 및 불안 그리고 공포 등이 있다. 긍정적 정서인 기쁨은 미소, 웃음, 목울림 소리로 알 수 있는데, 부드러운 음성이 들리거나 신기한 것이 보이면, 아기는 만족의 표현으로 미소를 짓거나 웃고 목울림 소리를 냄으로써 자신의 감정을 표현한다. 기쁨을 유발하는 자극은 아주 어린 영아에게는 감각적 · 운동적 그리고 기본 생리적 요인이 대부분이지만, 점차 성장하면서 사회적 관계에서 유발되는 사회적 자극이 첨가된다. 분노는 신생아 때부터 고통스러움에 대한 일반적인 반응으로 나타나는데, 배가 고프다든지, 아프다든지, 춥거나 덥다든지, 또는 주변 자극이 너무 많거나 적다든지 등의 이유로 분노하게 되고, 그것을 울음으로 표현한다. 2세경이 되면, 자의식이나 독립의 요구 때문에, 어른의 요구에 대해 심한 분노나 저항의 표현으로 발 구르기나 차기, 물건을 던지거나 부수는 행동을 한다. 특히, 화가 나서 바닥에 뒹구는 것과 같은 행동(temper tantrum)이 자주 나타난다. 그러나 점차 언어능력이 발달하면서 분노대상자에게 직접 언어적으로 화를 내게 된다.

5) 사회적 발달

영아들은 생후 6~8개월이 되면서 주 양육자와 애착관계를 형성하는데, 대부분 어머니가 그 대상이 된다. 애착의 정도는 12개월 전후에 절정에 달했다가 18개월이 되면서 다른 사람에게 확대되어 간다. 영아가 최초로 애착을 형성하는 상대는 영아에게 필요한 자극을 주고, 영아가 울면서 신호를 보낼 때 신속하게 반응함으로써 길러진다. 이때

주 양육자가 부적절하게 자극을 주거나 따뜻하게 대해주지 않으면 애착형성에 장애가 나타난다. 또한 애착이 형성될 무렵에 영아는 낯선 사람이나 장소에 대해 경계심을 나타내어 울거나 매달리거나 두려워하는 얼굴표정을 지음으로써 낯선 사람에 대한 불안이나 공포감 등의 정서를 표현한다. 12개월경에 최고에 달했다가 그 후로 서서히 감소한다. 한편, 영아는 낯선 사람에 대한 불안과 경계심을 지니면서 동시에 애착하는 사람으로부터 격리되는 것에 불안감을 느끼는데, 이것은 생후 8~9개월경 흔히 나타나는 어머니와의 분리불안(separation anxiety)이다. 분리불안은 낯선 사람에 대한 불안이 사라지기 시작하는 13~18개월경에 가장 심하게 나타나지만, 2세경이 되면 점차 사라진다.

6) 언어의 발달

(1) 비언어적(nonverbal) 발달

언어를 습득하고 사용하기 전에도 아기는 그들의 울음, 얼굴 표정, 몸짓 등으로 어머니와 의사소통을 하고 있다. 신생아가 소리자극을 인식할 수 있다는 것은 언어를 습득할 수 있는 기초가 된다. 태어난 지 하루밖에 안 된 아기가 소리의 자극에 젖꼭지를 빠는 것을 멈춘다는 것은 그들이 장차 인간의 언어를 습득할 수 있는 능력을 지니고 이 세상에 태어났다는 사실을 말해 준다. 어머니가 하는 말의 뜻을 이해하기 훨씬 전에 그들은 어머니 말의 강도와 음조로써 얼르는 말인지 화가 나서 하는 말인지를 구별할 수 있다. 즉, 화가 나서 하는 말에는 하던 행동을 멈추고, 얼르는 말에는 새로운 행동을 보여 줌으로써, 어머니를 즐겁게 한다(Hughes & Noppe, 1985). 아기가 처음 내는 소리는 울음이다. 울음은 가장 강력한 의사전달의 방법이다. 왜 우는지 구분이 되지 않는 울음에서 울음의 이유를 알 수 있는 것으로 바뀐다. 즉, 배가 고파 우는 소리는 몸이 아파서 우는 것과 다르고, 기저귀가 젖어 불편해서 우는 것과도 그 울음소리의 강도나 음조가 다르다. 생후 1주가 된 아기가 내는 울음에서 배고파서 우는 울음, 고통의 울음,

분노의 울음 세 종류가 있는 것으로 나타났다(CRM/ Random House, 1975 ; 조복희 외, 2016: 151 재인용).

(2) 언어적(verbal) 발달

① 한 단어 단계(one word stage)

생후 11개월이 되면 의미 있는 첫 말을 하다가 돌이 지나면서부터 보편적으로 2~3개 정도의 단어를 말할 수 있다.

한 단어로 된 말은 대체적으로 사물과 사건을 지칭하거나, 기분을 표현하거나, 요구 등을 나타내는 것으로 자음 하나와 모음 하나가 합쳐진 말의 반복이 대부분이다. 이 말은 경우에 따라 다른 여러 의미를 포함하고 있는 것이다. '찌찌'는 때에 따라서 '젖이 여기 있다'도 의미할 수 있고, '젖을 먹고 싶다'의 표현도 된다. 이렇게 한 단어가 문장을 의미하는 것을 '1어문(holophrase)'이라 한다(Dworetzky, 1996).

생후 1년에서 1년 반까지 획득하는 어휘는 그리 많지 않아 15개월이 되면 평균 10개의 낱말을 말하고, 20개월이 되면 50개의 낱말을 표현한다. 그러나 1년 반에서 2년까지 습득하는 어휘의 수는 급격히 증가하여, 2세쯤이면 190개 정도의 낱말을 사용하여 말한다.

② 두 단어 단계(one word stage)

생후 20개월에서 두 돌 즈음의 아동은 두 단어를 결합시켜 자기의 의사를 표현하기 시작한다. 두 단어시기를 언어학적으로 '2어문(duos)'이라고 한다. 보편적으로 아동이 50개 정도의 단어를 말할 수 있을 때 두 단어를 결합시킨다고 한다(Dworetzky, 1996).

응은 줄어든다. 따라서, 사회적 접촉이 빈번한 영아는 낯가림도 심하지 않다.

낯선 이를 경계하게 되면서, 영아는 애착을 형성한 사람과의 격리에 불안을 느낀다. 이 격리불안(separation anxiety)은 낯선 이에 대한 불안반응이 사라지기 시작하는 13~18개월경에 나타난다. 이때는 걸을 수 있기 때문에, 엄마에게서 멀어지면 엄마에게 다가가려는 모습을 보인다(김혜선 · 유안진, 2011: 251).

Chapter

08

유아기, 아동기, 청소년기

[학습목표]

1. 각 단계별 발달특성 학습
2. 유아기의 정서적 발달 숙지
3. 아동기의 사회적 발달 숙지
4. 청소년기의 아이덴티티 숙지

[학습내용]

1. 유아기
2. 아동기
3. 청소년기

[개 요]

유아기는 만 3세부터 초등학교 취학 전까지를 말한다. 아동기는 초등학교 입학에서 졸업까지의 시기로서 7~12세까지를 말하는데, 학령기라고도 한다. 청소년기는 아동기에서 성인기로 전환하는 시기로, 만 13~18세를 말한다. 본 장에서는 유아기 · 아동기 · 청년기의 발달특성을 학습하고자 한다.

Chapter

08 유아기, 아동기, 청소년기

1. 유아기

1) 유아기의 개념

유아기(early childhood)는 대개 만 3~5세까지의 기간을 말한다. 국내법의 규정을 보면, 유아교육법에서는 "유아란 만 3세부터 초등학교 취학 전까지의 어린이를 말한다"(제2조 1)고 규정하고 있다. 영유아보육법에서는 "영유아란 6세 미만의 취학 전 아동을 말한다"(제2조 1)고 규정하고 있다. 그러나 많은 경우에 학문적으로는 만 2세부터 유아기로 본다.

이 시기의 유아는 자기주장과 지배에 대한 욕구가 매우 강하다. 이는 개인으로서의 자신을 의식하기 시작하는 데서 비롯된 것으로 반항과 고집, 자기주장이 나타나기 시작한다. 이 시기의 유아가 경험하는 긴장은 아이의 행동을 제한하고 규제하려는 환경의 요구에서 비롯된다. 이러한 과정을 거쳐 초기에는 타인과의 상호관계를 고려하지 않는 자기중심적 존재로부터 타인과의 상호관계를 고려하는 존재로 성장한다. 이 시기에 유아는 자신의 고유성을 인식하기 시작하여, 유아기 후반에 가면 '내 마음대로' 하는 것보다는 '내 스스로' 하는 것에 더 관심을 갖게 된다(김이영 외, 2015: 180).

유아기 사회성발달의 주요 특징은 먼저, 주도성이 강해지면서 점차 독립심과 자신감을 얻게 된다. 6, 7세가 되면 유아는 능력과 기술 등이 향상되면서 부모에게서 독립하여 스스로 결정하고 행동하기 시작한다. 또한 관심의 대상이 가족에서 또래로 바뀌면서 경험의 폭이 넓어진다. 이런 또래와의 경험은 유아가 자기중심적 사고에서 벗어날 수 있도록 해주고, 자기의 객관적 모습을 보게 해주며, 폭넓은 경험을 통해 인지적 성장을 촉진시켜주므로, 집단생활의 교육적 의의가 특별히 부각되는 시기이다. 유아기는 영아기에 비해 대인관계의 폭이 넓어지고 다양해지기 때문에 사람과의 관계에 따른 정서적 긴장이 심하게 나타나며, 언어능력의 발달로 자신의 주장을 관철시키기 위한 언어적 표현도 많이 하게 된다. 특히, 유아는 주로 놀이를 통해 사회적 관계를 형성하고 사회적 기술과 역할을 습득하게 된다(강세현 외, 2015: 33).

자유로운 독립보행이 가능하게 되는 유아기에는 무한한 지적 호기심을 충족시키기 위해 많은 탐험과 학습을 하게 된다. 유아기의 두드러진 특징은 활동성이다. 이 시기의 유아는 대단히 바쁘다. 끊임없이 이야기하고 움직이며 계획을 세운다. 또한 부모로부터 사회화 교육을 받고, 이를 바탕으로 향후 사회적 행동의 기준이 되는 가치관을 학습하게 된다. 이 단계에서는 주체성이 확립되기 시작한다. 이전의 시기에 시작되었던 대인관계 및 사회적 관계에 대한 믿음과 불신 그리고 가치관의 확립 등은 향후 독립된 인격체로서의 성장과 정신적인 성숙의 밑거름이 된다(정은, 2014: 206).

유아기는 영아기와 같은 급속한 성장은 보이지 않고, 비교적 완만한 성장을 보이는 시기에 해당한다. 신체적으로 정신적으로 미숙한 상태에서 급속한 성장을 통해서 스스로 걷고 달리며 언어를 사용한다. 사회적으로도 가정 내에서 가족관계로 한정되었던 사회적 관계가 가정을 벗어나, 어린이집 그리고 유치원 생활을 하게 되며 가정 밖의 또래들과 어울리면서 사회적 관계의 범위도 상당히 넓어지는 시기이다.

2) 신체적 발달

이 시기의 신체적 성장은 영아기와 같은 성장급등 현상은 나타나지 않지만, 영아기 다음으로 많은 성장을 보이는 시기이다. 대체적으로 6세경의 유아들은 생후 12개월의 영아와 비교해서 체중은 약 2배, 그리고 신장은 약 1.5배 정도 성장한다.

이 시기의 신체적 성장은 영아기에 비해서 느리기는 하지만 일정한 정도를 유지하면서 규칙적인 변화를 보여 준다. 신체적 성장에서 두드러진 부분은 팔과 다리가 가장 빠르게 변화하며 머리의 성장은 매우 늦다. 신체적 성장을 통해서 스스로 거의 모든 것을 할 수 있는 시기이며, 호기심이 왕성한 시기에 해당하므로 가장 적극적으로 활동하고 활동에 따른 위험성도 높은 시기에 해당한다. 이러한 신체발달의 특성을 고려할 때, 과잉활동에 따른 휴식을 갖도록 하는 것과 적절한 영양섭취를 통해서 신체적 성장을 뒷받침해 주어야 하며, 왕성한 활동에 무리가 없도록 간식도 제공해 주어야 한다. 이러한 이유로, 어린이집이나 유치원의 유아들은 오후 취침시간과 간식을 제공하는 프로그램을 필수적으로 운영하고 있다.

얼굴과 턱이 자라면서 더 많은 치아가 차지할 공간이 생겨난다. 2세 반경의 아동은 20개의 유치를 모두 가지게 된다. 이 시기 아동은 처음으로 치과를 방문해 치과검진을 받아야 한다. 또한 부모들은 아이가 구강위생을 유지하기 위해 스스로 자기관리하는 법을 배우도록 도와야 한다. 유아는 부모의 지도 아래 하루 최소 2번 양치를 해야 한다. 몇몇 유아들은 영아기 초기 시작했던 엄지손가락 빠는 버릇을 아직까지 지속할 수 있다. 이러한 습관에 대해서는 전문가들의 의견이 각기 다르다. 엄지손가락을 빠는 것은 치아의 부정교합을 유발할 수도 있다. 그러나 이러한 습관을 쉽게 고치는 방법은 없다. 유아기 동안 이 습관이 이어진다면 전문가의 조언을 구하는 것이 좋다(Polan & Taylor, 2015).

출생 시에 약 20~30% 정도의 뇌발달을 보이던 신생아가 영아기 말에 이르면 성인 뇌의 약 70~75%에 도달한다. 유아기 말, 즉 6세경의 유아들은 뇌의 발달이 성인의 90% 정도에 이른다. 출생해서 성인 뇌의 90%에 도달하는 시기 동안 인간의 뇌는 급속도로 발달한다. 따라서, 이 시기의 영유아들에게 뇌의 발달을 촉진시켜주는 다양한 자극의 제공을 통해서 뇌를 자극하고 발달시키는 것은 매우 중요하다. 아마도 조기교육 열풍도 이러한 뇌의 발달과 무관하지는 않을 것이다. 즉, 인간의 뇌발달의 결정적 시기가 영유아기에 해당한다. 이 시기가 지나면 뇌의 발달은 매우 느리거나 어렵기 때문이다.

3) 인지적 발달

(1) 지각발달

유아는 감각기관이 발달하고 경험의 범위가 확대됨에 따라 지각능력이 향상된다. 지각이란 감각기관을 통해서 들어온 자극을 인지하는 정신적인 과정으로 유아기 동안에는 주의집중력 및 지각변별력과 같은 지각능력이 발달한다. 대부분의 유아는 4~5세가 되면 주의집중시간은 짧지만 선택적으로 주의를 집중하며, 6세 이후에는 기억능력도 현저하게 발달된다.

유아는 시간, 공간, 형태 등에 대한 지각이 발달됨에 따라 그에 따른 여러 가지 개념을 발달시켜 나간다. 그러나 유아는 눈으로 보는 지각에 직접 의지하는 경향이 있어서 보존 개념(conservation)을 획득하지 못한다. 보존 개념이란 물질의 한 측면(질량 또는 무게)이 차례나 모양이 바뀌어도 그대로 그 특질을 유지한다는 것을 이해하는 능력이다.

(2) 사고발달

유아는 자아중심성(egocentrism), 직관적 사고(intuitive thought), 물활론(animism), 상징적 기능(symbolic function), 비가역성(irreversibility) 등의 특징을 지니고 있어서 논리적인 사고 발달이 어렵다.

유아기는 지능발달의 결정적 시기라고 할 수 있다. 학자들 간에 지능발달의 결정적 시기에 대해서는 일치하지 않지만 3~10세까지 지능이 급속히 발달하고 그 이후에는 점차 완만해진다고 보고 있다. 따라서, 뇌의 활동이 활발한 유아기에는 환경에 의해 지능이 영향을 받을 수 있기 때문에 충분한 지적 자극이 필요한 시기라 할 수 있다(표갑수 외, 2016: 63-64).

(3) 기억발달

기억은 인간의 학습에서 매우 중요한 요인으로서 경험한 내용을 머릿속에 저장했다가 필요할 때 꺼내어 사용하는 인지과정이다. 3~4세가 되면 기억능력이 발달하게 되며, 6세 이후가 되어야 효과적인 기억을 할 수 있다.

유아의 기억은 연령이 높아지면서 증가하고 기억의 흔적이 점점 확대되며 분화하고 지속시간도 길어진다. 기억은 지속기간에 따라 감각기억, 단기기억 및 장기기억으로 분류할 수 있다. 감각기억은 감각기관을 통하여 외부로부터 들어온 정보를 감각기억 저장장치에 저장했다가 빠르게 잊어버리는 경우를 말한다. 단기기억은 기억의 흔적이 약 15~20초 동안 남는 것으로 몇 개 정도밖에는 저장하지 못한다. 장기기억은 짧은 것은 몇 분밖에 기억하지 못하지만 어떤 정보는 일생 동안 기억할 수도 있는 것을 말한다(Craig & Baucum, 2002).

4) 정서적 발달

(1) 공포

공포는 유아기 정서의 특징으로 4세경에 특정 대상을 두려워하는 공포심을 심하게 표현하게 된다. 5세경에 공포반응이 약간 감소하다가 6세경에 더욱 심해진다. 그 이유로, 유아의 상상력의 발달과 관찰학습으로 설명할 수 있다. 이는 유아의 경험세계가 전보다 확장됨에 따라 불확실하고 불충분한 지식이 상상력과 결합되어 공포심을 유발하는 것으로 보인다.

유아들이 공포심에 지나치게 노출되면 성격발달에 부정적인 영향을 미칠 뿐만 아니라, 유아신경증을 초래할 수 있기 때문에 공포대상에 대한 자세한 설명과 함께 올바르게 적응할 수 있도록 자신감을 키워주는 것이 중요하다. 공포심은 한편에서 볼 때 위험에서 자기를 보호하기 위해서 필요한 정서이지만, 부당한 공포심이나 병적인 공포심은 유아발달의 저해요인이 된다.

(2) 분노

분노심은 욕구가 충족되지 못하거나, 자유가 구속되거나 자기 몸에 상처를 스스로 입혔을 때 생기는 정서이다.

분노는 유아가 자기주장을 관철하기 위한 일종의 반응양식으로 출현한다. 유아의 분노를 유발하는 요인은 욕구좌절, 신체활동의 억제, 부모의 무관심이나 편애, 소유물의 상실 등이 있다. 유아들의 분노는 울거나 떼를 쓰고, 때리고, 던지는 등의 공격행동으로 나타나거나 아니면 위축이나 자해행동을 초래한다. 유아의 분노심은 놀잇감 싸움, 배변이나 옷 입히기를 강제로 할 때, 흥미 있는 활동이 방해될 때 생기기 쉽다. 분노심 표출은 울거나 뒹굴거나 하면서 직접적으로 표출된다. 세 살이 지나면서 난폭한 말을 구사하거나 표출하는 경향이 있지만 유아기에는 일반적으로 분노가 적다. 유아의 분노표출이 자주 발생하면 습관화될 수 있고, 이와 함께 부모나 가족과의 관계가 악화될 수 있다. 따라서, 일상생활에서 유아의 분노를 유발시키는 요인을 소거해야 하며, 분노를 해소할 수 있는 올바른 방법을 지도해야 한다(강경미, 2016: 221).

(3) 애정정서

애정은 영아기에는 모자관계의 애정이나 장난감에 대한 애정에서 시작하여 유아기에는 널리 사회적인 · 지적인 대상에까지 발전한다. 즉, 친구에 대한 애정, 친절한 사람에 대한 애정, 아기에 대한 애정, 예쁜 물건이나 새로운 것에 대한 애정 등이다. 유아의 애정은 안거나, 뽀뽀하는 것 등으로 표출된다. 애정이 감도는 가정에서 자라는 것이 중요하지만 과보호는 독립심이나 자주성이 없고 의지가 약한 아이로 기르기가 쉽다.

유아기 애정표현은 자기 주변의 사람이나 동물 · 사물에 대한 친밀감 · 관심 · 동정 등의 정서로 나타난다. 유아의 애정정서는 감각적 자극으로 인한 즐거움과 가족과의 따뜻한 관계 또는 즐거움과 만족을 주는 사람이나 사물을 통해 형성된다. 유아가 성장하면서 활동범위가 확대되면 주변의 사람이나 다른 매체를 통해서도 애정정서가 형성될 수 있다.

5) 사회적 발달

(1) 자아개념과 자아존중감의 형성

유아는 2세 이후부터 자기 몸을 하나의 독립체로 인식할 수 있고 스스로 조절할 수 있다는 사실도 알게 된다. 유아들은 4~5세 정도가 되면 여성과 남성 간의 신체적 차이를 알게 되며, 자신의 성과 자신에게 요구되는 행동과 사회적 관계에 관심을 갖게 된다. 그래서 동성의 친구들과 어울리며 그들이 선호하는 옷차림, 놀이, 직업에 대한 사회적 성역할을 의식하고, 이에 따라 행동하고자 한다. 이러한 성역할의 내면화는 일상생활을 하는 문화 속에서 남성과 여성에게 적절하다고 인정되는 행동, 태도, 가치를 획득하는 것을 말한다(최옥채 외, 2016: 277).

(2) 성역할발달

최근 우리 사회에서는 유아의 사회화 과정에서 양성성의 성역할을 학습하고, 이에 맞추어 행동양식을 형성하도록 양육하려는 경향이 있다. 일반적으로 한국문화에서는 남성성을 활동적이고 다소 공격적이며 독립심이 강하고 과제 중심적인 특성으로 규정하고 있는 반면에, 여성성은 정적이고 온순하며 의존적이고 인간 중심적인 특성으로 규정한다.

이 시기의 아동들은 성 안정성과 성 항상성을 확립하게 된다. 성 안정성과 관련된 행동으로, 유아들은 자신의 성역할에 대한 인식을 하게 된다. 성인식을 바탕으로 여아는 여성에게 어울리는 행동과 사회적 관계를 만들고 유지하려는 경향을 뚜렷하게 보이며, 또한 남아들도 동일하게 자신의 성을 인식하고 성인지에 맞는 행동을 하려고 한다. 성에 맞는 사회적 기대를 의식하고 그에 맞는 행동을 하려는 시기이다. 따라서, 어린이집 · 유치원 교사가 양성 평등적 성역할 기대 또는 성인지가 유아들의 성인지에 중요한 영향을 미칠 수 있는 시기이다. 그리고 행동이나 겉모습을 변화시켜도 성은 변하지 않는다는 '성 항상성'을 확립하는 시기이다(이우언 외, 2017: 83).

(3) 부모 · 형제자매 · 또래관계의 발달

유아가 최초로 맺게 되는 사회적 관계는 부모와의 관계이며, 부모와의 관계에서 성격과 사회성발달에 중요한 영향을 받게 된다. 대인관계는 부모와 유아와의 애착관계를 통한 상호 접촉으로 형성되기 시작한다. 부모의 양육태도가 수용적이면서도 권위 있는 태도를 가질 경우에는 유아가 자아존중감을 갖게 되며, 자신의 감정을 보다 자유롭게 표현할 수 있고, 다른 사람과의 관계에서 개방적이다. 또한 유아는 다른 사람을 사랑할 수 있는 능력을 갖게 되고, 사회적으로 책임감이 있고, 독립적이며, 성취 지향적이고, 다른 사람들과 협조적이 된다(최경숙, 2011: 380-382). 일반적으로 애정을 많이 받은 유아는 그렇지 못한 유아보다 정서적 · 신체적 발육이 빠르다.

유아의 성격과 사회성발달에 영향을 미치는 또 다른 중요한 사회적 관계로는 형제자매관계와 또래와의 관계이다. 형제자매관계는 유아에게 행동, 갈등, 협동, 경쟁 등을 배우게 하는 원천이 되며, 이것은 출생순위, 성별, 연령차에 따라 다르게 나타난다. 또래는 유아에게 인지적 · 정서적 · 사회적 발달에 영향을 미치게 되며, 유아의 사회화 과정에서 강화 제공자, 모델, 표준(criterion) 등의 역할을 수행한다. 유아기는 또래관계에서 보다 우호적 · 협동적인 반응이 많아지게 되며, 집단생활과 놀이에 민감해진다(박성연 외, 2017: 153).

(4) 놀이

놀이를 통해서 사회적 관계형성이 확대되고 사회적 기술을 습득한다. 즉, 자신의 역할, 타인의 역할수용 그리고 역할관계의 상호성 등을 학습한다. 놀이의 형태는 영아기보다 좀 더 구조화되고 현실 지향적인 놀이의 형태로 변화한다. 성역할의 발달로 인해 놀이도 남자아이는 남아들과 그리고 여자아이는 여아들과 더 많이 어울려 노는 경향을 보인다. 그리고 관습적인 성역할을 따르려고 하며 벗어나면 비난받을 거라 생각한다. 예를 들어, 남자아이가 인형놀이를 하면 친구들이 놀리고 자신도 창피하게 생각한다(이우언 외, 2017: 83).

유아가 놀이를 하는 방식에는 '사회적 놀이(social play)'와 '환상놀이(fantasy play)'의 두 가지가 있다. '사회적 놀이'는 아이들이 놀 때 다른 아이와 상호 정도를 말한다. '환상놀이'는 놀면서 무슨 게임인가를 생각하고 그 게임을 상상하면서 노는 것을 말한다.

그림 8-1 유아기 놀이 모습

6) 언어의 발달

3~5세의 유아는 폭발적인 어휘력의 증가를 보여, 평균 매달 약 50개의 새로운 단어를 습득함으로써 3세에는 900~1,000개, 4세에는 1,500~1,600개, 5세에는 2,100~2,200개, 6세에는 2,600개의 단어를 말하고, 2만 개 이상의 단어를 이해한다(Papalia et al., 2003). 어떻게 유아는 이렇게 빨리 새로운 어휘들을 습득할 수 있는가? 유아는 새로운 단어를 접하면 그 단어와 단어가 가지고 있는 의미를 연결시킬 수 있는 '순간설정(fast mapping)'을 하기 때문인 것으로 학자들은 설명한다(Akhtar & Montague, 1999). 이와 관련하여, 보편적으로 행동을 나타내는 동사보다는 사물의 이름인 명사를 강조하는 문화권(주로 서구권)에서는 명사를 더 빨리 습득한다.

유아기에는 문법도 상당히 발달하는데, 매년 문장의 길이가 증가하게 되어 간단한 몇 개의 단어만을 사용하던 문장이 더욱 복잡한 수준의 문장으로 발전한다. 3세에는 복수, 소유물, 과거시제, 형용사, 부사, 대명사, 전치사 등을 알지만 문장의 길이는 짧고 단순하며 문법적으로 틀리는 경우도 있다. 4~5세 유아는 4~5개 단어로 된 문장을 구사하고 접속사 또는 절을 포함한 복문을 사용하며, 평서문은 물론 부정문, 의문문, 명령문을 사용한다. 5세 이후에는 수동태의 문장과 능동태의 문장을 사용하기 시작하지만 복잡한 문장의 경우는 그 의미를 잘못 이해하는 경우도 있다. 이러한 문법규칙의 습득은 40개 이상의 다른 언어권을 대상으로 유아의 언어발달과정을 연구한 결과, 모든 언어권의 유아가 동일한 패턴과 기본전략을 사용하여 언어발달을 이루어 나가는 것으로 보고하여 언어발달의 보편성을 시사하고 있다.

2. 아동기

1) 아동기의 개념

아동기(childhood)는 초등학교 입학에서 졸업까지의 시기로서 6~12세까지를 말하는데, 학령기라고도 한다. 이러한 근거는 앞서 유아기 기준에서 6세 미만으로 규정한 데 따른 반사적 적용이라고 볼 수 있다. 또한 국내법으로 초등학교 입학기준을 만 6세 이상으로 한정한 데 따른 연령기준이라고 볼 수 있다. 아동기를 학령기라 부르기도 하는데, 학령기란 초등학교 재학기간을 나타내며, 청소년기가 13세부터 시작됨을 감안한 기준이라고 볼 수 있다. 하지만 많은 학자들은 6~12세를 아동기로 본다.

아동기는 일반적으로 아동이 유치원에 들어가는 연령인 6세부터 초등학교를 졸업하는 12세까지의 시기이므로, 실제로 유치원과 초등학교의 경험은 매우 다르다. 유치원은 사실상 학교교육을 받는 시기라고 보기 어려우나 가족 이외의 사회적 영향력이 새롭게 등장한다는 점에서 이전의 시기와 구별된다. 따라서, 아동기를 유치원 시기에 해당하는 아동기 전기(학령 전기)와 초등학교 시기에 해당하는 아동기 후기(학령 후기)로 구분하기도 한다(김이영 외, 2015: 181).

아동기(middle & late childhood)는 신체적 성장이 급속히 일어나지 않고 꾸준한 성장을 보인다. 살이 빠지고 팔, 다리가 성장하면서 머리와 신체의 비율이 성인과 유사해진다. 초기 아동기에는 인지능력과 언어가 놀라운 속도로 발달하기 시작하며, 도덕성이 발달하고 또래관계를 형성하기 시작한다. 후기 아동기는 논리적 사고, 읽기 능력, 자아, 도덕성, 또래와의 우정 등이 증진되는 시기이다(윤가현 외, 2016: 208).

아동기에는 학교경험이 시작됨으로써 유아기보다 복잡한 사회적 영향을 받게 된다. 아동기 이전의 시기인 유아기까지 아동은 거의 전적으로 가족의 영향 아래 놓여 있다. 학교는 아동에게 가족 이외의 외부로부터의 평가, 성공과 실패의 기회, 또래집단과의 경험 등을 제공하는 중요한 영향력의 원천이 된다(김이영 외, 2015: 181).

이 시기는 지속적 성장기로서 발육이 왕성하고 운동이 활발하므로 영양공급이 매우 중요하며 충분한 수면이 필요하다. 아직 신체의 소화 · 흡수능력이 미숙하며, 식사행동도 자립하려는 단계이다. 유아기의 식습관은 성인 건강의 밑거름이 되므로 이 시기는 중요한 식습관의 확립기라 할 수 있다. 유아의 풍부한 식생활은 신체적 성장과 발달뿐만 아니라, 정서적 · 지적 발달을 촉진한다(김보기 외, 2017: 151).

2) 신체적 발달

유아기나 청소년기와 비교할 때 아동기의 신체발달은 규칙적인 변화를 나타내지만 대체로 느리게 성장한다. 키는 커지고 몸무게는 더 무거워지며 신체기관의 성숙과 안정을 이루게 된다.

아동기의 신체발달은 초등학교 입학 시점에는 여아의 신체적 성숙이 남아보다 늦지만 11~12세경에 이르면 여아의 신체적 성숙이 남아보다 더 빠르게 진행된다. 이에 따라, 신체적 급성장이 이루어지는 사춘기에 남아보다 여아가 약 2년 정도 빠른 성장을 하게 된다. 아동기 말에는 신장과 체중이 매우 급격히 증가하여 성장의 급등현상이 나타나는 청소년기에 이르게 된다(유수현 외, 2015a: 188).

아동의 신체구조는 머리가 체격에서 차지하는 비율이 높지만 얼굴의 면적이 전체 면적의 10% 정도로 줄어든다. 유치가 영구치로 바뀌고, 외모에 별다른 관심이 없으며, 청결에 대한 요구에도 반항적 태도를 보이는 경우가 많다. 특히, 남아의 경우가 이러한 경향이 더 강하기 때문에 '미운 7살'이란 말이 있듯이 개구쟁이의 모습을 지니게 된다. 12세경이 되면 뇌 중량이 성인의 95% 정도에 이르러 아동의 지적 발달을 뒷받침해 준다. 임파선(림프절, lymph node)의 발달이 급격하게 일어나 편도선이 최대 크기에 이르게 되며, 성적 기관의 발달은 별로 이루어지지 않는 관계로 성적 중성기라고 한다. 심장은 12세경이 되면 출생 시의 7배 정도에 이르고, 폐는 10세까지 비교적 완만하게 진행되지만 이후부터는 급격히 발달하여 운동기능의 왕성한 발달을 뒷받침할 수 있게 된다. 미각이 발달하고 운동량이 증가함에 따라 식사량이 늘어나면서 위의 용적도 성인의 2/3 정도에 이르게 된다(이희세 · 임은희, 2015: 195-196).

3) 인지적 발달

아동기의 시작은 7세부터이고 이때부터 국가가 제공하는 의무교육을 받게 된다. 이 시기의 아동들은 글을 읽는 것에 관심을 갖게 되며, 또한 글을 이해하는 능력이 발달한다. 사고발달은 피아제의 인지발달단계 중 세 번째 단계에 해당하는 구체적 조작기에 해당한다. 유아기 전조작단계 사고의 특징이 자아중심성이며 자아중심적 사고로 인해서 타인의 입장을 고려하지 못한다. 즉, 객관적인 사고능력이 부족한 상태이다. 그러나 아동기가 되면 구체적 조작단계에 이르러서 타인의 입장을 고려하는 객관적 사고, 즉 논리적 사고가 가능해진다. 아동들이 객관적 판단과 논리적 사고가 가능하지만 어디까지나 이는 구체적 사실을 중심으로 가능하다. 다시 말해서, 추상적인 개념에 객관적이고 논리적인 사고는 아직 하지 못하는 단계에 해당한다.

구체적 조작기에 해당하는 아동의 사고의 특징을 살펴보면, 아동은 자아중심성에서 탈피하게 되면서 다른 사람의 시각에서 사물을 보는 능력이 발달하게 된다. 그 결과로 다른 사람을 이해하고 공감하는 능력이 향상된다. 그러나 지나치게 객관화된 사고를 중요시하다보면 규칙과 규정에 얽매이는 강박적인 행동양상을 보일 수도 있다. 예를 들어, 엄마가 외출을 하면서 약속한 시간에 오지 않으면 어머니의 행동이 잘못되었다고 비난하는 행동을 하기도 한다. 물론 약속을 지키는 것이 중요하지만 지나치게 규칙에 매이는 것도 문제가 있기 때문에 아동들이 때로는 규칙을 지키지 못할 수도 있다는 것도 가르치고 이해하도록 하는 것도 중요하다.

또 다른 사고의 특징은 자기 자신의 객관화된 인식이 가능해진다. 자신을 외부세계의 한 부분으로 존재한다는 사실을 인식할 수 있게 된다. 따라서, 주체와 객체의 분화를 통한 자신의 인식이 가능해진다. 복잡한 사고도 가능해진다. 즉, 다양한 변수를 고려하여 상황과 사건들을 파악하거나 조사하는 것도 가능해진다. 이 시기에 아동들이 체험학습이나 수행과제를 통해서 상황이나 사건을 조사하고 관계성 등을 찾아내는 활동들이 가능하며 이러한 활동은 집중력 향상과 같은 아동의 사고능력 향상에 도움이 된다.

구체적 사실에 근거해서 객관적이고 논리적인 사고가 가능하지만 추상적 사실이나 개념에 대해서는 사고하는 것이 아직은 부족하다. 따라서, 아동들이 정치적 이념, 종교적 신념, 철학적 가치 등으로 고민하거나 문제를 제기하는 것과 같은 행동은 보이지 않는다(이우언 외, 2017: 89-90).

4) 정서적 발달

아동기에는 기본적 정서가 거의 발달하게 되며, 개개인의 기초적 인격이 형성된다. 영유아기와 비교할 때 정서가 안정적으로 발달하며, 지속적이면서 정적으로 된다. 이 시기에는 경험과 학습이 폭넓게 이루어지면서 정서를 일으키는 자극도 다양해진다. 또한 직접적이었던 정서가 간접적으로 나타난다. 이 시기에 나타나는 정서로는 분노, 공포, 불안, 질투, 애정 등이 있다. 분노는 아동이 자신의 행동에 방해를 받거나, 계속 야단을 맞거나, 나이 많은 아동과 불리한 비교를 당하거나, 하지 않은 일로 벌을 받거나, 다른 사람이 부당한 일을 하는 것을 볼 때 느끼게 된다. 분노를 느낀 아동은 떼를 쓰는 대신에, 표현하는 방법을 변화시켜 표정이나 언어를 통해 표출하게 된다.

유아기에 이미 성인이 느끼는 대부분의 정서가 나타나지만, 아동기에 들어서 이러한 감정들이 계속적으로 발달하면서 좀 더 분화되고 섬세한 표현을 할 수 있다. 예를 들어, 이전 단계에서는 아동이 화가 나면 소리를 지르고 울고 물건을 던지는 따위의 직접적인 정서표현을 많이 했지만, 아동기가 되면 이러한 방법이 효과적이지 않다는 것을 이해할 뿐 아니라, 자신의 감정을 억제하거나 간접적인 방법으로 표현하는 방식을 터득한다. 또한 유아기에 정서를 불러일으키는 자극은 주로 시각이나 청각과 같은 외적인 것인 데 비해, 아동기에는 상상력이 풍부해지면서 존재하지 않는 대상에 대한 두려움을 포함하여 친구들의 놀림이나 따돌림, 교우관계나 교사와의 관계에서 발생하는 갈등, 학업성취의 실패, 부모로부터의 꾸중, 나쁜 행위에 대한 후회 따위와 같은 일상생활이나 과업수행과 관련된 문제들로 인해 다양한 정서를 경험한다(최옥채 외, 2016: 286).

5) 사회적 발달

초기에는 자기중심성이 잔여적으로 남아 있어 사회생활을 하는 데 개인주의 성향을 보인다. 개인적 놀이나 2~3명 정도의 작은 집단을 형성하여 놀이를 하지만, 8~9세경이 지나면 본격적 사회생활이 시작된다. 이 무렵부터 12~13세경까지 갱에이지(gang age)로, 대개의 경우 8~9명 정도의 벗을 만들어 그들과 소중한 우정의 관계를 형성하고, 서로를 감싸고, 때로는 공동재산이나 집합장소를 비밀리에 조성하기도 하며 은어를 사용하기도 한다. 이성친구보다는 동성친구에 대한 애정이 더욱 강하다.

아동기는 사회성발달에 매우 중요한 시기이다. 가정 또는 이웃과의 관계 그리고 좀 더 범위를 넓히면, 어린이집과 유치원에서 가까이 지내던 소수의 친구들과의 관계에서 초등학교에 입학을 하면서 대부분의 사회적 관계가 학교를 중심으로 형성된다. 학교에서도 대부분의 관계가 학급 내 사회적 관계로 형성된다. 이러한 관계의 변화를 통해서 기본적인 사회적 기술과 태도 등을 학습하게 되는 중요한 시기이다. 학교생활을 통해서 형성되는 주요한 사회적 관계의 대상은 교사와 또래 친구들이며, 이 시기에 교사의 역할 또한 매우 중요하다(이우언 외, 2017: 91).

에릭슨에 의하면, 이 시기의 아동은 물질적 · 사회적 세계에 대한 지식과 이해를 대하기 시작하며 집 밖에서 새로운 영향력을 받게 된다. 집이나 학교에서 활동하면서 근면성을 학습하기 시작하는데, 이것은 주로 타인으로부터 인정을 받고 과제완수에서 오는 즐거움을 얻기 위한 수단으로 작용한다. 이러한 새로운 기능들은 주로 부모나 교사의 태도에 의해 결정되는데, 건설적이고 교훈적인 칭찬이나 강화는 근면성을 길러 주지만, 조롱하고 거부적인 태도를 보이면 부적합성이나 열등의식을 발달시킨다(김귀환 외, 2015: 2015 재인용).

6) 언어의 발달

아동기 동안 언어사용능력은 급속히 발달하고 초등학교 졸업시기에는 약 4만 개 정도의 단어를 습득하게 된다. 어휘 증가와 더불어 단어를 더 정확하게 사용하게 된다. 6세까지 아동은 언어의 문법적 규칙을 습득하기 시작하고, 1만 개 정도의 단어를 안다. 6세에 아동은 6개의 단어를 사용하여 문장을 만들며 그림을 보지 않고 이야기를 할 수 있다. 7세 아동은 시간에 대한 개념이 생기고 오른쪽과 왼쪽의 차이점을 안다. 8세 아동은 추리의 도구로 언어를 사용하게 된다. 아동은 단어의 문자적 의미를 배우고 비문자적 의미도 이해하기 시작한다. 11세에는 은유적 표현을 이해하여 머리가 아플 때 "내 머리에서 북이 울리는 것 같아요"라고 말할 수 있다. 문장의 오류를 수정하게 되고 문법적으로 보다 복잡하고 긴 문장을 사용할 수 있게 된다. 그러나 아동의 기질, 사회적·문화적 요소, 언어적 환경은 언어습득에 영향을 미친다. 이것은 특히 언어표현기술에서 더 그렇다.

3. 청소년기

1) 청소년기의 개념

청소년기(adolescence)는 아동기에서 성인기로 전환하는 시기이다. 연령적으로 만 13~18세를 말한다. 청소년 전기에는 급속한 신체적 변화와 인지적 발달을 경험하며, 청소년 후기는 자아정체감 확립과 더불어 성인생활을 준비하기 위한 여러 가지 과제에 집중한다. 또한 청소년기에는 급격한 신체발달과 더불어 운동능력의 발달도 현저하다. 이것은 개인의 만족과 자신감을 키워주는 역할을 한다(정미경 외, 2015: 132).

특히, 청소년기는 '사춘기(puberty)'라고 이르는데, 이는 이 시기에 일어나는 다른 신체 변화뿐만 아니라, 개인의 성적인 면까지 포함하는 생리적 변화를 의미하는 개념이다. 이에 대해 청소년기는 인간발달을 뜻하는 일반적인 용어로서 문화적 개념이다. 즉, 행동적 그리고 문화적인 측면에서 성숙하는 시기이다. 따라서, 청소년이라는 용어는 사춘기의 신체적 성숙뿐만 아니라, 심리적 · 사회적으로 의존에서 벗어나 독립과 책임을 수용하는 것까지 포함된다. 대부분의 청소년기는 중 · 고등학생 시기로 주로 신체적 성숙과 인지적 발달을 경험하게 된다. 사춘기로 시작되는 청소년기는 신체적 변화가 일어나는 생물학적 변화로 인해 그 시작이 분명한 반면, 끝나는 시점은 행동적 · 문화적 · 심리적 성숙의 개인차로 인하여 사람마다 다양하다. 따라서, 청소년기는 사춘기의 여러 가지 육체적 · 심리적 변화로 부모-자녀관계도 가장 힘들고 청소년 자신도 동요하는 시기이다. 이 시기를 '질풍노도의 시기(time of storm and stress)'라고도 한다(신명희 외, 2013: 292).

역사적으로 청소년이란 용어가 등장하기 시작한 것은, 얼마 전의 일이다. 이 용어는 산업혁명과 더불어 의무교육이 실시됨으로써, 인간의 발달단계에서 청소년기를 고유한 발달시기로 인식하게 하는 데 결정적인 영향을 미쳤다고 볼 수 있다. 즉, 산업화는 기본적으로 교육받은 노동력이 요구되었으며, 학교교육의 의무화는 청소년들이 노동시장에 유입되지 않고 경제활동에서 제외되는 특권을 주었는데, 이러한 요인들이 본격적으로 청소년기를 인식하게 되는 계기가 되었다(홍봉선 · 남미애, 2013: 20).

청소년기의 가장 중요한 과업은 '자아정체감'을 형성하는 것이다. 자아정체감이란, 자신의 독특성에 대한 비교적 안정된 느낌을 말한다. 자아정체감은 개별성, 통합성, 연속성(또는 계속성)의 차원을 갖는다. 개별성은 나는 다른 사람과 구별되는 고유한 존재라는 인식을 말하며, 통합성이란 자신의 행동이나 태도 등이 전체적으로 일관성이 있으며 통합되어 있다는 인식을 말한다. 연속성은 시간의 경과에도 불구하고 나는 동일한 사람이라는 인식을 말한다. 자아정체감 형성은 아동기 때부터 시작되는 것으로 볼 수 있으나 청소년 후기에 가장 중요한 인생과업으로 등장한다. 자아정체감 형성을 위해서는 자신의 신념, 가치관 등에 대한 고통스러운 의문 제시가 선행되어야 하며 따라서 일종의 위기를 경험하게 된다. 자신이 경험한 많은 요소들을 모아 통합된 명확한 자기정의를 내리는 것은 어려운 일이므로 자아정체감을 형성하는 과정에서 누구나 혼란과 우울증을 경험할 수 있다(김이영 외, 2015: 181).

대부분의 동양권 국가에서는 '소년', '소녀', '미성년', '중 · 고생', '10대', '1318' 등 다양한 용어를 각각의 환경에 따라 사용하고 있다. 이는 어원적인 의미보다는 발달적 · 제도적 성격이 복합적으로 작용하여 사회통념상의 용어로 관행화된 성격이 짙다. 최근에는 이러한 동향도 수정되어 매우 구체적으로 접근하고 있는데, 그 대표적인 예가 이른바 말하는 '1318'이다. 즉, 중학생이 되는 시작연령과 고등학생이 끝나는 연령을 연결시키는 '1318'로 범주화하고 있다. 문제는 이렇게 중 · 고등학생, 청소년, 1318이 동일하다는 등식으로 명확하지만 좁게 사용할 경우, 법적 정의와 충돌하여 청소년 지도와 보호에서 여러 가지 문제가 발생하기 쉽다는 것이다. 또한 학계에서도 사회통념적 정의를 일부 수용하고 있는데, 대표적으로 아동의 권리에 관한 국제협약을 청소년의 권리에 대한 준거로 채택하고 있다는 점이다. 마찬가지로 이러한 학계의 관점을 제도권에서도 수용하여 청소년복지정책에 반영하고 있다(이소희 외, 2005: 18-19).

청소년 관련법상의 호칭과 연령은 〈표 8-1〉과 같다.

표 8-1 청소년 관련법상의 연령

관련 법률	호칭	연령 구분
도로교통법	어린이, 유아	어린이: 13세 미만인 사람 유아: 6세 미만인 사람
모자보건법	영유아	출생 후 6년 미만인 사람
민법	미성년	19세 미만의 자
영유아보육법	영유아	6세 미만의 취학 전 아동 (방과 후 보육은 만 12세 미만까지 가능)
유아교육법	유아	3세부터 초등학교 취학 전 어린이
입양특례법	아동	18세 미만인 자
아동복지법	아동	18세 미만의 자
청소년 기본법	청소년	9세 이상 24세 이하의 자
청소년 보호법	청소년	19세 미만의 자
청소년 성보호에 관한 법률	청소년	19세 미만의 자

관련 법률	호칭	연령 구분
청소년활동 진흥법	청소년	9세 이상 24세 이하의 자
청소년복지 지원법	청소년	9세 이상 24세 이하의 자
민법	미성년	19세 미만인 자(19세 성년)
형법	형사미성년	14세가 되지 아니한 자
근로기준법	연소자	18세 미만인 자
모자복지법	아동	18세 미만인 자 (취학 중인 때에는 20세 미만)
국민기초생활 보장법	아동	18세 미만인 자
소년법	소년	19세 미만인 자
영화 및 비디오물의 진흥에 관한 법률	청소년	18세 미만의 자 (고교 재학 중인 자 포함)

자료: 김보기 외(2016: 71).

2) 신체적 발달

청소년기의 신체적 발달은 키와 몸무게 등 급속한 외적 성장과 아울러 성호르몬의 분비가 증가하면서, 생식능력이 갖추어지는 성적 발달에 주요 특성이 있으며, 청소년 후기가 되면 성인과 거의 같은 수준의 신체적인 성숙이 이루어진다. 이 시기는 신체적 건강과 힘이 최고 수준에 있으므로 활기차고 민첩하며 넘치는 에너지를 운동이나 다양한 외부 활동에 사용할 수 있게 된다. 질병 이환율이 가장 낮으며 생식기관, 근육 및 내부기관의 기능이 최고조에 달하게 된다(오창순 외, 2015: 284-285).

청소년기에 신장과 체중의 변화는 급격하게 이루어진다. 개인차가 있으나 사춘기가 시작되는 청소년 전기가 되면 성인의 98%까지 신장과 체중이 증가한다. 신장의 경우에는 여자는 10~11세경에, 남자는 12~13세경에 시작하여 성장판(physeal plate)이 닫힐 때까지 평균 5~13cm 정도씩 자란다. 여자의 경우에는 성숙한 골격구조와 신경구조를 가지고 태어나기 때문에 아동기를 거쳐 청소년 전기에 남자보다 빠르게 성장하지만, 남자의 신체적 발달이 우세해지는 13~14세의 무렵에 남자의 성장속도가 여자를 추월하며 남자의 경우 21세까지 성장하기도 한다(유수현 외, 2015: 206).

청소년기의 가장 특징적인 발달 중의 하나는 성적 성숙이다. 청소년기를 간혹 사춘기(puberty)라고 부르는 것도 바로 이러한 성적 성숙 때문이다. 그러나 사춘기는 단순히 생식기관의 발달로 인한 생식능력의 발달에 초점을 둘 때 사용하는 용어이며, 성적 성숙(sexual maturation)이라고 하면 생식기관의 발달과 관련되어 일어나는 사회적 · 심리적 적응과정 모두를 의미하는 것이다(권중돈, 2014: 149).

3) 인지적 발달

청소년기의 인지발달은 아동기의 적극적 발달에 이어 본격적으로 발달된다. 청소년기 초에는 과도기적 현상으로 아동기적 행동이 많이 나타나지만, 청소년기 중반부터는 인지적 기능이 논리적 사고, 추상적 사고, 이상, 형식적 추리, 문제해결적 사고, 비판적 사고 등의 발달로 나타나게 되며, 이 시기의 사고발달과정을 통해서 성인과 유사한 사고양식을 가지게 된다.

청소년기는 피아제가 말한 형식적 또는 추상적 조작기에 해당하는 사고가 이루어지기 시작하는 시기로, 새로운 지식을 습득할 뿐만 아니라, 지식을 이해하고 이용하는 방법이 달라진다. 추상적이고 가설적인 가능성에 대해 논리적으로 사고하고 추리를 하는 능력과 연역귀납적인 문제해결능력이 발달한다. 모든 가능성을 체계적으로 검증할 수 있는 종합적 분석이 가능해지며, 확률에 대한 이해를 한다. 즉, 복잡성이 증가하고 가능성에 대해 생각하게 되며 정보처리의 속도와 효율성이 증가한다는 것이다.

이러한 인지발달적 변화를 통하여 청소년들은 이전과는 다른 청소년기 특유의 독특한 사고와 행동특성을 보인다. 두 범주 이상의 변수를 실제로 조작하지 않은 채 정신적으로 다룰 수 있다. 또한 사건이나 관계가 미래에 변화한다는 것을 사고에 고려해 넣을 수 있다는 것과 일어날 수 있는 사건들의 연속에 관해 가설을 세울 수 있다. 그리고 자신의 행동결과를 예측할 수 있다. 일련의 진술이나 문장에서 논리적 일관성의 유무를 구분한다. 자신과 자신이 속한 세계에 대해서 상대론적 입장에서 생각할 수 있게 된다. 즉, 자신의 가치관이나 행동양식은 자기가 속한 사회와 규범 때문이라는 것을 이해함으로써 다른 사회에 속한 사람은 그 사회의 규범에 따라 자신과 다른 방식으로 행동할 수 있다고 기대한다. 따라서, 다른 사람에 대한 이해와 포용력이 증가한다(구혜영, 2015: 343-344).

4) 정서적 발달

급격한 신체의 발달과 성적 성숙을 경험하는 청소년들은 달라지는 신체를 통해 자신의 이미지를 형성해 나가고, 동시에 성숙에 따른 심리적응문제를 경험하게 된다. 인지적 기능도 발달함에 따라 추상적이고 논리적인 사고가 가능해지고, 사춘기를 경험하면서, 다양한 감정이 표출되고, 감정에 따른 사회적 행동이 나타나기도 한다. 이러한 과정을 통해 자아정체성을 구축하게 된다.

청소년기는 대체적으로 감정의 기복이 심하며, 긍정적이거나, 부정적인 감정의 교차와 자부심과 수치심의 교차가 빈번하게 일어난다. 청소년기의 정서는 일관적이기보다 불안정하고, 긍정적인 감정보다는 부정적인 감정표출이 높아질 수 있다. 불안, 우울, 고독, 열등감, 죄의식, 분노 등이 강하고 변화가 심한 감정으로 인해 가족관계와 또래관계에 영향을 주고받는다. 또한 성적 성숙이 일어나면서 성적 충동으로 인한 성적 호기심이 생겨나고, 성의식이 높아지면서 변화되는 신체적 변화와 성장과 관련하여 성적 수치심이 강해질 수 있다(유수현 외, 2015: 211).

청소년기에는 2차적 성적 특징의 발달과 그로 인한 성적 충동으로 인해 성적 색채가 강한 정서를 보이며, 극단적 정서경험과 변화를 수반한다. 여러 측면에서 급격히 일어나는 변화와 발달에 대처할 수 있는 충분한 지식이나 기술을 아직 갖추고 있지 못하기 때문에, 항상 불안과 혼란 속에서 끊임없이 긴장하고 갈등한다. 자신의 능력에 대한 확신 부족, 신체 이미지에 대한 자신 부족, 장래에 대한 확신 부족으로 정서적인 불안정을 경험하게 되고, 이상과 현실 사이의 괴리를 목격하고 실존적 공허감에 빠지기도 한다. 정서의 특징은 이상주의와 낭만주의, 감상주의적 경향이 짙으며, 청소년기 후기에 이르면 이성을 통해 정화된 조용하고 고상한 정서가 표현되어 나타난다. 청소년들은 감수성이 대단히 예민하여 쉽게 흥분하고 동요되며, 다른 사람의 비판이나 훈계, 간섭 등에 지나치게 민감하다. 또 지나치게 남을 의식하고 남들 앞에서 부끄러움을 많이 느끼며 자신을 남과 비교하여 평가하기도 한다. 청소년의 정서적 불안상태는 감정의 양면성에서 가장 잘 나타난다(구혜영, 2015: 346).

5) 심리사회적 발달

(1) 사춘기

사춘기 동안에는 여러 일반적인 행동특성이 흔히 나타난다. 이 시기의 개인은 행복한 듯하다가 점차적으로 자신의 태도나 상호작용에서 부정적인 모습을 보이게 된다. 이러한 부정적인 모습은 자의식이 자라면서 나타난다. 자기회의와 걱정은 이들의 변화하는 신체와 관련이 있다. 대부분의 행동은 전체적으로 부정적인 외모의 영향을 받는다. 이 연령대의 아이들은 이전보다 자신의 방에서, 또는 혼자 지내는 시간이 많아진다. 많은 아이들이 이전의 친구관계에서 멀어지고, 새로운 집단환경에서 자신의 자리를 찾는다. 자기 자리를 찾을 때까지 이들은 고립되고 혼자일 수도 있다.

사회적 적대감은 이들이 가족, 친구, 사회와 상호작용할 때 흔히 보일 수 있다. 가족환경에서 청소년기 이전 아이들은, 부모에게 따지기 좋아하고 형제자매를 질투한다. 독립에 대한 이들의 갈망은 권위를 가진 사람 사이에서 갈등의 근원이 된다. 이들은 감시와 지시에 분개하며 나약함과 무력함의 징후를 모두 보이기도 한다. 이러한 적대감은 동성 간의 관계로 확장될 수도 있다. 가족관계는 이 시기에 극적으로 바뀐다. 이러한 변화가 혼란과 갈등을 유발한다. 독립을 위한 갈등 속에서 아이들은 제한과 부모의 통제로부터 벗어나고 싶어 한다. 집안일, 통행금지, 데이트, 전화 사용, 돈, 운전, 과제, 우정 등의 문제가 부모와 아이 사이의 의견충돌을 야기할 수 있다. 부모는 청소년이 말을 듣고 규정을 따르기를 원한다. 청소년들은 자신이 신뢰받고 있지 못하다고 불만을 토로한다. 흔히 이들은 "난 왜 다른 사람들처럼 할 수 없어요?"라고 소리친다. 이들은 흔히 따지기 좋아하고 부모의 방법에 대해 비판적이다. 일부 청소년들은 부모로부터 멀어지거나 털어놓고 얘기하는 일이 줄어들면서 부모에게 자신이 떨어져 나왔거나 제거되었다고 느끼게 만들기도 한다. 청소년들은 종종 마치 부모와 함께 있는 것이 어색한 것처럼 행동하기도 한다.

(2) 가족관계

청소년기의 특징적인 사회적 발달 중의 하나는, 부모나 가족으로부터 분리되어 친구나 자기 자신에게 의존하려는 경향이 높아진다는 점이다. 청소년기에는 신체적 성숙이 이루어짐에 따라 부모의 통제를 받지 않으려 하며, 부모의 지시를 논리적으로 비판하거나 반항하며, 친구관계에서 배운 가치관을 가족관계에 적용하려고 한다. 이러한 청소년의 특성 때문에, 부모는 청소년이 성장한 데 대하여 보람도 느끼지만, 거부당하는 데 대한 상실감도 동시에 경험한다. 하지만 부모의 애정과 지원에 깊이 뿌리내리지 못한 상태에서 독립을 위한 날갯짓을 하게 되면 실패할 가능성이 높다. 지금까지 청소년기의 발달에 관한 연구에서는 청소년의 독립과 자율성만을 강조해 왔으나, 최근 들어서는 청소년의 건강한 발달에 부모와의 안정적인 애착관계와 부모로부터의 지원이 필수적이라는 점을 강조하기 시작하였다.

청소년들이 부모의 보호로부터 벗어나서 자기의 판단에 의해 독립적으로 행동하려는 성향을 '심리적 이유'라고 부른다. 대부분의 청소년기 가족에서는 부모들이 이러한 청소년들의 심리적 이유를 지지하고 격려해 줌으로써, 커다란 갈등 없이 청소년기를 보낼 수 있게 된다. 하지만 청소년들은 부모에게 의존함과 동시에 부모로부터 독립해야 하는 상황에서 끊임없이 갈등을 하게 되며, 부모 역시 자녀의 독립을 원하지만 동시에 계속해서 의존해 주기를 희망한다. 이러한 이중적 상황과 청소년 자녀와 장년기 부모의 급격한 발달상의 변화로 인하여 부모와 십대 자녀 간에 갈등관계를 형성하게 되는 경우가 많아진다. 특히, 어떤 부모들은 청소년기 자녀를 이해하기보다는 동기와 마찬가지로 지나치게 보호하고 간섭하려 하기도 한다. 청소년 자녀들은 이러한 부모의 태도에 불만을 품고 비판 또는 반항하거나 도피행위를 함으로써, 부모와 청소년 자녀 사이에 극도의 긴장관계가 형성되기도 한다. 이와 같이 청소년이 심리적 이유를 추구하는 과정에서 부모에게 반항하는 행동적 특성 때문에, 청소년기를 '제2의 반항기'라고도 부른다.

(3) 교우관계

청소년기에는 우정이 가족 간의 애정보다 더 중요한 시기가 되므로, 청소년들은 가족과의 대화보다는 친구를 만나거나 전화나 인터넷을 통해 친구와 연락하는 데 더 많은 시간을 보내게 된다. 따라서, 청소년들은 동년배집단과 강한 유대관계를 형성하고 자신의 집단 내 지위와 역할을 예측하고 평가하며, 필요한 사회적 기술을 학습하게 되고, 청소년기의 원만한 친구관계는 사회적 적응과 정신건강에도 많은 영향을 미친다. 그러나 청소년기의 친구관계는 긍정적 측면뿐만 아니라, 부정적 측면도 동시에 지니고 있다. 즉, 청소년들은 친구관계를 통하여 술, 약물, 문제행동을 배우거나 직접 행동에 옮기기도 하며, 친구들로부터 거부되고 무시당함으로써 극도의 스트레스와 좌절감을 경험하여, 정신건강이나 부적응적인 행동문제를 일으키기도 한다.

청소년기에 이성 친구에 대한 관심이 높아지지만, 실제로는 동성의 친구들을 더 많이 사귀며 가장 친한 친구 역시 동성의 친구인 경우가 많다. 자신이 직면한 심각한 문제에 대해 의논하는 상대도 동성의 친구인 경우가 많다. 청소년기의 이성교제는 대체로 또래집단과의 활동이나 단체활동을 통해 이루어지는 경우가 많은데, 이성교제를 하는 단계를 살펴보면, 처음에는 동성친구관계의 연장된 형태로 동성과 이성의 친구가 집단으로 접촉을 하다가 점차 개인적인 데이트를 하고 사랑에 빠져드는 단계로 옮아간다(Dunphy, 1963).

청소년기가 되면서 부모와 성인보다는 또래들의 지지와 이해가 더 필요하며, 이런 또래로부터의 지지와 이해를 통하여 사회성이 발달한다. 또래집단은 청소년에게 소속감과 연대감, 지지와 수용 등의 긍정적 요인이 되고, 규범과 행동기준을 제공하며, 또한 이를 준수했을 때 청소년들은 집단으로부터 인정과 지지를 받는다. 청소년들은 이 시기의 우정을 통하여 타인을 이해하고 배려하는 사회적 기술을 획득하게 된다(장수환 외, 2017: 85).

Chapter

09

성인기, 장년기

[학습목표]

1. 각 단계별 발달특성 학습
2. 성인기와 생애주기 비교 분석
3. 장년기의 사회적 발달 숙지

[학습내용]

1. 성인기
2. 장년기

[개 요]

성인기(adulthood)는 '청년기' 또는 '성인 초기' 등으로 불리며, 20~40세에 이르는 시기로서, 신체적 · 지적인 면에서 인생의 가장 정점에 해당한다. 장년기는 '성인 후기', '중년기' 또는 '베이붐 세대' 등으로 불리는데, 40~65세 이전까지 약 25년의 기간을 말한다. 본 장에서는 성인기와 장년기의 발달특성을 학습하고자 한다.

Chapter

09 성인기, 장년기

1. 성인기

1) 성인기의 개념

성인기(adulthood)는 '청년기' 또는 '성인 초기' 등으로 불리며, 20~40세에 이르는 시기로서, 신체적 · 지적인 면에서 인생의 가장 정점에 해당한다. 성인기 이전의 시기를 준비기라고 한다면, 성인기 이후는 이제까지 준비해 온 것을 실현하고 구체화하고 통합화하여 다음의 인생을 대비하는 중요한 의미를 갖는 시기라고 할 수 있다. 심리사회적 측면에서 다른 사람을 보살피는 능력이 심화된 사람은 타인과의 상호관계에 집중할 수 있다. 부모로부터의 심리적 · 경제적 독립을 시작하며, 직업과 결혼, 군대 등의 환경 변화에 따라 다양한 역할 탐색과 선택을 하는 시기이다. 특히, 우리나라의 경우 고등학교 교육이 대학 진학을 위한 준비 차원에서 이루어지고 있으므로, 대학생 시기에 이르러서야 학생들은 비로소 자기 자신에 대해서 새롭게 탐색하며 인간관계 및 사회적응기능의 습득을 위한 시간적 · 심리적 여유를 누리게 된다.

성인기의 기준은 아동기나 청소년기처럼 새로운 신체적 기능이나 인지적 능력의 획득에 의한 것이 아니라, 사회적 · 문화적 요소를 적용하게 된다. 즉, 연령 · 신체적 · 생리적 · 심리적 · 사회적 성숙도 등의 기준을 들 수 있다. 성숙도는 안정된 직업이나 결혼에 대한 준비 태도, 자아정체감의 정착 정도 등이 포함된다(구혜영, 2015: 358).

발달에 대한 잠재력은 전 생애에 걸쳐 존재하지만, 성인기 이후의 발달은 아동기나 청소년기와는 그 성격이 다르다. 다시 말해서, 성인기 이후의 발달은 새로운 신체적 기능이나 인지적 능력의 획득에 의해 일어나기보다는, 주로 사회적 · 문화적 요소에 의해 주도된다(Specht & Craig, 1987).

성인기는 대부분의 청소년들이 예측하고 얻기 위해 노력해온 시기이다. 이 시기로 들어가는 것은 보통 긍정적인 느낌, 꿈, 포부 등을 동반한다. 이 시기의 목표는 직업을 선택하고 취득하는 것, 성적 욕구를 만족시키는 것, 가정 및 가족을 만드는 것, 사교관계 확장시키기, 성숙함의 발달 등이다. 이 시기를 완수하기 위해 성인들은 자신의 이전의 꿈과 업적을 비교하기 시작한다. 이러한 일들이 발생하면서 성인들은 차이를 조정하고 현실을 받아들이거나 변화를 만들어가야 한다(Polan & Taylor, 2015).

2) 신체적 발달

성인기는 신체적 건강이 정점에 있는 시기라고 할 수 있다. 성인기는 아동기보다 더 건강하고 질병률도 낮으며, 이러한 최적의 건강상태는 장년기에 건강이 쇠퇴하기 시작할 때까지 지속된다. 신장 확대와 근육발달의 시간적 차이로 인한 청소년기의 어색한 모습은 사라지고 성인기에는 균형 잡힌 모습을 갖추게 된다. 육체적인 힘은 25~30세 사이에 최고조에 이르며, 그 후에는 점진적으로 쇠퇴한다(Specht & Craig, 1987). 성인기에는 신체적 성장이 완료된다. 남성은 30세까지 느리게 척추가 성장한다. 이러한 성장으로 인해 신장이 3~5cm 정도 더 자랄 수 있다. 여성은 보통 20세 이전에 키가 모두 자란다. 인간의 신체는 25~30세 때 가장 강건하며, 30세가 지나면 신체적 기능이 감퇴하기 시작하여 손이나 손가락의 동작도 점차 둔감해진다. 시각, 촉각, 후각, 미각 등은 20세경에 최고에 달했다가 40세 정도부터 점점 나빠지기 시작한다. 육체적인 힘은 25~30세 때 최고조에 이르고, 이후 점진적으로 쇠퇴하나 대부분의 신체적 능력과 기술은 규칙적으로 시용하기만 하면 그 기능이 청소년기 이후에도 지속된다.

감각들은 대체로 성인 초기에 가장 예민한 상태이며 성인 전기 동안 거의 변화가 없다(지영주 외, 2016: 291). 이 시기에는 모든 장기와 신체체계가 완전히 발달하고 성숙해진다. 최대 심박출량에 도달하는 시기는 20~30세 사이이다. 이 이후에는 심박출량이 점차 감소하기 시작한다. 성인기 동안 심근이 두꺼워지고 혈관 내에 지방 침전물이 쌓이면서 혈류를 감소시키게 된다. 알코올 섭취나 흡연, 고콜레스테롤 식이 등은 개인의 심혈관계 질환 발생 위험을 증가시킨다. 심장과 혈관은 나이가 들수록 점점 탄력이 줄어든다. 이러한 변화가 후기 성인기에 심박출량을 감소시키고 혈압을 증가시키는 원인이 된다.

신경계 세포의 수 및 뇌의 크기 또한 사춘기가 지나면서 줄어들기 시작한다. 감각과 지각의 변화가 이 시기 동안 인지될 수 있다. 그러나 지각의 속도나 정확도는 아직 영향을 받지 않는다. 반응시간, 즉 사람이 자극에 반응하는 속도는 20~30세 사이에 눈에 띄게 향상된다. 시력은 25세를 지나면서 탄력성의 감소 및 수정체의 혼탁도 증가로 인해 나빠지기 시작한다. 40세가 되면 멀리 있는 물체를 보는 능력이 흔히 나빠지게 된다. 이러한 상황을 노안이라고 하며, 나이가 들면서 발생한다. 적절한 렌즈를 사용해 이러한 상황을 겪는 경우 교정된 시력을 제공할 수 있다. 청력은 20세에 가장 좋고 그 후 점차적으로 감퇴된다. 특히, 고주파음을 듣는 능력이 영향을 받는다. 이 시기에 나타나는 청력감퇴는 개인의 일상활동에 거의 영향을 주지 않는다. 음악을 듣거나 작업 중 큰소리에 과도하게 노출되는 것이 청력손실을 가속화시킬 수 있다. 대부분의 성인들은 경미한 손실에 대해 보상하는 방법을 배운다.

최고의 능력으로 기능하는 신체의 체계는 실질적으로 생식과 관련된 것들이다. 여성의 경우 월경주기가 잘 나타나게 된다. 월경주기가 불규칙하거나 심각한 불편감이 나타나는 여성들은 의사의 도움을 받아야 한다. 일반적으로 남성들은 이 시기에 생식기

문제로부터 자유롭다. 부부의 성생활 및 정서적 안녕을 위협하는 한 가지 문제는 불임이다. 약 14% 정도의 부부가 불임을 경험한다. 불임으로 인해 어려움을 겪는 부부는 의학적인 방법 및 상담을 필요로 한다. 이들은 보통 매우 큰 스트레스와 불안을 경험하며, 스스로 또는 각자 서로를 탓하기도 한다. 불임검사와 평가를 받기로 결심한 사람들은, 빈번히 높은 병원비와 마주하기도 한다. 일부에서는 불임치료가 성공적이지 않을 수도 있다. 이러한 부부에게는 지지와 함께 다른 선택을 고려할 시간이 필요하다(Polan and Taylor, 2015).

3) 인지적 발달

인간의 지적 능력은 연령이 증가함에 따라 어떤 변화가 일어나는가? 성인기에 지적 능력은 증가하는가 또는 감소하는가? 이러한 질문에 대해 어떤 학자들은 성인기에 지적 기능이 감소한다고 주장하는 반면, 어떤 학자들은 나이가 들어도 지적 기능은 성인기 동안 안정적이라고 주장한다. 또 다른 학자들은 반응속도와 관련된 측면에서는 감소하지만, 실생활과 관련된 지식이나 지혜와 같은 측면은 증가한다고 주장한다(박성연, 2017: 252).

인간의 인지발달은 대략 25세경부터 하강곡선을 그리는 것으로 알려져 있다. 인간은 나이가 들어감에 따라 기억력, 추리력, 문제해결능력 등이 저하되는데, 이러한 능력 저하의 원인은 정보처리 속도의 저하, 복잡한 정신적 자극에 대한 조작능력의 저하 등에 따른 것으로 설명되고 있다. 그러나 연령이 증가함에 따라, 인지기능의 쇠퇴가 거의 없거나, 매우 적으며, 인지기능의 쇠퇴가 있다고 하더라도 각 기능에 따라 변화 정도가 다르다는 주장도 있다(정은, 2014: 259).

연령의 증가와 함께 시각-운동적 협응능력과 같이 쇠퇴하는 인지기능이 있는가 하면, 결정지능과 시각화 능력과 같이 안정성을 얻거나 성장하는 영역도 있다. 이와 같이 지적 발달의 이중적 현상은 이중적 지능 개념의 변용을 통해 보다 쉽게 설명될 수 있다. 지능의 이중적 구조 개념을 인지적 발달심리학적 개념과 혼합하여 '인지적 기제

(cognitive mechanics)'와 '인지적 활용(cognitive Paradigmatics)'으로 구분했을 때, 인지적 기제는 뇌의 중추신경의 신경생리학적 기능을 반영하는 것이고, 인지적 활용은 개인의 사회적 · 문화적 환경 속에서 획득한 지식을 의미하는 것으로 이해된다. 카텔(Cattell, 1971)의 지능이론에 의하면, 유동지능은 인지적 기제의 측면 또는 기본적 정보처리과정으로서의 지능이라고 할 수 있는데, 이 유동지능은 전 생애적 발달과정에서 25세까지 급격한 상향곡선을 그리다가 25~30세를 전후하여 완만한 하향곡선을 그리게 된다. 웩슬러 성인지능검사(Wechsler Adult Intelligence Scale, WAIS)를 사용하여 조사한 결과, 언어적 검사점수는 청년기에 상승하는 데 반하여, 동작성 검사점수는 26세를 정점으로 하강하는 것으로 보고하였다(Turner & Helms, 1983).

한편, 결정지능은 인지적 활용의 측면 또는 문화적 지식으로서의 지능이라고 할 수 있는데, 이 결정지능은 25세까지 유동지능과 같은 상향곡선을 그리다가 25~30세를 전후하여 상승세가 거의 멈추고, 그 이후는 현상을 유지하거나 지극히 미세한 상승세를 보인다. 지식에 기초하는 결정지능은 적어도 60대가 될 때까지는 유의미한 하향적 추세를 보이지 않는다. 따라서, 고도로 숙련된 전문가들의 경우, 지능의 활용영역에서는 연령의 증가에도 불구하고 지능이 발달할 수 있다.

이러한 인지적 변화에 관하여는 많은 연구들이 있다. 일반적으로 인지적 능력은 청년기 이후에 감퇴하는 것으로 알기 쉬우나, 이러한 편견은 실증적 연구들에 의해 반증되었다.

4) 심리적 발달

(1) 친밀감의 발달

성인기의 중요한 발달과업 중의 하나는, 가족 이외의 다른 사람들과 친밀한 관계를 형성하는 것이다. 친밀감의 형성은 능동적인 과정으로서, 자신의 정체감을 잃을지도 모른다는 두려움 없이 타인과 개방적이고, 지지적이며, 조화로운 관계를 형성하는 능력이다. 타인과 친밀한 관계를 형성한 사람은 자신의 견해나 계획을 다른 사람들과 의논할 수 있으며, 감정이입능력, 욕구조절능력, 자기통제능력 등을 갖추고 있다. 친밀감의 형성은 자아정체감을 확립한 후에 이루어지는 것으로 자신을 가치 있고 유능하며 신뢰할 수 있는 사람으로 지각할 수 있을 때 가능하다(이근홍, 2015: 114).

성인기의 친밀감은 혼인상대와 애정을 나눌 수 있으며, 사회생활에서 우정을 나눌 수 있는 관계를 포함한다. 친밀감은 대개 혼인관계에서 형성되지만, 결혼이 곧바로 친밀감으로 이어지는 것은 아니다(권중돈, 2014: 177). 즉, 혼인 초기의 상호적응, 첫 자녀의 출산, 부모와 친척의 기대 등이 부부의 친밀감 형성을 방해할 수 있다. 그러나 혼인생활을 통하여 서로의 욕구를 만족시키고 약점을 수용하면서 친밀감을 형성해 가며, 인간관계가 점차 성숙해진다.

(2) 성격의 성숙

성인기는 개인적인 성격이 성숙해지는 것은 물론 사회적으로도 성숙해지는 시기이다. 성인기에는 타인과 친밀한 관계를 형성하면서 자신과 타인을 인정하고 수용하며, 정서적으로 안정되고, 독립성과 목표의식을 갖는 등 성격이 성숙해진다. 성인기는 사회생활에서 자신의 책임과 의무를 다하며, 사회와 국가의 발전에도 기여하는 시기이다.

성숙한 성격을 지닌 사람은 또한 자신에 대한 정확한 지식을 소유하고 있으며, 타인의 의견에 개방적인 태도를 지니고 있다. 그들은 삶의 목표가 뚜렷하고, 자발적이며, 독립적이고, 인간미가 풍부하다. 그들은 독창성이 풍부하여 창의적이고 혁신적이며, 다양한 상상력과 사고능력을 소유하고 새로운 무엇인가를 추구하기 위해서 노력한다(이근홍, 2015: 116).

성인기는 개인적인 성격의 성숙과 더불어 그가 속해 있는 직장, 지역사회, 국가, 문화 등을 이해하고 받아들여 사회적으로 성숙해지는 시기이다. 이 시기에는 자신의 권리와 의무를 동시에 수행하는 사회적 역할을 다해야 하며, 자신의 이익과 사회의 이익을 조화시키고, 건전한 사회 변화와 발전을 주도하고 협력해야 한다.

5) 사회적 발달

성인기 사회적 관계의 특징은 청소년기의 친밀한 관계에 비해 보다 공식적이고, 상호호혜적인 관계로 발전해 나가며, 가족관계의 의존성에서 탈피하고, 독립적인 홀로서기의 능력을 키워나가야 할 때이다. 그리고 이성과의 교제를 통해서 친밀감을 형성하고, 나아가 배우자를 선택하고, 결혼을 준비하는 인간관계의 특성을 지닌다. 주요한 사회적 관계의 특성은 다음과 같다(이우언 외, 2017: 114-115).

(1) 가족관계(부모)

성인은 신체적 · 정신적 · 정서적 모든 면에서 독자적인 생존이 가능한 성장을 이루었다. 그리고 미래를 대비하는 능력과 문제해결능력과 같은 인지능력도 거의 완성이 되었고, 개인적 가치관의 내면화와 동료집단에의 참여 등을 통한 사회적 발달도 자주성을 갖는 정도의 성숙을 이루었다. 따라서, 이제는 부모에 대한 의존을 매듭지어야 할 시기가 왔다고 할 수 있다.

부모에 대한 의존관계를 매듭짓고 혼자서 독립적으로 살아갈 수 있는 준비가 필요하다. 단지 부모와 정서적 의존관계 나아가 금전적 의존관계를 벗어나는 것이며, 부모에 대한 거부나 소외, 또는 부모로부터의 분리와는 다른 독립의 의미이다. 즉, 부모와 자녀가 서로 상대방의 고유성을 받아들이는 자주적인 심리상태이다. 성인기에 이르기까지 부모와 자녀 간의 친근하고 지지적인 관계는 지속되어야 한다. 동시에 청년의 자율성을 발달시키는 것이 무엇보다 중요한 시기이다.

(2) 친구(동성)

이 시기에 성인들은 자신들의 인생문제나 고민을 함께 나눌 수 있는 친한 친구를 원하고 필요로 한다. 성인기의 우정 변화는 나이가 들어가면서 같은 친구를 계속해서 사귀는 경향이 있으며, 여자들의 우정이 남자들의 우정보다 더 오래 지속된다. 그 이유는 남자들의 우정은 개방적인 반면에, 여자들의 우정은 오직 한 사람의 단짝 친구를 사귀는 경향이 많기 때문이다.

(3) 이성 친구

성인기의 가장 중요한 사회적 관계는 '이성관계'이다. 물론 최근 발달의 가속화와 성에 대한 개방적 문화의 영향으로, 중학교 정도의 시기에 많은 학생들이 연애를 시작하고 성관계경험도 많아지고 있지만, 기성세대로부터 '자연스러운' 행동으로 인정을 받고 성숙한 사랑을 나눌 수 있는 시기가 성인기일 것이다.

이성과 사귀게 되면 당사자 두 사람은 서로 만나 대화하고, 데이트하고, 때로는 여행도 같이 하면서 한 대상에게만 열중하게 된다. 그리고 감정적 유대가 깊어지면 결혼도 가능하다.

2. 장년기(중년기)

1) 장년기의 개념

장년기(middle adulthood)는 '성인 후기', '중년기' 또는 '베이붐 세대' 등으로 불리는데, 연령으로 볼 때, 40~65세 이전까지 약 25년의 기간을 말한다. 이는 국내법상 노인을 65세로 규정하고 있기 때문이다. 학문적으로는 40~60세를 일컫는 경우도 많다.

장년기는 인생의 목표를 성취해 나가는 시기로 심리적 · 직업적 · 가정적으로 안정되어 있으며, 사회에 공헌할 수 있는 능력과 태도를 갖추게 된다. 특히, 장년기의 자녀 성장이나 직업적 성취, 후배 배출 등의 생산성은 장년기 발달에 원동력으로 작용한다. 장년기 발달에서 가장 현저하게 진행되는 변화는 노화로 신체적 · 성적 변화가 우선하며, 이와 함께 나타나는 심리적 변화로 성격과 정서의 변화가 있다. 사회적으로는 가정과 사회에서 윗사람으로서의 역할 변화가 있다(강경미, 2016: 362).

이 시기에는 경제적 · 직업적으로 비교적 안정되는 기간이기도 하지만, 새로운 위기가 시작되는 기간이기도 하다. 장년기에 들어서면서 지혜를 통하여 문제를 해결하려고 시도하고, 대인관계를 이성보다는 사회적인 관계를 받아들이며, 감정의 대상을 다양화하고, 새로운 사고에 대하여 수용적이어야 건강하다고 할 수 있다. 이 시기는 사회적 관점에서 '빈둥지(empty nest)시기'라고 한다. 이는 자녀가 성장함에 따라 집을 떠나게 되어 부부만 남게 되는 것을 말한다. 각 가정의 부부의 결혼 연령, 자녀의 수, 자녀들의 교육기간, 자녀의 결혼 유무, 결혼 시기 등과 같은 여러 요인에 따라 그 기간이 결정된다. 즉, 이 시기는 남성보다는 여성, 특히 전업주부는 심리적으로 공허감이나 우울감을 느끼게 되어 부적응적 양상이 나타날 수 있으며, 이를 '빈둥지증후군(empty nest syndrome)'이라고 한다. 이러한 현상에 잘 대처하기 위해서는 원만한 부부관계를 유지하기 위한 노력이 필요하며, 다양한 사회적 활동에 참여하는 것이 도움이 된다.

이 시기는 인생의 목표를 성취해 가는 인생의 절정기이다. 이 시기에는 노화가 시작되는 자신의 신체적 · 생리적 변화를 인정하고 적응하며, 사회에 공헌하고 생산성을 획득해 나가면서 장년의 위기에 대처한다. 성숙한 부모의 태도를 소유하고 자녀를 지도하며, 부부간의 동반자 의식을 신장시키고, 노부모를 부양한다. 또한 직업안정을 통하여 경제적 안정을 누리고, 여가를 활용하며, 은퇴에 대비해 나간다(이근홍, 2015: 125). 특히, 장년기의 자녀 성장이나 직업적 성취, 후배 배출 등의 생산성은 장년기 발달에 원동력으로 작용한다.

베이비붐 세대(baby boom generation)와 에코붐 세대(echo boomers)

베이비붐 세대란, 전쟁 후 또는 혹독한 불경기를 겪은 후 사회적 · 경제적 안정 속에서 태어난 세대를 지칭한다. 각 나라의 사정에 따라 그 연령대가 다르다. 한국전쟁 이후인 1955~1963년(일본은 1947~1949년, 미국은 1946~1965년) 사이에 출생한 세대를 지칭한다. 베이비붐 세대는 고도 경제성장과 1997년 외환위기, 그리고 최근 글로벌 금융위기를 경험한 주역이었다.
그러나 베이비붐 세대는 그동안 한국사회에서 주목받지 못하고 6 · 3세대와 386세대, 아날로그와 디지털 세대 사이에 '낀 세대'로 취급당하는 애물단지일 뿐이었다. 앞뒤의 세대들 사이에서 낀 세대로서의 비애를 느끼지 않는 세대는 없을 것이다. 한국의 베이붐 세대는 개발도상국가체제하에서 성장했기 때문에 필연적으로 다가오는 전통사회의 해체, 핵가족시대, 개발독재 등 온갖 고난을 겪었고, IMF 외환위기로 인한 충격과 부담을 별다른 준비 없이 온몸으로 부딪쳐야 했던 세대라는 점에서 더 큰 박탈감을 느끼고 있는 것 같다. 더구나 앞선 세대로부터 부의 물림이나, 후대로부터 존경의 대상이 되지 못했다. 정치적으로도 선배인 4·19세대와 6·3세대, 후배인 386세대에 비해서도 제대로 평가받지 못했고 각성하며, 386세대가 개혁의 전위대로 부상하고 있는 최근의 사회분위기 속에서 상대적 박탈감을 더욱 뼈저리게 느끼기도 한다.
에코붐 세대는 베이비붐 세대의 자녀 세대로, 일반적으로 1980년대에 태어난 이들을 가리킨다. Y세대, 밀레니얼(millennial) 세대, 네트(net) 세대라고도 불린다. 1970년대 말 또는 1980년대 초부터 1980년대 말 또는 1990년대 말까지 태어난 이들을 가리킨다.
출생률이 현저하게 상승했던 베이비붐 세대의 자식 세대인 만큼 이들이 태어난 시기의 출생률도 비교적 높아 에코붐 세대(echo boomers), 즉 메아리 세대라는 말이 붙었다. 이들은 대체로 풍족한 환경에서 자라 유행에 민감하고 쇼핑을 좋아하며, 어려서부터 컴퓨터와 친숙하고 최신 IT기술을 잘 활용하는 특징을 가지고 있으며, 언어능력이 타 세대에 비해 탁월하다.
에코붐 세대는 그들의 부모와 한국사회의 1970 · 80년대의 상황 인식을 공유하고 있으며, 향후 한국사회의 강자로 부상하고 있다. 즉, 베이비붐 세대의 한계를 에코붐 세대가 뛰어넘고 있으며, 앞선 386세대와는 또 다른 생명력을 보이고 있다. 더구나 베이비붐 세대로부터 개인 및 국가재난극복의 경험을 물려받아 엄청난 동력을 보여 줄 세대로 기대되고 있다.

2) 신체적 발달

장년기가 되면 성년기 후반부터 시작되던 신체적 노화가 본격적으로 진행되면서, 신체활력이 저하되고 신체기능이 점차적으로 쇠퇴한다(강경미, 2016: 362). 나이가 들어가면서 사람들은 키가 1~4인치 정도 점차적으로 줄어든다. 몸통 부분에 지방이 쌓이면서 신체의 윤곽은 변화한다. 장년의 성인들은 신체의 체중이 재분배되면서 체중이 늘지 않은 경우라고 해도 큰 사이즈의 옷이 필요하게 된다. 적절한 운동과 식이를 통해 노화가 신체에 미치는 영향을 늦출 수 있다.

이 시기 대부분의 생리적 변화는 점차적으로 일어나며 사람에 따라 시기에 따라 다르게 나타난다. 이 시기의 눈에 띄는 변화는 근육의 강도 및 접합조직의 탄력성 감소와 관련이 있다. 관절이 닳고 손상되면서 퇴행성 관절염에 걸릴 위험이 높아진다. 운동, 체중조절 및 식이를 통해 정상적인 관절기능을 유지할 수 있다. 얼굴, 복부 및 엉덩이의 피부가 늘어지고 이전보다 덜 탄탄해지기도 한다. 근육의 강도가 감소하면서 근육의 힘 또한 점차적으로 떨어진다.

가장 눈에 띄게 변화가 나타나는 곳은 피부이다. 피부(내층)가 탄력성이 떨어지면서 주름과 축 처진 피부가 나타난다. 얼굴에서 가장 명백한 변화가 나타나는 곳은 웃을 때 생기는 입 주변의 팔자주름, 눈 주위, 뺨의 늘어지는 피부 등이다. 체중이 많이 감소하면 이러한 변화가 더 악화되기도 한다. 일부에서는 머리카락이 회색으로 변하거나 가늘어지거나 성장이 늦어지는 등 변화가 확실히 보이기도 한다. 인종, 유전자, 성별 등 모든 것들이 머리카락의 성장패턴에 영향을 미친다(Polan & Taylor, 2015).

장년기에 가장 뚜렷하게 감퇴가 느껴지는 두 가지 기능이 시각과 청각이다. 시각의 감퇴는 대체로 40~49세 사이에 나타나며, 노안이 대표적 징후이다. 실제로 성인 중기 동안에는 가까운 것을 보는 데에도 어려움이 생긴다. 눈으로 가는 혈액공급이 감소되어 시각의 범위는 좁아지는 반면에, 사각범위(blind spot)는 커진다(송명자, 2017: 373). 즉, 수정체가 두꺼워지고 혼탁해지면서 주변 시야가 감소하게 된다. 눈은 가까운 물체에 초점을 맞추는 능력이 떨어지고, 어두운 곳에서 밝은 곳으로 왔을 때 적응하는 능력이 감소한다. 대부분의 시력 변화는 교정렌즈를 통해 성공적으로 관리할 수 있다. 새로운 레이저 수술은 이러한 문제를 교정할 수 있으며, 회복도 빠르게 이루어진다. 많은 사람들이 노인성 난청 또는 청력의 저하를 경험한다. 이는 귀의 모세혈관벽이 두꺼워지면서 발생한다. 부적절한 관리 및 큰 소리에의 과도한 노출이 이러한 상실을 악화시킨다.

남성의 갱년기는 여성보다 늦게 시작되며, 변화가 보다 점진적으로 진행된다. 생리적 변화가 점진적으로 이루어지기 때문에, 심각한 신체적 · 정신적 어려움은 없으나, 남성다움의 상실에 대한 두려움을 갖는다는 것이다. 갱년기 동안 남성들에게도 정서적 · 심리적 변화가 나타나지만, 이것은 갱년기의 증상이라기보다는 배우자와의 이혼이나 사별, 가족문제, 혼인생활의 갈등, 자신과 아내의 질병, 부모의 죽음, 직장에서의 스트레스나 퇴직 등과 관련되어 있는 경우가 많다(이근홍, 2015: 126-127).

3) 인지적 발달

일반적으로 장년기의 인지적 반응속도는 늦다. 인간의 지적인 능력은 18~25세 사이에 최고조에 달하며, 이후에 나이가 들어감에 따라서 지적 기능이 변화한다. 장년기에는 행동이 전반적으로 완만해지는데, 이러한 느림은 감각의 예민함이나 말초신경 작용의 속도, 반응 동작의 속도 등과 같은 말초신경요소들의 기능에서 먼저 일어난다기보다는 중추신경체계가 정보를 전달하는 과정에서 기본적인 변화가 일어난다. 인지적 능력의 변화는 지적 능력의 유형에 따라서 다른 양상을 보여 준다. 즉, 유동성 지능(단순 기억력, 기본적인 학습능력 등)과 비언어적 능력(동작을 포함하는 반응의 기민성 등과 같은)은 나이가 들수록 감소하게 된다(이우언 외, 2017: 124). 비록 새로운 학습능력은 저하된다 하더라도 오랜 경험을 통해 획득한 지혜가 있기 때문에 문제해결능력은 높아진다. 청각적 기억은 40세 이후부터 일정하게 유지되고, 시각적 기억 역시 60세까지는 감퇴 없이 유지된다. 기억능력도 감퇴하는 것처럼 보이는 이유는 정보처리시간이 길어지기 때문이다(구혜영, 2015: 377).

정신적 기능은 장년기에 최고조에 달한다. 장년기에도 새로운 기술을 지속적으로 학습할 수가 있고, 이미 알고 있는 것을 기억할 수 있다. 언어능력에 있어서도 어휘력을 발전시킬 수 있다. 그러나 대부분의 장년기 사람들은 자신의 지적인 능력을 충분히 활용하지 않고, 과거의 다양한 경험으로부터 얻은 지혜로 대처하고 보상하려는 경향이 있다. 그리고 기억능력의 감퇴가 이루어지는 것처럼 보이는데, 실제로는 단기기억능력은 약화되지만 장기기억능력은 큰 변화가 없다. 즉, 새로 학습하는 능력은 저하되지만 오랜 경험을 통해 획득된 지혜가 있기 때문에 문제해결능력은 오히려 높아진다.

장년기의 인지 변화에 대해서는 상반된 주장들이 있다. 신체적 능력의 감소에 따라 인지적 능력이 하강한다는 견해와 함께 인지적 능력이 감소하지 않으며, 이 시기 특정 측면의 인지능력은 상승한다는 견해가 대립하고 있다.

대체로 장년기의 성인들은 단기적 기억력이 약화되어 새로운 것을 배우거나 빠른

속도를 요구하는 과제에 대한 해결 속도가 느리지만, 가설을 세우고 추론하는 통합된 사고능력과 문제해결능력이 탁월하다. 중요한 점은 장년기 성인이 정신기능의 잠재력은 거의 변함이 없지만, 스스로 부정적인 인지 변화를 자각하여 잠재력에 비해 정신적 · 신체적으로 위축되거나 소극적 태도로 인해 일에 대한 수행능력이 떨어지는 결과를 낳을 수 있다. 장년기의 인지적 발달의 강점을 중심으로 창조적 생산성을 발휘할 수 있는 지원이 필요하다. 이를 통해, 장년기에 인생의 결월을 맺을 수 있으며 인생의 경험과 연륜을 통합한 리더십을 발휘할 수 있다(강기정 외, 2015: 259).

결론적으로 장년기의 많은 사람들이 기억감퇴를 호소하지만, 실제로 기억 감퇴가 일어나는 영역은 거의 없다. 하지만 기억과제 연습량의 감소로 인해 기억 감퇴가 일어나기도 하므로, 연령과는 관계가 없다.

4) 정서적 발달

안정성 있고 심리적으로 잘 성숙된 인격의 소유자도 나이를 먹어감에 따라서 언젠가는 차차 여러 가지 변화를 나타내게 마련이다. 그런 것이 때로는 다소 신체적인 변화와 관련이 있을 수도 있지만, 실제로 대개는 심리적인 변화이다. 장년기에 이르러서는 차차 자기가 늙어 가고 있음을 자각하게 된다. 점점 나이를 먹어 갈수록 자기 모습도 달라져 가고, 머리도 희어지며 체력이 감퇴되었음을 완연히 느낀다. 동시에 지적 활동도 저하되어 가고 있음을 우연한 기회에 느끼기 시작하게 되고, 옛적 젊었을 때가 즐겁게 회상되고 늙어 가고 있는 것에 대해 그저 초조하고 불안한 생각이 든다.

성격적으로는 남성은 여성성이 증가되고, 여성의 경우에는 남성성이 증가하는 경향이 있다. 장년기는 남성성, 여성성이 통합되어 성역할이 보다 융통성 있게 변화하는 시기이며, 남녀가 양성성(androgyny)의 성향을 보일수록 장년기 적응력이 높다(강기정 외, 2015: 260).

새로운 것을 배우는 학습능력도 점점 감소되고 융통성이 없어져 감으로써 완고하게 되고, 새로운 것을 받아들이기가 힘들며, 옛날에 얽매여 변화에 저항하는 경향이 생긴다. 그리고 대체로 지나치게 보수적이며 내향성이 증가하고 고집이 세어져 독단적으로 되기가 쉽다. 흥미권도 좁아질 뿐 아니라, 모든 일에 의욕과 열정이 줄게 되고, 주변의 모든 일들에 불평과 불만이 많아져 비관적이고, 체념적인 생각을 많이 하게 된다. 이럴 때 본래 인격상에 신경증적인 문제가 있었던 사람들은 그러한 성격특성이 더욱 확대되어 심하게 나타나는 수도 있다. 반면에, 전부터 적응이 잘 되어 있던 사람은 감퇴된 능률을 잘 보상하여 침착성, 지혜, 판단 등의 좋은 점을 돋보이게 나타낼 수도 있다(강봉규, 2000: 245).

늙어갈수록 고독감을 쉽게 느끼게 되어 있다. 근래와 같이 전통적인 가족제도가 붕괴되어 가고 핵가족화되어 가고 있는 상태하에서는 성장한 자녀들은 모두 독립해 나가고, 더구나 도시생활과 같은 서로의 유대가 없어져서 서로가 의지하고 마음의 유대를 가지고 살아갈 수 있는 여건이 안 되어 있는 환경에서는 항상 고독하고 쓸쓸한 감을 면하기가 힘들다고 할 수 있다. 거기에다 의존심의 대상이었던 배우자나 집안사람들, 또 사회적 유대를 맺어 주던 벗과 주위 친지들의 죽음은 고독감과 쓸쓸함을 한층 더 심하게 할 것이며, 자연히 자기 자신의 죽음에 대한 불안감을 증대시킨다.

배우자와의 사별 이후 노인의 정신장애가 급격히 악화된다는 연구들이 많이 있다. 우리 사회에서는, 특히 남자의 경우 직업 여부가 사회적 · 경제적 · 심리적 관련성이 깊다. 직장에서의 은퇴와 이에 따르는 사회적 지위와 위신의 하락, 그리고 권력의 감퇴와 그에 수반되는 경제적 타격 등은 노인들에게 사회적 소외감과 고독감을 더욱 강하게 느끼게 할 것이고, 거기에 수반되는 죽음의 임박에 대한 불안과 공포를 가져오게 된다.

5) 사회적 발달

전 생애의 전망으로 보면 장년기는 변화(change)와 계속성(continuity)의 두 가지 측면을 모두 가지고 있다. 나이가 들면서 젊을 때와는 달리 신체적 특성이나 성격이 변하기도 하지만, 자신의 특성을 그대로 유지하기도 한다. 장년이 되면 수명의 유한성에 대한 자각이 증가하고 인생의 다양한 경험을 가지며 생성적 관심들이 증가한다. 인생 초기의 경험이 후반기의 삶에 결정적인 영향을 주는 것은 아니며, 장년 초기와 후기의 삶이 같을 수도 있지만 다를 수도 있다. 사회적 변화로 사람들의 삶이 다양해지면서 40대와 60대에 어떤 삶을 사는 것이 전형적인 삶이라고 말하기 어려워졌다. 어떤 사람은 40대에 첫 아이를 낳는가 하면, 어떤 사람은 그때 이미 조부모가 되기도 한다. 어떤 사람은 장년기에 제2의 인생을 시작하는가 하면, 조기은퇴로 직업활동을 정리하기도 한다. 이처럼 장년기는 개인차가 큰 시기이다(신명희 외, 2013: 437).

장년기가 되면 외적으로 팽창을 추구하고 사회적 성공과 명성을 위해서 에너지를 가정 밖 사회를 위해서 집중해 오다가, 40세 이후 장년의 나이가 되면 외부세계를 향하던 에너지가 자기 자신의 내면을 향하게 된다. 그리하여 갑자기 지금까지 헌신해오던 일을 그만두고 새로운 도전을 시도하려고 하기도 하고 남과 여는 각기 반대의 성적 측면을 보이게 된다. 즉, 남성은 여성적으로, 여성은 남성적으로 변화하여, 남성은 일찍 귀가하여 드라마를 보려고 하고, 여성은 가정 밖으로 나가 사회적 활동에 집중하려는 변화를 보이게 된다. 이런 반대적인 현상으로 인해 부부간의 역할 재조정과 상호이해가 필요하다. 이런 이해와 역할 조정이 잘 이루어지지 못하는 경우에, 갈등이 야기되고 이혼을 하게 되기도 한다. 최근 우리나라도 결혼 초기의 이혼율은 낮아지고 소위 말하는 '황혼이혼율'이 높아지는 것도 남녀 간의 이런 변화가 원인이 되기도 한다(이우언 외, 2017: 125).

Chapter

10

노년기

[학습목표]

1. 노년기의 관점에 대한 비교 분석
2. 노년기의 성격 변화 숙지
3. 노년기의 사회적 활동 숙지
4. 노년 전기와 후기에 대한 차이점 학습

[학습내용]

1. 노년기의 개념
2. 신체적 발달
3. 인지적 발달
4. 정서적 발달
5. 사회적 발달
6. 언어의 발달

[개 요]

노년기는 성인기 이후부터 죽음까지를 일컫는데, 노년기는 인생의 마지막 단계이다. 노년기에 들어서면 성인기에서의 생활로부터 급격한 삶의 변화가 온다. 아울러 임종과 함께 죽음을 맞이하는 노인들은 본인뿐 아니라, 가족을 포함한 주변인들에게 적지 않은 영향을 미친다. 노년기는 긍정적 · 부정적 관점이 교차한다. 본 장에서는 노년기의 발달특성을 학습하고자 한다.

Chapter

10 노년기

1. 노년기의 개념

인간의 발달단계를 생애주기로 구분할 때, 노년기는 성인기 이후부터 죽음까지를 일컫는데, 노년기는 인생의 마지막 단계이다. 물론 노년기의 시점에 관한 견해는 다양하여 노년기의 시작 나이를 일률적으로 규정하기는 쉽지 않다. 그러나 노년기에 들어서면 성인기에서의 생활로부터 급격한 삶의 변화가 온다. 아울러 임종과 함께 죽음을 맞이하는 노인들은 본인뿐 아니라, 가족을 포함한 주변인들에게 적지 않은 영향을 미친다. 취업활동을 비롯한 노년기 사회활동이 하향곡선을 그리면서 생활환경이 바뀌고, 노화로 제반활동이 줄어들고, 결국 가족이나 노인복지시설에 의지하는 경향이 강하다. 이뿐만 아니라, 임종과 죽음을 맞이하면서 발생하는 노인들의 심리적 변화와 이들의 가족 간 관계가 불러일으킬 수 있는 여러 문제는 사회문제로까지 대두되고 있다(최옥채 외, 2016: 347).

이 시기에는 자녀양육 책임으로부터 벗어나 부부관계에 보다 초점을 맞추게 되고 또한 자녀들이 성인이 되는 등 중년기까지의 자신의 삶이 결혼생활과 자녀양육에서 그리고 직업 등에서 성공했는지 실패했는지를 평가할 수 있는 증거가 축적된다. 따라서, 노년기에는 지나온 삶에 대한 평가를 하게 되는데, 이 과정에서 자신의 성취한계를 깨닫고 어느 정도의 실망을 하게 된다. 문제는 이것을 어떻게 받아들이는가인데, 어떤 경우에는 지나온 삶을 돌아보면서 극도의 우울감에 빠져 현재의 어떤 경험도 그 우울을 보상하지 못하는 경우가 있는가 하면, 어떤 경우에는 지나온 삶에 대한 평가를 지나치게 긍정적으로 합리화하여 극도의 자신감을 표현하는 경우도 있다(김이영 외, 2015: 185).

한편, 노년기의 의미를 바라보는 관점은 긍정적 관점과 부정적 관점이 있는데, 노년기를 죽음에 이르기까지의 인생의 마지막 단계로서, 신체적 능력의 쇠퇴와 사회적 관계의 축소, 그리고 사회경제적 지위의 하락과 같은 쇠퇴가 일어나는 시기로 보는 시각이 있다. 다른 시각은 노년기까지 삶을 살아오는 데 축적된 경험과 지혜를 바탕으로 사회를 위해 봉사할 수 있으며, 죽음에 대비해 자신이 살아온 삶을 정리하는 과업이 중요한 시기로 보는 긍정적인 관점이 있다(지영주 외, 2016: 320).

2. 신체적 발달

노화(aging)란 정상적 성장과 발달의 한 과정으로 연령 증가에 따라 인간 유기체에서 일어나는 생리 및 신체, 심리, 사회적 측면의 쇠퇴나 무기력화 현상이라 정의할 수 있다. 이중 신체적 노화란 연령의 증가에 따라 일어나는 신체 구조적 및 신체 내적 기능의 변화를 의미한다. 이 시기에 들어서면 얼굴의 표피는 점차 얇아지고, 주름이 지며, 제2차 성장이 점차 위축되어 성별의 특징이 사라지게 된다. 골격은 뼈의 경화, 철분의 퇴적, 뼈대 구조의 변화가 나타나고, 신장이 줄어들며, 근육은 탄력성을 잃고 섬유소가 증가한다. 또한 감각기관의 능력이 감퇴하고 자극에 둔감해지며, 뇌의 무게가 줄고 뇌공은 팽창하며 피질조직은 좁아진다. 신체기능상의 변화도 뒤따르는데, 자율적 조정능력이 감퇴하여 동작이 느려지고 동작 사이의 조정이 잘 이루어지지 않아 행동이 서툴고 어색하며, 지능이나 기억력 등 정신능력의 감퇴가 일어난다.

신체 내부의 장기는 40세부터 중량이 감소하지만, 심장은 말초혈관의 동맥경화에 의한 심장 비대, 지방분의 증가 등이 원인이 되어 오히려 중량이 늘어난다. 즉, 심박출량과 심장박동능력이 떨어지면서 노년기에는 각종 심장질환에 걸릴 가능성이 높아진다. 노년기는 치아 결손, 소화효소분비량의 감소, 위 근육의 약화 등으로 소화기능이 감퇴된다. 그리고 폐용적의 감소로 폐 속에 잔기량이 증가하여 기관지 질환이나 호흡기 질환에 걸릴 가능성도 높아진다. 심장 기능의 저하와 혈관 기능의 저하는 혈액순환에 방해를 가져와 혈압의 상승을 가져오고, 이에 따라 동맥경화나 혈관성 치매에 이를 가능성 또한 높아진다(정은, 2014: 280).

노년기에는 수면에도 변화가 온다. 전체 수면시간은 줄어들며 자주 잠에서 깨어난다. 노인들은 하룻밤에 평균적으로 약 20번 잠에서 깨어나며 밤 시간의 약 20%는 깨어 있는 것으로 보고되고 있다(Hayachi & Ende, 1982). 노인의 약 1/3이 불면증을 호소한다. 잠자는 동안 일시적으로 호흡이 중단되는 현상(apnea)도 노년기 수면의 한 특징이다. 호흡 중단은 한 번에 약 2초에서 2분간 지속되며 하룻밤에도 수백 번 나타날 수 있다.

감각기능의 손상 또한 현저하다. 눈의 렌즈의 조절기능의 약화로 인해 시야 가까이 다가오는 물체에 대한 시각적 예민성이 급격히 감소된다. 노안이 오며, 하나 이상의 초점이 형성됨으로써 시야가 흐려지게 된다. 홍채의 유연성이 떨어져서 약한 불빛에서 동공의 크기가 확장되지 못하므로 밤눈이 어두워진다. 실제로 불빛이 흐린 상태에서 노인의 망막은 젊은이의 약 10~33%의 밝기밖에 받아들이지 못한다(Kosnik et al., 1988). 50대부터 색깔 변별능력이 낮아지는데, 초록과 파란색 계통의 변별력 손상이 먼저 오며 빨간색은 가장 늦게 나타난다. 이러한 시감각능력의 변화는 시지각 감퇴를 유발한다. 생리적 기능의 감소는 신체적 질병 가능성을 증가시킨다. 또한 노화되면서 난청현상이 나타나 목소리를 구별하기 힘들어진다. 즉, 고음을 들을 수 있는 능력이 점차 저하되기 시작하여 나중에는 저음을 구별할 수 있는 능력도 감퇴된다. 이러한 청각기능의 장애는 타인과의 의사소통과정에서 걸림돌이 되어 대인관계에도 문제를 가져오게 된다(이순형 · 성미애, 2014: 354).

결론적으로 65세 이후에 신체적 문제가 전혀 없는 노인은 발견하기가 어렵다. 연령 증가와 함께 심장혈관계의 효율성이 감소하고 허파, 신장, 간, 신경계 활동 등 신체 전반의 활동이 저하된다.

통계청(2019a: 14)에 따르면, 2017년 우리나라 국민의 사망원인 1위는 암으로 인구 10만 명당 153.9명이 사망하였고, 그 다음은 심장 질환(60.2명), 뇌혈관 질환(44.4명), 폐렴(37.8명) 순으로 나타났다. 암, 심장 질환, 폐렴으로 인한 사망률은 지속적으로 증가하고 있으며, 자살, 뇌혈관질환, 당뇨 등으로 인한 사망률은 감소하는 것으로 나타났다.

주요 사망원인별 사망률은 〈표 10-1〉과 같다.

표 10-1 주요 사망원인별 사망률 (단위: 인구 10만 명당 명)

구분	암(악성 신생물)	심장 질환[1]	뇌혈관 질환	폐렴	자살	당뇨	간 질환	알츠하이머병
2005	134.6	39.6	64.5	8.6	24.8	24.3	17.4	2.3
2010	144.4	46.9	53.2	14.9	31.2	20.7	13.8	4.1
2015	150.8	55.6	48.0	28.9	26.5	20.7	13.4	9.9
2016	153.0	58.2	45.8	32.2	25.6	19.2	13.3	9.4
2017	153.9	60.2	44.4	37.8	24.3	17.9	13.3	9.8
증감	0.9	2.0	-1.4	5.6	-1.3	-1.3	0.0	0.4
남자	191.1	58.6	42.7	39.4	34.9	17.6	20.0	5.3
여자	116.9	61.8	46.1	36.3	13.8	18.2	6.5	14.3

1) '심장질환'은 허혈성 심장질환과 기타 심장질환을 포함
자료: 통계청(2019a: 14).

3. 인지적 발달

인간의 성장의 의미는 퇴화도 함축하고 있다. 소위 연륜이라는 개념도 고연령에서는 의미가 없다고 하겠다. 그런 측면에서 인지적 변화는 노화의 측면에서 이미 앞에서 언급된 마음이나 지적 능력이 젊은지 늙었는지에 관계된 정신연령과 달력연령의 결합된 결과라고 할 수 있다. 그러나 노화에 있어서 중요한 사실은 인지능력에서 정신연령과 달력연령이 반드시 비례하는 것은 아니라는 점이다. 왜냐하면 과거와 다른 영양상태의 증진과 의학기술의 발달은 인간의 평균수명뿐만 아니라, 건강수명까지도 연장시켰기 때문이다.

일반적으로 인지적 변화는 총체적인 측면에서 인지능력의 퇴화를 의미하는 것이지만, 부분적으로는 증진되는 능력도 있다. 달력연령의 성장은 다음과 같은 능력들이 어느 순간을 기점으로 둔해진다. 노년기의 특징인 지적 능력의 저하가 환경의 산물이라는 지적도 있다(Newman & Newman, 2011). 노년기의 환경은 새로운 사고나 체계적 사고를 강화하고 격려하는 유형이 아니며, 이러한 요인이 인지적 능력의 쇠퇴에 기여한다. 예를 들어, 많은 노인들이 혼자서 사는데, 이것은 지적 분화와 새로운 사고형성을 촉진하는 다양한 사회적 상호작용이 결핍된 환경이다. 또한 노인들은 과거에 대해 이야기할 때 강화받는 경향이 있으며, 이렇게 회상에 사로잡히는 것은 새로운 방향의 사고를 격려하지 않는다.

언어능력의 변화를 살펴보면, 대체로 연령이 높아짐에 따라 음성이 달라지는데, 이런 변화는 후두연골이 경화되어 탄력을 잃어서 생기는 것이다. 즉, 후두의 근육이 약화되면, 이에 따라 성대도 약해져서 점막에 변화가 생기고 음성이 달라진다. 또한 대체로 연령이 높아짐에 따라 음성이 고음으로 변하며, 성대가 서서히 힘을 잃어가고 폭도 줄어든다. 따라서, 일상의 대화보다 음량을 크게 요구하는 성악활동이나 연설을 할 때 곤란을 느끼게 된다. 그리고 노년기가 되면 말이 점점 느려지는데, 이는 발음기관의 변화에서 비롯된다기보다는 중추신경계통의 퇴화로 인해 생긴 결과이다. 그러나 어휘

능력 면에서는 비교적 감퇴가 적다. 어휘는 아동기에 점차 확장되면서 일상생활에서 사용되기 때문에, 다른 정신능력에 비해서 감퇴 정도가 약하고, 감퇴속도도 느리다. 어휘력은 연령보다는 오히려 흥미, 교육수준, 언어의 기회, 언어 사용의 질과 정도 등의 요인들이 더 크게 영향을 미친다(이순형 · 성미애, 2014: 360).

스키너(Skinner, 1958b)는 노년기에 인지적 능력의 쇠퇴를 막기 위한 개입으로 타인들과 언어적 상호작용을 촉진하는 규칙적인 기회를 가질 것, 기억이 감퇴하는 것을 막기 위해 책이나 논문의 개요를 작성해 볼 것, 아이디어가 떠올랐을 때 즉시 행동에 옮길 것 등을 제시했다.

4. 정서적 발달

노년기에는 신체적 건강수준의 쇠퇴, 만성질환, 평생토록 함께 살아온 배우자의 죽음, 정년퇴직으로 인한 경제사정의 악화, 가족이나 사회로부터의 소외 등으로 인하여 외로움, 고독감, 불안감, 좌절감, 죄의식 등을 갖게 되어 우울증 경향이 증가한다.

노년기가 되어 사회활동이 줄어들면서 노인들은 사회로부터 위축되어 내면의 자아로 몰두하게 되면서 내향성이 증가하게 된다. 또한 노인들은 어떤 일을 처리하는 데 있어서 스스로 노력이나 시도를 해보기도 전에 포기하거나 문제해결을 우연에 맡기는 경향이 있으며, 능동적이라기보다는 수동적이다(양철수 외, 2018: 330).

노년기에는 융통성이 부족하고 경직성이 증가하여 환경의 변화에 적응하지 못하고 과거의 사고방식이나 태도를 고집하는 경향이 있다. 또한 시각, 청각 등의 감각기관의 퇴화와 과거의 경험을 바탕으로 한 정확성과 완벽성의 추구로 인하여 어떤 일을 할 때 조심성이 증가한다. 노인들은 가족구성원 간의 감정적 유대관계를 중요시하고, 믿고 의지할 사람을 찾게 되며, 물질적 도움보다는 심리적으로 의존할 수 있는 대상을 필요로 한다.

노인이 되면 그동안 살아온 자신의 인생을 되돌아보고 과거의 다양한 경험을 회상하는 일이 많아지며, 자신이 오랫동안 소중하게 여겼던 물건들이나 주위의 친근한 사물에 대해 애착을 갖게 된다. 노년기에는 시간의 흐름에 대한 인식이 달라져 생애의 나날이 젊은 시절보다 더욱 빠르게 느껴지며, 자녀, 재산, 작품 등과 같은 유산을 남기고자 하는 경향이 나타나게 된다. 또한 노인이 되면 남성과 여성의 성역할 지각의 변화가 나타나 남성은 집 안에 있기를 좋아하는 반면, 여성은 사회활동을 좋아하게 된다.

5. 사회적 발달

1) 노년기의 사회활동이론

일반적으로 노년기에 이르면 여러 가지 사회활동이나 직업적 책임에서 벗어나서 조용히 은둔생활을 즐기는 것이 심리적 적응을 잘하며 만족한 노화과정이라는 사회유리설(사회분리설, social disengagement theory)이 있다. 그에 반해, 최근에는 은둔생활보다는 오히려 계속적으로 활동하는 노인이 생활만족도가 높고 적응을 잘한다는 사회활동설(social activity theory)이 주장되고 있다. 두 이론은 노인 각자가 일생 동안 지녀왔던 성격특성과 행동경향에 따라 다르게 적용된다. 즉, 항상 능동적이며 적극적이었던 노인은 노년에도 적절한 수준의 활동을 통해 만족한 노년기를 보낼 수 있을 것이다. 반면, 은퇴 후에 아무런 책임 없이 조용히 보낼 수 있는 것을 오히려 다행으로 생각하는 노인은 사회와의 유리를 통해 더욱 적응을 잘할 수 있을 것이다.

노년사회학(sociology of aging)

노인문제를 종합적으로 연구하는 사회학의 한 분야를 말한다. 즉, 노년기를 개인에 내재하는 신체적 · 정신적 능력의 변화라는 관점에서가 아니라 외재적인 여러 조건, 이를테면 사회제도나 사회적 지위 · 역할의 변동과 같은 사회학적 관점에서 파악함으로써 노년기와 관련된 구체적인 문제들을 해명하고 분석하려는 개별과학의 한 분야이다.
대표적 이론으로는 먼저, 적응론(accommodation)이 있는데, 이 이론은 노년기 직업활동 적응성에 분석의 초점을 두는 사회활동설과, 시점을 퇴직 후에 두는 사회이탈설(사회유리설)이 있다. 둘째는, 역할이론으로, 노년기에 있어서 일정한 지위와 역할 상실에 분석의 초점을 맞추는 사회적 통합이론(social integration theory) · 부차문화론(secondary culture theory) · 역할출구론(role exit theory) 등이 있다. 또한 사회적 지위와 역할 중에서 특히 가족적 지위와 역할에 착안한 노년기의 가족주기적 이해와, 생명체로서의 생물학적 노화를 중시하는 생명주기적 변화를 근거로 한 라이프 스타일(life style)로부터의 접근도 노년사회학의 대표적인 입장이다.

(1) 사회유리설

이 이론에서 성공적인 노화는 일과 사회적 역할로부터 점차 벗어나 자유로워져 가는 과정이다. 노년기의 사회적 역할로부터 유리되는 것은 단절과 고립 또는 수동적이며 비활동적인 삶을 의미할 수 있지만, 다른 면에서는 일로부터 오는 과도한 스트레스를 줄여주며 신체 및 인지적 쇠퇴에 잘 적응할 수 있게 해줌으로써 내적 평온을 가져다주는 적응적 가치를 갖는다. 사회적 유리는 사회로부터 활동의 요구가 줄어들고, 사회적 및 가정적 역할의 중요성이 감소하는 중년 후기부터 시작하여 노년기에 들어서면서 더욱 급격하게 진행된다.

근래에 유리이론은 노년기 적응양상을 부분적으로 설명해줄 수는 있으나, 보편적 적응양상은 아니라는 비판이 가해지고 있다(송명자, 2008: 402).

(2) 사회활동설

이 이론에서는 성공적인 노화를 위해서 기존의 역할과 과업으로부터 벗어날 것이 아니라, 지속하고 유지해야 한다고 주장한다. 노년기에는 자녀의 성장, 은퇴, 능력감퇴 등 여러 가지 여건의 변화 때문에 불가피하게 이전의 역할을 계속하지 못하는 상황이 오게 된다. 활동이론에서는 성공적인 노화를 위해서 활동의 내용을 대치시켜 안정된 활동수준을 유지해야 한다고 주장한다(Havighurst, 196l; Havighurst et al., 1968).

1,000명 이상의 노인들에게 활동과 생활만족도에 관해 조사한 연구결과에 의하면, 가장 높은 만족을 얻은 노년기 삶은 친구와 가족들과 함께 비공식적인 활동에 많이 참여하는 삶이었다. TV 시청, 독서, 취미 등은 노년기 만족도 수준에 영향을 미치지 않았으며, 공식적이며 구조화된 단체활동에 참여하는 것은 노년기 생활만족도에 부정적인 영향을 미치는 것으로 밝혀졌다(Lognino & Kart, 1982).

2) 사회관계적 변화

노년기에는 퇴직, 배우자와 친구의 상실 등으로 인하여 사회적 관계망이 줄어드는 것이 일반적이다. 그리고 직장 등과 같은 2차 집단과의 유대관계 및 참여 정도는 줄어들고, 가족, 친구, 이웃 등과 같은 1차 집단과의 관계가 사회적 관계의 중심이 되며, 그중에서도 가족이나 자녀와의 관계가 핵심적 관계축이 된다.

노년기에는 성인 자녀와 적절한 유대관계를 형성해야 하지만, 노인이 부양자의 지위에서 피부양자의 지위로 전환하는 과정에서 많은 어려움을 겪기도 한다. 특히, 핵가족화, 소가족화의 영향으로 자녀와 별거하는 비율이 높아지고, 부모-자녀 간의 정서적 유대관계도 소원해지는 등 질적 관계에서도 많은 변화가 일어나고 있다. 결혼, 취업 등으로 인하여 자녀가 모두 부모의 곁을 떠나고 노부부만 남게 되는 '빈둥지(empty nest) 시기'를 자유롭게 자기 자신을 개발할 수 있는 기회로 활용하는 경우가 있는가 하면, 자녀가 떠난 빈자리로 인하여 우울을 경험하는 경우도 있다. 노년기에 부모-자녀관계를 원만하게 유지하기 위해서는 자녀에게 일방적으로 의존하기보다는 상호 지원관계를 유지하고, 신체적 건강의 유지, 안정된 소득기반의 조성 그리고 심리적 건강 등을 확보하여야 한다.

노년기에 들어서 새로운 친구를 많이 사귄다는 것은 어려운 일이지만, 오래된 친한 친구의 존재는 노인의 삶의 의욕을 유지시키고 인생의 만족감을 경험하게 하는 요인으로 작용한다. 노년기에도 친구관계는 친밀감을 제공하며 여가활동을 함께하고, 인지적인 자극을 주는 역할을 하며, 노년기의 즐거움과 기쁨의 원천이 된다. 또한 친밀한 관계의 친구는 일상생활에서의 긴장이나 스트레스를 경감시키고 통제할 수 있도록 도움을 주는 역할을 한다.

노년기에는 직장동료관계 등과 같은 기존의 사회적 관계가 축소됨에 따라 친구의 수가 줄어들게 되지만, 새로운 친구를 사귀기가 쉽지 않으며, 대부분 지역적으로 가까운 곳에 사는 이웃노인이 친구가 되는 경우가 많다. 따라서, 노년기에 친밀한 친구관계를 유지하기 위해서는 경제적으로 안정되어 있어야 하며, 건강상태가 양호해야 하고, 동일한 지역에서 오래 거주하는 것이 바람직하다. 대다수의 노인들은 자신이 거주했던 집에서 살고 싶어 하며, 주거지를 변경하는 경우는 많지 않다.

3) 사회화와 사회적 역할

사회화(socialization)란 사회적 상호작용을 통하여 사회의 규범, 가치, 역할기대 등을 학습하고 사회생활에 필요한 사회적 기술들을 발전시키게 하는 사회적 학습과정이다(Atchely & Barusch, 2003). 노인들도 사회의 연령규범과 사회화에 대한 기대에 순응하여야만 적응적인 삶을 영위할 수 있게 된다. 한 사회의 연령규범이 명확할수록 구성원들의 사회화과정은 보다 쉽게 이루어질 수 있다. 그러나 급격한 변화를 경험한 우리 사회는 노년기에 대한 긍정적 시각과 부정적 시각이 혼재해 있고, 노년기의 사회적 역할과 연령 적합행동에 대한 사회적 합의가 이루어지지 못하고 있는 실정이다(권중돈, 2014: 208).

노년기의 역할 변화가 삶의 중요한 기능에서의 전환을 가져온다. 즉, 이 시기에 배우자 사망, 은퇴 등에 의해 역할 상실이 일어난다. 또한 조부모 역할, 퇴직자 역할과 같이 새로운 행동양식과 관계형성을 요구하는 역할들이 출현한다. 노년기에는 퇴직, 배우자와 친구의 상실 등으로 인하여 사회적 관계망이 줄어들게 되는데, 노년기의 사회적 관계는 주로 가족을 중심으로 한 1차적 관계가 중심을 이루게 되는 것이 일반적이다. 그리고 노년기에는 중요하고 가치 있는 사회적 지위와 역할을 상실하는 경우가 많다. 그래서 노년기를 두고, '상실의 시기(time of loss)' 또는 '역할 없는 역할(roleless role)을 갖는 시기'라고 말하기도 한다.

그러나 노년기가 꼭 사회적 지위나 역할을 잃기만 하는 것은 아니며, 새로운 역할을 얻기도 하고, 동일한 역할을 수행하더라도 그 수행방법이 달라지며, 역할 자체의 중요성이 변화되는 등 다양한 역할전환을 경험할 수도 있다. 따라서, 노년기의 역할전환이 항상 부정적 결과를 초래하는 것은 아니며, 대다수의 노인들은 이러한 역할전환에 성공적으로 적응하고 있고, 새롭게 획득한 지위와 역할에 만족하는 경우도 많이 있다.

'노후를 위한 사회적 관심사'의 조사(통계청, 2018: 39)에 따르면, 2017년 65세 이상 고령자는 노후를 위한 사회적 관심사로 '노후 소득 지원'이 40.6%로 가장 많고, 다음은 '의료 및 요양보호서비스' 38.6%, '노후 취업 지원' 13.2% 순으로 나타났다. 이러한 결과는 2년 전보다 '노후 소득 지원', '의료 및 요양보호서비스'는 각각 0.8%, 4.4% 증가한 반면, '노후 취업 지원', '문화 · 여가 복지서비스'는 각각 2.3%, 1.3% 감소한 것으로 나타났다.

결론적으로 남녀 모두 '노후 소득 지원', '의료 및 요양보호서비스' 순으로 나타났는데, 이는 고령일수록 '노후 취업 지원'이나 '문화 · 여가 복지서비스'는 감소하는 반면, '의료 및 요양보호서비스'는 증가하는 경향을 보여 주고 있다.

노후를 위한 사회적 관심사는 〈10-2〉와 같다.

표 10-2 노후를 위한 사회적 관심사(65세 이상)

(단위: %)

구분	계	노후 소득 지원	의료 및 요양보호 서비스	노후 취업 지원	문화·여가 복지서비스	세대 간 이해증진을 위한 교육 및 홍보	교통 및 주거 환경조성	기타
2015	100.0	39.8	34.2	15.5	6.6	2.0	1.7	0.2
2017	100.0	40.6	38.6	13.2	5.3	1.1	1.1	0.1
남자	100.0	39.1	35.0	17.3	6.0	1.4	1.1	0.1
여자	100.0	41.7	41.3	10.2	4.8	0.9	1.0	0.0
65~69세	100.0	37.9	33.1	19.1	7.6	1.0	1.2	0.1
70~79세	100.0	42.5	38.8	11.9	4.4	1.3	1.1	0.0
80세 이상	100.0	40.8	48.2	5.8	3.4	0.9	0.7	0.2

자료: 통계청(2018: 39).

4) 퇴직자(은퇴자)의 역할

노동시장의 안정을 도모하기 위해 조기퇴직이 증가하는 추세이다. 조기퇴직은 노인들에게 다양한 문제를 불러일으킨다. 물론 고용자가 노동자에게 조기퇴직을 강요할 수는 없지만, 여러 가지 수단과 분위기를 통해 미묘한 압박을 주어 조기퇴직을 유도한다.

조기퇴직은 사회적으로 노동공급을 감소시키고 젊은 인력을 노동시장으로 빨리 끌어들일 수 있다는 장점이 있지만, 반면에 조기퇴직자들에 대한 퇴직연금 지불비용은 이미 거대한 수준이다. 또한 개인에게 퇴직은 아무런 준비나 도움 없이 새로운 인생과 지위에 직면하는 것을 의미한다.

개인적으로 여러 가지 여건이 좋지 못한 상황에서 퇴직한 노인들의 생활은 여러 문제에 봉착하게 된다. 특히, 우리 사회가 젊은 노동자를 대상으로 하는 노동시장 진출과 관련한 교육 및 다양한 제도를 개발해 온 반면, 노인이 퇴직을 준비하는 데 필요한 제도는 거의 개발해 오지 않았다(지영주 외, 2016: 333).

퇴직한다는 것은 개인의 삶의 많은 부분을 바꾸는 변화이다. 개인의 일상생활이나 사회적 관계, 자아정체감 등이 직업을 중심으로 형성되어 왔기 때문이다. 퇴직은 어느 정도 예측된 사건이므로 사전에 준비를 충실히 할수록 퇴직자의 역할에 대한 적응이 순조로운 것으로 알려져 있다. 퇴직이 갑작스러울수록, 그리고 그 사람의 직업역할에 깊이 뿌리박고 있을수록 퇴직자의 역할 적응에 어려움을 겪는 것으로 나타나고 있다.

노년기 '노후를 보내고 싶은 방법'의 조사(통계청, 2018: 40)에 따르면, 2017년 65세 이상 고령자의 58.2%는 '취미활동'을 하며 노후를 보내고 싶어 하는 것으로 나타났다. 이는 2년 전보다 '취미활동'은 감소한 반면, '자원봉사활동', '종교활동', '소득창출활동'은 증가하고 있다. 남녀 모두 '취미활동'이 각각 60.0%, 56.8%로 가장 많고 그 다음으로 남자는 '소득창출활동' 20.8%, 여자는 '종교활동' 17.7%을 하면서 노후를 보내고 싶다고 생각하고 있는 것으로 나타났다.

결론적으로 '자원봉사활동'나 '종교활동'이 70%를 초과하는 현상은 매우 바람직스러운 경향으로 평가될 수 있으나, '소득창출활동'이 17.1%를 점유하고 있는 현상은 노년기 소득안정이 이루어지지 않고 있다는 것을 말해준다.

노후를 보내고 싶은 방법은 [그림 10-1]과 같다.

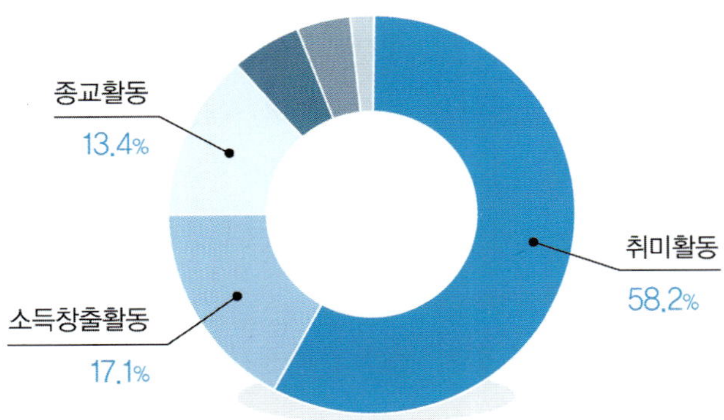

자료: 통계청(2018: 39).

그림 10-1 노후를 보내고 싶은 방법(2017, 65세 이상)

5) 가족관계적 변화

(1) 가정에서의 역할 변화

전통적인 가정에서 노인은 삶을 통한 오랜 경험, 지식, 지혜 등을 토대로 가정의 중요한 문제와 최종결정자로서 자손의 교육과 진로지도의 역할을 수행하였다. 그러나 현대에 들어와서 급격한 사회 변화에 따라 가족과 사회 속에서 노인의 역할이 크게 변화하였다. 가족 내에서 노인의 역할 변화에 가장 큰 영향을 미친 것은 핵가족화 현상이다. 도시화와 상업화로 가족농업의 산업구조가 해체되고 부부 중심의 핵가족화가 되었다. 그래서 가족의 기능도 과거의 가족이 수행하였던 경제적 · 사회적 · 문화적 기능이 크게 변화되면서 가족의 의미가 크게 축소되었다.

전통적인 가정에서 노인의 지위와 역할이 현대사회의 변화 속에서 어떻게 달라졌는가는 〈표 10-3〉과 같다.

표 10-3 가정에서의 노인역할 변화

지위	전통사회	현대사회
가장	가정의 우두머리이며 가족의 대표	가장에서 피부양인으로
원로	모든 가족원의 정신적 지주로서 가족의 상징이자 존경의 대상자	지혜의 보고에서 시대의 낙오자로
가정교육의 책임자	자녀에 대한 교육과 사회화 및 사회적응에 대한 책임	가정교육의 책임자에서 방관자로
가계의 책임자	가정 경제를 책임지는 가산관리자이며 가계운영자	가정경제의 중심에서 종속인으로

자료: 송선희 외(2016: 85).

(2) 조부모로서의 활동

노년기의 역할 변화 중 하나는 조부모의 역할이다. 손자녀의 출생으로 인하여 이전에 경험해보지 못했던 조부모의 역할을 수행하게 된다. 조부모의 역할이란 손자, 손녀 등 아동기와의 만남으로 손자녀에게 오래된 동화를 이야기해주거나, 놀이터에 데려가서 함께 놀아주거나, 함께 지내면서 즐거움을 느끼며, 자신의 어린 시절을 되돌아보는 것이다. 조부모의 역할을 수행하는 데 필요한 기술이나 지식은 부모역할로서 요구되는 것 이상으로 어려운 것이다.

전통적으로 노인들이 수행해 온 조부모의 역할은 보통 대리부모의 역할, 정서적 지지자의 역할, 훈계자의 역할, 손자녀를 위한 수단적 역할, 가계역사를 계승하는 역할, 성역할, 조언자의 역할 등으로 정리할 수 있다. 대부분의 조부모는 조부모의 역할을 통해 자아개념과 목적의식에 중요한 의미를 가지며 손자녀에게 자부심과 만족감을 느낀다(지영주 외, 2016: 332-333).

자녀와 동거 여부의 조사(통계청, 2018: 26)에 따르면, 2017년 65세 이상 고령자 중 72.4%는 현재 자녀와 따로 살고 있으며, 그 비율은 지속적으로 증가 추세이다. 즉, 65세 이상 고령자의 자녀와 비동거 비율은 2011년 68.6%, 2013년 71.6%, 2015년 71.8%, 2017년 72.4%로 나타나 매년 증가하고 있음을 보여 준다. 비동거 이유로는, 자녀와 따로 사는 고령자는 '따로 사는 것이 편해서'가 30.8%로 가장 큰 높지만, 2017년은 30.8%로 2015년 34.5%에 비해 3.7% 감소하고 있다. '독립생활이 가능'은 2017년 28.2%로 2015년 22.9%에 비해 5.3% 증가하였다. 65세 이상 고령자의 27.6%(2017년)가 자녀와 같이 살고 있으며, 주된 이유는 '본인의 독립생활이 불가능' 이 2017년 37.5%로 2015년 40.5%에 비해 3.0% 감소하였다. 반면, '같이 살고 싶어서'(23.3%)는 2017년 23.3%로 2015년 17.6%에 비해 5.7% 증가한 것으로 나타났다.

결론적으로 자녀와 '같이 살고 있음'의 비율은 감소하고 있으나, 최근 들어 자녀와 '같이 살고 싶어서'는 증가하고 있다.

노인의 자녀와의 동거 여부는 [그림 10-2]와 같다.

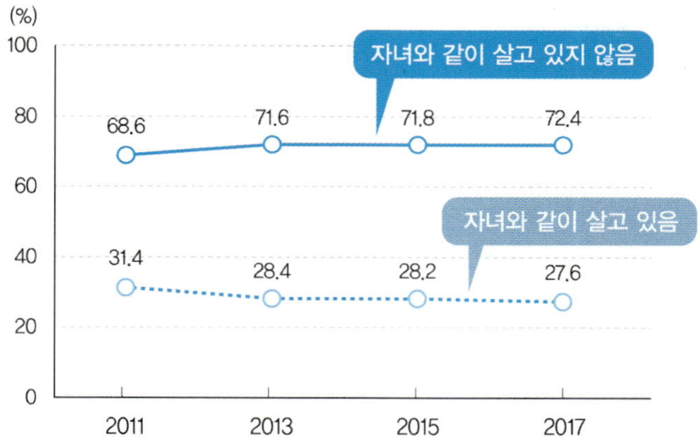

자료: 통계청(2018: 26).

그림 10-2 노인의 자녀와의 동거 여부 추이

(3) 부부관계 및 배우자 사별로 인한 역할 변화

노년기 부부는 자녀를 독립시킨 후 이전보다 더 많은 시간을 함께 보내고 질병을 앓거나 몸이 불편한 배우자를 보살피며 상호 간에 의지하며 살아간다. 노년기 부부에게 배우자는 동반자로서 매우 중요한 의미를 갖는다.

결혼 만족에 대한 연구들은 노부부만이 남는 시기가 자녀를 양육했던 시기보다 그 만족수준이 높다는 것을 보여 준다. 노년기의 부부관계는 결혼 초기에 비해 덜 열정적이고, 상호 간 자아노출의 수준이 낮아지나, 상대적으로 결혼관계에 대한 상호적인 투자와 가족애, 상호 간 충성심의 수준이 높아진다고 나타났다.

그러나 부부간의 갈등으로 인하여 노년기 이혼율이 최근 증가하고 있어서 소위 황혼이혼이 사회적 관심을 받고 있다. 최근의 이혼통계에 의하면, 20년 이상 동거한 부부의 이혼 비중이 지속적으로 증가하고 있으며, 55세 이상 연령에서의 이혼 비율이 연령별 분포에서 증가추세를 보이고 있다. 한편, 이혼을 회피하기 위한 수단으로 '졸혼'이라는 신풍속도가 노인들 사이에서 나타나고 있다.

고령자의 이혼 건수 조사(통계청, 2019b: 44-46)에 따르면, 2018년 전체 이혼 10만 8,684건 중 60세 이상 남자의 이혼은 1만 6,029건(3.3%)으로 전년도 1만 3,579건(3.0%)보다 10% 증가했으며, 여자의 이혼은 9,806건(1.6%)으로 전년도 9,806건(1.4%)보다 0.9% 증가한 것으로 나타났다. 노년기의 이혼은 다른 연령대에 비해 그로 인한 영향이 심각한 것으로 볼 수 있는데, 이혼을 한 후에 제한된 인간관계로 인해 오히려 사회적으로 소외될 가능성이 높고, 고립된 생활을 할 가능성이 높아진다. 한편, 이혼한 노인의 1/3 정도는 친구와 접촉하지 않고 남성이 여성보다도 고립되는 경향이 있다(양철수 외, 2018: 338).

60세 이상 남녀의 최근 5년간 이혼건수는 〈표 10-4〉, 〈표 10-5〉와 같다.

표 10-4 남자의 이혼건수 (단위: 건)

	계	19세↓	20~24	25~29	30~34	35~39	40~44	45~49	50~54	55~59	60세↑
2014	115,510	30	968	3,507	11,251	15,867	21,765	21,677	17,984	11,201	11,260
2015	109,153	31	1,067	3,295	9,904	14,691	19,510	20,273	17,183	11,563	11,636
2016	107,328	33	1,133	3,165	9,506	14,554	18,006	20,093	16,633	11,938	12,267
2017	106,032	28	1,065	3,329	8,817	14,581	16,738	19,776	16,122	11,997	13,579
2018	108,684	30	1,004	3,317	8,052	14,665	16,135	19,658	16,562	13,232	16,029

자료: 통계청(2019b: 44).

표 10-5 여자의 이혼건수 (단위: 건)

	계	19세↓	20~24	25~29	30~34	35~39	40~44	45~49	50~54	55~59	60세↑
2014	115,510	280	3,419	8,208	15,949	18,402	22,638	19,261	13,703	7,701	5,949
2015	109,153	215	3,054	7,342	14,345	16,978	20,802	18,696	13,298	8,208	6,215
2016	107,328	173	2,993	7,225	13,575	16,674	19,184	18,886	12,980	8,635	7,003
2017	106,032	176	2,782	7,126	12,857	16,870	18,096	18,339	12,766	8,884	8,136
2018	108,684	140	2,791	6,806	11,889	17,158	17,201	19,146	13,743	10,004	9,806

자료: 통계청(2019b: 46).

PART 04

사회환경이론

Chapter

11

사회체계이론

[학습목표]

1. 사회체계에 대한 이해
2. 파슨즈의 생애와 사상 숙지
3. 사회복지와의 연관성 학습

[학습내용]

1. 사회체계
2. 파슨즈의 생애와 사상
3. 사회체계이론의 개요
4. 인간관

[개 요]

사회체계란 사람들로 구성되어 있고, 사람들에게 영향을 미치는 체계들로 사회적 환경 안에 존재하는 다양한 형태의 사회조직이다. 사회체계는 한 사회의 제도 유형 사이의 특정한 상호관계를 나타낸다. 사회체계는 원칙적으로 어떤 경계를 가지고 있는 상황에 직접 · 간접적으로 상호작용하는 둘 이상의 개인들로 구성된다. 본 장에서는 사회체계를 학습하고자 한다.

Chapter

11 사회체계이론

1. 파슨즈의 생애와 사상

탈곳 파슨즈

파슨즈(Talcott Parsons, 1902~1979)는 1902년 12월 13일 미국 콜로라도 주 콜로라도 스프링스(Colorado Springs)에서 태어났다. 사회적 행위에 관한 이론으로 몇몇 사회학파에 영향을 끼쳤으며, 협소한 경험적 연구보다는 사회를 분석하기 위한 일반이론에 많은 관심을 기울였다. 1924년 애머스트대학교(Amherst College)에서 생물학을 전공, 학사학위를 받았다. 그 후에 사회과학, 특히 사회보장의 역할을 적극적으로 평가하는 경향이 강한 제도파 경제학(좌파 경제학)으로 전향, 1924~1925년 런던정치경제대학(London School of Economics and Political Science)에서 호브하우스(L. T. Hobhouse, 1864~1924)와 긴스버그(M. Ginsberg, 1889~1971)에게서 사회학을 배우고, 폴란드 출신의 인류학자 말리노프스키(B. K. Malinowski, 1884~1942)의 영향을 받았다. 1927년 하이델베르크대학교(University of Heidelberg)에서 박사학위를 받았다. 하버드대학교

(Harvard University)에서 경제학 전임강사로 있다가 1931년부터 사회학을 강의하기 시작하여 1944년 정교수가 되었다.

그는 1946~1956년 하버드대학교에 신설된 사회관계학과의 과장을 지냈으며, 1973년까지 교수직에 있었다. 1949년에는 미국사회학회의 회장이 되었다. 파슨즈는 사회학에 임상심리학과 사회심리학을 접합하려 했으며, 사회과학계에서는 지금도 이러한 시도가 계속되고 있다. 그는 1979년 5월 8일 독일 뮌헨에서 일생을 마쳤다.

파슨즈는 1937년 최초의 주요 저서인 《사회적 행위의 구조(*The Structure of Social Action*)》에서 마셜, 파레토, 뒤르켐, 베버 등 유럽 학자들의 주요 원리를 받아들여 자발적 원칙에 근거한 체계적 사회행동이론을 발전시켰다. 이때 자발적인 원칙이란 여러 가지 가치나 행동 중에서 어떤 것을 선택할 때 그 선택은 상당부분 자유의지가 작용했다고 가정하는 것이다. 그는 사회학이론의 핵심이 프로이트나 베버에 의해 발전된 것처럼 인성이라는 내적 영역에 있는 것이 아니라, 사회적 행위를 결정하고 그 행위를 통해 지속성을 이끌어 내는 사회제도의 구조와 같은 외적 영역에 존재한다고 규정했다. 또한 그는 이 저서에서 그들이 비록 상이한 지적 전통, 즉 영국의 공리주의적 경제학, 프랑스의 실증주의와 독일의 역사주의에서 출발했지만, 행위에 대한 주의주의적(voluntaristic) 이론으로 수렴된다고 주장하였다. 파슨스의 중심이론은 당연히 사회체계론이다. 그의 관심은 사회체계를 이루는 질서가 무엇인가에 대한 추구였다.

파슨즈는 1951년 《사회체계(*The Social System*)》에서 대규모의 사회에 대한 분석과 사회질서 · 통합 · 균형 등과 같은 문제들에 관심을 돌렸다. 그는 사회구조를 구성하는 각 요소는 상호 관련되어 있으며, 이것들이 상호작용하는 과정에서 전체 사회체계가 유지 · 발전된다는 구조기능주의적 관점을 옹호했다.

그는 체계가 존속하기 위해 필요한 그 자체의 요구가 있다고 본다. 그것은 사회체계가 개인을 사회화하는 것이고 가치와 규범을 내면화해서 체계의 요구를 지지하도록 통제하는 것이다. 이것이 사회적 합의의 전제이다. 그는 1951년 《행위에 관한 일반이론을 향하여(*Toward a General Theory of Action*)》에서 공유된 가치가 사회질서에 필수적이라는 것을 주장했다.

그러나 구조기능주의에 대한 비판은 다양한 시각에서 제기되었다. 미국의 급진적 · 비판적 사회학자들은 구조기능주의의 보수적 성격을 비판했다. 그리고 미시사회학자들은 거시적 사회체계에 치중된 구조기능주의의 관심이 개인들의 구체적 · 미시적 삶을 설명하는 데엔 한계가 있다는 점을 비판했다(정태석 외, 2018: 93-94).

다른 저서들로는 《현대 사회의 구조와 과정(*Structure and Process in Modern Societies*)》(1937), 《사회학 이론에 관하여(*Essays in Sociological Theory*)》(1949, 개정판 1954), 《사회에 관한 진화적 · 비교적 방법(*Societies: Evolutionary and Comparative Perspectives*)》(1966), 《정치와 사회구조(*Politics and Social Structure*)》(1969), 《미국의 대학(*The American University*)》(공저, 1973) 등이 있다. 하버드대학교 교수시절에는 거의 반세기에 이르는 그의 연구성과를 기념하기 위해 제자와 동료들이 《안정과 변화(*Stability and Change*)》(1971), 《사회과학 일반이론에 관한 탐구(*Explorations in General Theory in Social Sciences*)》(1971) 등 2권의 문집을 간행했다.

사회체계(2012년 출판)

2. 사회체계이론의 개요

사회체계(social system)란 사람들로 구성되어 있고, 사람들에게 영향을 미치는 체계들로 사회적 환경 안에 존재하는 다양한 형태의 사회조직이라고 할 수 있다(고명수 외, 2018: 195). 즉, 개인, 가족, 집단, 조직, 지역사회, 계층, 문화 등은 사회체계라고 할 수 있다. 개인은 내적으로 신체적 · 사회적 · 정서적 · 인지적 측면 등의 하위체계로 구성되어 있다고 할 수 있는데, 이러한 개인을 중심으로 보면 개인으로 구성된 가족, 소집단, 조직, 지역사회, 국가사회, 문화, 대륙 등과 같은 것은 상위체계라고 할 수 있다. 다시 말해서, 인간과 인간의 체계는 수직적으로는 개인-가족-소집단-조직-지역사회(community)-사회(society)-국가 등으로 체계의 서열이 있고, 수평적으로는 같은 위상의 다른 기능을 하는 체계들이 있다. 이러한 체계는 어떤 위계상의 대표적 체계일 뿐 다른 여러 가지의 비슷하거나 다른 기능을 하는 체계가 얼마든지 있다. 예를 들어, 가족을 중심으로 보면 다른 친척이나 친구의 가족과 이웃의 다른 가족이 있고, 소집단을 중심으로 보면 친구집단, 다른 불량배 집단, 약물사용자집단 등이 있을 수 있고, 조직을 중심으로 보면 학교, 학원, 교회, 직장, 공공행정기관, 사회복지서비스기관, 사회복지시설, 동창회, 동호인단체, 사회봉사단체 등 다양하다. 그리고 다른 지역사회나 이웃나라 등도 사회체계가 된다. 따라서, 이러한 체계에는 동등한 위상의 등위체계, 하위체계, 상위체계가 있고, 이들은 위상이나 수준에 관계없이 상호 관계를 가지며 영향을 주고받을 수 있다.

사회체계이론은 다양한 체계 간의 상호작용을 강조하는 개념이다. 사회체계이론은 광범위한 상징의 의미를 포괄하고, 개인, 집단, 조직, 지역사회 간의 관계를 강조하며, 세상을 이해하는 데 필요한 폭넓은 시각을 제공하기 때문에 다양한 현장에 적용할 수 있다. 특히, 사회복지는 개인과 환경 내 여러 시스템 간의 상호작용에 초점을 두고 '환경 속의 인간'이라는 관점을 유지해 왔기 때문에, 사회체계이론은 사회복지사가 사회환경 내에서 인간의 행동을 폭넓게 이해하고, 가치중립적인 태도를 갖도록 한다. 사회체계적 관점은 일반체계이론의 관점을 적용한 것이다. 일반체계이론은 전체성의 과학으로 비유되는 질서이론이다.

사회체계에 대한 현대적인 개념은 19세기의 지도적인 사회분석가, 콩트(Comte), 마르크스(Marx), 스펜서(Spencer), 뒤르켐(Durkheim) 등으로 거슬러 올라갈 수 있다. 이들은 사회체계의 주요한 단위들의 개념이나 형태에서, 그리고 그러한 단위들 사이의 관계에서 이론을 전개하였다. 자본주의사회의 요소와 주요 단위에 대한 마르크스의 이론에서 그는 사회경제계급, 즉 경제적 · 정치적 권력을 포괄하고 있는 계급들 사이의 주요 관계에 주로 관심을 가졌다. 사회체계의 개념화에 가장 큰 영향을 미친 것은 파슨스의 저서 《현대사회의 구조와 과정(*Structure and Process in Modern Societies*)》(1937)과 《사회이론(*Theories of Society*)》의 1권 2장에 있는 "사회체계의 개요(An outline of the Social System)"(1961)라는 논문이다.

파슨즈는 그의 저서 《사회체계(*The Social System*)》(1951)에서 사회체계를 다음과 같이 정의한다. 즉, 사회체계는 최소한도의 물리적 · 환경적 측면을 가진 상황에서 상호작용하는 복수의 개인적인 행위자가 있고, 이 행위자는 만족 최대화에 대한 경향이라는 측면에서 동기화되고, 또한 행위자 상호를 포함하는 상황과의 관계가 문화적으로 구조화되고 공유되는 상징을 통해서 규정되고 매개되는 것이라고 한다. 사회체계의 주요 단위는 집합체와 역할들이며, 이러한 단위들을 연결하는 주요한 유형이나 관계는 가치와 규범이다.

사회체계란 환경 속의 인간행동을 이해하는 데 체계가 성장 또는 변화하면서 안정성을 유지해가는 방법을 설명하는 이론이라고 할 수 있다. 인간을 통합된 하나의 체계로 보는 통합적 인간관이며, 한 영역의 변화는 전체 인간의 사회적 기능에도 영향을 미칠 수 있다. 한 개인의 부적응 원인은 그를 둘러싼 사회체계와 역기능적 상호작용에 의한 것으로 본다(손병덕 외, 2019: 237).

일반체계이론이 '체계'라는 추상적 개념으로 설명하는 반면, 사회체계이론은 가족, 조직, 지역사회, 문화 등 구체적인 사회체계를 다루어, 인간행동에 영향을 미치는 다양한 체계수준의 사회체계를 설명하는 이론이다. 사회도 사람들이 공동의 장소와 문화를 공유하고 상호작용하는 하나의 체계이므로, 체계이론으로 설명이 가능하다. 사회복지 분야에서는 일반체계이론을 도입하여 4체계이론이나 6체계이론 등으로 발달되었고, 사회학 분야에서는 사회학자 파슨즈가 사회체계이론을 발달시켰다(고명석 외, 2018: 239).

결론적으로 체계이론은 체계부분들의 상호연관을 지배하는 일련의 원칙들을 설명하는 데 호소력을 가지고 있다. 마르크스 경제학과 케인즈 경제학이론들도 체계이론이라고 공식화할 수 있다. 체계이론의 장점은 체계 간의 관계를 고려한다는 사실이다. 특히, 사회 변동의 효과를 생각하는 데 있어서 체계적 접근은 우리로 하여금 변화의 방향을 예측하게 만든다.

사회체계의 특성으로는 다음과 같다(고명수 외, 2018: 195).

첫째, 규칙적인 상호작용이나 상호의존성에 의해 통합된 조직이다.

둘째, 외부 환경과 지속적인 상호교류를 통하여 다양한 수준에 걸쳐 존재하면서 안정적인 구조를 지닌다.

셋째, 하나의 체계가 변화하면 전체 체계의 변화가 수반된다.

넷째, 성장과 발달을 유지하기 위해서는 적절한 수준에서 개방적이어야 한다. 반투과성 경계를 유지하는 체계가 건강한 체계다.

다섯째, 부분성과 전체성이라는 특성을 모두 가지고 있다.

여섯째, 대상체계는 갈등의 초점이 모이는 체계다.

체계이론의 분류는 〈표 11-1〉과 같다.

표 11-1 체계이론의 분류

구분	특징	공통점
일반체계이론	• 체계를 구성하는 요소들의 속성과 이들 간의 상호작용의 속성을 이해하고, 복잡한 체계 간의 관계 또는 체계 내부에서 이루어지는 상호작용의 특성을 설명한 이론 • 이론적 · 추상적 · 분석적 측면이 강함 • 체계의 구조적 특성: 경계, 개방, 패쇄체계, 대상 · 상위 · 하위체계, 공유영역 • 체계의 진화적 특성: 균형, 항상성, 안정-평형상태 • 체계의 행동적 특성: 투입, 전환, 산출, 환류 • 사회복지실천에서의 적용: 개인과 환경의 문제를 상호 연결된 전체로 파악하여 문제 사정과 개입체계를 명확하게 해줌	• 다양한 체계에 관심을 가지고 있고 인간과 환경 사이의 상호작용을 강조 • 체계를 하나의 전체로 바라보고 체계 안에서 발생하는 스트레스와 이에 대응하는 인간의 균형에 관심
사회체계이론	• 일반체계이론의 관점을 적용하여 사회체계를 설명하는 이론 • 인간행동에 영향을 미치는 다양한 체계수준인 개인, 가족과 조직을 포함하는 소집단, 지역사회와 같은 더 복잡하고 넓은 사회체계를 설명하는 데 관심을 둠. • 개인과 환경 간의 적합성과 상호교류 강조 • 사회복지실천에서의 적용: 4체계이론과 6체계이론	

구분	특징	공통점
생태체계이론	• 일반체계이론 + 생태학이론 • 인간과 환경 사이의 상호보완성을 설명하는 이론, 일반체계이론의 주요 개념들을 그대로 받아들이면서, 일반체계이론이 가지는 한계점을 극복하기 위해 생태적 관점을 도입 • 생태적 체계의 구성: 미시체계, 중간체계, 거시체계, 외부체계, 시간체계 등 • 사회복지실천에서의 적용: 저메인과 기터만(Germain & Gitterman, 1987)의 생활모델, 생태도 활용	

자료: 고명석 외(2018: 240).

3. 핵심 개념 및 내용

1) 체계

체계(system)란 상호의존적이고 상호작용하는 각각의 부분들의 전체로, 부분들 사이에 관계를 맺고 있는 일련의 단위들이다. 이 단위들은 구성단위들의 집합체이지만 단순 집합이 아니라, 구성단위 간의 상호작용 또는 관계 양상을 포함하는 하나의 전체 또는 단위를 의미한다. 이 맥락에서 체계는 '전체의 각 부분들의 합보다 크다'로 정의된다(고명석 외, 2018: 237-238).

체계란 정보, 에너지, 자원 따위를 교환하면서 역동적으로 존재하는 실체를 말한다. 체계의 유형은 다양하며, 체계들 간에는 일정한 경계가 있다. 또한 모든 체계가 원칙적으로 개방적인 속성이 있지만 현실적으로는 완전한 개방체계나 안전한 폐쇄체계가 존재하지 않으며, 개방체계와 폐쇄체계의 연속선상에 위치한다. 체계는 대상체계(subject system)를 중심으로 상위체계(supra system)와 하위체계(sub system)가 존재하며, 각 체계들 간에는 위계(hierarchy)가 존재한다.

체계가 기능적으로 완전체가 되기 위해서는 구성요소 전체가 질서 있게 상호 연관성이 있어야 한다. 기본적으로 사람으로 구성되어 사람에게 영향을 주는 사회체계로, 하나의 거대한 국가, 공공복지서비스 담당부서 또는 부부 등이 이러한 체계의 예가 될 수 있다. 개방체계(opened system)는 다른 체계와 에너지, 정보, 자원 등을 상호 교류하는 체계이며, 폐쇄체계(closed system)는 다른 외부체계와 상호 교류가 없거나 또는 교류할 수 없는 체계다. 모든 체계는 개방체계와 폐쇄체계의 연속선상에 존재한다.

체계는 다음과 같은 특성을 가지고 있다(고명석 외, 2018: 240).

첫째, 체계는 상호의존적이고 상호작용하는 각각의 부분들로 구성된 전체이다.

둘째, 체계의 한 부분에 미치는 영향은 전체 안에서 다른 체계의 부분에 영향을 미친다.

셋째, 체계는 다른 체계와 구분해주는 눈에 보이지 않는 테두리로서 체계와 환경을 구분하는 경계가 있다.

넷째, 체계는 외부와 내부의 변화에 적응하고 안정상태를 유지한다.

다섯째, 체계는 스스로 안정상태를 유지, 발전하는 항상성의 원리가 있다.

2) 개방체계와 폐쇄체계

개방체계(open system)란 체계가 그것을 둘러싸고 있는 환경과 상호작용하는 것으로 인식하는 것을 의미한다. 이 체계는 다른 체계와 에너지, 정보, 자원 따위를 상호교류하는 체계로써, 체계 내 사람들이 환경 또는 다른 체계들과 빈번한 상호작용을 하는 경우를 말한다. 개방체계는 체계 내에서 정보와 자원을 자유롭게 교환하며 체계 안으로뿐 아니라 체계 밖으로도 자유롭게 에너지의 교환을 허용한다. 개방체계는 반투과성의 경계를 가지므로 경계가 상대적으로 느슨해 에너지, 정보, 자원을 다른 체계들과 교환한다. 건전한 사회체계는 반투과성의 경지를 가지며 이 경계를 잘 유지한다(표갑수 외, 2017: 280-281).

폐쇄체계(closed system)란 다른 외부체계들과 상호 교류가 없거나 혹은 교류할 수 없는 체계를 말한다. 즉, 폐쇄체계에서는 사람들이 주로 그 체계 안에서만 상호작용을 하고 체계 밖의 환경 혹은 다른 체계와는 상호작용을 하지 않는다. 체계 안의 에너지, 정보, 자원 따위가 외부로 나갈 수가 없으며, 외부로부터의 유입도 없는 상태이다.

사회체계는 그 경계 바깥의 환경으로부터 에너지나 정보를 수용할 수도 수용하지 않을 수도 있는데, 폐쇄체계는 환경으로부터 고립되어 있다. 폐쇄체계는 경계 밖의 다른 체계들과 상호작용하지 않으므로 다른 체계들로부터 투입도 없고 다른 체계에 산출을 전하지도 않는다. 그러나 현실에서는 어느 체계도 완전한 개방상태 혹은 완전한 폐쇄상태로 존재하지 않는다. 모든 체계는 개방체계와 폐쇄체계의 연속선상에 존재한다. 즉, 완전히 개방적인 사람이나 가족 혹은 완전히 폐쇄적인 사람이나 가족은 우리 사회에 존재하지 않는다.

개방체제와 폐쇄체제를 구분하면 〈표 11-2〉와 같다.

표 11-2 개방체제와 폐쇄체제

체제	내용
개방체계	• 환경과 역동적으로 연결되어 빈번하게 상호작용하는 체계 • 체계 안팎으로의 정보 · 자원 · 에너지의 투입이나 산출이 자유롭게 일어난다. • 환경과의 경계: 명확하면서도 유연하고 반투과적이다. • 속성: 항상성, 역엔트로피
폐쇄체계	• 다른 체계와 상호작용하지 않아 고립되어 있는 체계 • 속성: 균형, 엔트로피

자료: 생각의 마을(2018: 293).

3) 경계와 공유영역

경계(boundaries)란 체계의 내부와 외부를 구분하는 폐쇄된 테두리로서 체계 내부로의 에너지 흐름과 외부로의 유출을 규제한다. 경계의 기능은 그것의 환경으로부터 체계를 구분하는 것이며, 기능 수행을 방해하는 환경의 영향력으로부터 체계의 부분들을 보호하는 것이다. 체계의 경계는 환경 내에서 투입과 산출의 교환을 위해 항상 투과성을 허락한다. 경계는 부모와 자녀 간에도 존재할 수 있다. 부모는 가정을 유지하며 자녀들에게 지원과 양육을 제공한다. 경계가 반드시 장벽을 의미하는 것만은 아니며, 일정한 경계를 가지면서도 두 체계 간의 경계를 넘어 에너지를 교환할 때 그들은 연결될 수 있다.

공유영역(interface)은 두 개의 체계가 함께 공존하는 곳으로 체계 간의 교류가 일어나는 곳이다. 즉, 어떤 대상체계가 상위체계나 하위체계와 교류하면서 만들어지는 독특한 상호작용의 유형 혹은 공유된 경계이기도 하다.

관계와 공유영역이 다른 점은 어떤 사람이 다른 사람과 연결되는 것, 혹은 연결되어 있거나 교류하는 상태를 관계(relationship)라고 한다면, 공유영역은 어떤 사람이 자신으로서 뿐 아니라 한 체계 혹은 하위체계의 구성원이거나 혹은 어떤 집단의 이익을 대변하는 사람으로 기능하기 때문에 그 의미는 더욱 복잡한 상호작용을 나타낸다(Norlin & Chess, 1997). 따라서, 공유영역이란 두 체계 사이의 상호작용을 의미할 뿐 아니라, 상호 간에 미치는 영향까지를 고려해야 하는 개념이다.

4) 균형과 항상성

균형(equilibrium)은 외부환경으로부터 새로운 에너지의 투입 없이 현상을 유지하려는 체계의 속성이다. 균형은 주로 폐쇄체계에서 나타나며 체계가 고정된 구조를 가지고 주위환경과 수직적인 상호작용을 하기보다, 수평적인 상호작용을 하면서 거의 교류를 하지 않는 상태로 현상을 유지하는 속성을 의미한다. 즉, 외부와의 교류나 체계의 구조 변화가 거의 없는 고정된 평형상태를 말한다. 또한 균형은 마치 시소(seesaw)와 같다. 평형은 성취될 수 있지만 그 범위가 좁다. 평형이 이루어진 시소에서의 운동은 불가능하다. 평형을 유지하기 위해서 바람이나 외부 방해물과 같은 환경으로부터의 보호가 필요하다.

항상성(homeostasis)은 비교적 안정적이며 지속적인 균형상태를 유지하기 위한 체계의 경향을 말한다. 만약 체계의 균형을 깨려는 것이 있다면, 체계는 적응하기 이전의 안정성을 회복하려고 할 것이다. 이는 환경과 지속적으로 상호작용하면서 정적인 균형보다 역동적 균형을 이루고 있는 상태이다. 이때 체계의 구조는 크게 달라지지 않는다.

체계가 갖는 변화와 유지라는 두 가지 기능 중에서 항상성은 체계의 일관성을 유지하려는 기능이다. 항상성의 기능은 체계에 안정을 줄 뿐 아니라, 외부의 정보를 적절히 통제함으로써 체계를 혼란과 무질서로부터 보호한다. 또한 미래에 대한 예측을 가능하게 함으로써 체계의 구성원들에게 안정과 편안함을 준다. 체계는 어떤 변화를 이루기 전에 먼저 체계 자체를 유지하려고 노력한다. 즉, 변화보다는 유지의 속성이 먼저 나타나는 것이다. 따라서, 체계의 일관성을 유지하기 위해 체계는 일정한 범위 안에서만 변화하게 되는데, 이러한 범위를 '항상성의 범위'라고 한다. 항상성의 범위는 체계가 자신의 모습을 일정하게 유지하기 위해서 필요한 체계 자체의 변화의 폭을 말한다.

파슨즈이론의 기본 가정에 따르면, 사회는 상호의존되어 있는 여러 부분들로 이루어져 있고 균형(equilibrium)을 유지하려는 경향이 있다. 따라서, 사회의 어느 한 부분에 변화가 일어나면 그와 연관되어 있는 다른 부분들도 변화를 일으켜 균형이 회복, 즉 재균형(re-equilibrium)이 이루어진다는 것이다. 한마디로 말해서, 그는 사회를 동적 균형(moving equilibrium)상태에 있는 것으로 가정하고 있다(Parsons, 1951). 이러한 가정은 생물학에서의 항상성(homeostasis)의 원리와 같다. 인체는 날씨가 더우면 땀을 흘리고 추우면 몸을 떨어서 체온을 유지한다. 사회도 이와 마찬가지로 어떤 원인에 의해서 혼란이 일어나면, 그것을 해결함으로써 균형을 유지하려는 성향이 있다는 것이다(양춘 외, 2003: 21).

5) 호혜성과 시너지

호혜성(reciprocity)이란 한 체계에서 일부가 변화하면, 그 변화가 모든 다른 부분들과 상호작용하여 나머지 부분들도 변화하게 된다는 개념이다. 이 개념은 체계 내 일부 구성요소들 간의 상호작용은 나머지 구성요소들 간의 상호작용에 영향을 미치게 되고, 그러한 변화된 상호작용을 통해 결과적으로 처음 일부 구성요소들 간의 상호작용에도 영향을 미치게 된다는 것이다. 이러한 호혜성의 원리는 어떤 문제나 현상에 대해 한 가지 원인에 따라 결과가 분명한 단선적 인과성(linear causality)이 아니라, 관련된 부분요소들 간의 쌍방적 교류과정에서 원인과 결과를 해석하려는 순환적 인과성(circular causality)을 의미하기도 한다.

시너지(synergy)란 체계 내에 유용한 에너지가 증가하는 것을 말하는데, 이는 체계구성요소들 사이에 상호작용이 증가하면서 나타난다. 이러한 시너지는 개방적이고 살아 있는 체계에 적합하다. 왜냐하면 개방체계는 에너지를 고갈시키지 않고 구성요소들의 상호작용을 촉진함으로써 계속해서 에너지를 만들어 내기 때문이다.

6) 엔트로피, 네겐트로피, 시너지

엔트로피(entropy)는 체계가 해체하는 방향으로 진행되는 경향이다. 체계구성요소들 간의 상호작용이 감소함에 따라, 유용한 에너지가 감소하는 상태로 체계가 서서히 무질서와 혼돈의 상태를 향해 나아가는 것, 또는 체계 내에 유용하지 않은 에너지의 정도를 나타낸다. 그러나 실제로 완전한 폐쇄체계가 존재하지 않듯이 완전한 엔트로피상태는 존재하지 않는다.

네겐트로피(negentropy)는 체계가 성장하고 발달하는 방향으로 진행되는 과정이다. 즉, 체계 내에 질서, 형태, 분화가 있는 상태를 말한다. 체계 외부로부터 에너지를 유입함으로써 체계 내부에 유용하지 않은 에너지가 감소하는 것을 말한다. 예를 들면, 가정불화상태인 부부에게 사회복지사가 개입하여 긴장관계가 감소하는 것이다.

시너지(synergy)는 체계 내부나 외부와의 상호작용이 증가함으로써, 체계 내에 에너지양이 증가하는 현상을 의미한다. 체계 내에 유용한 에너지 증가에 의해 구성원 간의 상호작용을 촉진함으로써 체계 내에 나타나는 긍정적인 변화를 말한다. 예를 들면, 사회복지사의 개입으로 가족 전체의 분위기가 긍정적으로 바뀌고, 예전에 없던 가족모임이나 행사에 적극적 참여가 이루어지고 자녀들이 더욱 성숙해지는 것이다.

시너지는 체계의 부분들 간의 상호작용이 촉진되어 체계를 유지하고 발전시킬 수 있는 유용한 에너지가 증가하는 것을 말한다. 이것은 개방체계에서 주로 나타나는 것으로, 체계가 환경에 개방적이고 체계의 부분들 간의 증가하는 상호작용에 의해서 나오게 된다. 엔트로피, 네겐트로피 및 시너지는 사회체계의 특성을 설명하는 데 유용한 개념이 될 수 있다(이근홍, 2015: 302).

7) 투입, 전환, 산출, 환류

투입, 전환, 산출의 내용은 다음과 같다(Chess & Norlin, 1988).

투입(input)은 과업 관련 투입과 유지 관련 투입이라는 두 가지 형태로 나뉜다. 과업 관련 투입은 그 사회체계가 관심을 갖는 지각된 욕구, 문제 혹은 기회로 인해 발생한다. 유지 관련 투입은 지각된 욕구를 충족시키거나 문제를 다루거나 기회를 모색하거나 이용하는 데 필요한 자원들이다. 예를 들면, 클라이언트의 문제는 과업 관련 투입이고, 사회복지사 또는 돕는 데 필요한 기타 자원들은 유지 관련 투입이 된다.

전환(conversion operations)은 구조와 상호작용으로 구성된다. 구조는 체계의 투입이 산출되는 과정에서 나타나는 일종의 순서이다. 구조에 포함되는 것은 역할, 공식적인 행정적 준비, 가치, 시간, 예산, 계획안, 공간, 다른 체계들과의 유대 등이다.

산출(output)은 과업 관련 투입이 유지 관련 투입으로 기동되는 전환과정을 통해서 나온다. 산출은 과업산출, 유지산출, 소모로 분류된다. 과업산출은 과업 관련 투입이 처리된 결과이다. 원조를 요청한 클라이언트의 문제가 종결된 결과가 과업산출이 된다. 유지산출의 예로는, 클라이언트가 사회복지기관과 접촉함으로써 습득한 대인관계에 관한 지식과 기술을 들 수 있다. 소모는 과업산출과 유지산출을 낳는 데서 자원의 비효과적, 비효율적 혹은 부적절한 사용을 의미한다. 사회복지사의 탈진(burnout)이 소모의 예이다. 산출은 다시 다른 체계의 투입으로 환경으로 내보내진다.

환류(feedback)는 투입의 특수한 형태로 체계가 자신이 수행한 것에 대한 정보를 받는 것이다. 즉, 체계의 에너지 전환과정을 거쳐 외부체계로 산출된 것에 대한 긍정적 · 부정적 반응 내지는 정보가 체계로 다시 체계 내부로 투입되는 것(환류)이다. 예를 들어,

수학성적이 좋지 않았던 자녀가 90점을 받은 것은 엄마의 지도로 자녀가 수학공부를 성실하게 했다는 정보를 알려 주는 것이다. 사회복지공동모금회의 지원기관으로 선정되었다는 것은 지원받을 정도의 프로포절을 기관이 작성했다는 환류를 받은 것이다 (Zastrow & Kirst-Ashman, 2012).

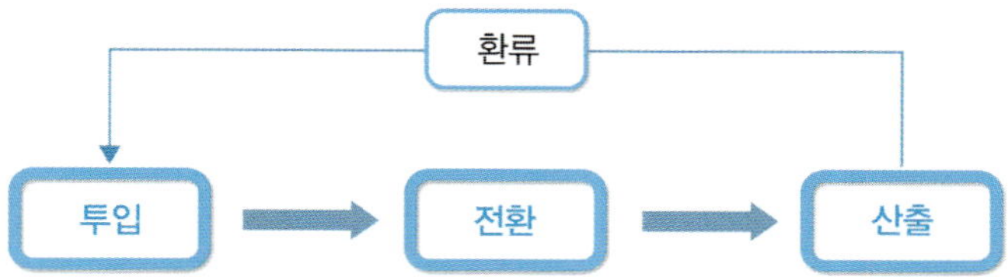

자료: 고명석(2018: 244).

그림 11-1 투입, 전환, 산출의 환류과정

8) 환류와 목적 추구

체계의 투입이 발생하면 체계는 그에 대응하여 일정한 행동을 하게 되는데, 이 행동의 결과(즉, 산출)를 다시 체계에 투입으로 전환시키는 것을 '피드백(feedback)'이라고 한다. 즉, 피드백은 산출을 새로운 정보로 다시 투입시키는 과정인 것이다. 체계는 그것이 산출한 것을 다시 투입으로 전환함으로써, 맹목적으로 내적 기제를 따르지 않고 목적 지향적으로 될 수 있다.

피드백에는 부정적 피드백(부적 환류)과 긍정적 피드백(정적 환류)이 있다. 부정적 피드백은 체계의 이탈을 수정하거나 변화시키는 것을 말한다. 즉, 제 방향을 찾고 항상성 상태로 돌아갈 수 있게 하는 환류이다. 예를 들어, 클라이언트에 대한 사회복지사의 개입이 적절하지 못한 것에 대해 지도감독자가 지적할 수 있으며, 그 결과 사회복지사는 자신의 생각과 방식을 수정하고 클라이언트의 성장을 돕도록 목적을 재설정할 수 있다.

긍정적 피드백은 체계가 한쪽 방향으로 지속해서 이탈해 가는 것, 혹은 체계가 그 목적과 관련하여 올바르게 행동하고 있으며, 같은 종류의 행동이 좀 더 요청된다는 것을 의미한다. 예를 들어, 전에는 벼락치기로 시험을 준비하던 학생이 이번에는 시험 3주 전부터 열심히 했더니 성적이 15등이나 올랐다. 이때 15등 오른 것은 3주 전부터 열심히 공부한 것에 대해 '잘하고 있으니 계속 그렇게 하라'는 형태의 정적 환류이다. 또는 심각한 부부갈등에 있어 누구도 개입되지 못한 상황이라면 결국 이혼으로 치달을 수도 있다. 긍정적 피드백은 엔트로피가 증가하는 상황에서 나타나고, 이러한 상황이 변화하지 않는다면 체계는 결국 해체될 수 있는 불안정상태로 위협받을 수 있다.

9) 동등결과성과 다중결과성(다중종결성)

동등결과성(equivalent results)은 다른 체계들이 초기에는 각각 다른 상태였다고 하더라도 투입(input)이 같은 경우에는 비슷한 안정상태에 도달할 것이라는 의미이다. 여러 가지 다른 방법으로 동일한 결과를 얻을 수 있기 때문에, 단지 한 가지 사고에만 집착하지 않는 것이 중요함을 시사한다. 사회복지사는 가족의 경제적 지원을 위해 생계급여, 주거수당, 식품권, 보조금, 개인적인 후원 등의 다양한 방법 중 가능한 대안을 선택할 수 있다. 이는 여러 가지 방법으로 가족의 경제적 지원이 가능하다는 동등결과를 가져온다.

다중결과성(multiple Results)은 처음의 조건과 수단이 비슷하다고 할지라도 다른 결과가 야기된다는 체계이론의 기본 가정이다. 사회복지사가 동일한 치료적 방법으로 개입을 하더라도 그 치료의 효과는 체계에 따라 달라질 수 있음을 이야기한다.

10) 홀론

홀론(holon)은 유기체가 그 자체로 전체를 형성하면서도 더 큰 전체의 일부를 이루는 경향을 말한다. 홀론은 하나의 체계가 보다 큰 상위체계의 부분임과 동시에 다른 하위체계에 대해서 그 자체가 상위체계가 되는 속성을 갖는다는 것을 말한다. 예를 들어,

가족은 지역사회의 하위체계임과 동시에 형제, 부모, 자녀의 상위체계이다.

홀론은 헝가리 태생의 영국 과학평론가이자 작가인 케스틀러(Arthur Koestler)가 1967년에 발표한 《기계의 유령(*The ghost in machine*)》에서 처음으로 소개하고, 1968년 《원자론과 전체론 너머: 홀론의 개념(*Beyond atomism and holism: the concept of holon*)》에서 다시 소개하였다. 그에 따르면, 우주는 대부분 자연적인 위계질서, 즉 다른 전체의 일부가 되는 전체로 구성되어 있는데, 이를 홀론이라고 하였다. 예를 들어, 전체로서의 원자는 전체 분자의 일부가 되고, 전체로서의 분자는 전체 세포의 일부가 되며, 전체로서의 세포는 전체 유기체의 일부가 되는 것을 말한다.

각각의 홀론은 더 큰 홀론에 포섭되기 때문에 홀론 자체는 원자, 분자, 세포, 유기체, 생태계로 나아가는 겹쳐진 계층구조를 이루는데, 이를 '홀라키(holarchy, 군주정치)'라고 한다. 전체성 면에서 상위단계로 올라갈수록 전 단계를 초월하고 포함하면서 증가하는 질서, 통일성, 기능적 통합을 보여 준다.

4. 구조기능분석: 사회체계의 역동성

구조기능분석(structural-functional analysis)은 파슨즈에 의하여 제창된 사회학적 분석방법이다. 이는 생리학의 분석방법을 사회체계(social system)에 적용한 것이다. 사회현상은 그 자체가 '실체'가 아니라, 그것을 구성하는 변수의 작용과 그것들의 상호의존관계라고 생각하고, 그것들을 전체적 상황으로서 파악하여 '사회체계'라는 개념을 확립한 파슨즈는 사회체계가 구조화되어 가는 요건과 항상적인 '유지기구(homeostasis)'의 요건을 이 분석방법에 의하여 발견하였다.

파슨즈는 모든 사회체계가 두 가지 축을 중심으로 하여 구조적으로 분화된다고 보았다(Parsons, 1965). 수직적 축은 체계의 외적-내적 차원을 나타내며 수평적 축은 도구-완성 측면을 나타내는 것으로 수단-목적 차원을 의미한다. 파슨즈는 이 두 축으로 사회체계가 안정상태를 유지하기 위해서 성공적으로 해결해야 할 네 가지 기능상 문제를 규정하는 모형을 만들었다. 즉, 그 기능은 A기능(적응기능, adaptation-maintenance), G기능(목표달성기능, goal attainment maintenance), I기능(통합기기능, integration maintenance), L기능(형태 유지 혹은 잠재성·패턴 유지, latency maintenance)인데, 이를 'AGIL 도식'이라고 한다.

파슨즈의 네 가지 기능은 다음과 같다.

① **적응기능**(Adaption function)

환경으로부터 자원을 얻어 그것을 가공하여 체계를 통하여 배분하는 기능이다. 모든 사회체계는 환경에 적응하기 위해서, 즉 사회구성원들이 생존하기 위해서 경제제도가 필수적이다.

② **목표달성기능**(Goal Attainment function)

체계의 공통된 가치의 틀 속에서 체계가 성취하고자 하는 목표 설정, 목표 간의 상대적 우선순위를 정하고 그것을 수행하기 위하여 시간과 노력을 경주하는 것이다. 각각의 체계는 목표를 달성하고 만족을 얻기 위해서 자원을 동원할 수 있는 수단으로써, 정치제도가 필수적이다.

③ **통합기능**(Integration function)

체계를 구성하는 각 부분(sub-system)들의 활동을 조정 및 조절하는 기능이다. 각 부분들 간에 내적 통합상태를 유지하고 일탈을 규제하기 위하여 법제도, 교육제도, 복지제도가 필수적이다.

④ **잠재**(유지)(Latent Tension)

관리기능(Management function)−체계 자신의 기본적 유형(patten)유지, 자신의 가치와 규범을 계속적으로 창조, 재생산하는 것을 말한다. 각 체계는 균형상태를 유지하고,

사회체계의 규범을 인간의 마음(인성)속에 내면화시키기 위하여 문화 · 종교제도가 필수적이다.

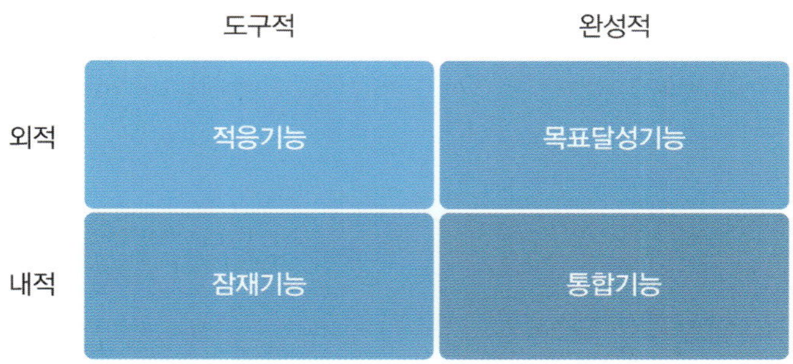

자료: Chess & Norlin(1988).

그림 11-2 파슨즈의 네 가지 기능상 문제 패러다임

[그림 11-2]에서 보듯이 파슨즈는 어떤 수준의 체계이든 모든 체계는 생존하려면 AGIL의 네 가지 요구 혹은 필수요건을 충족시켜야 하며, 각 경우마다 각각의 요건을 충족시키기 위해 특정한 하위체계가 발전된다고 주장한다. 체계의 존재를 유지하고 발달시키기 위해 모든 사회체계는 이 네 가지 문제에 직면한다. 사회체계의 문제해결 노력은 항상 다른 사회체계를 관련시키며, 해결을 향한 행동은 항상 서로 영향을 미친다.

AGIL 도식은 기능주의의 사회체계론의 관점이다. 이 관점에 기초하여 파슨즈는 가족, 경제, 정치 등의 영역에 대해서도 언급하였다.

국가레벨에서 보면, A기능은 경제, G기능은 정치, I기능은 협의의 사회, L기능은 문화가 담당한다. 이러한 기능요건들 사이에는 L → I → G → A의 방향으로 위상운동이 이루어진다. 이같이 AGIL 도식은 사회체계의 모든 것을 기술하여 시간의 경과에 따르는 과정을 분석할 수 있다고 한다.

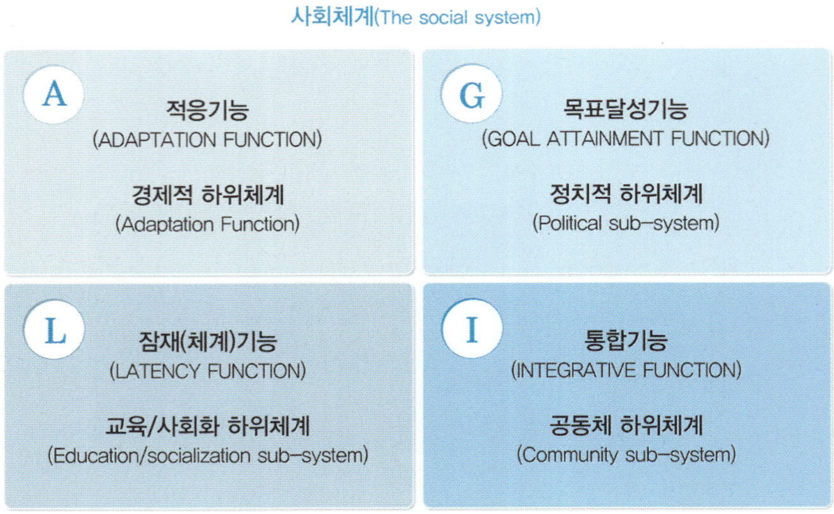

자료: (Giddens, 2017: 81).

그림 11-3 파슨즈의 AGIL 체계

[그림 11-3]에서 보듯이, 파슨스는 경제적 하위체계는 적응기능을 수행한다고 보았고, 정치적 하위체계는 사회의 목표와 그것을 달성하는 수단을 마련한다고 보았으며, 공동체 하위체계(사회적 공동체 societal community)는 통합기능을, 교육하위체계(와 여타의 사회화 기관)는 문화와 가치의 전수기능, 즉 잠재기능을 수행한다고 보았다(Giddens, 2017: 80).

구조기능분석의 주요 특색은 다음과 같다.

첫째, 사회는 반드시 부분들이 결합한 체계이며, 전체적으로 파악하여야 한다.

둘째, 사회체계는 비록 완전한 통합을 이루지 못한다 하더라도 기본적으로 동적인 균형상태에 머물러 있다. 외부 변화에 적응할 때에도 체계 내의 변화량을 최소한으로 줄이려는 경향이 있다. 따라서, 적응과 사회통제의 구조적 메커니즘을 통해 체계를 유지하고 안정화시키려는 경향이 강하다. 그러므로 역기능 · 긴장 · 일탈 등을 사전에 방지하는 사회화(socialization)와 사후에 통제하는 제재(sanction)가 주요한 통제 메커니즘으로 기능한다.

셋째, 변동은 일반적으로 점진적 방식으로 일어나며, 급격하고 혁명적인 방식으로 일어나지 않는다.

넷째, 사회통합을 이루는 가장 기본적인 요소는 가치합의이다.

이상과 같은 구조기능분석은 사회체계의 개방성과 하위체계들의 상호작용 때문에 사회체계가 정지상태에 있는 것은 불가능하다. 체계는 끊임없는 변화와 이동의 과정에 있으면서 동시에 역동 평형(dynamic equilibrium)을 유지해야 한다. 목표를 향해 체계가 움직이는 것이 체계 존속에 중요할지라도 어느 정도의 질서와 안정성에 대한 체계의 욕구 또한 강하다.

5. 평가

파슨즈 사상의 영향력이 커진 것은 그것들이 1945년 이후 점차 증대하는 풍요와 정치적 의견 일치에 대해 거론했기 때문이다. 그러나 1960년대 후반과 1970년대 새로운 평화운동과 반핵운동, 미국의 베트남전 파병에 대한 저항 및 유럽과 북아메리카의 급진적 학생운동의 출현과 함께 갈등이 고조됨에 따라 파슨즈의 사상은 존립 기반을 상실한다. 바로 그때, 새로운 상황을 이해하고 설명하는 데 더욱 적합해 보이는 갈등 이론이 다시 활기를 찾는다(Giddens, 2017: 82).

1) 긍정

체계이론은 사회복지실천에 있어 다양한 변인 간의 상호작용을 이웃할 수 있는 개념틀을 제공해 주고 있다. 행동의 원인을 다양한 곳에서 찾는 순환적 사고로 시각을 전환함으로써 개인에게는 증상 또는 행동에 따른 낙인을 줄여 주며, 사회문제와 관련해서는 전체적인 범위의 요소들을 고려하도록 도와준다. 또한 수집한 정보를 분석해서 조직화하고 통합함으로써 개인의 행동에 초점을 두는 대신, 체계 성원 간의 역동적 상호작용에 초점을 둔 분석이 가능하게 하였다. 이러한 관점은 사회복지실천의 여러 방면에서 개입이 가능하도록 하였고, 문제나 욕구를 상황적이고 환경적인 맥락에 이해하게 해 주었으며, 관련 체계의 영향력을 인식하게 해 주었다(구혜영, 2015: 167).

2) 비판

사회체계이론에 대한 비판은 다음과 같다(신기원 외, 2016: 229-230).

첫째, 체계이론은 처방을 내리는 스타일이 아니기 때문에 체계에 영향을 주기 위해 무엇을 어디서 어떻게 할지를 구체적으로 말해주지 않는다.

둘째, 체계이론은 매우 일반화된 이론이기 때문에 어떤 구체적 상황에 적용하기 어렵고 적용한다 해도 개인마다 상황을 해석하는 방식이 다르기 때문에 응용범위가 매우 다양해진다. 때문에 어느 것이 옳은지 판단하기 어렵다.

셋째, 체계이론의 복잡하고 기계적인 용어는 사회복지실천 같은 인간활동에는 적합하지 않다.

넷째, 사회체계이론의 제한점은 이론이라기보다 하나의 모델이나 도표적 접근방법이며, 체계와 관련되는 복잡한 요인을 정확하게 측정하고 기술하기가 어렵고 인과관계를 구체화하기가 힘들어 과학적 검증이 어렵다.

6. 사회복지와의 연관성

사회복지실천에서의 유용성은 다음과 같다(이우언 외, 2017: 287-288).

첫째, 과거의 다른 실천모델보다 넓은 관점과 관심영역을 포괄한다. 문제를 사정할 때 문제와 관련된 많은 체계를 접촉하여 정보를 얻어내므로 개인으로부터 나오는 정보에만 의지하던 과거의 방법보다 훨씬 다양하고 객관적인 정보를 획득할 수 있다.

둘째, 개인, 집단, 공동체를 포함한 다양한 크기의 체계에 적용되는 이론이다. 개입을 위한 실천모델을 활용함에 있어 어느 한 가지 모델에 치우치지 않고 보다 다양한 모델을 절충적으로 선택하고 활용할 수 있다. 따라서, 사회복지사는 클라이언트를 돕기 위해 다양한 수준의 사람이나 체계와 일할 수 있으며, 다양한 실천모델을 적용할 수 있도록 해준다.

셋째, 사회체계이론은 대상체계의 속성과 체계 사이의 상호연관성을 평가함에 있어 체계 간의 일관성과 상호성, 갈등의 정도와 상태를 규명할 수 있는 개념들을 제공하므로 사정의 도구로도 직접적 유용성을 지닌다.

넷째, 문제를 총체적인 관점에서 이해할 수 있으므로 사회복지사가 개입 시 체계 전체를 변화시키는 전략을 세우는 데 유용하다. 따라서, 개입이 종료되어도 이미 발생한 체계의 변화는 체계 자체의 적응기능에 의해 지속되는 특성이 있기 때문에 그 효과가 지속적으로 유지될 수 있다.

그러므로 사회체계이론을 활용하는 사회복지사들은 클라이언트의 문제에 개입할 때 클라이언트 자신뿐 아니라 전체 환경을 대상으로 접근하기 때문에 개입과정에 포함되었던 주변 체계들에 대해서 개입 후에도 클라이언트를 위한 지지체계로 활용할 수 있다.

Chapter

12

생태학적 체계

[학습목표]

1. 생태학적 체계에 대한 이해
2. 브론펜브레너의 생애와 사상 숙지
3. 사회복지와의 연관성 학습

[학습내용]

1. 브론펜브레너의 생애와 사상
2. 생태학적 체계이론의 개요
3. 인간관

[개 요]

생태체계이론은 일반체계이론에 생태학적 관점을 결합한 이론을 말한다. 인간발달에 생태학을 적용한 브론펜브레너는 인간발달에 대한 사회생태학을 '인간발달 생태학'이라는 용어를 사용하여 하나의 학문적 관점으로 체계화하였다. 본 장에서는 생태학적 체계를 학습하고자 한다.

Chapter

12 생태학적 체계

1. 브론펜브레너의 생애와 사상

유리 브론펜브레너

브론펜브레너(Urie Bronfenbrenner, 1917~2005)는 러시아계 미국인 발달심리학자로 아동발달의 생태학적 심리이론으로 유명하다. 그의 연구와 이론은 아동발달에 있어서 지대한 환경적 · 사회적 영향에 주목하게 함으로써 발달심리학의 관점을 바꾸는 핵심이 되었다.

브론펜브레너는 모스크바에서 태어났으며, 6세에 펜실베이니아(Pennsylvania) 주 피츠버그(Pittsburg)로 이주했고 몇 년 후 뉴욕 주의 농촌지역으로 이사했다. 부친은 병원에서 신경병리학자로 근무했다. 브론펜브레너는 후에 코넬대학교(Cornell University)에서 1938년 심리학과 음악을 복수 전공하여 학사학위를 받았으며, 1940년 하버드대학교에서 심리학 전공으로 석사학위, 그리고 1942년 미시간대학교(The University of Michigan)에서 발달심리학으로 박사학위를 취득했다. 박사학위 취득 후 군 입대를 하여 심리학자로서 복무했다. 전후, 교육기관에서 임상심리학자의 조교로 일했다. 이후 2년 간 미시간대학교에서 조교수로 일했으며, 1948년 코넬대학교 조교수로 옮겼다.

1985년에 브론펜브레너는 미국심리학회에서 수여하는 G. Stanley Hall Medal을 수상했으며, 1993년에는 심리학과 생태학에서 괄목할 만한 공헌을 한 러시아 교육학의 외국 석학으로 선정되기도 했다. 이처럼 브론펜브레너는 국내외적으로 널리 알려진 학자로서 유럽의 6개 대학에서 명예학위를 받았으며, 1994년에는 한국을 방문하여 한국아동학회와 발달심리학회가 공동으로 개최한 국제학술심포지엄에서 기조연설을 한 바도 있다. 2005년 당뇨병 합병증으로 사망할 때까지 코넬대학교의 인간발달 · 가족학과의 석좌교수로 재직하였다. 코넬대학교에서 그는 아동발달과 사회적 영향에 대해 중점적으로 연구했다.

브론펜브레너는 발달이론과 그에 관한 연구가 실제로 적용되는 것에 많은 관심을 가졌을 뿐더러, 헤드스타트(head start) 프로그램의 창시자 중 한 사람으로 미국과 여러 나라에서 발달 프로그램을 설계하는 데 실제적 역할을 담당하기도 하였다. 브론펜브레너는 아동발달에 있어서 가정의 중요성, 특히 부모역할의 중요성을 강조하였다. 브론펜브레너의 이러한 생각은 발달 프로그램의 성공에 크게 기여하게 되었다. 그는 또한 예술이나 문학 등 여러 분야에서 대학원생들과의 공동연구나 출판물을 통해 다학문 간 교류를 이루고자 노력하였다.

브론펜브레너는 개인의 발달과정을 개인과 환경의 상호작용과 제도적인 측면에서 이해하고자 하는 생태학적 체계이론을 정립했다. 확장된 환경과 아동과의 상호작용을 중시하면서, 아동은 단순히 환경에 영향을 받는 존재가 아니라, 환경에 영향을 주기도 하는 능동적 존재임을 강조하였다. 이러한 생태학적 접근에서 아동에게 영향을 주는 환경은 가까운 것으로부터 먼 것까지 미시체계, 중간체계, 외체계, 거시체계, 시간(연대) 체계의 5가지 수준으로 구성된다. 생태학적 접근은 환경을 고정된 방식으로 아동에게 영향을 주는 정적인 성격으로 보지 않고, 개인과의 상호작용에 의한 역동적이며 항상 변화하는 것으로 본다.

인간발달생태학
(2009년 출판)

브론펜브레너는 1979년에 《인간발달생태학(*The Ecology of Human Development*)》이라는 세계적으로 널리 알려진 저서를 비롯하여, 12개 국어로 번역된 《아동기의 두 세계: 미국과 소련(*Two Worlds of Childhood: U.S.A. and U.S.S.R.*)》(1971)과 《인간발달에 대한 영향(*Influences on Human Development*)》(1975) 등 15권에 이르는 저서와 300여 편의 논문을 발표하였다.

헤드스타트(Head Start)

빈민구제사업의 일환으로 저소득층 자녀가 충분한 교육을 받지 못해 빈곤의 악순환을 겪는 것을 막기 위해 취학 전 아동을 대상으로 시행하는 미국의 교육지원제도를 말한다.
1964년 미국 의회는 빈곤극복을 위하여 경제기회법(economic opportunity act)을 제정하였는데, 헤드스타트는 이 법령에 따라 그 한 측면을 구체화하기 위해 생긴 프로젝트이다. 이는 경제적 · 사회적으로 불리한 입장에 있는 어린이를 대상으로 그들이 초등학교 교육에 적응할 수 있는 지식, 기능, 태도를 키우고자 하는 데 그 취지가 있다. 한편, 이와 동시에 어린이의 부모를 중심으로 하는 지역사회 사람들 사이의 연결을 강화한다는 목표도 있다.
이 용어는 1965년 미국 존슨대통령(Lyndon B. Johnson)이 이름 붙였다.

2. 생태학적 체계이론의 개요

생태체계이론(ecosystem theory)은 일반체계이론에 생태학적 관점을 결합한 이론을 말한다. 인간발달에 생태학을 적용한 브론펜브레너는 인간발달에 대한 사회생태학을 '인간발달생태학'이라는 용어를 사용하여 하나의 학문적 관점으로 체계화하였다(Bronfenbrenner, 1979). 초기에 인간발달생태학은 성장하는 유기체와 그가 살고 있고 변화하는 즉각적인 환경 사이에 평생을 걸쳐 일어나는 점진적인 상호적응을 과학적으로 연구하는 학문이었다. 이러한 상호적응과정은 즉각적인 장면뿐만 아니라, 그 장면들이 끼여 있는 형식적 또는 비형식적인 더 큰 사회적 맥락 안에서, 혹은 그것들 사이에서 생겨나는 관계에 의해 영향을 받는다.

생태학적 체계이론은 브론펜브레너(1979)가 인간발달을 사회문화적 관점에서 이해하는 이론이다. 이 이론에는 다섯 가지의 환경체계라는 것이 있다. 미시체계, 중간체계, 외체계, 거시체계 그리고 시간체계가 그것이다. 이들은 아동을 둘러싸고 있는 직접적 환경으로부터 아동이 살고 있는 문화적 환경까지를 모두 아우르는 것이다. 서로서로 짜 맞춘 듯 들어 있는 한 세트의 러시아 인형(마트료시카)처럼 좀 더 근접한 것에서부터 좀 더 광역의 것까지 이 다섯 가지의 체계는 서로 다른 체계에 담겨져 있다. 생태학적 체계의 본질은 상호작용적이다. 그들의 영향력은 호혜적 방식으로 작용된다. 이러한 구조들 각각의 관계와 영향은 인간이 발달함에 따라 변한다. 신생아는 단지 자신의 최인접 환경인 미시체계만을 인식할 뿐이다. 형식적 · 조작적 사고가 가능하여 직접 겪는 경험 이상으로 사고할 수 있는 청년들에게는 외체계와 거시체계가 점점 더 중요한 의미를 가지게 된다.

생태학적인 환경은 개인에게 영향을 미치는 즉각적인 상황으로, 개인이 반응하는 대상이나 그가 얼굴을 마주 보고 상호작용하는 사람들을 초월한, 훨씬 확대된 개념으로 정의된다. 이때 중시되는 것은 그 장면에 함께 있는 또 다른 사람들 간의 관계, 그 관계의 본질에 관한 것들이다. 이러한 즉각적인 환경 내에서의 상호관계들의 복합체를 미시체계라고 부른다. 중간체계는 상호연결성의 원리로서 장면들 내에서만 적용될 뿐만 아니라 장면들 간의 연결고리들에게도 똑같은 힘과 결과로써 적용되는 것을 말한다. 외체계는 발달하는 개인이 실제로 참여하는 장면은 물론 한 번도 참여한 적이 없어도, 그 사건이 발생함으로써 그 사람의 직접적인 환경에서 무엇인가 일어나도록 영향을 끼치는 경우까지도 적용되는 것이다. 거시체계는 겹구조로 된 상호 관련된 체계들의 복합체로서, 그것은 특정한 문화나 하위문화에 공통되는 사회적 제도의 이념과 조직의 상부를 덮고 있는 아치형태를 띠는 것이다. 시간체계는 전 생애에 걸쳐 일어나는 변화와 사회 역사적인 환경을 포함한다(정옥분, 2015: 271-272).

이처럼 브론펜브레너의 생태학적 체계이론은 아동발달을 환경과의 관계체계와 연결지어 다룬다. 그의 체계이론은 그 각각 아동의 발달에 영향을 주는 복잡한 환경의 '층'으로 정의된다. 하나의 층에서 일어나는 변화와 갈등은 다른 층에 전반적으로 영향을 미친다. 따라서, 아동발달을 연구할 때 그 아동의 직접적인 환경뿐만 아니라, 방대한 환경과의 상호작용을 고려해야 한다. 그리고 최근에 와서 브론펜브레너는 그의 생태학적 체계이론을 아동 자신의 생물학적 영향을 강조하는 '생물생태학적 체계이론'으로 개명하여 정의하고 있다(Bronfenbrenner, 1995). 그 이유는 생물학적으로 영향을 받은 아동은 기질이 환경적 힘과 결합되어 발전을 이루기 때문이다.

3. 인간관

인간은 사고, 감정, 관찰 가능한 행동을 가진 생물학적, 심리학적, 영적, 정신적, 사회적, 문화적 존재로서 환경과 영향을 주고받는 상호 교환적인 위치에 있는 존재이다. 인간은 환경에 반응할 뿐만 아니라, 스스로의 환경을 창조해 내는 주인이기도 하다. 이 관점은 인간을 의식적이고 의도적으로 반응할 뿐만 아니라 무의식적이고 자동적으로 반응하는 존재로 본다. 또한 인간을 전적으로 힘이 있는 존재로 간주하지 않을 뿐만 아니라, 전적으로 무력한 존재로도 보지 않는 대신에 삶을 형성하는 사건들을 창조하는 데 있어 적극적인 역할, 즉 환경적인 힘과 상황들에 의해 조절된 역할을 수행한다고 보는 것이다.

브론펜브레너에 따르면, 생태학적 체계이론은 활동적이고 성장하는 인간과 환경 간의 일생을 통하여 이루어지는 진보적이고 상호적인 적응과정을 과학적으로 연구한다(Bronfenbrenner, 1979). 생태학적 체계이론에서는 유기체를 환경과 분리할 수 없으며, 상호작용하는 체계라고 보기 때문에, 개인과 환경을 이분화하는 것을 방지할 수 있으며, 양자 간의 상호작용에 초점을 둘 수 있게 해 준다.

생태학적 이론은 환경과 인간을 하나의 총체로 간주한다. 사회복지전문직에서 이 이론은 클라이언트의 정신 내적 생활과 환경적 조건을 개선하는 데 목적을 두고 실시하는 서비스, 즉 직접적 서비스와 간접적 서비스를 통합할 수 있는 방법을 발견할 수 있게 되었다. 생태학적 체계이론에서는 인간 본성에 대한 유전적 결정론, 정신적 결정론, 환경적 결정론 모두를 배격한다. 그 대신에 인간을 환경적 요구에 적응하고, 때로는 환경을 자신의 요구에 맞게 수정 또는 변화시킴으로써 발달해 가고 만족스러운 삶을 영위하는 존재라고 본다(고명석 외, 2018: 254-255).

4. 핵심 개념 및 내용

1) 관계와 역할

관계(relatedness)란 인간관계를 형성하거나 다른 사람과 연결될 수 있는 능력을 말한다. 관계를 맺고자 하는 욕망과 능력은 초기의 양육과정에서 시작되고, 일생을 통해 상호 보호행동의 유형을 결정하게 된다.

역할(role)이란 발달하는 사회적 영역을 이해할 수 있게 해 주며, 일련의 기대되는 행동, 상호 요구와 의미의 유형을 말한다. 감정, 정서, 지각, 신념 등은 역할수행과 직접적으로 연관되어 있으며, 역할은 내적 과정과 사회적 참여 사이에 가교의 기능을 수행한다.

2) 적합성, 적응성, 유능성

적합성(goodness-of-fit)은 개인의 적응적 욕구와 환경의 속성 간의 조화를 이루는 정도를 의미한다(Germain & Gitterman, 1987). 다시 말해서, 개인의 욕구나 집단의 욕구, 권리, 목표, 능력과 특정한 문화적 · 역사적 맥락 속의 환경 간에 작용하는 실제적인 적합성을 말한다. 그 상호교류는 적응적일 수도 있고 부적응적일 수도 있다. 인간에게 환경은 호의적일 수도 있고 비호의적일 수도 있다는 말이다. 이것이 호의적일 때 지속적 발전을 도모하고 사회적 기능을 만족시키고 환경을 유지하거나 강화하므로 나름대로 적합성의 상태를 나타낸다고 할 수 있다. 적합성은 인간-환경의 계속적 교류를 반영하며 고정되어 있지 않고 상호교류의 변화에 따라 바뀐다. 따라서, 부정적 교류가 거듭되면 인간발달과 건강, 사회적 기능은 손상된다.

적응성(adaptiveness)은 인간이 환경에 대한 적응수준을 유지하고 높이고자 사용하는, 지속적이고 변화 지향적이며, 인지적, 감각적-지각적, 행동적인 과정이다(Greene, 1991). 적응성은 환경의 변화를 위한 행동이나 인간이 자기 스스로 환경 변화에 적응하는 것을 포함한다. 생태학적 관점에서는 적응상의 문제를 병리적으로 보지 않는다. 개인적 욕구와 대처가 환경적 자원이나 혹은 지지와 일치되지 못한 것으로 간주한다.

유능성(competence)은 개인이 환경과 효과적으로 상호작용할 수 있는 능력이다(White, 1959). 유능성은 환경과 성공적인 상호작용을 경험하는 데서 형성되는 것으로 일생에 걸쳐 확대될 수 있는 능력이다. 또한 유능성(competence)은 인간발달에 필수요소로서, 자아심리이론에서는 개인이 환경과 효과적으로 상호작용할 수 있는 능력이라고 보았으며, 어떤 과업을 수행하고 상호작용으로 일어나는 결과를 통제할 수 있는 능력이라고 규정했다. 따라서, 유능성의 개념 속에는 확고한 결정을 내리고, 자신의 판단을 신뢰하며, 자기 확신을 하고, 환경에 바람직한 영향을 미칠 수 있는 능력이 포함되어 있다.

3) 상호작용과 상호교류

상호작용(interaction)과 상호교류(transaction)를 구별하는 것이 중요하다. 상호작용은 개인과 환경이라는 두 요소가 서로 영향을 미치나 분리된 정체성을 보유한다. 반면, 상호교류는 개인과 환경이 한 단위, 관련, 체계로 합쳐질 뿐 아니라, 개인과 환경 간의 영향의 상호관계를 의미한다(Lazarus, 1984). 상호교류적 관점은 과정 혹은 시간이 지남에 따라, 만나면서 발생하는 관계를 강조한다.

인간은 환경 내의 다른 사람과 의사소통하고 관계를 맺는다. 이러한 상호작용을 상호교류라고 부른다. 상호교류는 무엇인가를 전달하고 교환하는 것이므로 능동적이고 역동적이다. 또한 상호교류는 긍정적이거나 부정적일 수 있다. 긍정적 상호작용의 예로는, 당신이 어떤 사람을 매우 사랑하는데, 그 사람도 당신을 사랑하는 경우이다. 또한 일정기간 일을 한 후에 보수를 받는 것도 긍정적 상호교류에 포함된다. 한편, 부정적인 상호교류의 예로는, 15년간 일한 직장에서 해고되는 경우나 집에서 키우고 있는 개가 밤새도록 짖어 이웃이 경찰에 신고를 한 경우이다(지영주 외, 2016: 124).

4) 공유영역

생태체계적 관점의 공유영역은 체계이론의 그것과 유사하다. 즉, 개인과 환경이 상호작용하는 지점을 말한다. 적절한 상호작용으로 변화하기 위해서는 사정단계에서 이 공유영역의 개념을 명확히 다루어야 한다. 청소년 자녀의 학교 적응에 문제가 있다고 요청한 가족상담에서 실제 문제는 부부간의 의사소통 단절에 있다는 것을 발견했다면,

의사소통의 어려움이라는 실제 문제가 가족구성원들에게 영향을 미치는 공유영역이다. 만일 공유영역에 대한 사정이 잘못되었다면, 많은 시간과 에너지를 낭비할 수 있다. 생태체계적 관점에서는 개인과 가족 등 소집단에 관한 공유영역을 강조한다는 점에서 체계이론과 다르다.

5) 생활 스트레스 요인, 스트레스 대처

스트레스는 사회적 혹은 발달적 변화, 충격적 사건, 다양한 생활문제 등의 요구가 자신이 활용할 수 있는 인적 자원 혹은 환경자원을 초과하는 상황에서 야기된다. 즉, 개인과 환경 간의 상호교류에서의 불균형이 야기하는 현상인 것이다(Germain & Gitterman, 1987). 개인, 환경, 문화적 차이에 따라 어떤 사람들은 자신의 성장을 방해하는 생활문제를 스트레스 요인으로 경험하는 반면, 다른 사람은 같은 문제를 도전으로 경험할 수 있다. 생활 스트레스 요인에 대한 내적인 반응으로 불안한 감정이나 생리적 상태로 표출되는 것이 스트레스이다. 관련된 감정은 불안, 죄의식, 분노, 두려움, 우울, 무기력감, 혹은 절망이며 일반적으로 사회적 관계, 자신감, 자긍심, 자율성 측면에서 빈약 또는 부족을 수반한다. 그러나 스트레스가 반드시 문제되는 것은 아니다. 개인, 환경, 문화적 차이에 따라 어떤 사람들은 자신의 성장을 방해하는 생활문제를 스트레스 요인으로 경험하는 반면, 다른 사람은 같은 문제를 도전으로 경험한다. 즉, 개인이 긍정적 자존심을 가지고 있고, 유능성이 있다고 생각하는 경우에는 스트레스에 대한 반응은 부정적이지 않다. 그리고 어떤 스트레스는 개인의 성장과 발전을 도모하는 하나의 동기로 작용할 수 있다. 이처럼 개인의 성장과 발전을 방해하는 것을 부적 스트레스(distress)라고 하며, 이와는 반대로 개인의 성장과 발전의 계기가 되는 것을 정적 스트레스(eustress)라고 한다(이영호 외, 2018: 304-305).

대처는 생활 스트레스에 의해 발생되는 욕구를 해결해 나가기 위해 고안된 새롭고 특별한 행동들이다. 성공적 대처는 내적 · 외적 자원에 달려 있는데, 내적 자원은 자부심과 문제해결기술 등을 일컬으며, 외적 자원은 가족, 사회적 관계망, 조직 차원의 지원 등을 포함한다(Greene, 1991). 성공적 대처는 인간-환경의 질을 향상시키고 보다 높은 수준의 사회적 관계, 능력, 자긍심, 자율성의 획득으로 적응수준을 향상시킨다(이인정 · 최해경, 2007: 386-387).

6) 환경

생태학에서의 환경은 체계나 조직의 시간적 · 공간적 속성으로 구성되어 있으며, 사회적 환경과 물리적 환경으로 나누어 볼 수 있다. 이 두 환경은 서로 영향을 주고받는 통합적 체계로서 문화적 신념, 가치, 규범 등과 지속적으로 상호작용을 한다.

(1) 사회적 환경

사회적 환경(social environment)은 인간을 둘러싸고 있는 조건, 상황, 대인적 교류(human interaction) 등을 포함한다. 개인은 생존하고 성장하기 위해 환경과 효과적으로 상호작용을 해야 한다. 사회적 환경은 사회나 문화에서 형성하는 물리적 환경을 포함한다. 예를 들어, 사람들이 사는 주택의 형태나 직업의 종류, 법과 사회규범 등을 포함한다. 또한 각 개인이 접촉하는 가족이나 친구, 직장, 정부, 사회제도 등도 포함된다.

사회적 환경에는 사회적 세계 내의 개인과 매일의 상호작용을 포함한다. 인간에게 많은 영향을 미치는 사회적 환경은 관료조직과 사회적 관계망이다. 관료조직은 공식적 조직으로 사회적 · 경제적 · 교육적 · 문화적 · 정치적 서비스를 제공하는 조직이다. 사회적 관계망은 비공식적 조직으로 공유하는 사회적 지위, 유사하거나 공유하는 기능, 지리적 혹은 문화적 관련성 등과 같은 어떤 공통적 유대에 의해 연결된 개인이나 집단을 말한다. 사회적 관계망의 유형으로는 가족, 친척, 친구, 이웃, 직장동료, 종교단체, 자조집단 등이 있다(Moxley, 1989). 사회적 관계망은 개인에게 사회적 지지와 원조를 제공하며, 상호작용을 통하여 그와 관련된 많은 사람들의 사회적 행동에 영향을 미친다.

(2) 물리적 환경

물리적 환경은 매일의 일기 조건부터 공기의 오염물질까지, 그리고 개인이 사는 집의 설계부터 이웃집 소음까지 모든 것을 포함한다. 우리는 전 생애 동안 우리가 몸담은 물리적 환경에 적응해야 한다. 자연적 환경의 리듬 변화는 인간의 모든 생활에 반영되고 있으며, 인위적 환경의 변화는 개인의 사회적 관계망의 손실을 일으키며, 정체감의 혼란을 가져오기도 한다.

물리적 환경은 자연적 환경과 인위적 환경으로 구성되어 있다. 자연적 환경에는 기후, 지리적 조건 등이 있으며, 인위적 환경에는 건물, 교통시설, 통신시설, 대중매체 등이 있다. 자연적 환경에서 온도, 습도, 바람, 기압, 강수량, 계절적 변화 등은 인간의 감정과 행동에 영향을 미치게 되며, 인위적 환경은 인간의 사회적 상호작용, 생활양식, 문화수준 등에 영향을 미친다.

(3) 생활영역과 주거환경

생활영역과 주거환경(Niche & Habitat)은 사람들의 문화적인 환경을 설명하기 위해 생태학에서 빌려온 용어이다. 주거환경은 문화적 환경 내에 있는 사회적 · 물리적 환경을 의미한다. 생활영역은 지역사회의 구성원들이 인접하고 있는 환경이나 차지하고 있는 지위를 의미한다.

브론펜브레너(Bronfenbrenner, 1989)에 따르면, 생태학적 생활영역은 각자 개인적인 특성을 가지고 있는 개개인의 발달에 특별히 유리하거나 혹은 바람직하지 못한 환경 내의 지역들이다. 즉, 개인의 발달을 촉진하거나 방해하는 환경 내의 영역을 의미한다. 브론펜브레너는 이 접근을 사회경제적 지위에 적용할 때, 가난하며 어린 아프리카계 미국인 미혼모 가운데 저체중아 출산이 흔한 것을 설명해준다고 시사한다.

한편, 주거환경은 개인의 문화적 맥락 내에 존재하는 사회적 · 물리적 환경과 관련된 개념이다. 일반적으로 경제적 능력이 충분한 사람들은 쾌적하고 안전하며 교육환경이 좋고 의료 및 편의시설이 충분히 마련된 지역에서 주로 거주하는 반면에, 경제적 지위가 매우 낮은 사람들은 반대로 매우 열악한 환경에서 거주하게 된다. 이것은 그 사람의 경제적인 지위가 그 사람이 사는 주거환경을 선택하는 데 영향을 미친다는 것을 의미한다(지영주 외, 2016: 126).

(4) 시간과 공간

환경의 조직은 시간과 공간에 의해 구성된다. 환경에서 시간이란 상호작용의 지속기간, 주기성과 속도에 대한 것이며, 이것들은 인간의 적응과 밀접한 관련성을 지니고 있다. 공간은 개인의 사회적 상호작용의 양과 거리를 의미한다. 인간은 누구나 다른 사람이 침범할 수 없는 공간적 영역을 유지하고 있으며, 그 경계는 가시적이고 때로는 그 존재가 인식되지 못한다. 또한 인간은 생활의 편안함을 위해 상대방의 사생활을 침범하지 않고, 서로 개입하지 않으며, 바람직한 거리를 유지하기 위해 상호 이해와 합의가 필요하다.

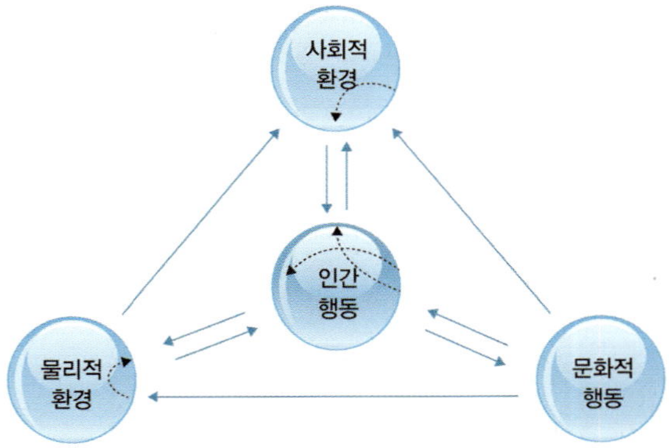

자료: 최덕경(2014: 157).

그림 12-1 인간행동과 환경과의 관계

5. 생태학적 체계모형

브론펜브레너는 인간과 사회적 · 물리적 환경과의 상호작용을 바탕으로 상호의존적이고 변화하는 구조를 네 개의 주요한 체계로 규정하였다(Bronfenbrener, 1993). 즉, 그는 생태학이론의 체계수준을 미시체계, 중간체계, 외체계 및 거시체계로 구분하였으며, 각 체계는 시간의 흐름에 따른 변화에 의해 영향을 받는다고 하였다.

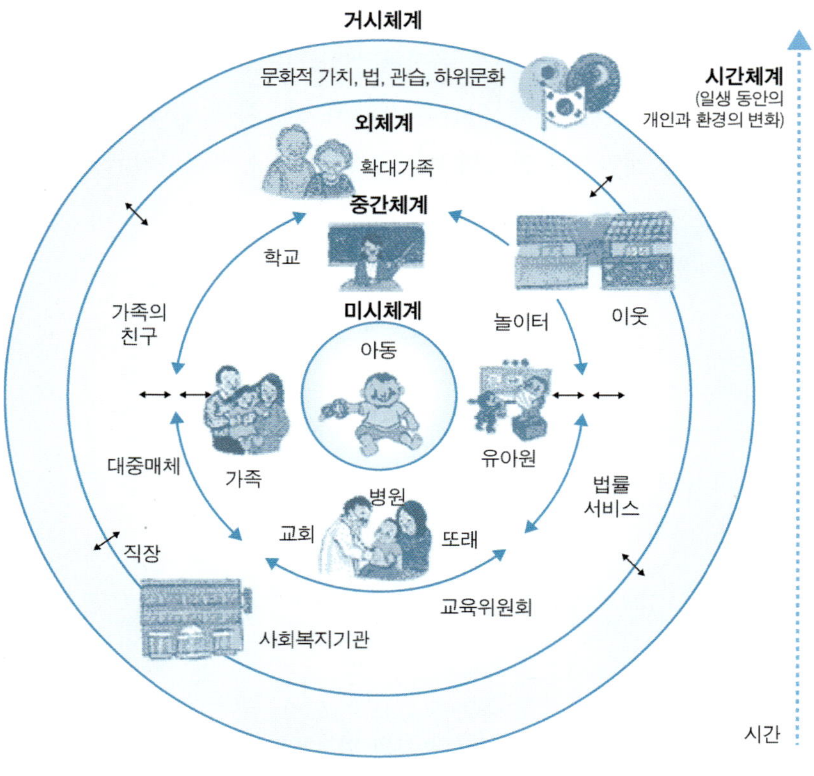

자료: Shaffer(2016).

그림 12-2 브론펜브레너의 생태학적 체계모형

1) 미시체계

미시체계(microsystem)는 인간이 가장 밀접하게 상호작용을 하는 사회적 · 물리적 환경을 말한다. 즉, 이것은 인간과 가장 인접한 수준의 환경으로서, 가족, 친구, 학교, 종교단체 등이 여기에 속한다. 또한 미시체계는 성장하는 개인이 친밀한 대면적인 환경 내에서 경험하는 활동, 역할, 대인관계의 유형을 포함한다.

미시체계는 직접적으로 대면적인 상호작용을 하는 익숙하고 친밀한 사회적 관계망으로 구성된다. 개인은 그의 삶에 영향력을 미치는 사람들과의 지속적인 상호작용을 통하여 영향을 받으며, 개인은 또한 그들에게 영향을 미치는 과정이 반복된다. 미시체계는 끊임없이 변화하며, 개인이 성장하면서 점점 상호작용이 약화된다.

위의 브론펜브레너의 생태학적 체계모형을 보면, 아동은 중앙에 위치하는데, 아동의 근접환경이 미시체계이다. 미시체계는 아동이 살고 있는 집의 크기, 근처에 있는 운동장의 시설물, 학교 도서관에 구비된 장서의 크기 등과 같은 물리적 특성을 포함한다. 또한 아동의 가족, 친구, 학교, 이웃이 이 체계에 포함된다. 이들은 아동의 발달에 관련이 있는 특성들을 지니는데, 또래집단의 사회경제적 지위, 부모의 교육수준, 교사의 정치적 신념 등이 그것이다.

이 미시체계 내에서 아동과 부모, 친구, 교사, 코치와 같은 사회인자 간에는 대부분 직접적인 상호작용이 이루어진다. 아동은 환경의 영향을 받는 수동적인 존재가 아니라, 환경을 구성하는 능동적인 주체이다. 미시체계는 아동이 성장하면서 변화한다. 브론펜브레너는 대부분의 사회문화적 영향에 관한 연구가 이 미시체계에 초점을 맞추고 있다고 지적한다.

미시체계는 항상 사람들에게 영향을 주며, 변화하는 일상경험은 물론이고 성숙과정 때문에도 끊임없이 변화한다. 그러나 생태학적 관점에서 본다면, 미시체계의 변화는 연구대상이 되는 아동의 성숙과 발달뿐 아니라, 부모, 교사, 또래와 같이 아동이 상호작용하는 사람들, 그리고 아동의 미시체계를 구성하는 환경에 의해 일어난다.

건강한 미시체계는 호혜성에 기반을 두고 있다. 부모는 자녀의 합리적인 요구를 받아들이고, 자녀는 부모의 합리적인 요구를 존중함으로써 화답한다. 부모-자녀 간의 의사소통에서 호혜성이 무너지게 되면 미시체계의 질은 떨어진다.

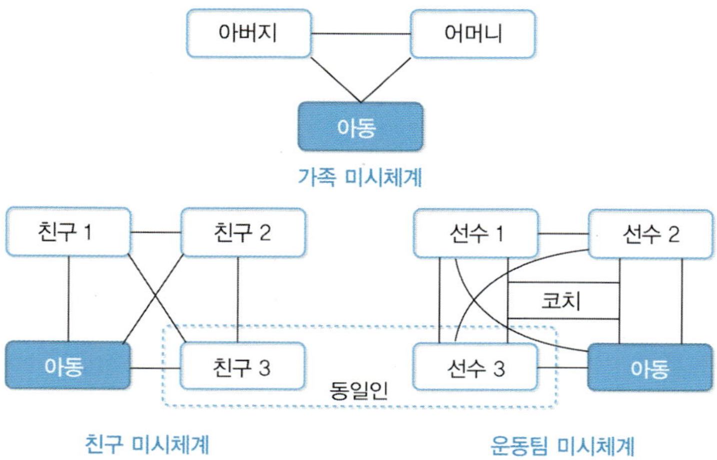

자료: 고명수(2018: 244).

그림 12-3 미시체계

2) 중간체계

중간체계(mesosystem)는 특정한 시점에서 미시체계들 간의 상호작용을 의미한다. 즉, 그것은 개인이 하나의 미시체계에서 일어나는 일이 다른 미시체계와 상호 관련되어 있으며, 그들 간에 상호작용을 하는 것을 말한다. 즉, 중간체계는 성장하는 개인을 포함한 둘 또는 그 이상의 미시체계 간의 연결점과 과정으로 구성된다. 이것은 각각의 미시체계에 존재하는 개인에게 적절한 환경적 관점 내에서 자신의 위치를 확보하도록 해준다. 개인이 다양한 미시체계에 참여할 때 서로 다른 역할을 수행하게 되며, 미시체계들 간의 상호작용의 질, 빈도, 영향력은 개인의 행동에 크게 영향을 미친다.

중간체계는 미시체계들 간의 상호관계, 즉 환경들과의 관계를 말한다. 이를 테면, 부모와 교사 간의 관계, 형제관계, 이웃친구와의 관계 등이 그것이다. 일반적으로 이

체계들 간의 관계가 밀접하면 할수록 아동의 발달은 순조롭게 진행된다. 예를 들어, 부모로부터 사랑을 받지 못한 아동은 교사와도 긍정적인 관계를 맺기 어려울지 모른다. 아동발달을 보다 체계적으로 이해하기 위해서는 가족, 친구, 학교, 교회 등 다양한 상황에서 아동들이 어떻게 행동하는가를 관찰하는 것이 중요하다는 믿음이 발달론자들 사이에 점점 확산되고 있다(정옥분, 2015: 274).

중간체계의 상호작용은 아동이 아들/딸, 친구, 학생, 밴드부원 등으로 동시에 다중적 역할에 참여하는 것이다. 사람들이 서로 다른 환경에서 서로 다른 역할을 수행한다는 생각은, 즉 시간에 따라 그리고 어떤 환경에서 다른 환경으로 옮겨 감에 따라 역할이 바뀐다는 것은, 브론펜브레너의 이론에서 매우 중요한 의미를 갖는다.

서로 다른 역할을 거의 동시에 수행한다는 인식은 그의 중간체계 개념에 내포되어 있다. 사람들이 다양한 미시체계에 참여할 때에는 다양한 역할을 수행한다는 것이 분명하다. 사회적 역할은 사회에서의 다양한 대인관계라든가 그가 갖는 지위와 연관된 행동과 기대라고 정의된다. 예를 들어, 가정에서의 딸 또는 아들, 또래집단의 친구, 학교친구, 운동선수, 직장의 동료, 친밀한 관계에서 서로 사랑하는 연인의 역할이 그것이다. 이러한 사회적 역할은 다른 사람이 아버지 또는 어머니, 교사, 코치, 직장상사, 연인 등의 대응적 역할을 수행한다는 것을 암시한다.

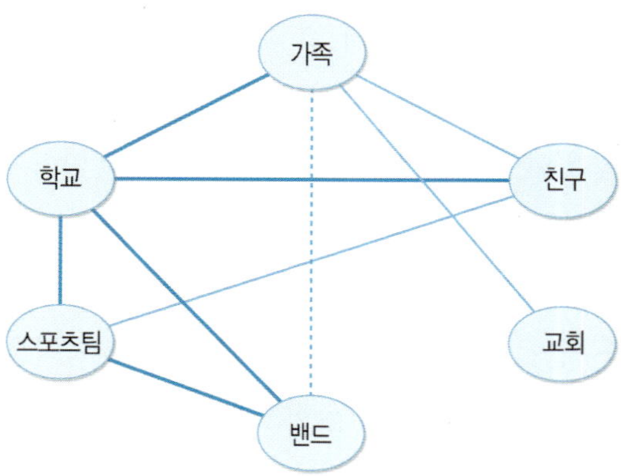

자료: 정옥분(2015: 275).

그림 12-4 중간체계

3) 외체계

외체계(exosystem)는 아동이 직접 참여하지는 않지만 아동에게 영향을 미치는 사회적 환경을 의미하는 것으로, 정부기관, 사회복지기관, 교육위원회, 대중매체, 직업세계 등이 여기에 포함된다.

외체계는 개인, 미시체계 및 중간체계에 영향력을 미칠 수 있다. 즉, 외체계는 개인의 생활에서 중요한 부분을 차지하면서 개인의 행동에 크게 영향력을 발휘하며, 미시체계의 상호작용의 빈도와 질에 영향력을 미칠 수 있다. 또한 외체계는 중간체계에서 미시체계들 간의 상호작용의 질에도 영향을 미친다.

이러한 외체계의 환경들은 아동의 행동에 영향을 미친다. 예를 들어, 부모의 직장상사는 부모가 어디에서 일을 할지, 언제 일을 할지, 얼마만큼 수입이 있을지, 언제 휴가를 갈 수 있을지, 자유로운 근무시간을 허용할지 등을 결정한다. 더욱 중요한 것은 고용주는 아버지나 어머니를 동해안에서 서해안으로 전근시킬 수도 있고, 아주 해고시킬 수도 있다. 이러한 결정들은 자녀의 미시체계와 중간체계에 심각한 영향을 미칠 수 있다.

학교정책을 결정하는 교육제도는 아동들에게 중요한 의미를 갖는 외체계 변인의 예이다. 재학 중인 아동이 어떤 활동에 참가할 것인지, 그리고 어떤 교육과정과 방과 후의 활동이 제공될 것인지는 교육위원회가 결정한다. 재정수지를 맞추기 위해 교육위원회는 도서관을 폐관할 수도 있고, 음악이나 미술과목의 예산을 줄일 수도 있으며, 방과 후의 활동을 없앨 수도 있다. 어른들은 아동의 최대 이익을 항상 염두에 두면서 그들의 외체계에 대한 결정을 하는지를 자문해볼 필요가 있다. 불행히도 그러한 결정에는 아동의 이익보다는 예산이나 정치적 고려가 우선하는 경우가 흔히 있다.

아동학대에 관한 연구들은 외체계의 변인을 아동에게 영향력을 미치는 요인으로 보고 그 중요성을 시사한다. 빈약한 주거, 실직, 장기간의 빈곤은 모두 외체계의 요인들로서 부모의 통제권이 미치지 않는 요인들이다. 그럼에도 불구하고 외체계의 요인들은 아동학대의 확률을 높이는 요인들이다. 예방요인들이 외체계에 존재할 수도 있다. 예를 들어, 활발한 친족지원망, 교회출석 등은 아동학대의 가능성을 줄여주는 경향을 보여 주고 있다.

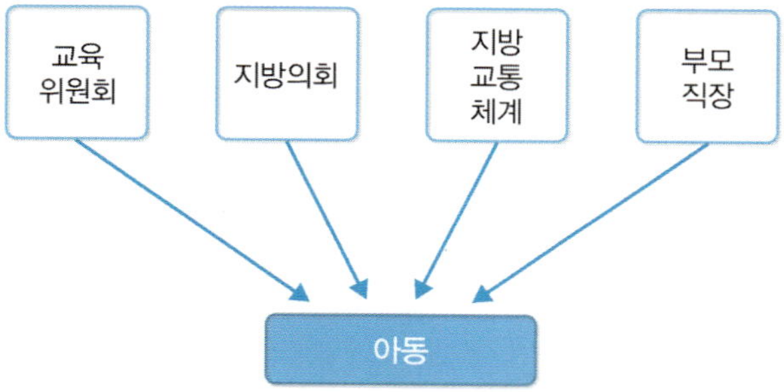

자료: 고명수 외(2018: 246).

그림 12-5 외체계

4) 거시체계

거시체계(macrosystem)는 개인이 속한 사회의 이념이나 제도의 일반적인 형태로서, 정치, 경제, 사회, 법, 문화, 관습, 가치관 등을 말한다. 거시체계는 법과 같이 명백한 형태를 가진 것도 있지만, 문화와 가치관과 같이 일정한 형태가 없는 것도 있으며, 이것은 인간의 행동발달에 지속적인 영향을 미친다.

거시체계는 개인의 생활에 직접적으로 개입하지는 않지만, 간접적이면서도 전체적으로 강력한 영향력을 발휘한다. 또한 거시체계의 변화는 개인, 미시체계, 중간체계 및 외부체계에 영향을 미친다. 예를 들면, 경제적 위기는 개인생활, 가족생활과 학교생활의 관계, 직업세계 등에 크게 영향을 미친다.

거시체계는 미시체계, 중간체계, 외체계에 포함된 모든 요소에다 개인이 살고 있는 문화적 환경까지 포함한다. 문화란 한 세대에서 다음 세대로 전수되는 행동 유형, 신념, 관습 등을 일컫는다. 아동이 속해 있는 사회문화적 배경은 아동의 발달에 지속적인 영향을 미친다. 즉, 거시체계는 신념, 태도, 전통을 통해 아동에게 영향을 미친다. 거시체계는 일반적으로 다른 체계보다 더 안정적이지만, 때로는 사회적 변화(예: 경제적 번영에서 IMF체제로의 변화 또는 평화체제에서 전시체제로의 변화)에 따라 변할 수 있다(Elder & Caspi, 1988).

거시체계는 사회관습과 유행을 통해 자신의 가치관을 표현한다. 무엇이 현재 '유행하는 것'이고, '한물간 것'인지에 대한 흥미로운 기사를 작성함으로써, 언론인들은 거성별에 따라 적절하게 거시체계의 경향을 확인해준다. 거시체계는 또한 미(美)의 기준을 제시하기도 하고, 성별에 따라 적절하거나 부적절한 행동을 정의하기도 한다. 의학지식의 확산은 건강관리에 영향을 줄 수 있다. 이를테면, 어떤 음식이 건강에 이롭거나 해로운지를 구별해 줌으로써, 흡연에 대한 사회적 · 법적 제재를 가하게 함으로써, 또 에이즈나 임신을 피하기 위하여 콘돔 사용에 대한 광고를 권장함으로써 그렇게 할 수 있다. 거시체계적 가치관은 메마른 체형을 미 또는 성적 매력과 동일시함으로써, 거식증이나 폭식증과 같은 먹기장애를 초래할 수도 있다.

거시체계는 아동의 삶에 직접적으로 개입하지는 않으나, 전체적으로 보면 아치처럼 펼쳐져 있는 사회계획을 포괄함으로써, 비록 간접적이기는 하나 매우 강력한 영향력을 발휘한다.

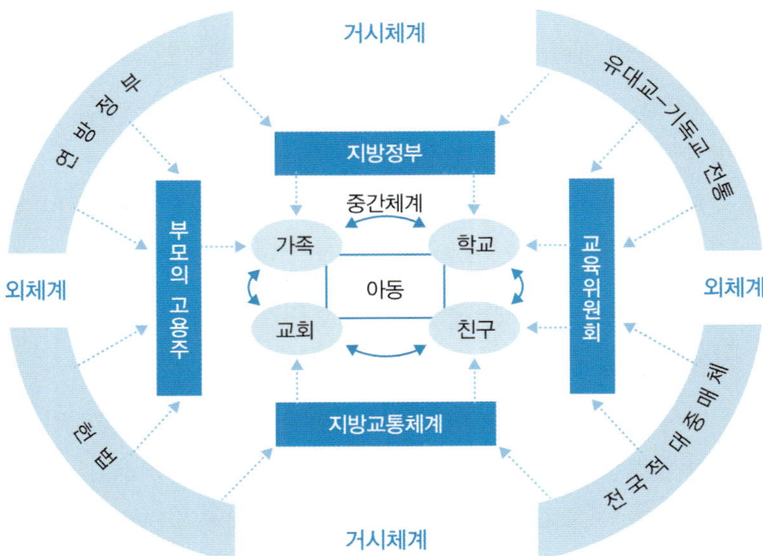

자료: 정옥분(2015: 276).

그림 12-6 거시체계

5) 시간(연대)체계

시간체계(time system)는 개인이 전 생애에 걸쳐 발생하는 변화와 역사적인 환경을 포함하는 체계이다. 어떤 시대에 출생하여 성장했는지에 따라 개인은 발달과 삶에 큰 영향을 받는다. 부모, 가족, 친구, 학교 등 개인을 둘러싼 미시체계에서부터 문화, 관습, 이념 등의 거시체계에 이르기까지 모든 생태체계는 개인에게 영향을 미치며, 이러한 생태환경은 과거, 현재, 미래의 시간체계의 변화 속에서 작용한다.

브론펜브레너의 생태학적 체계모형을 보면, 시간체계는 전 생애에 걸쳐 일어나는 변화와 사회역사적인 환경을 포함한다. 이 체계는 아동이 성장함에 따라 겪게 되는 외적인 사건(예: 부모의 죽음 등)이나 내적인 사건(심리적 변화 등)이 구성요소가 된다.

시간체계에 관한 연구들은 인간의 생애에서 단일 사건이 발달에 미치는 영향에 국한하지 않는다. 오히려 그 연구는 시간의 경과와 더불어 연속적으로 일어나는 사건들이 누적되어 미치는 영향에 관해 연구한다. 시간체계 모델과 관련된 연구들을 살펴보면 다음과 같다(Bronfenbrenner, 1986).

부모의 이혼이 아동에게 미치는 영향에 관한 연구(Hetherington, 1981; Hetherington, et al., 1978)에 따르면, 이혼의 부정적인 영향은 이혼한 첫 해에 최고조에 달하며, 딸보다 아들에게 더 부정적인 영향을 미치는 것으로 나타났다. 그리고 이혼 후 2년쯤 되면 가족 간의 상호작용은 안정을 되찾는 것으로 나타났다. 8~14세의 핀란드 아동들을 대상으로 한 종단연구(Pulkkinen, 1982, 1983, 1984)에서는, 환경의 안정성과 변화가 아동발달에 미치는 영향이 어떠한가를 알아보았다. 그 결과, 자주 이사를 한 경우, 유치원이나 학교를 옮긴 경우, 부모의 이혼이나 사별 등으로 인해 가족구조가 변화한 경우와 같이 가정환경이 안정적이지 못할 때에는 아동기나 청소년기에 공격성과 불안수준이 높은 것으로 나타났다. 그리고 성인기에도 높은 범죄율을 나타내었다.

미국 하와이에서 행해진 종단연구(Werner & Smith, I982)에서도 유사한 결과가 나타났다. 이 연구에서는 빈곤, 생물학적 위험, 가족의 불안정성에 노출되고, 교육수준이 낮거나 정신적 장애가 있는 부모에 의해 양육되었지만, 이에 굴하지 않고 '제대로 자란'

청년집단과 유사한 환경에서 '제대로 성장하지 못한' 청년집단을 비교해보았다. 두 집단 간에 차이가 나는 주된 환경적 요인은 '제대로 자란' 집단의 청년들이 아동기와 청소년기에 스트레스를 주는 인생사건을 훨씬 적게 경험하고, 돈독한 세대 간의 친족망이 있었다는 점이다.

생태학적 체계수준을 구분하면 〈표 12-1〉과 같다.

표 12-1 체계수준 구분의 예

<table>
<tr><th colspan="2">2차원 구분</th><th colspan="2">3차원 구분</th><th colspan="2">4차원 구분</th></tr>
<tr><th>구분</th><th>예</th><th>구분</th><th>예</th><th>구분</th><th>예</th></tr>
<tr><td rowspan="2">미시체계</td><td rowspan="2">개인, 가족,
소집단</td><td>미시체계</td><td>개인</td><td>미시체계</td><td>개인, 가족,
소집단, 직장</td></tr>
<tr><td rowspan="2">중간체계</td><td rowspan="2">가족, 소집단</td><td>중간체계</td><td>(미시체계 간 관계)
가정-학교, 가정-직장,
학교-이웃</td></tr>
<tr><td rowspan="2">거시체계</td><td rowspan="2">조직, 지역사회,
국가사회</td><td>외체계</td><td>학교, 지역사회,
지방정부</td></tr>
<tr><td>거시체계</td><td>조직, 지역사회,
국가사회</td><td>거시체계</td><td>국가사회, 사회제도,
문화</td></tr>
</table>

자료: 구혜영(2015: 175).

6) 각 체계의 상호작용

사회환경의 중층구조와 관련해서 한 가지 염두에 두어야 할 점은 각 체계가 서로 따로 노는 것이 아니라 상호작용을 한다는 점이다. 아울러 이 중층적 환경체계 안에서 살고 있는 인간 역시 각각의 체계와 직접 또는 간접으로 상호작용한다는 점도 잊지 말아야 한다. 사회환경은 주변 조건이나 상황, 인간 간의 상호작용이며, 생존과 번성을 위해 환경과 효과적으로 상호작용할 필요가 있다. 미시체계는 사회환경 내의 다양한 중간체계와 역동적으로, 쌍방으로 상호작용한다. 예를 들어, 가출한 아이는 가족 전체에 영향을 미칠 수 있다. 개별 미시체계는 사회환경 속에서 상호작용하는 거시체계로부터 지속적인 영향을 받는다. 사회복지실천 고유의 중요한 측면은 바로 개별 클라이언트 체계에 미치는 거시체계의 영향을 사정하는 것이다. 여기서 사정은 클라이언트와 사회복지사의 상호과정으로 볼 수 있다(천정웅 외, 2019: 255).

이러한 다양한 체계의 수준을 브론펜브레너는 생태학적 환경이라고 규정하고, 이러한 체계들 사이에는 위계질서가 존재한다고 보았다. 이들 4체계는 다양한 형태로 존재하며, 각각의 경계를 가진 자율성을 가지면서도 다른 체계와의 긴밀한 상호작용을 전제로 하는 위계를 갖게 된다(고명수 외, 2018: 242).

6. 평가

1) 긍정

생태계이론의 긍정적인 면은 다음과 같다(이영호 외, 2018: 306).

첫째, 생태체계이론은 과거의 어떤 실천이론보다도 넓은 관점이자 관심영역을 포괄하여 문제에 대한 총체적인 이해를 가능하게 해준다.

둘째, 기존의 전통적인 사회복지실천이론을 적용하기 전에 문제현상을 정확히 파악하여 문제해결을 위해, 어떤 이론이 가장 적합할 것인가를 판단하고, 선택할 수 있게 해준다. 즉, 생태체계이론 내에서 기존의 실천이론들을 더욱 효과적으로 활용할 수 있게 한다.

셋째, 생태체계이론은 사정의 도구로서 직접적인 유용성을 갖는다. 생태체계이론은 특정 체계의 속성과 체계 간의 상호연관성을 평가함에 있어서, 각 체계들 간의 일관성과 상호성, 갈등 등의 정도의 상태를 규명할 수 있는 개념기준을 제공하고 있다.

넷째, 생태체계이론은 문제를 전체 체계의 총체성 속에서 이해하여 문제에 대한 개입 시에도 어느 한 부분만이 아니라, 전체 맥락체계에 개입하여 체계적인 변화를 유발하게 한다.

2) 비판

생태학적 이론은 아동발달이 일어나는 맥락과 발달에 영향을 미치는 맥락을 모두 고려하고 있으나, 실제로 이러한 모든 맥락을 고려한 연구를 진행하기에는 어려운 점이 많다고 할 수 있다. 또한 생태학적 이론은 주로 맥락적 · 역사적 영향력을 중시한 반면에, 아동의 능동적 발달과정이나 생물학적 영향력은 간과하고 있다는 비판을 받고 있다. 최근에 와서 브론펜브레너(1995)가 그의 이론에 생물학적인 영향을 첨가함으로써, 그와 이론은 이제 생물생태학적 이론으로 지칭되고 있지만, 인간발달에 대한 생물학적 기여에 대해서는 거의 언급을 하지 않아 그의 이론에서는 여전히 생태학적 · 환경적 영향론이 우세한 실정이라 할 수 있다(지영주 외, 130).

7. 사회복지와의 연관성

생태학적 체계이론은 사회복지현장에서 유용하게 활용되고 있는데, 그 내용은 다음과 같다(손병덕 외, 2019: 198-199).

첫째, 대상집단에 관계없이 개인, 집단, 지역사회 등의 사회체계에 적용할 수 있다. 또한 문제를 전체 체계의 총체성으로 이해하여 개입할 때도 어느 한 부분만이 아닌 전체 관련 체계에 개입하여 체계적인 변화를 일으킨다.

둘째, 클라이언트와 관련된 정보 및 자료를 정리할 수 있는 구조를 제공해 주기 때문에 사정의 도구로 유용성을 갖는다. 문제를 사정할 때 문제와 관련된 거의 모든 체계들과 접촉하여 정보를 얻어 내므로, 개인의 정보에만 의존했던 과거의 방법보다 풍부하고 객관적인 정보의 획득이 용이하기 때문에, 보다 정확하고 깊이 있는 사정이 가능하다. 또한 특정 체계의 속성과 체계 간의 상호교류를 평가함에 있어서 각 체계들 간의 상호성과 갈등의 정도와 상태를 규명할 수 있는 개념 기준을 제공하고 있다.

셋째, 생태체계이론에서는 체계 적응유연성이 떨어져서 항상성이나 안정상태를 유지하는 것이 위협을 받게 되었을 때를 개입이 필요한 시기로 간주한다. 개입은 내적 자원의 강화나 외적 자원의 조달을 통해 체계의 항상성과 안정상태를 회복하는 데 초점을 둔다. 이를 위해서는 하위체계 차원에서는 체계의 문제해결능력 및 대처능력을 향상시킬 수 있는 서비스를 제공하고 이후에는 환경적 자원을 동원할 수 있다.

결론적으로 생태학적 접근은 환경을 고정된 방식으로 아동에게 영향을 주는 정적인 성격으로 보지 않고, 개인과의 상호작용에 의한 역동적이며 항상 변화하는 것으로 본다.

Chapter

13

사회환경체계

[학습목표]

1. 각 체계에 대한 이해
2. 각 체계 간 비교 분석
3. 각 체계와 사회체계의 비교 분석
4. 각 체계와 생태학적 체계의 비교 분석

[학습내용]

1. 집단체계
2. 조직체계
3. 가족체계
4. 지역사회체계
5. 문화체계

[개 요]

집단은 가족과 같이 개인의 성장과 발달에 큰 영향을 미치는 환경체계이다. 조직은 다양하고 변화하는 기술적 · 경제적 · 사회적 정황에서 쇠퇴하고 발전하고 부상하는 매우 복잡한 역동적인 체계라고 할 수 있다. 가족은 결혼이나, 혈연, 입양의 관계로 결합되어 가족이라는 정체감과 유대감을 가지는 상호의존적인 사람들로 정의된다. 지역사회란 사람들이 모여 일상생활을 하는 지역을 말한다. 문화는 사회구성원들이 공유하는 생활양식이나 행동양식, 가치 및 규범의 총체이다. 본 장에서는 위의 각 체계를 학습하고자 한다.

Chapter

13 사회환경체계

1. 집단체계

1) 집단

집단은 가족과 같이 개인의 성장과 발달에 큰 영향을 미치는 환경체계이다. 개인은 생애주기를 통해서 유아기에 또래집단을 비롯한 학급, 동아리, 학교, 직장, 사회단체, 지역사회에서 다양한 목적과 조건에 따라 수많은 집단을 경험한다. 개인이 경험하는 집단의 유형과 그 집단 속에서 수행하는 과업과 역할은 그의 성격형성, 인간관계 그리고 생활과업수행에 직접적 혹은 간접적으로 영향을 미친다. 따라서, 개인이 경험하는 다양한 집단은 가족 다음으로 가장 친숙하고 직접적이며, 상호작용이 활발한 환경체계라고 할 수 있다(이영호 외, 2018: 317).

사회체계로서 집단이란 한 개인으로서 서로 인식하고 상호작용하며, 사회적 실체로서 집단에 대한 의식을 공유하고, 구성원들의 집단과 연관된 행동에 의해 영향을 받으며, 자연적이고 표현적인 행동이 지배적인 두 명 이상으로 구성된 사회조직의 한 형태이다. 또한 집단은 두 사람 이상이 공동목적이나 관심을 가지고 모여서 서로 인지하고,

감정을 공유하며, 집단기능을 위해 규범을 만들고 행동을 위한 목표를 수립하며, 응집력을 발전시키므로 타 집단과 구별된다(Hartford, 1972). 인간은 사회적 동물이라는 명제는 인간의 성장과 발달에 영향을 미치는 중요한 사회환경 중 하나가 집단이라는 것을 강조하는 말이다.

인간은 전 생애에 걸쳐 다양한 집단경험을 하게 된다. 인간은 환경적 요구에 적응하고 때로는 환경을 자신에게 맞게 변화시켜 나감으로써 성장하고 발전한다. 인간이 경험하게 되는 집단의 유형과 성격, 집단 내에서 차지하는 지위와 과업 등은 인간에게 끊임없는 상호작용을 함으로써 개인의 성격형성에 영향을 미치게 된다. 일반적으로 집단은 한 개인으로서 인식하고 상호작용하며 사회적 실체로서 집단에 대한 의식을 가지고, 구성원의 집단과 관련된 행동에 의해 영향을 받으며, 표현적 행동이 지배적인 사회적 조직형태이다(Norlin & Chess, 1997). 집단이란 대면 접촉을 하는 두 사람 이상의 개인들이 다른 구성원들을 알고 자신이 그 집단의 구성원임을 인식하여 상호목적을 달성하기 위해 상호 의존관계에 있는 상태를 말한다(Johnson & Johnson, 1997). 집단경험은 인간의 전 생애에 걸쳐 성격형성과 발달에 영향을 미치며, 인간의 행동 변화에도 영향을 미친다.

집단의 정의는 다양한 관점에서 제시되고 있는데, 사회심리학에서 집단의 정의는 행위를 규제하는 어떤 규범을 공유하고 어느 정도 지속적이고 또 반복적인 역할관계로 맺어진 세 사람 이상의 개인들로 이루어진 사회적 단위를 말한다. 체계로서의 사회집단의 정의는 개인들이 서로 인식하고, 상호작용하며, 사회실체로서 집단에 대한 의식을 공유하고 구성원들의 집단과 연관된 행동에 의해 영향을 받으며, 자연적이고 표현적 행동이 지배적인 두 명 이상으로 구성된 사회조직의 한 형태로 정의한다.

그러므로 집단이란 서로 관련되어 있는 사람들의 집합이기 때문에 개인들의 단순집합이 아니며, 집단 내에 있는 사람들의 관계가 구조화되고 유형화된 하나의 조직된 체계라고 규정할 수 있다. 따라서, 이 집단은 두 사람 이상이 하나의 단체를 이루어 공통의 목적과 흥미 또는 관심을 상호 간에 교환하면서 상대에게 영향을 주고받는 형태라고 할 수 있다.

집단의 특징은 다음과 같다(생각의 마을, 2019: 312).

① 규모(크기)가 작다. 최소 둘 이상의 사람으로 이루어진다.

② 보통 집단성원이 집단에서 이탈하거나 새로운 성원이 들어오는 경우에도 집단의 규칙(규범)은 그대로 지속되는 특성을 갖는다.

③ 최소한의 역할 분화가 이루어진다.

④ 집단성원 간 상호작용은 주로 대면적으로 이루어지며, 협의로 정의된 역할에 전적으로 근거하기보다는 전인격적으로 이루어진다.

⑤ 집단목적은 집단성원의 욕구에서 나오며, 명시적이지 않고 묵시적인 경향이 있다.

⑥ 집단성원은 공통된 집단 정체성을 가지며 집단을 하나의 실체로 지각한다. 다양한 집단활동을 통해 '우리'라는 의식이 형성된다(예: 우리 반, 우리 동네, 우리 동아리 등).

⑦ 집단은 집단과 관련된 구성원들의 행동에 영향을 미치는 규범체계를 포함한 하위체계를 갖는다. 이를 통해 사회화 및 사회통제(어떤 방식으로 행동해야 하는지에 대한 사회적 통제) 기능을 수행한다.

⑧ 집단성원 간 관계와 상호작용 속에서 성원들의 행동은 이성적 요소들보다는 정서적 요소들에 의해 주로 유발된다.

⑨ 집단체계는 그 구성원인 개인의 동기, 태도, 행위 등에 영향을 미친다.

⑩ 집단체계가 인간행동에 미치는 영향은 집단의 역동성으로 나타나게 된다.

2) 집단체계

집단은 상호작용을 하는 구성원들로 이루어져 있으며, 구성원들 간의 상호작용은 개별 구성원뿐만 아니라, 집단 전체에도 영향을 미친다. 즉, 집단구성원은 집단활동을 통해서 자신에 대해서 이해하며, 자신의 성장과 발전을 도모한다. 집단구성원 각자는 다른 구성원들로부터 영향을 받게 되며, 자신의 행동을 통해서 다른 구성원에게 영향을 미친다. 또한 전체로서의 집단은 성원들 각자의 활동에 의해서 변화된다.

집단은 하나의 사회체계로서 구성원들의 상호작용을 바탕으로 개인의 사회적 관계를 증진시키며, 다양한 욕구를 충족시키고 문제를 해결한다. 집단은 구성원들의 활동에 따라 구성원 각자와 사회에 유익하기도 하지만, 부정적인 영향력을 미치기도 한다. 한편, 집단은 다른 집단에 의해 영향을 받으며, 지역사회나 국가의 기대, 가치관, 문화 등에 의해 영향을 받는다(이근홍, 2015: 329-330).

체스와 놀린(Chess & Norlin)은 1988년 그들의 저서 《인간행동과 사회환경(Human Behavior and Social Environment)》에서 사회체계적 관점에서 집단에 대해 다음과 같이 주장한다.

첫째, 집단의 크기는 작다. 최소한의 크기는 두 명이며 최대 크기는 명시될 수 없으나 집단구성원끼리 서로 대면적 상호작용을 해야 하는 점에서 최대 크기는 제한된다. 대면적 특성이 상실되면 더 이상 집단이 아닌 것이다.

둘째, 집단은 최소한의 역할분화 수준이 특징이다. 구성원 간의 상호작용은 본질적으로 대면적 상호작용이어서 협의로 정의된 역할에 전적으로 근거하지 않고 전인격적으로 이루어진다. 그 결과, 집단목적이 집단구성원들의 욕구에서 나오는 것이므로 명시적인 것이 아니라 묵시적인 경향이 있다.

셋째, 모든 집단구성원은 공통된 집단정체성을 가지며 집단을 하나의 실체로 지각한다. 집단은 집단구성원의 개성에 영향을 미친다.

넷째, 집단은 구성원들에게 중요한 사회화 및 사회통제기능을 수행한다. 집단은 구성원들의 집단과 관련된 행동에 영향을 미치는 규범체계를 포함한 하위문화를 가진다.

다섯째, 집단구성원들 간의 관계와 상호작용은 구성원의 내적 혹은 자연적 상태를 토대로 이루어진다. 따라서, 집단과 관련된 행동은 이성적 요소들보다는 정서적인 요소들에 의해 주로 유발된다.

집단은 구성원들의 상호작용을 통해서 구성원 각자에게는 물론 집단 전체에 영향을 미치게 되며, 이러한 상호작용에 의해 집단 변화에 미치는 힘을 '집단의 역동성'이라 한다. 집단의 역동성은 구성원들의 의사소통, 집단의 목적과 규범, 구성원의 역할과 정서적 유대 등 다양한 요소들에 의해서 영향을 받으며, 이러한 요소들을 적절히 활용하게 되면 집단의 발전은 물론 구성원들에게 긍정적 결과를 가져올 수 있다(이근홍, 2015: 326).

베일즈(Bales, 1970)는 체계이론을 토대로 집단체계의 기능을 설명하면서 집단이 어떤 문제를 해결하려는 목적으로 상호작용을 하는 사람들이 모인 체계라고 전제하였다.

커뮤니케이션의 패턴과 순서를 중심으로 상호작용과정 분석을 한 베일즈의 연구결과로 집단은 과업활동(집단이 해결해야 할 수단적 문제에 초점을 둔 행동)과 사회정서적 활동(집단 내의 대인관계문제를 포함하는 사회정서적 문제에 초점을 둔 행동)을 주로 하는 것으로 밝혀졌다. 수단적 문제는 집단 외부에서 집단에 부과하는 요구에서 비롯되며, 사회정서적 문제는 집단 내부에서 야기된다. 집단의 과업달성과 관련된 문제를 다루기 위해서 구성원은 정보, 제안, 의견을 구하고 제공한다. 구성원이 사회정서적 문제를 다루기 위해서는 동의나 반대를 표시하고, 긴장을 처리하며, 공동체의식이나 적개심을 보인다. 이 과정 속에서 집단의 생존을 위해서는 두 활동 간에 역동적 평형을 유지해야 한다. 즉, 과업활동에만 관심을 기울이면 집단 내에는 불만과 갈등이 심화될 것이고 사회정서적 활동에만 관심을 기울이면 집단의 목적달성에 실패하게 된다. 따라서, 집단은 정적인 균형상태에 있을 수 없으며, 과업활동영역과 정서적 활동영역 간을 오가게 된다.

집단구성원들의 역할은 이 집단체계의 기능을 구체적으로 수행한다. 집단에서의 역할은 구성원들로 하여금 누구와 상호작용하고, 누구의 명령을 따르며, 무슨 행동을 해야 하는지를 규정한다(이인정 · 최해경, 2007: 393).

그림 13-1 집단의 형성

3) 사회복지와의 연관성

집단을 활용한 사회복지실천은 1890년대부터 시작되었다. 즉, 인보관운동, 성인교육, YMCA 등과 같은 기관 내에서 시작되었다. 역사적으로 집단을 서비스의 단위로 재인식한 대부분의 기관들은 사회적 변화를 위해 노력한 기관들이다. 이 기관들은 빈민들의 사회적 조건을 변화시키고, 서비스 제공을 통해 사람들의 민주·사회적 및 도덕적 특성을 발달시킬 수 있도록 환경과 사회에 영향력 있는 변인들을 확인하는 데 목표를 두었다. 빈곤지역에 위한 인보관과 청소년기관에서 시민들의 교육, 사회화, 지역사회에 대한 적응을 도모하고, 상호지지의 관계를 형성하며, 사회 변화를 위한 힘의 결집이 필요하였기에 주로 집단을 중심으로 한 사회복지실천이 전개되었고, 이 때문에 집단사회복지실천이 발달되었다(이영호 외, 2018: 323).

집단사회복지실천은 집단이 개인에게 미치는 영향을 중요시하며, 개인 및 집단의 목표달성을 위해 집단과정을 활용한다. 집단사회복지실천은 사회적 기능의 향상과 사회적으로 바람직한 목표의 달성을 위해 집단 속의 사람을 대상으로 하는 사회복지실천의 한 방법이다.

인간은 성장해 가는 동안 다양한 집단을 경험하게 된다. 인간은 집단을 떠나서는 생활할 수 없으며 성장과 발달을 가져올 수도 없다. 급격한 사회 변화로 인해 사회적 소외, 소속감의 상실, 가족 기능의 저하와 같은 문제에 직면해 있는 현대인에게 집단은 직·간접적으로 영향을 미치는 중요한 체계다. 집단의 사회복지실천은 의도적으로 집단의 경험을 제공하여 다양한 욕구를 충족시키고, 개인의 문제해결 및 자기 성장을 가져올 수 있도록 하는 전문적인 노력이다. 집단구성원은 상호 간에 영향을 미침으로써 변화를 경험하고, 집단은 구성원 개개인의 활동에 의해 변화된다. 집단은 또한 다른 집단에 의해 영향을 받으며, 지역사회나 국가의 기대, 가치관, 문화 등에 영향을 받는다(정은, 2014: 331).

그러므로 집단을 이끄는 사회복지전문가는 그 실천의 대상인 집단의 다양한 유형과 특징에 대하여 전문적인 지식과 기술을 습득하고, 집단구성원이 직면한 복잡한 문제와 상황을 체계적인 관점에서 사정하며, 효과적으로 해결할 수 있도록 부단히 노력하여 성장과 변화를 꾀해야 한다.

2. 조직체계

1) 조직

조직(organization)은 다양하고 변화하는 기술적 · 경제적 · 사회적 정황에서 쇠퇴하고 발전하고 부상하는 매우 복잡한 역동적인 체계라고 할 수 있다. 조직이라는 용어는 유기체(organism)라는 말에서 나온 것인데, 유기체의 사전적 정의는 "여러 부분이 하나로 통합되었고, 부분 상호 간의 관계가 전체와의 관계에 의하여 지배되어 있는 것"이다. 따라서, 유기체는 두 개가 동일시할 수 있는 기본적인 성분으로서 부분과의 관계로 구성되었다고 말할 수 있다. 여기서 말하는 부분이란 전체 작업의 완수를 위해 필요한 작업 단위나 사람들의 집단이라고 볼 수 있다(권육상, 2008: 394).

파슨즈(Parsons, 1961)에 따르면, 조직이란 특정한 목표를 추구하기 위해서 신중하게 구축된 사회적 단위 또는 인간집단으로서 회사, 군대, 학교, 병원, 교회, 교도소들이 여기에 포함되며, 부족, 계급, 인종집단, 친목집단, 가족 등은 여기에서 제외된다.

이와 같이 조직의 개념에 대해서 많은 학자들이 각기 다른 입장을 표현하고 있으나, 그 내용을 종합해 보면 다음과 같다(정서영 외, 2017a: 291).

첫째, 하나의 조직은 구체적이고 명백한 목표달성을 그 목적으로 하는 하나의 사회체계이다.

둘째, 조직은 그 목적을 달성하기 위해 조직의 구성원들은 비교적 좁은 범위의 행동에 그들 자신을 얽매이게 한다.

셋째, 조직의 구성원들은 권한과 위계적 통제수단으로 타 구성원에게 힘을 발휘한다.

넷째, 조직의 권한은 구성원들에게 주어진 역할에 따르도록 하고 체계의 목표에 순응하도록 만든다.

그러므로 조직은 특정한 목적을 달성하기 위해 의도적으로 설립된 체계를 말한다. 또한 일정한 크기와 구조를 가지며, 구성원들은 업무에 의해서 상호 관련된 사회적 단위이다. 따라서, 조직은 어떤 목표를 달성하기 위하여 일정한 지위와 역할을 지닌 사람들이 모인 질서 있는 하나의 집합체라고 말할 수 있다.

조직과 집단은 인간의 집합체로서 특정 목표와 문화를 가진다는 점에서는 유사하나, 차이점은 다음과 같다(생각의 마을, 2018: 316).

첫째, 집단은 성원들 공동의 목표를 달성하기 위해 서로 간에 상호 의존하고 서로를 잘 알면서 대면적 상호작용을 하는 두 명 이상의 개인들이다. 이와 달리, 조직은 목적 · 임무 완수를 위해 특화되고 상호의존적인 행동에 관여하는 사람들의 집합체이다. 집단성원은 조직성원에 비해 보다 자율적으로 활동한다.

둘째, 조직은 집단과 달리 공식적 상하관계, 노동의 정교한 분배, 투명하게 형성된 구조 등과 같은 특성을 지닌다.

셋째, 집단과 조직은 추구하는 목적의 성격이 서로 다르다. 즉, 집단은 개인적으로 성취할 수 없는 목적을 달성하기 위해 비슷한 목적을 공유하는 사람들이 집단에 참여하여 집단을 통해 개인 목표들을 달성해 나간다. 반면에, 조직의 목적은 구성원들의 개인적 목표가 아니라, 조직이 실현하고자 하는 미래의 이미지이다.

2) 조직체계

전통사회에서 대부분의 사회체계는 관습이나 습관에 따라 오랜 기간에 걸쳐 발전해왔다. 반면에, 조직은 대체로 설계된 것이며, 따라서 눈에 보이는 분명한 목적을 가지고 설립되고 그러한 목적달성에 도움이 되는 특정한 방식으로 건설된 빌딩이나 물리적 장소에 위치한다. 조직은 규제기능을 가졌다고 얘기되기도 한다. 또한 사람들의 행동이 특정한 방향으로 나타나도록 영향을 미치거나 유도하기도 하고, 일부는 사회적 가치를 대변하기도 한다.

체계로서의 조직의 특성은 다음과 같다(Gouldner, 1961).

첫째, 조직체는 하나의 체계로서 유기적인 속성을 가진다.

둘째, 구조적 변화는 합리적인 작용에 의해서라기보다 조직의 평형상태를 깨뜨리는 위협에 대한 누적적 · 비계획적 · 적응적 반응의 결과이다.

셋째, 조직체의 욕구 중 가장 중요한 것은 목표의 달성이다.

이처럼 조직이란 일정한 구조를 가지고 특정한 목적을 달성하기 위해서 의도적으로 설립한 사회체계이다. 이것은 업무분담 및 권력과 통제가 필요하며, 적절한 지도력과 책임성이 부여되어 있어야 한다. 조직은 구성원의 활동을 통해서 목적을 달성하며, 조직구성원 각자의 행동에 영향을 미친다. 또한 조직구성원들이 조직을 통해서 자신의 욕구를 충족시키며, 다른 구성원의 조직행동에 영향을 미친다(강기정, 2015: 192).

그러므로 조직은 특정 목표의 달성을 위하여 의도적으로 설립한 체계를 말한다. 또한 크기와 구조를 가지며, 구성원들은 업무에 의하여 상호 관련되어 있는 '사회적 단위' 또는 사회체계라고 할 수 있다.

3) 사회복지와의 연관성

인간이 조직과 불가분의 관계에 있듯이, 사회복지실천이나 서비스 역시 조직과 불가분의 관계에 있다. 사회복지실천에서 제공되는 서비스는 주로 조직이라는 세팅(setting)을 기본으로 하여 제공되며, 서비스가 이루어지는 조직에 따라 사회복지실천의 분야를 구분하기도 한다. 사회복지실천과 관련해서 조직은 크게 두 가지 부분으로 나누어서 살펴볼 수 있다. 하나는 클라이언트의 환경으로서 그가 속해 있는 조직과 관련된 것이고, 다른 하나는 사회복지사로서 속해 있는 조직, 즉 클라이언트에게 서비스를 제공해 주는 사회복지조직이다. 전자의 경우는, 병원, 어린이집, 학교, 직장, 교회, 회사 등과 같이 인간이 태어나면서부터 거치게 되는 조직들이고 이곳을 통해서 인간은 교육을 받고, 사회화되고 또한 조직 속에서 갈등을 겪으면서 살아간다. 한편, 대부분의 사회복지사들은 어떤 특정한 조직 속의 한 일원으로서 원조가 필요한 개인들에게 개입하게 된다. 예컨대, 사회복지관, 병원시설, 시민단체, 학교, 종교기관 등에 소속되어 일하게 되는 사회복지사들은 소속된 조직의 영향을 많이 받게 되며, 이것이 클라이언트에게 서비스를 제공할 때 영향을 준다(오창순 외, 2015: 392).

사회복지실천에서 조직은 지원체계로 간주한다. 사회복지실천에서는 조직의 속성을 지니고 있는 외부의 기관이나 단체로부터 재정 및 인적 자원을 동원하거나 지원을 받아 클라이언트에게 서비스를 제공한다. 그러므로 사회복지사는 자원체계인 조직의 속성을 정확히 이해해야만 보다 효율적으로 자원을 동원할 수 있게 된다.

효과적인 사회복지실천을 위해서는 사회복지조직의 합리적인 운영이 요구된다. 사회복지조직은 고객서비스조직(customer service organization)으로 클라이언트의 특성 요구, 문제에 맞춰 개별화된 서비스를 제공하는 것을 1차적인 목적으로 삼고 있기 때문에, 조직의 주된 활동이 일선 부서의 사회복지실천가와 클라이언트 사이에서 주로 이루어진다. 일선 부서에서 클라이언트와 직접적 관계를 맺고 서비스를 제공하는 사회복지사가 소진되어 있거나, 조직과의 부적응할 경우 사회복지조직 자체의 목적달성이 어려워질 뿐만 아니라, 클라이언트의 삶의 질에 부정적인 영향을 미칠 수 있다(강기정 외, 2015: 197). 따라서, 인간을 에워싸고 있는 조직의 속성과 그 영향력을 정확히 파악해야 하며, 이에 따라 필요한 사회복지적 접근을 해야 한다.

3. 가족체계

1) 가족

일반적으로 가족은 결혼이나, 혈연, 입양의 관계로 결합되어 가족이라는 정체감과 유대감을 가지는 상호의존적인 사람들로 정의된다(고명수 외, 2018: 195). 가족에 대한 정의는 역사와 정치, 문화, 사회에의 환경에 따라 변화되어 왔으며, 개인의 인생관 등 여러 여건에 의해서도 다양한 정의를 내릴 수 있다. 전통적 개념으로는, 부부 중심의 혈연 또는 법적 관계를 통한 자녀가 함께 있는 의미로 정의되고, 근대적 개념으로는, 혈연과 법적 관계에 기초한 생산 및 재생산기능을 초월하여 정서적으로 연대 성향이 강한 특성으로 정의할 수 있다. 후기 근대 가족 개념은, 전형적인 가족 이데올로기를 뛰어넘어 남성 가장이 생계를 유지하는 가정에 대해 문제를 제기함으로써 양성평등적인 가족 내 역할과 기능을 수행하는 사회적 구성체로 설명하고 있다(김경우 외, 2012: 13-14).

가족에서의 혈연관계는 부모-자녀관계를 기본으로 하고 그 확장을 포함한다. 예컨대, 조손관계는 부모-자녀관계가 수직적으로 확장(직계친)된 것이며, 형제관계는 부모를 공유하는 수평적 확장(방계친)이라 할 수 있다. 그리고 인연관계는 부부관계를 기본으로 하고 그 확장을 포함한다. 예컨대, 고부관계는 한 여성의 부부관계와 그 남편의 모자관계의 결합으로 볼 수 있다. 한편, 입양은 생물학적 자녀가 없는 경우에 특정의 목적을 위하여 사회적인 자녀관계를 맺는 것을 말한다. 현행 민법 제779조(가족의 범위)에는 가족(가족원)의 범위를 기본적으로 자기를 중심으로 자기의 배우자, 형제자매, 직계혈족(부모와 자녀)을 포함하는 것으로 규정하고 있다. 또한 생계를 같이 하는 경우라면, 자기 직계혈족의 배우자, 배우자의 직계혈족, 배우자의 형제자매까지를 가족원으로 한다. 그러나 이는 법률상 가족(원)의 범위를 제시한 것으로 현실 가족의 상황과는 다를 수 있다.

가족이란 원칙적으로 남녀의 성 결합을 전제로 하는 혼인과 혈연으로 이루어진 집단을 말한다. 성 결합이 없는 부부는 있을 수 없고, 혈연관계 이외에 양자의 경우처럼 가족을 구성하는 경우도 있지만 이것은 예외적인 것은 아니다. 동물의 세계에서 조류 가운데는 암컷과 수컷이 거의 항구적으로 짝을 지어 새끼를 낳고, 얼마 동안은 어린 새끼를 함께 양육하며, 가족의 형태로서 생활하는 몇몇 종이 있으나, 이 밖의 척추동물(vertebrate)이나 포유동물(mammal)에서는 유인원(antropoidape)을 제외하고는 가족의 구성을 찾아볼 수 없다(현승일, 2012: 120).

가족은 개인과 사회의 중간에 위치한 체계로서 전체 사회에 대하여는 하위체계로, 개인에 대하여는 상위체계로 볼 수 있다. 따라서, 가족의 기능은 가족제도가 전체 사회에 대해 작용하는 기능(대외적 기능)과 가족구성원에 대한 기능(대내적 기능)으로 구분할 수 있다. 여러 학자들이 제시하고 있는 가족기능의 내용을 종합적으로 분석한 한 연구에 의하면 구미 학자들은 교육(사회화), 성, 자녀출산 및 재생산, 정서적 만족 · 지지, 애정 · 동료감, 보호 · 양호, 사회적 지위 부여, 사회적 정체감, 종교, 오락, 사회참여 등의 순으로 제시하고 있고, 한국의 경우는 교육(사회화), 양육, 성, 자녀출산 및 생식, 경제, 휴식, 오락, 보호 · 양호, 종교, 정서적 만족 · 지지, 사회적 지위부여 순으로 제시하는 것으로 나타난다. 학자에 따라 관점이 다르고 기능의 내용이 상이하지만, 이 가운데 성적 기능, 자녀출산, 교육, 경제적 기능 등의 4가지 기능은 대다수가 공통적으로 제시하는 내용이다. 오늘날 산업화와 함께 가족의 기능은 많이 축소된 게 사실이다.

가족의 두 가지 주요 기능을 1차적 사회화 기능과 인격 형성이라고 규정한다(Parsons & Bales, 2007). 즉, 1차적 사회화(primary socialization)란 출생에 따라 소속된 사회의 문화적 규범을 학습하는 과정을 말한다. 이 과정이 아동의 초기 유년기에 집중적으로 이루어지기 때문에, 가족은 인간의 인격발달에 가장 중요한 환경을 제공한다. 인격형성(personality stabilization)이란 성인 가족구성원을 정서적으로 도울 때 발휘되는 역할을 일컫는다. 성인 남녀 간의 혼인이란 성인 인격체끼리 서로를 지지해주고 정서적으로 건강해지도록 배려해 주는 사회적 버팀목인 것이다. 파슨즈는 핵가족(nuclear family)을 산업사회의 요구에 가장 잘 부응할 수 있는 가족단위로 규정했다. 그에 따르면, 남편은 생계부양자(breadwinner)로서 '도구적(instrumental)' 역할을 수행하고, 아내는 가족원의 '애정적(affective)', '정서적(emotional)' 역할 담당자라고 전제하고 있다(Giddens, 2017: 348). 따라서, 파슨즈의 이론은 오늘날 낡은 이론임에 틀림없으나, 사회에서 가족이 담당하는 역할을 설명했다는 점에서 어느 정도 기여한 바가 있다.

결론적으로 가족은 여전히 배우자 간의 정서적 · 사회적 · 경제적 유대 및 생식과 성관계, 아동 · 노인 · 장애인 부양, 아동의 사회화 교육, 가족구성원의 보호, 가족구성원의 정서적 보호와 오락, 재화와 용역의 교환 등 주요한 기능을 수행하고 있다.

2) 가족체계

가족은 사회를 형성하는 구성요소로서 가족구성원들에게 정서적 안정과 지원을 제공하며, 구성원들 간의 상호작용을 통해서 서로에게 영향을 미치는 하나의 사회체계이다. 즉, 가족은 부부관계, 부모-자녀관계, 형제자매관계를 통해서 서로에게 영향을 주고 영향을 받기도 하면서 가족 전체의 기능에 기여하는 상호 연결된 체계인 것이다.

가족에서 하위체계는 세대, 성, 흥미, 취향 등에 따라 형성되어 부부, 부모, 형제자매, 여성, 남성 등의 여러 하위체계가 있고, 가족원 개개인은 동시에 여러 개의 하위체계에 속하여 각각의 역할과 권력을 가지게 된다. 그리고 이들 하위체계 사이에 그리고 가족 외부의 상위체계와 상호의존적 관계를 갖는다.

가족의 가장 대표적인 하위체계는 부부, 부모 및 형제자매 하위체계이다. 부부하위체계는 부부 각자에게 친밀감, 지지, 헌신 경험과 개인적 성장의 기회를 좌우하고 자녀에게 결혼생활모델과 성역할 및 상호작용 패턴을 보여 준다. 만일 부부 하위체계에 역기능이 발생하면 부모 및 형제자매 하위체계도 영향을 받게 된다.

부모 하위체계는 자녀양육과 지도, 훈육에 대한 책임을 갖고 자녀의 발달에 큰 영향을 미치며 자녀 하위체계보다 더 많은 권력을 갖는 세대 간 위계구조가 존재한다. 동시에, 자녀의 행동과 발달 정도, 세대차의 극복 정도에 따라 부모의 정서적 만족과 갈등, 그리고 가족의 안정성이 영향을 받는다.

형제자매 하위체계는 아동의 또래관계에서의 애착과 경쟁과 협상, 협동 등의 대인기술과 사회성발달에 영향을 미치고 이를 토대로 가족 외의 대인관계에도 영향을 미치게 된다.

이 외에 조부모, 부녀, 모자, 부자, 모녀, 손자녀 등의 하위체계도 가족체계에 존재하며, 부부, 부모, 형제자매 등의 하위체계들과 영향을 주고받는 방식에 따라 가족의 구조적 특성과 기능이 달라진다(고명수 외, 2018: 196).

한편, 가족은 집단, 조직, 지역사회, 국가 등과 같은 상위체계와의 상호작용을 통해서 영향을 받으면서 유지하고 발전한다. 가족체계가 상위체계와의 관계에서 개방적일수록 다른 사회체계의 변화에 쉽게 적응할 수 있으며, 자원을 효율적으로 활용할 수 있다.

사회의 기본적 집단으로서 가족은 개인이 성장하고 발달하는 데 가장 친밀하고 영향력 있는 사회환경이다. 체계로서의 가족의 특성은 다음과 같다(Rhodes, 1980).

첫째, 가족구성원은 가족 내에서 상호의존상태에 있는 다양한 위치를 가진다. 위치, 지위, 행동, 혹은 한 구성원의 역할에서의 변화는 다른 구성원들의 행동 변화를 가져온다.

둘째, 가족과 가족 외부체계를 구분하는 경계의 두께는 그 엄격함과 침투성의 정도에 따라 다양하다.

셋째, 가족은 시간이 지나면서 반복되는 상호작용 패턴을 나타내는 적응과 균형을 추구하는 단위이다.

넷째, 가족은 더 큰 사회체계를 대표하는 외부체계의 요구 그리고 가족구성원들의 내적 욕구와 요구를 모두 충족시켜야 하는 과업수행 단위이다. 개인적 욕구와 사회적 욕구 간의 상호성이 가족구성원의 사회화인 것이다.

그러므로 사회체계적 관점에서 가족의 중요한 과업은 가족구성원으로 하여금 그들이 속해 있는 사회가 바람직한 것으로 규정하고 사회구성원들이 공유하고 있는 가치관이나 신념을 내면화하는 사회화와 사회통제라고 할 수 있다. 이러한 과업을 수행함으로써 가족은 개인의 발달에 중요한 영향을 미치는 사회환경이 되는 것이다.

그림 13-2 가족체계를 나타내는 가족사진

3) 사회복지와의 연관성

사회복지실천에서 가족에 대한 접근은 모든 가족이 사회적 체계라는 사고에 근거한다. 이러한 관점은 그동안 개인의 문제로 받아들여졌던 문제들을 관계와 사회적 상호작용이라는 측면에서 파악할 수 있게 한다. 가족은 가족구성원 개개인뿐만 아니라, 집단, 조직, 지역사회 등 그들이 상호작용하는 광범위한 환경체계에까지 영향을 미치므로 사회복지사는 가족의 문제를 다룰 때 '어떤 일이, 왜 일어나는가'가 아니라, '무슨 일이 일어나고 있는가'에 관심을 두고 개입해야 한다. 더불어 사회복지사는 실천의 대상인 가족이 갖는 다양한 유형과 특징에 대해서 충분히 파악하고, 가족이 직면한 복잡한 문제와 상황을 체계적인 관점에서 사정할 수 있어야 한다. 이를 바탕으로, 가족의 문제를 효과적으로 해결할 수 있는 전문적인 지식과 기술을 충분히 갖추는 동시에, 성적 · 인지적 관점에서 사회적으로 형성된 성역할과 가족 역동성을 가족구성원이 이해하도록 도우며, 가족구성원들이 효과적인 선택을 할 수 있도록 가족의 역량을 강화해야 한다(정은, 2014: 322).

가족복지실천은 가족성원 개개인은 물론 가족 전체를 한 단위로 하면서 보호, 보장, 강화를 도모하는 조직적 제반활동이다. 가족은 사회복지실천의 기본단위로서 가족 중심 사회복지실천은 지속적으로 발달하여 왔다. 가족이라는 복합성, 포괄성 때문에 가족복지실천은 다른 분야인 아동, 노인, 장애인, 여성문제 등의 분야와 겹치게 된다. 그런데 특정대상을 취급하는 다른 분야와 달리 가족복지는 가족성원 개개인은 물론 가족 전체를 취급하는 것이 특징이라고 할 수 있다. 가족복지실천의 주요 대상이 될 수 있는 가족은 한부모가족, 배우자학대가족, 비행청소년가족, 장애인가족, 알코올중독자가족, 치매노인가족 등이 포함되기 때문이다(천정웅 외, 2019: 263).

그러므로 가족체계 안에 있는 구성원 전부는 상호 간에 영향을 미치고 있으며, 그와 동시에 구성원 각자와 전체로서의 가족은 다른 사회환경체계의 영향을 받는다. 따라서, 가족구성원, 가족, 더 큰 사회체계의 욕구와 이들 간의 상호작용을 고려하여 사회복지실천이 형성되어야 한다.

4. 지역사회체계

1) 지역사회

지역사회(community)란 사람들이 모여 일상생활을 하는 지역을 말한다. '지역'이라 말이 시사하는 바와 같이 지역공동체에 대한 관심은 지리적 및 공간적 자연환경에 시각을 두고, 그러한 환경 가운데서 영위되는 삶의 특질을 밝히고자 하는 것이다. 이러한 시각은 인간 삶의 상당 부분은 물리적 환경과의 관계에서 환경에 영향을 주기도 하지만, 환경으로부터 커다란 영향을 받는다는 사실을 인식하는 데서 비롯된 것이다. 환경은 삶의 터전이기 때문에 그 터전은 인간의 사회관계(인간관계) · 가치관 · 신념 · 규범 · 행동양식에 영향을 미치게 된다(현승일, 2012: 301).

지역사회는 공동체, 공동운명체의 뜻을 가진다. 지역사회는 일정한 지리적 구역을 전제조건으로 일정한 지역에 사는 사람들의 집합체를 말한다. 이에 공동체는 공동의 관심과 이해관계를 전제조건으로 기능적 기준에 의해 형성되며, 그 구성원이 공동의 이익을 추구하고, 이해관계를 같이 하는 개인이나 집단조직체를 의미한다. 지역사회의 개념을 지역적 의미만 강조하여 지역의 범위를 크게 잡으면 언어의 의사소통이 불가능해도 '지역사회'라고 하지 않으면 안 된다. 따라서, 지역사회의 일반적 개념은 일정한 지리적 범위 내 사람들의 집단 또는 공동의 이해관계, 소속감, 문화에 기초하여 활동하는 사람들이 집단으로 구성하는 사회적 단위이다. 우리나라는 지역의 '행정구역'을 말하지만 지역의 특수성은 상호작용이 빈번함을 말하기 때문에, 행정구역과는 관계가 없다. 즉, 지역사회는 지리적 요건 구성과 구성원의 상호작용이 맞물려야 하는 것이다(표갑수 외, 2017: 320).

결론적으로 지역사회는 일정한 지리적인 경계를 가진 지역에 거주하는 사람들이 상호작용을 하며 공동이익을 추구하고 전통, 관습, 문화 등을 공유하는 공동체라고 본다. 따라서, 지역사회는 지리적 의미와 기능적 의미를 함축하고 있으며 일정한 지리적 범위 내 사람들의 집단 또는 공동의 이해관계, 소속감, 문화에 기초하여 활동하는 사람들이 집단으로 구성된 사회적 단위이다. 지역사회는 사회의 중요한 부분이며, 그 자체가 하나의 사회로서 가족, 집단, 조직의 행동에 영향을 미치고 그들에게 영향을 받으며 변화하고 발전한다(정서영, 2017a: 304).

사회복지실천현장에서는 지역사회를 구성하는 주민을 비롯하여 지역사회의 지리적 위치, 지역사회 내의 기관 등에 따라 지역사회를 구분할 수 있다. 특히, 사회복지사가 활동하면서 밀접하게 관련하고 있는 지역사회를 중심으로 유형화하여, 영구임대아파트단지, 유흥가, 새로 개발된 지역사회, 농촌지역사회, 도시지역사회, 산업단지 등이 있다(표갑수 외, 2017: 325).

2) 지역사회체계

지역사회는 가족, 집단 및 조직과 같은 하위체계와 사회나 문화와 같은 상위체계의 사이에서 중간적인 역할을 하는 중요한 사회체계이다. 지역사회는 주민들의 공통적인 욕구를 충족시키고 문제를 해결하며, 그들을 사회화시키고, 그들에게 문화를 전달한다. 또한 지역주민 각자는 지역사회와의 상호작용을 통해서 지역사회의 발전에 기여하며 지역사회로부터 영향을 받는다.

사회체계적 접근에서 지역사회는 지역사회 내의 다양한 하부체계들이 어떻게 상호용하는지를 분석하는 데 초점을 둔다. 지역사회의 주요 단위는 주로 공식적 조직으로 정부기관, 종교단체, 학교, 보건조직, 사회복지기관을 포함한다. 가족이나 각종 모임 같은 비공식적 집단도 지역사회의 기능에 기여하므로, 이들의 활동도 관심 대상이 된다. 체계적 관점은 커다란 사회환경의 다양한 하부체계들이 지역사회에 미치는 영향을 인식하도록 도와주고, 지역사회가 더 커다란 사회환경에 영향을 주고받으며 변화하고, 내부적으로도 지역사회 내의 구성요소들이 상호교류하며 변화한다는 점을 인식하게 도와준다(표갑수 외, 2017: 322-323).

지역사회는 인간이 그곳을 떠나서는 살 수 없는 반드시 필요한 지리적 공간이며, 인간의 행동에 큰 영향을 미치는 사회적 단위이다. 특히, 지역사회는 종교단체, 학교, 대중매체 등을 통해서 개인의 행동에 중대한 영향력을 미치며, 산업체, 행정기관, 사법기관 등 다양한 지역사회기관들의 활동을 통해서 지역사회의 발전에 기여하고 사회통제의 기능을 수행한다. 지역사회는 사회의 중요한 부분이며, 그 자체가 하나의 사회이다. 지역사회는 그곳에 위치한 가족, 집단 및 조직의 행동에 영향을 미치며, 그들에게서 영향을 받으며 변화된다. 지역사회는 거의 모든 학문분야와 전문분야에서 주요한 관심사가 되고 있다(이근홍, 2015: 345).

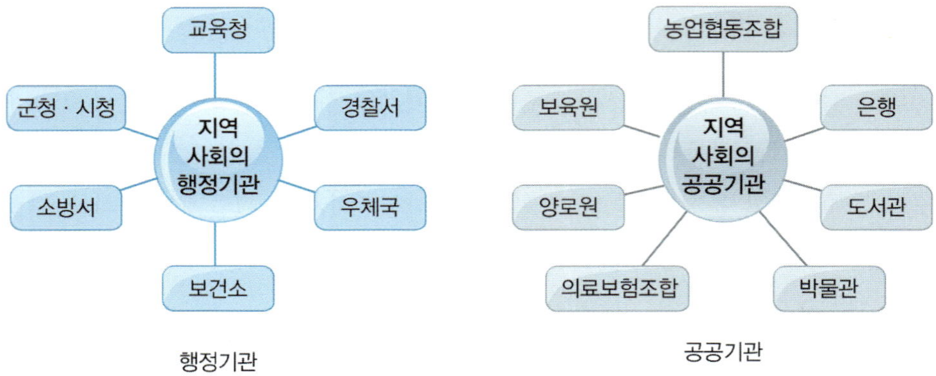

자료: 정서영 외(2017a: 309).

그림 13-3 지역사회협의체 구성도

3) 사회복지와의 연관성

지역사회는 사회복지실천의 중요한 자원으로서 깊은 의미를 가진다. 사회복지사는 지역사회 안의 중요한 인적 · 물적 자원을 발굴하고 동원해야 하며 지역사회가 인간행동에 미치는 영향도 지역사회의 물리적 · 사회적 환경에 초점을 두어야 한다. 즉, 클라이언트 중심의 집, 건물, 농촌마을, 도시지역 같은 물리적 환경에 거주하는 사람의 생활양식, 연령, 성, 문화적 양식에 적합한 방식으로 가정생활, 대인관계, 직장생활, 종교생활을 하는 사회적 환경을 지원해야 한다. 지역사회복지실천은 클라이언트와 사회복지사, 그리고 자원봉사자나 후원자 등의 참여자가 함께 어우러져 이루어진다. 특히, 장애인, 어르신 등을 위한 장기적이고 다양한 서비스가 강조됨에 따라 여러 기관과 개인의 참여가 불가피한 상황이 확대되고 있다(표갑수 외, 2017: 328).

결론적으로 지역사회실천은 지역사회의 욕구나 문제를 예방 · 해결하기 위해 사회복지사가 그 지역사회의 제반 자원과 지역사회실천 관련 기술을 활용하여 개입하는 사회복지실천의 한 방법이기 때문에, 지역사회를 사회복지실천의 클라이언트로 간주한다. 또한 사회복지사의 개입목표는 지역사회가 지니는 욕구나 문제의 예방이나 해결에 있으며, 지역사회실천은 철저히 사회복지실천의 전문 지식과 기술을 토대로 이루어지나 필요한 타 분야의 지식과 기술을 응용하여 활용한다고 하였다. 따라서, 사회복지사의 개인적 활동 못지않게 유용한 자원을 중심으로 사회연계망(social network)을 구축하여 활동하는 것도 사회복지사에게 중요한 과제가 되고 있다.

5. 문화체계

1) 문화

문화(culture)라는 개념은 라틴어의 '(밭)을 경작하다, 가꾸다' 혹은 '(신체를) 훈련하다' 등을 의미하는 라틴어 *colo*(동사 *colere*, 형용사 *cultus*, 명사 *cultura*)에서 나온 것이다. 즉, 문화는 원래의 자연을 가꾸어 만든 산물 또는 그러한 행위양식을 의미한다. 문화는 인류가 오랜 유목적 생활을 끝내고 정착적인 농경생활에 접어들었을 때 형성되기 시작했다고 볼 수 있다. 주어진 동물적 생활에 만족하지 않고 각종 도구를 사용하여 자연을 변형하고 개량하여 만들어진 인간적 세계가 문화인 것이다. 문화는 세대에서 세대로 지속되고 보존되어야 의미 있는 것이기 때문에, 일정한 문화적 공간이 확보되어야만 수립될 수 있는 것이다. 이렇게 자연으로부터 경계지어진 문화는 점차 '가치적인' 의미에서도 경작된다. 인간은 사회공동체 속에서 좋은, 올바른, 아름다운, 존경받는 여러 제도, 관습, 의식, 작품 등을 가꾸고 유지시켜 나간다. 여기서 인간 자신이 경작되어야 할 필요가 생기는 것이다. 이렇게 본래 물질적인 의미에서 사용되던 *colo*는 이제 가치 · 정신적 의미에서의 '도야'나 '교양' 등의 의미로 사용되기 시작했다. 문화는 점차 물질적인 쪽보다는 정신적인 쪽의 말로 정착되어 오늘에 이르고 있다. 따라서, 어원으로 볼 때, 문화란 자연을 그대로 두지 않고, 거기에 사람이 의식적으로 손을 대는 행위 및 그 결과물들을 지칭한다고 볼 수 있다(김보기 외, 2016: 296).

문화는 사회구성원들이 공유하는 생활양식이나 행동양식, 가치 및 규범의 총체이다. 문화는 지식, 신앙, 예술, 도덕, 법률, 관습 및 기타 사회구성원으로서 인간에 의해 획득된 모든 능력과 관습의 복합적 총체이며, 이들은 상호 긴밀한 관계를 유지하면서 하나의 전체를 이루는 통합체이다. 다시 말해서, 문화는 인간이 소유한 능력의 소산으로서 생활하는 관습의 전체이기도 하다. 문화는 특정한 인간집단이나 지역에서 특징적으로 나타나는 생활양식으로서, 선천적으로 가지고 태어나기보다는 후천적으로 특정한 사회에서 성장하는 과정 속에서 익히는 것이다. 이것은 인간의 생존을 위한 필수적인 요소이면서 거의 무의식적으로 인간의 행동과 사고에 영향을 미친다. 문화는 개인에게 영향을 미치는 거시체계이다(정서영 외, 2017a: 312).

18세기 후반 프랑스에서 '문화'는 자연상태이며 교양이 없는 정신이라는 의미가 강했고, '이성', '문명' 등과 같은 계몽주의의 키워드 속에서 이차적 위치에 불과했다. 반면에, 독일에서 '문화' 개념은 초기에는 프랑스나 영국의 '문명'과 같았으나, 점차 변화하기 시작했다. 우선, 독일 고전주의 시대 작가와 철학자에게서 공통적으로 '문화'는 반야만, 편견에서의 해방, 세련된 매너 등 세 가지 함의를 지닌다. 그리고 민족적 우월과 연결되지 않은 상태에서 물질적 · 정신적 진보의 개념이 작동했다. 다음으로, 칸트(Immanuel Kant, 1724~1804)에서 '문화'는 인위적인 것이며, '야만'에 대항하는 것이었다. 루소(Jean Jacques Rousseau, 1712~1778)가 토로한 '문명'의 타락, 또는 '문명'과 '자연상태'의 모순, 인간과 동시에 시민을 육성하지 않으면 안 된다는 어려움이라는 문제를 칸트는 '문화'의 궁극적인 목표인 '완성된 공민적 조직'을 통해 해결하려 했다(권재일 외, 2010: 96-97).

문화의 정의는 다양하게 논의되고 있다. 윌리암스(R. Williams)는 문화를 "영어 단어 중에서 가장 난해한 몇 개 단어 중의 하나"라고 하면서 문화를 넓은 의미에서 정의하고 있다(Williams, 2014: 87-90).

첫째, 문화는 '지적, 정신적, 심미적인 계발의 일반적 과정'을 일컫는 데 사용된다. 예를 들어, 서유럽의 문화발전에 대해 얘기하면서, 그중 지적이고 정신적이며 미학적인 요소들, 즉 위대한 철학자나 화가, 시인들에 대해서만 언급하게 되는

데, 이는 충분히 이해할 만한 발상이다.

둘째, '인간이나 시대 또는 집단의 특정 생활방식'을 가리키는 것이다. 이 정의를 가지고 서유럽 문화의 전개를 논한다면, 지적이고 미학적인 요소만이 아니라, 교육 정도나 여가, 운동과 종교적 축제까지 포함하게 된다.

셋째, 윌리엄즈는 문화가 '지적인 작품이나 실천행위, 특히 예술적인 활동'을 일컫는 용어로 사용될 수 있다고 하였다. 바꾸어 말하면, 이는 의미하거나 의미를 생산하거나 또는 의미생산의 근거가 되는 것을 그 주된 기능으로 하는 텍스트나 문화적 실천행위를 말한다.

그러므로 문화란 인간에게만 있는 생각과 행동방식 중 사회구성원들로부터 배우고 전달받은 모든 것들, 즉 의식주, 언어, 풍습, 종교, 학문, 예술, 제도 등을 모두 포함한다.

2) 문화체계

문화는 사회의 생활방식으로서 인간의 행동에 영향을 미치는 상위체계이다. 인간은 특정한 사회 속에서 태어나 그 사회가 가지고 있는 문화를 배우면서 사회구성원으로 사회화되며, 사회의 문화에 영향을 미친다. 즉, 인간은 독특하게 문화를 지니고 있는 사회적 존재로서 문화에 적응하면서 살아가며, 문화를 변화시킨다. 문화는 전체 사회 속에 존재하는 개인, 집단, 조직 및 지역사회에 영향을 미치는 거시체계로서, 세대 간에 전승되면서 직접적 · 간접적으로 사회의 모든 성원들에게 영향을 미친다.

한편, 문화는 가장 작고 기본적인 요소인 문화특질(cultural trait)로 나누어지며, 특질들이 모여 복합적인 형태인 문화복합(cultural complex)을 이루고, 다양한 하위문화들이 모여 전체 문화를 구성하고 있다. 하위문화는 한 사회 속에서 공존하며, 특별한 생활양식, 가치체계, 행동양식 등을 발전시키고 사회의 문화적 내용을 이루어 다양한 집단에 영향을 미친다. 이와 같이 문화는 사회의 가치, 규범, 신념체계 등이 사회구성원들에게 내면화되어 그들의 행동에 중대한 영향을 미친다(이근홍, 21015: 345).

문화의 역동성은 문화가 고정되어 존재하는 것이 아니라, 특정 문화 내에서 뿐만 아니라, 문화 간 움직임이 매우 강하게 이루어지고 있음을 의미한다. 문화의 역동성은 '문화충돌(culture conflict)', '문화변용(acculturation)', '문화변화(culture change)', '문화접촉(culture contact)', '문화진화(culture evolution)' 등과 같은 용어로부터 엿볼 수 있다. 문화는 시간의 흐름으로부터 영향을 받아 새로운 문제를 제기하며, 이 새로운 문제는 변화된 행동과 신념에 적응해야 하기 때문에 역동적일 수밖에 없다. 이런 맥락에서 문화는 모든 것을 시간 속에서 익숙하게 만들고, 문화가 동반하고 있는 엄청난 물질적 성장과 이윤의 잠재력을 선도하기도 한다(최옥채 외, 2015: 221-222).

지역사회는 주민이라는 측면에서 역동성을 띠게 되는데, 사회를 구성하고 있는 지리적 공간, 생활공간, 주민, 조직, 상호작용 등이 지역사회가 추구하고자 하는 목표를 달성하기 위해 움직이는 상태를 의미한다. 모든 지역사회는 지역사회의 구성요소들이 서로 다양한 수준과 방법으로 순환하면서 영향을 주고받는다. 이는 기능주의적 관점에서 이해할 수 있다. 즉, 사회는 다수의 상호 연관적이고 상호의존적인 부분들, 즉 경제, 종교, 가족 등으로 구성되면서 동시에 각 부분들은 전체가 성공적인 기능을 발휘할 수 있도록 기여한다는 것이다(장수환 외, 2017: 332). 문화의 역동성을 대표하는 사례로서 최근 우리나라 청소년들에게 밀어닥치고 있는 일본문화 유입에서 일어나고 있는 각계각층의 움직임을 들 수 있다.

3) 사회복지실천과의 연관성

사회복지실천에서 문화는 인간의 환경으로서 중요한 의미를 지닌다. 아울러 문화는 인간에게 중요한 환경으로 작용하면서 인간에게 그의 고유한 특성으로서 또 다른 문화를 형성한다. 예컨대, 자신이 관계하는 지역의 풍속을 따르는 것은 그 지역이 지니는 독특한 문화를 이해하여 풍요로운 생활을 꾀하기 위함이라는 맥락에서 문화가 환경으로서 중요함을 이해할 수 있다. 문화는 인간의 의식과 삶 속에 내재함으로써 개인의 행동을 결정하는 중요한 요인임이 밝혀졌듯이, 사회복지사는 클라이언트는 물론 사회복지실천이 참여하는 자원봉사자, 후원자, 동료 사회복지사와 같은 개인을 비롯하여 가족, 집단, 조직, 지역사회와 관련하는 문화를 이해할 필요가 있다(오창순 외, 2015: 414-415).

문화가 개인의 행동과 삶 속에 내재되어 있기 때문에 사회복지사는 클라이언트나 그를 둘러싼 사회체계의 문화를 이해하지 않고서는 적절한 문제해결을 위한 방안을 제시하기 어려우므로, 사회복지실천은 문화적으로 적합한 실천을 통해 이루어져야 한다. 사회복지실천에서 접촉하게 되는 개인, 가족, 집단, 지역사회 등은 다양한 문화를 지니고 있으며, 이들의 문화는 사회복지사 자신의 문화와는 다른 문화일 수 있다. 문화는 사회의 가치, 규범, 신념체계 등이 사회구성원에게 내면화되어 많은 영향을 미친다(이근홍, 2011). 따라서, 사회복지사는 지역사회 문화를 정확히 이해하고 자신의 문화와 다른 문화에 대해서도 수용적 태도를 취할 수 있어야 한다. 그럴 때만이 사회복지사는 클라이언트의 문화적 특성을 클라이언트의 관점에서 이해할 수 있게 될 것이며, 문화적 차이에서 오는 윤리적 딜레마를 해결해 나갈 수 있을 것이다(김향선, 2018: 349).

참 고 문 헌

1. 국내자료

강갑원(2016). 『상담심리학: 이론과 실제』. 파주. 경기: 양서원.
강경미(2016). 『발달심리학』. 파주. 경기: 양서원.
강기정 외(2015). 『인간행동과 사회환경』. 고양. 경기: 공동체.
강봉규(2000). 『인간발달』. 서울: 동문사.
강상경(2018). 『인간행동과 사회환경』. 서울: 학지사.
강세현 외(2013). 『아동관찰 및 행동연구』. 서울: 학지사.
강세현 외(2016). 『인간행동과 사회환경』. 파주. 경기: 양성원.
고명석 외(2018). 『인간행동과 사회환경』. 서울: 동문사.
고명수 외(2018). 『인간행동과 사회환경』. 파주. 경기: 정민사.
구혜영(2015). 『인간행동과 사회환경』. 서울: 신정.
권육상(2008). 『인간행동과 사회환경』. 서울: 유풍출판사.
권재일 외(2010). 『다문화사회의 이해』. 파주. 경기: 동녘.
권중돈(2014). 『인간행동과 사회환경』. 서울: 학지사.
권향임 외(2013). 『인간행동과 사회환경』. 서울: 창지사.
김귀환 외(2015). 『인간행동과 사회환경』. 파주. 경기: 정민사.
김남일 외(2015). 『심리학개론』. 파주. 경기: 동화기술.
김남일(2005). 『심리학』 대전: 신세계커뮤니케이션즈.
김보기 외(2016). 『최신 사회문제론』. 파주. 경기: 양서원.
김보기 외(2017). 『인간행동이해를 위한 심리학』. 파주. 경기: 양서원.
김보기 외(2019a).『사회복지실천론』. 파주. 경기: 수양재.
김보기 외(2019b).『인간행동과 사회환경』. 파주. 경기: 수양재.
김선희 외(2012). 『인간행동과 사회환경』. 서울: 신정.
김성민(2001). 『분석심리학과 기독교』. 서울: 학지사.
김수희(2010). 『아동발달』. 파주. 경기: 양서원.
김성민(2001). 『분석심리학과 기독교』. 서울: 학지사.
김신일(2013). 『교육사회학』. 파주. 경기: 교육과학사.
김영호(2010). 『인간행동과 사회환경』. 파주. 경기: 양서원.
김용선(1992). 『피아제와 반피아제론』. 서울: 형설출판사.

김유숙(2015). 『가족상담』. 서울: 학지사.
김윤재 외(2015). 『인간행동과 사회환경』. 파주. 경기: 정민사.
김윤재 외(2017). 『인간행동과 사회환경』. 파주. 경기: 양서원.
김윤재·남궁달화(1995). 『콜버그의 도덕교육론』. 서울: 철학과현실사.
김이영 외(2015). 『인간이해를 위한 심리학』. 파주. 경기: 양서원.
김춘경 외(2004). 『아동학개론』. 서울: 학지사.
김춘경 (1999). 『인성교육론』. 서울: 문음사.
김태형·전양숙(2007). 『성격과 심리학』. 담양. 전남: 새뜰심리상담소.
김향선(2018). 『현대 인간행동과 사회환경』. 서울: 학지사.
김혜선·유안진(2011). 『인간발달』. 서울: 방송방송통신대학교출판부.
김홍규(2015). 『최신 상담심리학』. 파주. 경기: 양서원.
나동석 외(2015). 『정신건강론』. 파주. 경기: 양서원.
남궁달화(1995). 『콜버그의 도덕교육론』. 서울: 철학과현실사.
남궁달화(1999). 『인성교육론』. 서울: 문음사.
노안영·강영신(2011). 『성격심리학』. 서울: 학지사.
도미향 외(2015). 『인간행동과 사회환경』. 서울: 신정.
문선모(2012). 『교육심리학의 이해』. 파주. 경기: 양서원.
박선환 외(2014). 『정신건강론』. 파주. 경기: 양서원.
박성연 외(2017). 『인간발달』. 서울: 파워북.
박아청(2010). 『에릭슨의 인간이해』. 파주. 경기: 교육문화사.
박언하 외(2019). 『인간행동과 사회환경』. 서울: 동문사.
박희숙강민희(2017). 『인간행동과 사회환경』. 서울: 창지사.
생각의 마을(2018). 『인간행동과 사회환경』. 고양. 경기: 공동체.
서강식(2010). 『피아제와 콜버그의 도덕교육이론』. 고양. 경기: 인간사랑.
서봉연 · 이순형 외(2003). 『발달심리학』. 서울: 중앙적성출판사.
서창원(1996). 『현대심리학』. 서울: 한맥.
서혜석 외(2014). 『인간행동과 사회환경』. 서울: 청목출판사.
손광훈(2012). 『인간행동과 사회환경』. 고양. 경기: 공동체.
손병덕 외(2019). 『인강행동과 사회환경』. 서울: 학지사.
손진훈 외(1994). 『심리학의 이해』. 서울: 영진서관.
손홍숙(2011). 『아동발달론』. 고양. 경기: 공동체.
송대현(1981). 『사회심리학』. 서울: 박영사.
송명자(2008). 『발달심리학』. 서울: 학지사.
송선희 외(2016). 『새로 쓴 노인교육론』. 서울: 학지사.
송지영(2012). 『정신병리학 입문』. 서울: 집문당.

송형철 외(2018). 『발달심리학』. 파주. 경기: 양성원.
신기원 외(2016). 『인간행동과 사회환경』. 고양. 경기: 공동체.
신명희 외(2013). 『발달심리학』. 서울: 학지사.
신희경 외(2011). 『교육심리학』. 서울: 신정.
신희천(2009). 『성도착층과 성정체감 장애』. 서울: 학지사.
심의보 외(2016). 『인간행동과 사회환경』. 서울: 파워북.
안범희(2011). 『성격심리학』. 서울: 하우.
양병환(2010). 『정신병리학 총론』. 서울: 중앙문화사.
양정남 외(2009). 『인간행동과 사회환경』. 서울: 청목출판사.
양철수 외(2018). 『인간발달』. 파주. 경기: 양철수.
양철수 외(2019). 『노인복지론』. 파주. 경기: 수양재.
양춘(2003). 『현대 사회학』. 서울: 민영사.
엄신자(2008). 『인간행동과 사회환경』. 서울: 인간과복지.
엄태완 외(2017). 『인간행동과 사회환경』. 고양. 경기: 공동체.
예병일(2007). 『내 몸안의 과학』. 서울: 효형출판.
오수성 외(2013). 『정신병리학』. 서울: 학지사.
오윤선(2007). 『기독교상담심리학의 이해』. 서울: 예영.
오창순 외(2015). 『인간행동과 사회환경』. 서울: 학지사.
옥선화(2004). 『결혼과 가족』. 서울: 하우.
원호택·권석만(2008). 『이상심리학』. 서울: 학지사.
유성이(2017). 『인간행동과 사회환경』. 서울: 동문사.
유수현 외(2015a). 『인간행동과 사회환경』. 파주. 경기: 양서원.
유수현 외(2015b). 『정신건강론』. 파주. 경기: 양서원.
윤가현 외(2016). 『심리학의 이해』. 서울: 학지사.
이광자 외(2009). 『현대 심리학』. 서울: 아세아문화사.
이근홍(2015). 『인간행동과 사회환경』. 고양. 경기: 공동체.
이동원 외(2007). 『개인·관계·사회』. 파주. 경기: 양서원.
이소희 외(2005). 『청소년복지론』. 서울: 나남.
이순형·성미애(2014). 『아동복지 이론과 실천』. 서울: 학지사.
이신동(2016). 『생활 속에서 만나는 라이프 심리학』. 고양. 경기: 공동체.
이억범 외(2014). 『심리학개론』. 서울: 동문사.
이영실 외(2013). 『인간행동과 사회환경』. 서울: 창지사.
이영실·이윤로(2010). 『정신건강론』. 서울: 창지사.
이영호(2010). 『정신건강론』. 고양. 경기: 공동체.
이영호 외(2018). 『인간행동과 사회환경』. 고양. 경기: 공동체.

이옥형 외(2012). 『교육심리학』. 서울: 성신여자대학교출판부.
이우언 외(2017). 『인간행동과 사회환경』. 서울: 동문사.
이윤로(2006). 『인간행동과 사회환경』. 서울: 창지사.
이윤상(1995). 『심리학개론』. 서울: 기독교문서선교회.
이은희(2016). 『인간행동과 사회환경』. 고양. 경기: 공동체.
이인정·최해경(2007). 『인간행동과 사회환경』. 서울: 나남.
이장호(2009). 『상담심리학의 기초』. 서울: 학지사.
이종복·전남련(2011). 『인간행동과 사회환경』. 파주. 경기: 학현사.
이주희 외(2013). 『심리학의 이해』. 고양. 경기: 공동체.
이지연 외(2013). 『교육심리학』. 파주. 경기: 양서원.
이진향 외(2016). 『인간행동과 사회환경』. 서울: 창지사.
이형석(2017). 『사회복지실천을 위한 인간행동과 사회환경』. 고양. 경기: 공동체.
이훈구(1995). 『사회심리학』. 서울: 법문사.
이희세·임은희(2015). 『인간행동과 사회환경』. 파주. 경기: 양서원.
임규혁·임웅(2013). 『교육심리학』. 서울: 학지사.
임상록(2009). 『청소년복지론』. 서울: 학지사.
임은희(2010). 『인간행동과 사회환경』. 파주. 경기: 양서원.
장기수·송관재(2001). 『심리학의 이해』. 서울: 홍익대학교출판부.
장성화 외(2016). 『상단의 이론과 실제』. 파주. 경기: 정민사.
장수복 외(2014). 『인간행동과 사회환경』. 서울: 동문사.
장수한 외(2011). 『아동복지론』. 서울: 학지사.
장수한 외(2017). 인간행동과 사회환경』. 고양. 경기: 공동체.
정미경 외(2011). 『아동복지론』. 서울: 학지사.
정미경 외(2015). 『심리학개론』. 파주. 경기: 양서원.
정서영 외(2017a). 『인간행동과 사회환경』. 파주. 경기: 양서원.
정서영 외(2017b). 『상담이론과 실제』. 파주. 경기: 양서원.
정서영 외(2018). 『상담심리학』. 파주. 경기: 양성원.
정서영 외(2019). 『상담학개론』. 고양. 경기: 양성원.
정옥분(2015). 『전생애 인간발달의 이론』. 서울: 학지사.
정옥분 외(2014). 『심리학용어사전』. 서울: 한국심리학회.
정옥분(2011). 『아동발달의 이해』. 서울: 학지사.
정은(2014). 『인간행동과 사회환경』. 서울: 학지사.
정의석(2013). 『대학생을 위한 심리학』. 서울: 시그마프레스.
정정숙(2002). 『기독교 상담학』. 서울: 베다니출판사.
정철수(1985). 『사회심리학』. 서울: 법문사.

정태석 외(2018). 『사회학』. 서울: 한울아카데미.
정희영(2008). 『피아제와 교육』. 파주. 경기: 교육과학사.
조민식 외(2015). 『대중을 위한 사회학의 이해』. 파주. 경기: 양서원.
조복희 외(2016). 『인간발달』. 서울: 교문사.
조성연 외(2004). 『아동학개론』. 서울: 학지사.
조성철·김보기(2014). 『복지국가 위기론』. 안양. 경기: 한국선교연합회
조형숙 외(2014). 『인간행동과 사회환경』. 파주. 경기: 정민사.
조흥식 외(2010). 『인간행동과 사회환경』. 서울: 학지사.
조희금 외(2009). 『건강가정론』. 서울: 신정.
지영주 외(2016). 『인간성장발달』. 서울: 퍼시픽북스
천성문 외(2010). 『성문화와 심리』. 서울: 정인.
천정웅 외(2019). 『인간행동과 사회환경』. 고양. 경기: 양성원.
최경숙(2011). 『아동발달심리학』. 파주. 경기: 교문사.
최덕경 외(2014). 『인간행동과 사회환경』. 파주. 경기: 양서원.
최옥채 외(2016). 『인간행동과 사회환경』. 파주. 경기: 양서원.
최정윤 외(2015). 『이상심리학』. 서울: 학지사.
통계청(2018). 「2018 고령자 통계」
통계청(2019a). 「2018 한국의 사회지표」.
통계청(2019b). 「2018 혼인·이혼 통계」.
표갑수 외(2017). 『인간행동과 사회환경』. 서울: 신정.
하정미 외(2017). 『인간행동과 사회환경』. 고양. 경기: 공동체.
한국교육심리학회(2000). 『교육심리학용어사전』. 서울: 학지사.
한국사전연구사 편집부(1996). 『간호학대사전』. 서울: 한국사전연구사.
한국심리학회(2004). 『현대심리학의 이해』. 서울: 학문사.
한국심리학회(2014). 『심리학용어사전』.
한규석(2009). 『사회심리학의 이해』. 서울: 창지사.
한미현 외(2013). 『아동복지』. 서울: 창지사.
한성심 외(2013). 『아동복지론(제4판)』. 서울: 창지사.
허정철 외(2017). 『인간행동과 사회환경』. 고양. 경기: 공동체.
현성용 외(2015). 『현대심리학의 이해』. 서울: 학지사.
현승일(2012). 『사회학』. 서울: 박영사.
현정환(2016). 『상담심리학』. 파주. 경기: 양서원.
홍기원 외(2016). 『알기 쉬운 심리학』. 고양. 경기: 공동체.
홍봉선 · 남미애(2013). 『청소년복지론』. 고양. 경기: 공동체.
홍숙기(1990). 『성격심리학』. 서울: 박영사.

황희숙 외(2011). 『아동발달과 교육』. 서울: 학지사.

2. 외국자료

Ader, R. & Cohen, N.(1984). *Behavior and the immune system*. in Handbook of behavior medicine. New York: Academic Press.

Adler, A.(1907, 1917). *A Study of Organ Inferiority and Its Psychical Compensation: A Contribution to Clinical Medicine*. New York: Nervous and Mental Disease Publishing Co.

Adler, A.(1920, 2011). *The Practice and Theory of Individual Psychology*. Martino Fine Books.

Adler, A.(1927). *Understanding human nature*. New York: Greenberg.

Adler, A.(1930). *The Pattern of Life*. New York: Holt. Rinehart & Winston.

Adler, A.(1931). *What Life Should Mean to You*. Boston: Little. Brown & Co.

Adler, A.(1938). *Social Interest: A Challenge to Mankind*. London: Faber and Faber.

Adler, A.(1956). *The Individual Psychology of Alfred Adler: A Systematic Presentation in Selections from His Writings*. In H. L. Ansbacher & R. R. Ansbacher (Eds.). New York: Basic Books.

Adler, A.(1963). *The Problem Child: The Life Style of the Difficult Child as Analyzed in Specific Cases*. New York: Capricorn Books.

Adler, A.(1964a). *Superiority and Social Interest: A Collection of Later Writings*. In H. L. Ansbacher & R. R. Ansbacher (Eds.). Evanston. Northwestern University Press.

Adler, A.(1964b). *Problems of Neurosis: A Book of Case Histories*. New York: Harper & Row.

Adler, A.(1965). Influence or Model's Reinforcement Contingencies on the Acquisition of Imitative Responses. *Journal of Personality and Social Psychology. 1* : 589-595.

Adler, A.(1969). *Principles of Behavior Modification*. New York: Holt. Rinehart & Winston.

Adler, A.(Ed.).(1971).*Psychological Modeling*. Chicago: Aldine-Atherton.

Adler, A.(1974). Behavior Theory and the Models of Man. *American Psychologist. 29* : 859-869.

Adler, A.(1982). Self-Efficacy Mechanism in Human Agency. *American Psychologist. 37* : 122-147.

Adler, A.(1986). *Social Foundations of Thought and Action: A Social Cognitive Theory*. Englewood Cliffs. NJ: Prentice-Hall.

Adler, A.(1997). *Social Learning Theory*. Englewood Cliffs. NJ: Prentice-Hall.

Alderfer, C. P.(1969). A new theory of human needs. *Organizational Behavior and Human Performance. 4* : 142-175.

Alderfer, C. P.(1972). *Existence, relatedness, and growth: Human needs in organizational settings*. New York: Free Press.

Allen, B.(2005). *Personality Theories: Development, Growth, and Diversity* (5th Ed.). Pearson Education.

Allport, G. W.(1935). Attitudes, in *A Handbook of Social Psychology* : 789-844. In C. Murchison

(Ed.). Worcester. M.A.: Clark University Press.

Allport, G. W.(1961). *Pattern and growth in personality*. NY: Holt. Rinehart & Winston.

Ansbacher, H. L. & Ahnsbacher, R.(1995). *Alfred Adlers Individual Psychologie*. Ernst Reinhardt.

Apostle, R. et al..1983). *The anatomy of racial attitudes*. Berkeley: University of California Press.

Ashford, J. B. et al.(2009). *Human Behavior in the Social Environment: A Multidimensional Perspective* (4th ed.). Belmont: Thompson Learning.

Atchely, R. C. & Barusch, B.(2003). *Social Forces & Aging* (10th Edition). Cengage Learning.

Atkinson. J. & Litwin, G. H.(1960). Achievement motive and test anxiety conceived as motive to approach success and motive to avoid failure. *Journal of Abnormal and Social Psychology. 60* : 52-63.

Atkinson. R. C. & Sliiffrin, R. M.(1968). Human memory: A proposed system and its control processes. In K. W. Spence & J. T. Spence (Eds.). *The psychology of learning and motivation(Vol. 2)*. New York: Academic Press.

Atkinson. R. C. & Sliiffrin, R. M.(1971). The control of shortterm memory. *Scientific American. 225* : 82-90.

Aycock, A.(1993). Virtual play: Baudrillard online. *Arachnet Electronic Journal on Virtual Culture. 1*.

Bales, R. F.(1970). *Personality and Interpersonal Behavior*. New York: Holt. Rine-hart & Winston.

Baltes, P. B. & Baltes, M. M.(1990). Successful Aging. Cambridge : Cambridge University Press.

Baltes, P. B. & Smith, J.(1990). *The Psychology of Wisdom and It's Ontogenesis*. Cambridge University Press.

Baltes, P. B. & Schaie, K. W.(1974). Aging and the IQ: The Myth of the Twilight Years. *Psychology Today. 7* : 35-40.

Bandura, A. & Kupers, C.(1964). The Transmission of Self-reinforcement through Modeling. *Journal of Abnormal and Social Psychology. 69* : 1-9.

Bandura, A. & Walters, R.(1963). *Social Learning and Personality Development*. NY: Holt. Rinehart and Winston.

Bandura, A.(1965a). Vicarious processes A case of no-trial learning. In L. Berkowitz (Ed.). *Advances in experimental social psychology (Vol. 2)*. New York: Academic Press.

Bandura, A.(1965b). Influence of Model's Reinforcement Contingencies on the Acquisition of Imitative Responses. *Journal of Personality and Social Psychology. 1* : 589-595.

Bandura, A.(1969). *Principles of Behavior Modification*. New York: Holt. Rinehart & Winston.

Bandura, A.(1971). *Psychological modeling: conflicting theories*. Chicago: Aldine · Atherton.

Bandura, A.(1973). *Aggression: a social learning analysis*. Englewood Cliffs. N.J.: Prentice-Hall.

Bandura, A.(1974). Behavior Theory and the Models of Man. *American Psychologist. 29* : 859-869.

Bandura, A.(1976). *Social Learning Theory*. Englewood Cliffs. NJ: Prentice Hall.

Bandura, A.(1986). *Social Foundations of Thought and Action: A Social Cognitive Theory*. Englewood Cliffs. N.J.: Prentice-Hall.

Bandura, A.(1997). *Self-efficacy: the exercise of control*. New York: W. H. Freeman.

Bandura, A.(2015). *Moral Disengagement: How People Do Harm and Live with Themselves*. New York: Worth.

Baars, B. J. & Gage, N. M.(2012). *Cognition, Brain and Consciousness: An introduction to Cognitive Neuroscience* (2nd ed.). Neuro-scientific Research and Development (Chinese Edition). Science Press.

Beck, A. T. & Freeman, A.(1990). *Cognitive therapy of personality disorders*. New York: Guilford Press.

Beck, A. T. et al.(1979). *Cognitive Therapy of Depression*. The Guilford Press. 원호택 외 역(2001). 『우울증의 인지치료』. 서울: 학지사.

Beck, A. T.(1967). *Depression: Clinical Experimental and Theoretical Aspects*. New York: Harper & Rcw.

Beck, A. T.(1976). *Cognitive Therapy and the Emotional Disorders*. New York: International University Press.

Beck, A. T.(1985). *Anxiety Disorders and Phobias: A Cognitive Perspective*. New York: Basic Books.

Bee, H. L.(1997). *The Developing Child*. New York: Longman.

Belar, C. et al.(1978). *The Practice of Clinical Health Psychology*. New York: Pergamon.

Berger, R. L. & Federico, R. C.(1982). *Human behavior: A social work perspective*. London: Longman.

Blau, P. M. & Scott, W. R.(1962). *Formal Organization*. San Francisco: Handler.

Bobo, L.(1988). Attitude toward the black political movement: Trends, meaning, and effects on racial policy preferences. *Social Psychology Quarterly. 51* : 287-302.

Boring, E. G.(1957). *A history of experimental psychology* (2nd ed.). New York: Appleton-Century-Crofts.

Bowditch, J. L. & Bouno, A. F.(1985). *A primer on organizational behavior*. N.Y.: John Wiley and Sons.

Bowlby, J.(1973). *Attachment and loss. Vol. 2: Separation*. New York: Basic Books.

Bowlby, J.(1989). *Secure attachment*. New York: Basic Books.

Brannon, L. & Feist, J.(2013). *Health Psychology: An Introduction to Behavior and Health* (6th ed.). Cengage Learning.

Breger, L.(1974). *From Instinct to Identity: The Development of Personality*. Englewood Cliffs. NJ: Prentice-Hall. Inc. 홍강의·이영식 역(1998). 『인간발달의 통합적 이해』. 서울: 이화여자대학교

출판부.

Brehm. S. S. & Brehm, J. W.(1981). *Psychology Reactance: A Theory of Freedom and control*. New York: Academic Press.

Bresler, L. et al.(2001). *Fifty Modern Thinkers on Education: From Piaget to the Present Day*. New York: Routledge. 조현철·박혜숙 역(2009). 『50인의 현대교육사상가: 피아제에서 현재까지』. 서울: 학지사.

Bronfenbrenner, U.(1971). *Two Worlds of Childhood, USA and USSR*. George Allen & Unwin.

Bronfenbrenner, U.(1979, 2009). *The Ecology of Human Development: Experiments by Nature and Design*. Cambridge. M.A.: Harvard University Press.

Bronfenbrenner, U.(1986). Ecology of the family as a context for human development: Research perspectives. *Developmental Psychology. 22(6)* : 723-742.

Bronfenbrenner, U.(1993). The Ecology of Cognitive Development: Research Models and Fugitive Findings. In R. H. Wozinak & K. Fischer (Eds.). *Scientific Environments*. Hillsdale. NJ: Erlbaum.

Bronfenbrenner, U.(1995). The bioecological model from a life course perspective. In P. Moen, G. H. Elder, & K. Luscher (Eds.). *Examining lives in context*. Washington. DC: American Psychological Association.

Brodaty, H. et al.(2005). Why caregivers of people with dementia and memory loss don't use services. *International Journal of Geriatric Psychiatry. 20(6)* : 537-546.

Brown, R.(1978). Development of the first language in the human species. In J. K. Gardner (Ed.). *Readings in developmental psychology*. Boston: Little. Brown & Co. : 117-129.

Bruner, J. S.(1966). *Toward a theory of instruction*. New York: Noiton.

Bruner, J. S.(1971). *The relevance of education*. New york: Norton.

Burrus-Bammel, L. L. & Bammel, G.(1985). *Leisure and Recreation*. New York: Van Nostrand Reinhold.

Butterworth, G.(2001). Joint visual attention in infancy. In A. Fogel (Ed.). *Blackwell handbook of infant development*. Oxford. UK: Blackwell.

Butler, D.(2004). Slim pickings. *Nature. 428* : 252-254.

Cain, D. J.(1987). Carl R. Rogers : The man, his vision, his impact. *Person-Centered Review. 2(2)* : 283-288.

Cattell, R. B.(1971). *Abilities: Their Structure, Growth, and Action*. Houghton Mifflin.

Cannon, W.(1932). *The wisdom of the body*. New York: Norton.

Chomsky, N.(1957). *Syntactic structures*. The Hague: Mouton.

Chomsky, N.(1968/2006). *Language and Mind* (3 edition). Cambridge University Press.

Chomsky, N.(1986). *Knowledge of language: Its nature, origin, and use*. New York: Praeger.

Carlson, N. R.(1806, 2007). *Foundations of Physiological Psychology* (7th ed.). Allyn & Bacon. 김현택 외 역(2004). 『생리심리학의 기초』. 서울: 시그마프레스.

Carlson, J. G. & Harfield, E.(1992). *Psychology of emotion*. New York: Harcourt, Brace, Jovanovich.

Chess, W. A. & Norlin, J. M.(1988). *Human Behavior and Social Eenvironment*. A Social Systems Model, Boston: Allyn and Bacon.

Church, K.(1989). A Learning Model for a Parametric Theory in Phonology: Comment. *Vancouver Studies in Cognitive Science. 2* : 18-326.

Clifford, M. M.(1984). Thought on a theory of constructive failure. *Educational Psychologist, 19(2)* : 108-120.

Collins, G. R.(1973). *The Christian Psychology of Paul Tournier*. Grand Rapids: Baker Book House.

Collins, G. R.(1974). *Effective Counseling: Psychology for Church Leaders Series*. Creation House.

Collins, G. R.(1975). *Search for Reality*. Vision House Publishers.

Collins, G. R.(1980). *Helping People Grow: Practical Approaches to Christian Counseling*. Ventura, CA: Vision House.

Collins, G. R.(1995) *How to be a People Helper*. Wheaton: Tyndale House Publishers.

Collins, G. R.(1997) *The Rebuilding of Psychology: An Integration of Psychology and Christianity*. Wheaton: Tyndale House Pub.

Collins, G. R.(2007). *Christian Counseling*. Nashville: Thomas Nelson.

Compton, B. R. et al.(2004). *Social work processes* (7th ed.). Cengage Learning.

Corey, G.(2000). *Theory and Practice of Counseling and Psychotherapy* (6th ed.). CA: Wadsworth Publishing.

Corina, D. P.(1998). The processing of sign language Evidence from aphasia. In B. Stemmer & H. A. Whittaker (Eds.). *Handbook of neurolinguisrics*. Sandiego Academic Press.

Corsini. R. J. & Marsella, A. J.(1983). *Personality theories, research, and assessment*. Itasca. I.L.: F. E. Peacock.

Covington, M. V. & Omelich, C. L.(1979). Effort: The double-edged sword in school achievement. *Journal of Educational Psychology. 71* : 169-182.

Craik, F. I. M. & Lockhart, R. S.(1972). Levels of processing A framework for memory research. *Journal of Verbal Learning and Verbal Behavio. 11* : 671-684.

Craik, F. I. M. & Tulving, E.(1975). Depth of processing and the retention of words in episodic memory. *Journal of Experimental Psychology: General. 104* : 268-294.

Crain, W.(2017). *Theories of Development: Concepts and Applications*. (6th New edition). New York: Routledge.

Critchley, H. D. et al.(2004). Neural systems supporting interoceptive awareness. *Nature Neuroscience. 7* : 189-195.

Deci, E. L.(1971). Effects of externally mediated rewards on intrinsic motivation. *Journal of Personality-and Social Psychology. 18* : 105-115.

Deci, E. L. & Ryan, R.(1985). *Intrinsic motivation and self-determination in human behavior*. New York: Plenum.

De Martino, M.(1990). How women want men to make love. *Sexology. Oct.* : 4-7.

Dodge, K. A.(1980). Social cognition and children's aggressive behavior. *Child Development. 51* : 247-261.

Dollard, S. J. et al.(1939, 1974). *Frustration and Aggression*. Yale University Press.

Doyle, W.(1985). Recent research on classroom management: Implications for teacher preparation. *Journal of Teacher Education. 36* : 31-35.

Doyle, W.(1986). Classroom organization and management. In M. Wittrock (Ed.). *Handbook of research on teaching* (3rd ed.). New York: Macmillan : 392-431.

Dunphy, D. C.(1963). The Social Structure of Urban Adolescent Peer Groups. *Sociometry. 14* : 227-236.

Duursma, S. A. et al.(1991). Estrogen and Bone Metabolism. *Obstetrical and Gynecological Survey. 47* : 38-44.

Durkheim, E.(1897, 2017). *Le Suicide, a study in sociology*. Andesite Press.

Dworetzky, J. P.(1996). *Introduction to child development* (6 edition). Wadsworth Publishing.

Dworkin, B. R. & Miller, N. E.(1986). Failure to replicate visceral learning in the acute curarized rat preparation. *Behavioral Neuroscience. 100* : 299-314.

Dwyer, M.(1998). Exhibitionism/voyeurism. *Journal of Social Work and Human Sexuality. 7* : 101-112.

Eccles, J. & Wigfield, A.(1995). In the Mind of the Actor: The Structure of Adolescents' Achievement Task Values and Expectancy-Related Beliefs. *Personality and Social Psychology Bulletin. 21(3)* : 215-225.

Eggan, P. D. & Kauchak, D.(2010). *Education Psychology: Windows on Gassroom* (8th ed.). Boston: Allyn & Bacon Co.

Eichenbaum, H.(2002). Special issue on gene targeting and hippocampal function. *Hippocampus. 12(1)* : 1-1.

Eitzen, S. & Zim, M.(1994). *Social problems*. Boston: Allyn and Bacon.

Elder, G. H.(1994). Time, human agency, and social change : Perspectives on the life course. *Social Psychology Quarterly. 57(1)* : 4-15.

Elder, G. H.(1998). The life course as developmental theory. *Child Development. 69(1)* : 1-13.

Elder, G. H. & Caspi, A.(1988). Human development and social change: An emerging perspective on the life course. In N. Bolger, A. Caspi, G. Downey & M. Moorehouse (Eds.). *Persons in context: Developmental processes*. New York: Cambridge University Press.

Elder, G. H. & Hareven, T. K.(1993). Rising above life's disadvantage: From the great depression to war. In G. H. Elder, J. Modell, & R. D. Parke (Eds.), C*hildren in time and place: Developmental and historical insights*. Cambridge: Cambridge University Press.

Elkind, D.(1981). *Children and adolescents: Interpretive essays on Jean Piaget* (3rd ed.). New York: Oxford University Press.

Engei, G. L.(1977). The need for a new medical model: A challenge for biomedicine. *Science. 196* : 129-136.

Engler, B.(2006). *Personality Theory: An Introduction* (7th ed.). Boston: Houghton Mifflin.

Erikson, E. H. & Coles, R.(2001). *The Erik Erikson Reader*. New York: W. W. Norton & Company.

Erikson, E. H. & Erikson, J. M.(1982, 1997). *The Life Cycle Completed* (Extended Version). New York: W. W. Norton & Company.

Erikson, E. H. & Kakar, S.(1993). *Identity and Adulthood*. Oxford University Press.

Erikson, E. H.(1950, 1993a). *Childhood and Society*. New York: W. W. Norton & Company.

Erikson, E. H.(1959, 1994a). *Identity and the Life Cycle*. New York: W. W. Norton & Company.

Erikson, E. H.(1962). *Young Man Luther*. Peter Smith Pub Inc.

Erikson, E. H.(1963, 1978). *Childhood and Society*. New York: W. W. Norton & Co.

Erikson, E. H.(1965, 1994b). *Identity: Youth and Crisis*. New York: W. W. Norton & Company.

Erikson, E. H.(1970, 1993b). *Gandhi's Truth: On the Origins of Militant Nonviolence*. New York: W. W. Norton & Company.

Erikson, E. H.(1974, 1979). *Dimensions of a New Identity*. New York: W. W. Norton & Company.

Erikson, E. H.(1975). *Life History and Historical Moment*. NY: Norton.

Erikson, E. H.(1978). *Adulthood*. New York: W. W. Norton & Co Inc.

Erikson, E. H.(1993c). *Young Man Luther: A Study in Psychoanalysis and History*. New York: W. W. Norton & Company.

Erikson, E. H. et al.(1994). *Vital Involvement in Old Age*. New York: W. W. Norton & Company.

Fasko, D. Jr. & Wayne W.(2008). *Contemporary Philosophical and Psychological Perspectives on Moral Development and Education*. Hampton Pr. 박병기 외역(2013). 『도덕철학과 도덕심리학』. 고양. 경기: 인간사랑.

Fechner, G(1980). *Elements of Psychophysics* (Volume 1). HOLT RINEHART & WINSTON.

Feist, J. & Feist, G. J.(2006). *Theories of personality* (5th ed.). New York: McGraw-Hill Companies.

Feldman, R. S.(2002). *Understanding psychology*. New York: McGraw-Hill.

Fenichel, O.(1945). *The Psychoanalytic Theory of Neurosis*. New York: W. W. Norton.

Festinger, L. & Carlsmith, J.(I959, 2011). *Cognitive Consequences of Forced Compliance*. www.all-about-psychology.com

Fischer, J. & Corcoran, K.(1994). *Measures for clinical practice: A sourcebook* (2nd ed.). New York: Free Press.

Flavell, J. H.(1985). *Cognitive Development* (2nd ed.). NJ: Prentice-Hall.

Freud, A.(1936, 1946). *The ego and the mechanisms of defense*. New York: International Universities Press.

Freud, A.(1965, 1974). *Normality and Pathology in Childhood: Assessments of Development* (Writings of Anna Freud, Vol. 6). Intl. Universities Pr. Inc.

Freud, A.(1974). *Introduction to psychoanalysis' Lectures for child analysts and teachers, 1922-1935*. New York: International Universities Press.

Freud, A. & Burlingham, D.(1942). *Young children in wartime: A year's work in a residential nursery*. London: G. Allen & Unwin.

Freud, A.(1968). *Indications for child analysis and other papers, 1945~1956*. International Universities Press.

Freud, A.(1968). *The writings of Freud, A*. New York: International Universities Press.

Freud, A.(1943). *Infants without families: The case for and against residential nurseries*. London: G. Allen & Unwin.

Freud, A.(1965). *Normality and pathology in childhood: Assessments of development*. New York: International Universities Press.

Freud, A.(1966-1980). *The Writings of Anna Freud* (8 Volumes). New York: Indiana University of Pennsylvania.

Freud, S.(1905, 1949). *Three essays on the theory of sexuality* (J. Strachey Trans.). New York: Basic Book.

Freud, S.(1908, 1959). *Character and anal eroticism* (J. Riviere, trans.). Collected Papers (Vol. 2). New York: Basic Books.

Freud, S.(1913, 1959). *The excretory functions in psychoanalysis and folklore* (J. Riviere, trans.). Collected Papers (Vol. 2). New York: Basic Books.

Freud, S.(1920). *Beyond the pleasure principle* (Standard Edition, 18). London: Hogarth Press.

Freud, S.(1923, 2013). *The Ego and the Id*. Create Space Independent Publishing Platform.

Freud, S.(1924a, 1989). The dissolution of the Oedipus complex. In P. Gay (Ed.). *The Freud reader*. New York: W. W. Norton (Original work published in 1924) : 661-666.

Freud, S.(1924b, 1959). *The passing of the Oedipus complex* (J. Riviere, trans.). Collected Papers (Vol. 2). New York: Basic Books.

Freud, S.(1925, 1961). *Some psychological consequences of the anatomical distinction between the sexes*. In J. Strachey (Ed. & trans.). The Standard Edition of the Complete Psychological Works of Sigmund Freud (Vol. 19). London: Hogarth Press.

Freud, S.(1940, 1964). *An outline of psychoanalysis*. In J. Strachey (Ed. and Trans.), The Standard Edition of the Complete Psychological Works of Sigmund Freud (Vol. 23). London: Hogarth Press.

Freud, S.(1943). *A general introduction to psychoanalysis* (J. Riviere Ed. & Trans.). New York: Garden City Publishing Co.

Freud, S.(1949, 1977). Three essays on the theory of sexuality. In A. Richards (Ed.), *On sexuality: Three essays on the theory of sexuality and other works*. London and Harmondsworth: Penguin Books : 31-170.

Freud, S.(1964). *Why War?* In J. Strachey (Ed.). Standard Edition of the Complete Psychological Works of Sigmund Freud (Vol. 22). London: Hogarth Press.

Freud, S.(1966). *Introductory Lectures on Psychoanalysis*. N.Y.: Norton.

Friedman, L. J. & Coles, R.(1999). *Identity's Architect: A Biography of Erik H. Erikson*. New York: Charles Scribner' Son.

Fritz, G. K.(2000). The evolution of psychosomatic medicine. *Brown University Child and Adolescent Behavior Letter. 16(4)* : 8.

Germain, C. B.(1973). An ecological perspective in casework practice. *Social Casework. 54(6)*.

Germain, C. B. & Gitterman, A.(1987). Ecological Perspectives. In Minanhan et al.(Eds.). *Encyclopedia of Social Work*. MD: National Association of Social Workers.

Giddens, A.(1977). *Social Learning Theory*. New Jersey: Prentice-Hall, Inc.

Giddens, A.(1986). *Social foundation of thought and action: A Social theory*. New Jersey: Hall, Inc.

Giddens, A.(1998, 2008). *The Third Way: The Renewal of Social Democracy*. Cambridge: Polity.

Giddens, A.(2000. 2012). *The Third Way and its Critics*. Cambridge: Polity.

Giddens, A.(2001). *The Global Third Way Debate*. Cambridge: Polity.

Giddens, A.(2003). *The Birth of Pleasure*. Vintage.

Giddens, A.(2009, 2017). *Sociology* (8th ed.). Cambridge: Polity Press.

Gilligan, C.(1998). *In a Different Voice: Psychological Theory and Women's Development. Cambridge.* Massachusetts: Harvard University Press.

Gouldner, A. W.(2011). *Joining the Resistance*. Cambridge: Polity.

Ginsburg, H. P. & Opper, S.(2011). 김정민 역. 『피아제의 인지발달이론』. 서울: 학지사.

Glaser, R.(1962). *Training research and education*. Pittsburgh. P.A.: University of Pittsburgh Press.

Glover, J. A. & Ronning, R. R.(1987, 2013). *Historical foundations of education psychology*. NY: Plenum Press.

Goble, F.(1970). *The third force: The psychology of Abraham Maslow*. Richmond. CA: Maurice Bassett Publishing.

Goetz, F. E. et al.(1992). *Educational Psychology*. N.Y.: John & Wiley.

Goldberg, C.(1992). The limits of expectations: A case for case knowledge about teacher expectancy effects. *American Educational Research Journal. 29* : 517-544.

Good, T. & Grouws, D.(1999). The Missouri Mathematics Effectiveness Project An experimental study in fourth-grade classrooms. *Journal of Educational Psychology. 71* : 335-362.

Gould, S. J.(1978). *Transformation, Growth and Change in Adult Life*. New York: Simon and Schuster.

Gouldner, A. W.(1961a). Metaphysical Pathos and the Theory of Bureaucracy. In A. Etzioni (ed.). *A Sociological Reader on Complex Organizations*. New York: Holt. Rinehart & Winston.

Gouldner, A. W.(1961b). Organizational Analysis. In R. K. Merton et al. (Eds.). *Sociology Today*. New York: Harper & Row.

Graham, C. R.(2005). Blended learning systems: definition, current trends, and future directions. In Bonl, C. J. & Graham, C. R.(Eds.). *Handbook of blended learning: Global perspectives, local designs*. San Francisco. CA: Pfeiffer Publishing,

Greene, R. R. & Phross, P. H.(1991). *Human Behavior Theory and Social Work Practice*. New York: Aldine de Gruyter.

Graham, C. R.(2005). Blended learning systems: definition, current trends, and future directions. In Bonl, C. J. & Graham, C. R.(Eds.). *Handbook of blended learning: Global perspectives, local designs*. San Francisco. CA: Pfeiffer Publishing,

Greene, R. R. & Phross, P. H.(1991). *Human Behavior Theory and Social Work Practice*. New York: Aldine de Gruyter.

Greene, R. R.(2019). Human Behavior Theory and Social Work Practice with Marginalized Oppressed Populations. New York: Routledge.

Hall, C. S. & Nordby, V. J.(1973). *Primer of Freudian Psychology / Primer of Jungian Psychology* (2 Volume Set). New York: Mentor Books.

Hall, C. S.(1954, 1999). *A Primer of Freudian Psychology*. Plume.

Hall, C. S. & Linzey, G.(1978). *Theories of personality* (2nd Ed.) New York: Wiley.

Harlow, H. F. & Harlow, M. K.(1969). Effects of various mother-infant relationships on rhesus monkey behaviors. In B. M. Foss (Ed.), *Determinants of infant behavior (Vol. 4)*. London: Methuen : 15-36.

Harris, J. R.(2009). *The Nurture Assumption: Why Children Turn Out the Way They Do*. New York: Free Press.

Hartfield, E. & Rapson, R.(1993). *Love, Sex and Intimacy*. New York: Harper Collins.

Harter, S.(1978). Effectance motivation reconsidered: Toward a developmental model. *Human Development. 21* : 54-64.

Hartup, W. W.(1974). Aggression in childhood developmental perceptive. *American Psychologist. 29*.

Hartup, W. W.(1978). Peer interaction and behavioral development of the individual child. In Gardner, J. K.(Ed.), *Reading in Developmental Psychology*. Boston: Little, Brown & Co.

Havighurst, R. J.(1961). Successful aging. *The Gerontologist. 1* : 8-13.

Havighurst, R. J. et al.(1968). Disengagement and patterns of aging. In B. L. Neugarten (Ed.). *Middle age and aging*. Chicago. IL: University of Chicago.

Hayachi, Y. & Ende, S.(1982). All-night sleep Polygraphic Recordings of Healthy Aged Person: REM and Slow Wave Sleep. *Sleep. 5* : 277-283.

Heider, E. R.(1972). Universals in color naming and memory. *Journal of Experimental Psychology. 93* : 10-20.

Heider, F.(2015). *The psychology of interpersonal relations*. New York Wiley.

Helms, D. B. & Turner, J. S.(1976). *Exploring child behavior*. Philadelphia: W. B. Saunders Co.

Heth, C. D. & Rescorla, R. A.(1973). Simultaneous and backward fear conditioning in the rat. *Journal of Comparative and Physical Psychology. 82* : 434-443.

Hetherington, E. M.(1981). *Children of divorce*. In R. Henderson (Ed.), Parent-child interaction. New York: Academic Press.

Hetherington, E. M. & Parke, R. D.(1993). *Child psychology* (4th ed.). New York: McGraw-Hill.

Hetherington, E. M. et al.(1978). The aftermath of divorce. In J. H. Stevens Jr. & M. Mathews (Eds.). *Mother-child, father-child relations*. Washington. DC: National Association for the Education of Young Children.

Hill, W. F.(1982). *Principles of learning*. Palo Alto. CA: Mayfield.

Hiroto, D. S. & Seligman, M. E. P.(1975). Generality of learned helplessness in man. *Journal of Personality and Social Psychology. 31* : 331-327.

Hjelle, L. A. & Ziegler, D. J.(1992). *Personality theories*. N.Y.: McGraw-Hill, INC.

Hobfoll, S. E. & Vaux, A.(1993). Social support: Resources and context. In L. Goldberger & S. Breznitz (Eds.). *Handbook of stress: Theoretical and clinical aspects* (2nd ed.) : 685-705. New York: Free Press.

Horton, P. L. & Larson, P.(1997). *The Sociology of Social Problems* (12th ed.). Englewood Cliff. New York: Prince-Hall.

Hothersall, D.(1984). *History of Psychology*. New York: Random House, Inc.

Hubel, D. H. & Wiesel, T. N.(1979). Brain Mechanisms of vision. *Scientific American* : 150-162.

Hull, C. L.(1943). *Principles of behavior: An introduction to behavior theory*. New York: Appleton-Century-Crofts.

Hartford, M. E.(1972). *Groups in Social Work*. New York: Columbia University Press.

Hayachi, Y. & Ende, S.(1982). All-night sleep Polygraphic Recordings of Healthy Aged Person: REM and Slow Wave Sleep. *Sleep. 5* : 277-283.

Hoyer, W. J. & Plude, D. J.(1980). Attentional and perceptual processes in the study of cognitive aging. In L. W. Poon (Ed.). *Aging in the 1980s*. Washington. DC: American Psychological Association.

Hughes, F. P. & Noppe, L. D.(1985). *Human development across the life span*. New York: West Publishing Co.

Huston, A. C. et al.(1989). Public Policy and Children's Television. *American Psychologist. 44* : 159-173.

Hutchison, E. D.(2010). *Dimensions of Human Behavior: Person and Environment* (4th ed.). Thousand Oaks: Sage.

Inhelder, B. & Piaget, J.(1958). *The growth of logical thinking*. New York: Basic Books.

James, W.(1890). *The principles of psychology*. New York: Heniy Holt.

Jaspers, K.(1913, 2013). *Allgemeine Psychopathologie* (5th ed.). Springer. 송지영 외역(2014). 『정신병리학 총론』(1-4권). 서울: 아카넷.

Jenkins, J. G. & Dallenbach, K. M.(1924). Obliviscence during sleep and waking. *Journal Psychology. 35* : 605-612.

John, O. P.(1990). The big-five factor taxonomy: Dimensions of personality in the natural language and questionnaires. In L. A. Pervin (Ed.). *Handbook of personality: Theory and research*. New York: Guilford Press : 66-100.

Jose, P. M.(1990). Just world reasoning in children's immanent justice arguments. *Child Development. 61* : 1024-1033.

Jung, C. G.(1954). *Collected Works 17*. Pars 174-181. New York: Princeton University Press.

Jung, C. G.(1960). *The stage of life*. in The collected works of C. G.(Vol. 8). London and Henley: Routledge & Kegan Paul.

Jung, C. G.(1961). *Memories, dreams, reflections*. New York: Pantheon.

Jung, C. G.(1964a). *Flying saucers: a modern myth of things seen in the skies*. In collected works. Vol. 10. Princeton: Princeton Univ. Press.

Jung, C. G.(1964b, 1973). *Man and His Symbols*. New York: Doubleday & Co.

Jung, C. G.(1970). *Civilization in Transition* (The Collected Works of C. G. Jung, Volume 10). Princeton University Press.

Jung, C. G.(1976, 2016). *Psychological Types*. Martino Fine Books.

Jung, C. G.(2014). *Practice of Psychotherapy* (Collected Works of C.G. Jung, Volume 16). Princeton University Press.

Kelley, H. H.(1967, 1971). *Attribution in social interaction*. Morristown, NJ: General Learning Press.

Kenrick, D. T. et al.(2010). Renovating the pyramid of needs: Contemporary extensions built upon ancient foundations. *Perspectives on Psychological Science. 5* : 292-314.

Koestler, A.(1967, 1982). *The ghost in machine*. Last Century Media.

Kohlberg, L.(1981). *The Philosophy of Moral Development: Moral Stages and the Idea of Justice.* New York: Harper & Row.

Kosnik, W. et al.(1988). Visual change in daily Life Throughout Adulthood. *Journal of Gerontology. 43* : 63-70.

Kosslyn, S. M. & Rosenberg , R. S.(2010). *Introducing Psychology: Brain, Person, Group* (4th Edition). Pearson Learning Solutions.

Kubler-Ross, E.(1969). *On Death and Dying*. New York: Hacmillan.

Küller, J. A.(1996). Chronic Villus Sampling. In J. A. Kuller, N. C. Cheschier, & R. C. Cefalo (eds.). *Prenatal Diagnosis and Reproductive Genetics*. St. Louis: Mosby : 145-158.

Kuhl, J.(1985). Volitional mediators of cognition-behavior consistency: Self-regulatory processes and action versus state orientation. In J. Kuhl, & J. Beckman (Eds.). *Action control: From cognition to behavior*. Berlin: Springer-Verlag.

Küller, J. A.(1996). Chronic Villus Sampling. In J. A. Kuller, N. C. Cheschier, & R. C. Cefalo (eds.). *Prenatal Diagnosis and Reproductive Genetics*. St. Louis: Mosby : 145-158.

Lazarus, R. S. & Folkman, S.(1984). *Stress, appraisal, and coping*. New York: Springer. 김정희 역(2001). 『스트레스와 평가 그리고 대처』. 서울: 대광문화사.

Lawler, E. E. & Suttle, J. L.(1972). A causal correlational test of the need hierarchy concept. *Organization Behavior and Human Performance. 7* : 265-287.

Lawrence J. C.(2012). 『어른들은 잘 모르는 아이들의 숨겨진 삶』. 김경숙 역. 서울: 양철북.

Lepper, M. R.(1978). *The hidden costs of reward*. Greene, D.(Eds.). Hillsdale. NT: Erlbaum.

Lepper, M. R. et al.(1973). Understanding children's intrinsic interest with extrinsic rewards: A test of the overjustification hypothesis. *Journal of Personality and Social Psychology. 28* : 129-137.

Levinson, D.(1986). *The Seasons of a Mans Life*. New York: Ballantine Books.

Levinthal, C. F.(1979). *The Physiological Approach in Psychology*. Englewood Cliffs, NJ: Prentice-Hall. 이관용·김기중 역(1983). 『생리심리학: 심리학의 생리학적 접근』. 서울: 법문사.

Longino, C. F. & Kart, C. S.(1982). Explicating activity theory: A formal replication. *Journal of Gerontology. 37* : 713-721.

Marans, S. & Adelman, A.(1997). Experiencing violence in a developmental context. In J. Osofsky (Ed.). *Children in a violent society* : 202-222. New York: Lie Guilford Press.

Maroni, L.(2012). 『만 4~5세 자녀 이해하기』. 이희영 역. 서울: 시그마프레스.

Martin, P. Y. & O'Connor, G. G.(1989). *The Social Environment: Open Systems Applications*. White Plains. N.Y.: Longman.

Masters, W. H. et al.(1985). *Human Sexuality* (3rd ed). Boston: Little, Brown, & Co.

Maslow, A. H.(1943a, 2013). *Motivation and Personality*. New York: Harper & Row.

Maslow, A. H.(1943b). A theory of human motivation. *Psychological Review. 50* : 370-396.

Maslow, A. H.(1968). *Toward a Psychology of Being*. Princeton, N.J.: D. Van Nostrand Co.

Maslow, A. H.(1971). *The Farther Reaches of Human Nature*. New York: Viking.

Matarazzo, J. D.(1980). Behavioral health and behavioral medicine. *American Psychologist. 35* : 807-817.

Matarazzo, J. D.(1994). Health and behavior: The coming together of science and practice in psychology and medicine after a century of benign neglect. *Journal of Clinical Psychology in Medical Settings. 1* : 7-39.

McClelland, D. C.(1961, 2010). *The Achieving Society*. Martino Fine Books.

McClelland, D. C.(1961). *The achieving society*. New York: Van Nostrand.

McClelland, D. C.(1985). *Human motivation*. San Francisco: Scott, Foresman.

McClelland, D. C. et al.(1953). *The achievement motive*. New York: Appleton.

McGeoch, J. A.(1932). Forgetting and the law of disuse. *Psychological Review. 39* : 352-370.

Messinger, L.(1984). *Remarriage: A Family Affair*. New York: Plenum Press.

Middler, L. P.(2012). *Erik H. Erikson and Intimacy vs. Isolation (Psychosocial Stages of Development)*. Critical Mass Publications.

Miller, N. E.(1960). Learning resistance to pain and fear: Effects of overlearning, exposure, and rewarded exposure in context. *Journal of Experimental Psychology. 60* : 137-145.

Milner, B.(1959). The memory defect in bilateral hippocampal lesions. *Psychiatric Research Reports. 11* : 43-52.

Minahan, A. & Pincus, A.(1973). *Social Work Practice: Model and Method* .F.E. Peacock.

Mischel, W. & Shoda, Y.(2007). *Introduction to Personality: Toward an Integrative Science of the Person* (8th ed.). 손정락 역(2003). 『성격심리학』. 서울: 시그마프레스.

Mittelman, W.(1991). Maslow's study of self-actualization: A reinterpretation. *Journal of Humanistic Psychology. 31* : 114-135.

Mooney, C. G.(2013). *Theories of Childhood, Second Edition: An Introduction to Dewey, Montessori, Erikson, Piaget & Vygotsky*. Redleaf Press. Nostrand Reinhold.

Mowrer, O. H.(1961). *The Crisis in Psychiatry and Religion*. New York: Van Nostrand.

Moxley, D. P.(1989). *The Practice of Case Management*. Newbury Park. CA: Sage Publications.

Murray, H. A.(1938). *Explorations in personality*. New York: Oxford University Press.

Muuss, R. E. & Porton, D. H.(1971, 1998). *Adolescent Behavior and Society* (5th ed.). McGraw-Hill.

Muuss, R. E.(1965, 1996). *Theories of Adolescence* (6th ed.). McGraw-Hill.

Neimark, E. D.(1982). Adolescent thought: Transition to formal operations. *Handbook of developmental psychology* : 486-502.

Nelson, J. C.(1983). *Family treatment: An interactive approach*. NJ: Prentice Hall. Inc.

Newman, B. M. & Newman, P. R.(2011). *Development Through Life: A Psychosocial Approach* (11 edition). Wadsworth Publishing.

Norlin, J. & Chess, W. A.(1997). *Human Behavior and the Social Environment: Social System Theory*. Boston: Allyn and Bacon.

Nye, R. D. & Inhelder, B.(1969, 2000). *The Psychology of The Child.* New York: Basic Books.

Nye, R. D.(1932, 2001c). *The Moral Judgment of the Child.* New York: Routledge.

Nye, R. D.(1978). *Behavior and Evolution.* Pantheon.

Nye, R. D.(2000). *Three Psychologies: Perspectives from Freud, Skinner, and Rogers* (6th ed.). Pacific Grove: Brooks/Cole.

Nye, R. D.(2001a). *The Psychology of Intelligence.* New York: Routledge.

Nye, R. D.(2001b). *The Language and Thought of the Child.* New York: Routledge.

Nye, R. D.(2013). *The Child's Conception of Time.* New York: Routledge.

Orleans, C., Ulmer, C. C. & Gruman, J. C.(2004). The role of behavioral factors in achieving national health outcomes. In R. G. Frank, A. Baum & J. L. Wallander (Eds.). *Handbook of Clinical Health Psychology. 3* : 465-499. Washington. DC: American Psychological Association.

Papalia, D. E. and Olds, S. W.(2008). *Human Development* (11th Edition). McGraw-Hill Humanities.

Papalia, D. E. et al.(2006). *A child's world: Infancy through adolescence*. NY: McGraw Hill.

Papalia, D. E. et al.(2003). *Child Development*. New York: McGraw-Hill.

Parsons, T.(1937, 1964). *The Social Structure & Person*. NY: The Free Press.

Parsons, T.(1949, 2012). *The Structure of Social Action* (2nd ed.), Vol. 1: Marshall, Pareto, Durkheim. NY: The Free Press.

Parsons, T.(1951, 2012). *The Social System*. Quid Pro.

Parsons, T.(1951a, 2001). *Toward a General Theory of Action: Theoretical Foundations for the Social Sciences*. Transaction Publishers

Parsons, T.(1965). *Sociological Theory and Modern Society*. New York: Free Press.

Parsons, T.(1965). *Theories of Society*. NY: Free Press.

Parsons, T.(1971). *The System of Modern Societies* (Foundations of Modern Sociology). Columbus. OH: Prentice Hall

Parsons, T.(2015). *American Society: Toward a Theory of Societal Community* (The Yale Cultural Sociology Series). New York: Routledge.

Pavlov, I. P.(1927, 1995) *Lectures on Conditioned Reflexes*. Classics of Medicine Library.

Pavlov, I. P.(1957). *Experimental psychology, and other essays*. Philosophical Library.

Pavlov, I. P.(1932).*The reply of a physiologist to psychologists*. Unknown Binding.

Penfield, W. & Milner, B.(1958). Memory deficit produced by bilateral lesions in the hippocampal zone. *Archives of Neurology and Psychiatry. 19* : 475-497.

Pervin, L. A.(2005). *Theories of Personality*. John Wiley & Sons, Inc.

Pervin, L. A. & John, O. P.(2001). *Personality: Theory and research* (8th ed.). N.Y: John Wiley & Sons.

Peterson, L. R. & Peterson, M. J.(1959). Short-term retention of individual verbal items. *Journal of Experimental Psychology. 58* : 193-198.

Piaget, J. & Inhelder, B.(1969). *The Psychology of the Child*. New York: Basic Books.

Piaget, J.(1923). *Le langage et la pensée chez l'anfant*, Switzerland: Delachaux & Niestlé.

Piaget, J.(1924). *Le Jugement et la raisonnement chez l'anfant*, Switzerland: Delachaux & Niestle.

Piaget, J.(1948). *La Naissance de l'intelligence chez l'enfant*, Switzerland: Delachaux & Niestle.

Piaget, J.(1954, 2013). *The Construction Of Reality In The Child* (The International Library of Psychology). New York: Routledge.

Piaget, J.(1956). *The Children's Conception of Space*. In F. J. Langdon & J. L. Lunzey (trans.). London: Routledge & Kegan Paul.

Piaget, J.(1963). *The Origins of Intelligence in Children*. New York: Norton.

Piaget, J.(1963). *The Psychology of Intelligence* (Routledge Classics) (Volume 92). New York: Routledge.

Piaget, J.(2015). *The Child's Conception Of The World*. CreateSpace Independent Publishing Platform.

Piaget, J.(1973). *The Child and Reality: Problems of Genetic Psychology*. New York: Grossman Publishers.

Piaget, J.(1985). *The Equilibration of Cognitive Structures: The Central Problem of Intellectual Development*. Chicago: University of Chicago Press.

Plutchik, R.(2001). The nature of emotions. *American Scientist. 89* : 344-350.

Polan, E. U. and Taylor, R.(2015). *Journey Across the Life Span: Human Development and Health Promotion* (5 edition). F.A. Davis Company.

Polscy, H.(1969). System as Patient: Client Needs and System Function. In G. Hearn (ed.). *The General Systems approach: Contributions toward a Holistic Conception of Social Work*. New York: Council on Social Work Education.

Pulkkinen, L.(1982). Self-control and continuity in childhood delayed adolescence. In P. Baltes 8l O. Brim(Eds.), *Life-span development and behavior* (Volume 4). New York: Academic Press : 64-102.

Pulkkinen. L.(1983). Finland : Search of alternatives to aggression. In A. Goldstein & M. Segall (Eds.). *Aggression in global perspective*. New York: Pergamon Press.

Pulkkinen, L.(1984). *Nuoret ja kotikasvatus* [Youth and home ecology]. Helsinki: Otava.

Rescorla, R. A.(1980). Pavlovian second-order conditioning. *Scientific American* : 84-90.

Rhodes, S. L.(1980). A Development Approach to the Life Cycle of the Family. In M. Bloom (ed.).

Life Span Development. N.Y.: Macmillan.

Rogers. C. R.(1942, 2007). *Counseling and Psychotherapy*. Rogers Press.

Rogers, C. R.(1951). *Client-Centered Therapy*. Boston: Houghton Mifflin.

Rogers, C. R.(1954). *Psychotherapy and Personality Change*. Chicago: Univ. Press.

Rogers, C. R.(1957). The Necessary and Sufficient Conditions of Therapeutic Personality Change. *Journal of Counseling Psychology. 21* : 95-103.

Rogers, C. R.(1959). A Theory of Personality and Interpersonal Relationships as Developed in the Client-centered Framework. In S. Koch (ed.). *Psychology, A Study of Science: Formulations of the Person and the Social Context. 3* : 184-256. NY: McGraw-Hill.

Rogers, C. R.(196l). *On Becoming a person A therapist's view of psychotherapy*. Boston: Houghtin Minfflin.

Rogers, C. R.(1967). Autobiography. In E. Boring, & G. Lindzey (eds.). *A History of Psychology in Autobiography. 5* : 341-384. NY: Appleton-Cenairy-Crofts.

Rogers, C. R.(1969). *Freedom to Learn: A view of what education might become*. Columbus: Charles Merrill.

Rogers, C. R.(1977). *Carl Rogers on Personal Power: Inner Strength and Its Revolutionary Impact*. NY: Delacote.

Rogers, C. R.(1980). *A Way of Being*. Boston: Houghton Mifflin.

Rogers, C. R.(1983, 1987). *Freedom to Learn for The 80'*. Columbus: Merrill. Rowe. . W.

Roggins, S. P. et al.(2011). *Contemporary Human Behavior Theory: A Critical Perspective for Social Work (3rd. ed.)*. Boston: Allyn & Bacon.

Rosenberg, T.(2012). 『또래압력은 어떻게 세상을 치유하는가』. 이종호 역. 서울: RHK.

Rosenshine, B.(1971). Teaching behaviors related to pupil achievement: a review of research. In I. Westbury & A. A. Bellack (Eds.). *Research into classroom precess: recent development and next steps*. New York: Teacher College Press.

Rosenshine, B.(1977). *Primary grades instruction and achievement*. Paper presented at the annual meeting of the American Educational Research Association. NY.

Rosenshine, B. & Furst, N.(1971). Research on teacher performance criteria. In B. Smith (Ed.). *Research in teacher education* : 37-72. Englewood Cliffs. NJ: Prentice-Hall.

Rosenshine, B. & Stevens, R.(1986). Teaching functions. In M. C. Wittrock (Ed.). *Handbook of research on teaching* (3rd ed.) New York: Macmillan : 376-391.

Roth, S. & Bootzin, R. R.(1974). The effects of experimentally induced expectancies of external control. *Personality and Social Psychology. 29* : 253-264.

Sacks, O.(1985). *The man who mistook his wife for a hat*. New York. NY: Summit Books.

Santrock, J. W.(2018). *Life-Span Development* (17th ed.). McGraw-Hill Education.

Schachter, S. & Singer, J. E.(1962). Cognitive, social, and physiological determinants of emotional state. *Psychological Review. 69* : 379-399.

Schank, R. C. & Abelson, R. P.(1977). *Scripts, plans, goals and understanding*. Hillsdale. N.J.: Erlbaum.

Schriver, J. M.(2014). *Human Behavior and the Social Environment-Shifting Paradigms in Essential Knowledge for Social Work Practice* (6th ed.). Boston: Allyn and Bacon.

Schultz, D.(1977). *Growth Psychology: Models of the Healthy Personality*. New York: D. Van Nostrand Co. 정종진 역(1990). 『건강한 성격의 소유자란』. 서울: 그루.

Schultz, D. & Schultz, S. E.(1994). *Theories of Personality* (5th ed.). Pacific Grove. CA: Brooks/Cole Publishing Company.

Schwartzm, G. E. & Weiss, S. M.(1978). Behavioral medicine revisited: An amended definition. *Journal of Behavioral Medicine. 1* : 249-251.

Scoville, W. B. & Milner, B.(1957). Loss of recent memory after bilateral hippocampal lesions. *J Neurol Neurosurg Psychiatry. 20* : 11–21.

Shaffer, D. R.(1999, 2016). *Developmental Psychology-Childhood St. Adolescence:: Voyages in Development* (6th ed.). CA: Wadsworth Publishing.

Specht, R. & Craig, G. J.(1987). Human Development: A Social Work Perspective, (2nd ed.). Englewood Cliffs. NJ: Prentice-Hall.

Strong, B. & DeVault, C.(1994). *Human Sexuality*. Mountain View. CA: Mayfield.

Seligman, M. E. P. et al.(2000). *Abnormal Psychology* (4th ed.). W. W. Norton & Company.

Silverman, D.(1970). *The Theory of Organizations: A Sociological Framework*. London: Heinemann.

Silverman, R. E.(1982). *Psychology* (4th ed.). M. J.: Prentice-Hall Inc.

Sime, M.(2009). 『아이들의 인지세계』. 문용린 역(2009). 서울: 학지사.

Skinner, B. F. & Vaughan, M. E.(1985). *How to Enjoy Your Old Age*. Sheldon Press.

Skinner, B. F.(1938, 1991). *The behavior of organisms*. Copley Publishing Group.

Skinner, B. F.(1948). *Walden two*. New York: Macmillan.

Skinner, B. F.(1953). *Science and human behavior*. New York: Macmillan.

Skinner, B. F.(1954). The science of learning and the art of teaching. *Harvard Educational Review. 24* : 86-97.

Skinner, B. F.(1958a). Teaching machines. *Science. 128* : 969-977.

Skinner, B. F.(1958b). Intellectual Self-Management in Old Age. *American Psychologist. 38* : 239 -244.

Skinner, B. F.(1974, 2011). *About Behaviorism*. Vintage

Skinner, B. F.(1978). *Reflections on Behaviorism and Society* (Century psychology series). Prentice Hall.

Skinner, B. F.(1979). *Shaping of a Behaviorist* (Particulars of My Life, Part 2) TBS The Book Service Ltd.

Skinner, B. F.(1983). *A Matter of Consequences*. Knopf.

Skinner, B. F.(1990, 2011). *Beyond Freedom and Dignity*. Hackett Publishing Co.

Skinner, B. F.(2012). Science *And Human Behavior*. New York: Free Press..

Skinner, B. F.(2016). *The Technology of Teaching* (B. F. Skinner Foundation Reprint Series). B. F. Skinner Foundation.

Slavin, R. E.(2014). *Educational psychology: Theory and practice* (11th ed.). Boston: Pearson.

Spearman, C.(1904). "General intelligence" objectively determined and measured. *American Journal of Psychology. 15* : 201-292.

Sternberg, R. J.(1988). *The triarchic mind: A new theory of human intelligence*. Penguin Books.

Sternberg, R. J.(2007). Intelligence and culture. In S. Kitayama & D. Cohen (ed.). *Handbook of cultural psychology* : 547-568. New York: Guilford Press.

Sternberg, R. J. & Lubart, T. D.(1995). *Defying the crowd*. New York: Free Press.

Sternberg, R. J. & Williams, W. M..(2002). *Educational Psychology*. Boston: Allyn & Bacon.

Sternberg, R. J. & Williams, W. M.(2010). *Educational Psychology* (2nd ed.). N.J.: Merrill.

Stipek, D. J.(2001). *Motivation to Learn: Form Theory to practice* (4th ed.). Pearson.

Stone, H. W.(2001). *Strategies for Brief Pastoral Counseling*. Augsburg Fortress Publishers.

Stone, H. W.(2009). *Crisis Counseling*. Minneapolis: Fortress Press.

Stone, H. W.(2000). *The Caring Church: A Guide for Lay Pastoral Care*. Minneapolis: Fortress Press.

Stone, H. W.(2014). *Defeating Depression: Real Help for You and Those Who Love You* (2nd ed.). Create Space Independent Publishing Platform.

Storey, J. *An Introductory Guide to Cutural Theory and Popular Culture* (Univ. of Georgia Pr., 1993. 박모 역(1999). 『문화연구와 문화이론』. 서울: 현실문화연구.

Switzer, D. K.(1974). *The Minister as Crisis Counselor*. Nashville. Tn.: Abingdon Press. 김진영 역(2007). 『위기상담가로서의 목회자』. 서울: 한국장로교출판사.

Tester, S.(1996). *Community Care for Oder People: A Comparative Perspective*. Houndmills: MacMillan Press Ltd.

Thorn, B. & Saab, P.(2001). Notes from the APS Council of Representatives (CoR) Meeting. *Health Psychologist. 23(3)* : 5-8.

Thurstone, L. L.(1938). *Primary Mental Abilities*. Chicago, University of Chicago press.

Thurstone, L. L.(1955). The psychophysics of semantics: an experimental investigation. *Journal of Applied Psychology. 39* : 31-36.

Tobias, S.(1982). Sexist equations. *Psychology Today. 16(1)* : 14-17.

Tollison, C. D. & Adams, H. E.(1979). *Sexual Disorders: Treatment, Theory, Research*. New York: Gardner Press.

Tolman, E. C. & Honzik, C. H.(1930). Introduction and removal of reward and maze performance in rats. *University of California Publication in Psychology. 4* : 257-275.

Tolson, J.(2000). No wedding? No ring? No problem. *U.S. News & World Report. March. 13* : 48.

Tomaka, J. et al.(1993). Subjective, physiological, and behavioral effects of threat and challenge appraisal. ***Journal of Personality and Social Psychology. 65*** : 248-260.

Troll, L. E.(1985). ***Early and Middle Adulthood*** (2nd ed.). Monterey. CA: Brooks/Cole.

Tulving, E.(1974). Cue-dependent forgetting. ***American Scientist. 62*** : 74-82.

Tulving, E. & Pearlstone, Z.(1966). Availability versus accessibility of information in emory for words. *Journal of Verbal Learning and Verbal Behavior.* 5 : 381-391.

Turner, G.(1992). ***British Cultural Sudies: An Introduction***. New York: Routledge: chapman and Hall, Inc. 김연종 역(2001). 『문화연구입문』. 서울: 한나래.

Turner, J. S. & Helms, D. B.(1983). ***lifespan Development.*** (2nd ed.). New York: Holt, Rinehart & Winston.

Tylor, E. B.(1958). ***The Origin of Culture***. New York: Harper & Row.

Tylor, E. B.(1883). ***Primitive Culture***. N.Y.: Henry Holt and Co.

Udry, J. R.(1971). ***The Social Context of Marriage*** (2nd ed.). J. B. Lippincott Company.

Veninga, R. L. & Spradley, J. P.(1981). ***The Work-Stress Connection***. Boston: little. Brown.

Vygotsky, L. S.(1962). ***Thought and language***. MA. Cambridge: MIT Press.

Watson, J. B.(1914). ***Behavior: an introduction to comparative psychology***. New York: Holt.

Watson, J. B.(1924). ***Psychology: from the standpoint of a behaviorist***. Philadelphia, London: J. B. Lippincott.

Watson, J. B.(1925). ***Behaviorism***. New York: W. W. Norton.

Weiner, B.(1972). ***Theories of motivation: From mechanism to cognition***. Chicago: Markham.

Weiner, B.(1979). A theory of motivation for some classroom experiences. *Journal of Educational Psychology. 71* : 3-25.

Weiner, B.(1985). An attributional theory of achievement motivation and emotion. *Psychological Review. 92* : 548-573.

Weiner, B.(1990). History of motivational research in education. *Journal of Educational Psychology. 2* : 616-622.

Weiner, B.(1992). ***Human motivation: Metaphors, theories, and research***. Newbury Park. CA: Sage.

White, R. W.(1959). Motivation reconsidered: The concept of competence. *Psychological Review. 66* : 297-333.

Williams, R.(1983, 2014). Keywords: *A Vocabulary of Culture and Society* (Oxford University Press.

Williamson, E. G.(1939). *How To Counsel Students, A Manual of Techniques for Clinical Counselors*. McGraw-Hill.

Wittmer D. S. & Petersen, S.(2005, 2013). *Infant and Toddler Development and Responsive Program*

Planning: A Relationship-Based Approach (3rd ed.). Pearson. 이승연 외 역(2012). 『영어발달과 반응적 교육-관계중심 접근법』. 서울: 학지사.

Wittmer D. S. & Petersen, S.(2013). *Infant and Toddler Development and Responsive Program Planning: A Relationship-Based Approach*. New Jersey: Pearson.

Wolfe, J. M.(2012). *Sensation & Perception* (3rd ed.). Sunderland, Mass.: Sinauer Associates.

Wolberg, L. R.(1995). *The Technique of Psychotherapy* (4th ed.). Jason Aronson.

World Health Organization(1946). *Constitution of the World Health Organization*. Geneva: World Health Organization.

Wright, H. N.(1985). *Crisis Counseling: Helping People in Crisis and Stress*. Here's Life Publishers.

Wright, H. N.(2003). *The New Guide to Crisis & Trauma Counseling*. Regal Books.

Wright, H. N.(2004). *Experiencing Grief*. B&H Publishing Group.

Wright, H. N.(2006). *Helping Those Who Hurt: Reaching Out to Your Friends In Need*. Bethany House.

Wright, H. N.(2006). *Recovering from Losses in Life*. Revell.

Wundt, W. M.(2010). *Principles of physiological psychology*. Nabu Press.

Zastrow, C. & Kirst-Ashman, K. K.(2012). *Understanding Human Behavior in the Social Environment* (9th ed.). Belmont: Brooks/Cole.

찾 아 보 기

ㄱ

가설 연역적 추리 / 223
가정에서의 역할 변화 / 299
가족 / 366
가족관계 / 266, 276
가족관계적 변화 / 299
가족구도와 출생순위 / 98
가족체계 / 368
감각운동기 / 213
강화계획 / 152
강화와 강화물 / 151
강화와 처벌 / 151
강화지연 / 153
개방체계 / 313
개인무의식 / 110
개인심리학 / 93
거시체계 / 347
경계 / 314
고전적 조건화 / 136
고차적 조건형성 / 142
공감적 이해 / 186
공유영역 / 315, 337
공포 / 248
과잉보호 / 96
관계 / 335
관찰학습 / 166
관찰학습의 영향요인 / 169
교우관계 / 267
구강기 / 52
구조적 모형 / 44
구체적 조작기 / 220
균형 / 315
그림자 / 114
긍정적 피드백 / 319
기관열등감 / 96
기본적 덕목 / 70
기본적 신뢰 대 불신 / 72
기억발달 / 248
꿈 / 116

ㄴ

남근기 / 54
낯가림과 격리불안 / 241
내향적 감각 유형 / 120
내향적 감정 유형 / 120
내향적 사고 유형 / 119
내향적 직관 유형 / 121
내현적 행동 / 15
네겐트로피 / 317
노년기 / 126, 286
노년기의 사회활동이론 / 292
노화 / 287
놀이 / 252
능력 / 70

ㄷ

다중결과성 / 320
다차원적 사고 / 223
도식 / 209
돌봄 / 71
동등결과성 / 320
동화 / 210
두 단어 단계 / 240

ㄹ

로저스 / 178

ㅁ

매슬로 / 189
명제적 사고 / 223
모델링 / 164
모델링의 과정 / 168
목적 / 70
무의식 / 15, 43
무조건반응 / 137
무조건자극 / 137
무조건적 긍정적 존중 / 186
문화 / 375
문화체계 / 377
물리적 환경 / 340
미시체계 / 343
미신적 행동 / 150

ㅂ

반동형성 / 49
반두라 / 157
반사활동기 / 214
발달과업 / 22
발달요인 / 19
발달원리 / 18
방어기제 / 47

베이붐 세대 / 277
보상 / 51
보존 / 221
부모 · 형제자매 · 또래관계의 발달 / 251
부부관계 및 배우자 사별로 인한 역할 변화 / 301
부정 / 47
부정적 피드백 / 319
분노 / 249
분류화 / 221
분만 / 232
분석심리이론 / 107
불수의적 반응 / 147
브론펜브레너 / 330
비언어적 발달 / 239

ㅅ

사고발달 / 247
사랑 / 71
사춘기 / 265
사회관계적 변화 / 294
사회복지실천 / 16
사회복지실천현장 / 372
사회복지와의 연관성 / 16, 23, 27
사회유리설 / 293
사회적 관심 / 100
사회적 발달 / 238, 250, 258, 276, 283, 292
사회적 환경 / 339
사회체계 / 308, 356
사회체계이론 / 309
사회학습에서의 강화 / 169
사회학습이론 / 161
사회화와 사회적 역할 / 295
사회환경 / 24
사회환경 이해의 관점 / 26
사회환경적 인간의 특성 / 25
사회활동설 / 294
산출 / 318
상징 / 115
상징적 표상 / 217
상호결정론 / 163
상호교류 / 337
상호작용 / 337
생리적 욕구 / 197
생식기 / 56
생태체계이론 / 333
생태학이론의 체계수준 / 342
생활 스트레스 요인 / 338
생활양식 / 99
생활영역과 주거환경 / 340
서열화 / 221
성격 유형 / 118
성격구조 / 109
성격의 성숙 / 275
성역할발달 / 250
성인 초기 / 270
성인 후기 / 277
성인기 / 270
소거와 자발적 회복 / 139, 149
스키너 / 131, 145
스키너상자 / 148
스트레스 대처 / 338
승화 / 51
시간과 공간 / 341
시간체계 / 349
시너지 / 317
신체적 발달 / 236, 246, 255, 262, 271, 279, 287
심리사회적 발달 / 265
심리사회적 발달단계 / 71
심리사회적 이론 / 65
심리성적 발달단계 / 52
심리적 발달 / 274
심리학 / 130

ㅇ

아니마 / 113
아니무스 / 113
아동기 / 123, 254
아들러 / 90
아이덴티티 / 69
안전의 욕구 / 197
애정과 소속의 욕구 / 198
애정정서 / 249
애착행동 / 241
앨버트실험 / 142
양육태만 / 97
억압 / 48
언어의 발달 / 239, 253, 259
언어적 발달 / 240
에릭슨 / 62
엔트로피 / 317
엘렉트라 콤플렉스 / 55
역할 / 335
열등감 / 96
열등감 대 근면성 / 76
영아기 / 235
오이디푸스 콤플렉스 / 55
왓슨 / 141
외체계 / 346
외향적 감각 유형 / 120
외향적 감정 유형 / 119
외향적 사고 유형 / 118
외향적 직관 유형 / 121
외현적 행동 / 14
욕구 / 193
욕구 피라미드 / 196
욕구위계이론 / 191
우월감 추구 / 101

원초아 / 44
유기체 / 182
유능성 / 336
유발 대 침체 / 80
유아기 / 244
유전과 환경의 상호작용 / 21
유전적 요인 / 19
융 / 105
의식 / 42, 109
의지 / 70
이성 친구 / 277
인간 욕구위계 5단계 / 195
인간 중심 이론 / 181
인간 중심 접근 / 181
인간관 / 67, 94
인간론 / 40, 108
인간발달 / 17
인간의 본성 / 133
인간의 정신세계 / 42
인간행동 / 12
인간행동의 유형 / 14
인본주의 / 176
인지 / 209
인지발달의 네 단계 / 213
인지이론 / 206
인지적 발달 / 237, 247, 256, 263, 273, 281, 290
일관성과 위협 / 184
일상생활과 고전적 조건화 / 143
일치성 / 186
임신과 출산의 의미 / 232

ㅈ

자극 일반화와 변별 / 140
자기 / 115
자기규제 / 165
자기실현 경향성 / 183
자기효능감 / 164
자아 / 45, 68, 110
자아개념과 자아존중감의 형성 / 250
자아실현 / 194
자아실현의 욕구 / 200
자아통합 대 절망 / 81
자율성 대 수치심과 의심 / 73
자율적 도덕성 / 222
잠복기 / 56
장년기 / 277
적응 / 211
적응성 / 336
적합성 / 336
전개념적 사고단계 / 219
전의식 / 43
전조작기 / 218
전치 / 50
전환 / 318
점성원칙 / 68
정서적 발달 / 238, 248, 257, 264, 282, 291
정신분석이론 / 38
정신역동이론 / 32
정체성 대 역할 혼란 / 78
조건반응 / 137
조건반응의 습득 / 138
조건자극 / 137
조기능분석 / 321
조부모로서의 활동 / 299
조작적 조건화 / 147
조작적 조건화의 적용 / 156
조절 / 211
조직 / 362
조직체계 / 363
조직화 / 210
조합적 사고 / 223
존중의 욕구 / 199
주도성 대 죄책감 / 75
중간체계 / 344
중년기 / 124, 277
지각발달 / 247
지역사회 / 371
지역사회체계 / 373
지형학적 모형 / 42
지혜 / 71
직관적 사고단계 / 220
집단 / 356
집단구성원 / 360
집단무의식 / 111
집단의 특징 / 358
집단체계 / 358

ㅊ

처벌의 유형 / 154
처벌의 효과 / 154
청년기 / 270
청년기 및 젊은 성인기 / 123
청소년기 / 259
체계 / 312
초자아 / 45
추상적 사고 / 222
충실성 / 70
친구 / 276
친밀감 대 고립감 / 79
친밀감의 발달 / 274

ㅌ

탈중심화 / 221
태고유형 / 111
태내기 / 230
태내발달 / 231
퇴직자의 역할 / 297
퇴행 / 50
투사 / 49

투입 / 318

ㅍ

파블로프 / 131, 134
파슨즈 / 306
페르소나 / 112
평형화 / 212
폐쇄체계 / 313
프로이트 / 34
프로이트와의 비교 / 84, 102
피드백 / 319
피아제 / 204

ㅎ

한 단어 단계 / 240
합리화 / 48
항문기 / 53
항상성 / 315
행동주의 / 130
행동주의적 학습이론 / 136
행동치료 / 130
혈연관계 / 366
형식적 조작기 / 222
호혜성 / 316
홀론 / 320
환경 / 24
환경적 요인 / 20
환류 / 318
희망 / 70

기타

1차 순환반응 / 214
2차 도식의 협응 / 216
2차 순환반응 / 215
3차 순환반응 / 216
MBTI / 117

저/자/소/개

▪ 김보기

성균관대학교 신문방송학과 학부, 석사, 박사과정(재적)
서울기독대 대학원 신학과 박사(조직신학 전공, Ph.D)
서울기독대 대학원 사회복지학과 박사(정책론 전공, Ph.D)
한국사회복지실천정책학회 회장 / 서울기독대학교 교수
국제문화대학원대학교 교수 / 대한신학대학원대학교 교수
〈저서〉 심리학, 상담이론과 실제, 상담심리학, 사회복지실천론, 사회문제론 외 다수

▪ 김남중

전남대학교 경영대학원 수료
세한대학교 경영학 석사 / 세한대학교 경영학과(복지경영) 박사과정
민주평화통일자문회의 전남청년위원장
메트로신문 호남본부장
〈저서〉 사회복지실천론

▪ 김상희

선문대학교 자연치유통합의학대학원 석사
선문대학교 일반대학원 자연치유학과 박사(Ph.D cand.)
사) 세계자연건강포럼 부회장 / 팜스웰 대표
건강식품연구원 대표
〈저서〉 인간발달

▪ 손홍재

원광대학교 국어교육학과 졸업/전남대학교 교육대학원 교육학 석사
서울사회복지대학원대학교 사회복지학과 석사
인천서부교육지원청 공모 교육장 / 검단중학교·작전고등학교 교장
서울사회복지대학원대학교 지도교수
〈저서〉 사회복지행정론, 교육칼럼집(①넥타이푸는 법, ②변화의 멀미 즐기기)

▪ 양철수

California Central University 사회복지상담학과 석사 · 박사(D.S.W. in Coun.)
서울사회복지대학원대학교 사회복지학 석사(D.S.W)
세한대학교 대학원 경영학과 복지경영 전공 박사과정
서울사회복지대학원대학교 지도교수 / 서울복지상담학회 회장
(주)동우크린케어 대표이사
〈저서〉 인간발달, 발달심리학, 상담이론과 실제, 상담학개론, 사회복지개론, 노인복지론
사회복지행정론, 사회복지실천론

■ **오인숙**

서울기독대학교 대학원 사회복지학과 석사
서울기독대학교 대학원 사회복지학과 박사과정
한국사회복지실천정책학회 교수
경기노인복지센터 센터장
〈저서〉 사회복지개론, 노인복지론, 장애인복지론

■ **윤원섭**

국립한경대학교 졸업
국제신학대학원대학교 사회복지학과 석사
국민대학교 정치대학원 석사과정
주) 나경이엔씨 대표이사
재) 한국상담교육원 서울교육원 겸임교수
〈저서〉 사회복지실천론, 노인복지론

■ **이척희**

성균관대학교 무역대학원 지역경제학과 석사
호서대학교 대학원 사회복지학과 박사과정
서울사회복지대학원대학교 지도교수
동성화학산업 대표
〈저서〉 사회복지개론, 사회복지정책론, 사회복지행정론, 노인복지론,
상담심리학, 상담이론과 실제

■ **정경자**

청운대학교 경영학과 졸업
인천대학교 정책대학원 사회복지학과 석사
기독대학교 대학원 사회복지학과 박사과정
경복대학교 복지행정과 겸임교수
〈저서〉 사회복지실천론

■ **진윤지**

성신여자대학교 대학원 사회복지학과 박사(Ph.D. cand.)
한국사회복지실천정책학회 책임연구위원 / 행복과 행복심리상담센터 센터장
대한치매예방협회 노인정책연구국장 / 사) 국제여가문화협회 노인복지 운영이사
아리랑문화예술단 단장 / 아리랑가요장구협회장
엄마어린이집 원장 / 마리스케어 사회복지팀장
〈저서〉 사회복지개론, 사회복지실천론, 노인복지론, 상담학개론, 상담이론과 실제

인간행동과 사회환경

1판 1쇄 인쇄 — 2019년 9월 2일
1판 1쇄 발행 — 2019년 9월 5일

저　　자 - 김보기 김남중 김상희 손홍재 양철수
오인숙 윤원섭 이척희 정경자 진윤지
발 행 인 - 강성민
발 행 처 - 수양재
주　　소 - 경기도 파주시 검산로 173번길 29-20
전　　화 - 031-946-3863(代)
팩　　스 - 031-946-3864
이 메 일 - syjpub@naver.com
출판등록 - 2016년 6월 3일 제 406-2016-000069 호

ISBN 979-11-89457-10-5

정가 20,000원